广东省哲学社会科学规划项目（GD20HYJ02）的主要成果

“一带一路”倡议下的跨境电子商务理论与实践

王庆年 著

中国商务出版社
CHINA COMMERCE AND TRADE PRESS

图书在版编目（CIP）数据

“一带一路”倡议下的跨境电子商务理论与实践／王庆年著．—北京：中国商务出版社，2021.10（2023.1重印）
ISBN 978-7-5103-3872-4

Ⅰ.①一…　Ⅱ.①王…　Ⅲ.①“一带一路”-电子商务-研究　Ⅳ.①F713.36

中国版本图书馆 CIP 数据核字（2021）第 134928 号

“一带一路”倡议下的跨境电子商务理论与实践
YIDAIYILU CHANGYI XIADE KUAJING DIANZISHANGWU LILUN YU SHIJIAN
王庆年　著

出　　版：中国商务出版社
地　　址：北京市东城区安定门外东后巷 28 号　　**邮　　编：**100710
责任部门：数字出版事业部（010-64515163）
责任编辑：舒朝普
总 发 行：中国商务出版社发行部（010-64266193　64515150）
网　　址：http://www.cctpress.com
邮　　箱：cctp@cctpress.com
直销客服：010-64241423
传　　真：010-64241423
排　　版：北京宝蕾元科技发展有限责任公司
印　　刷：三河市明华印务有限公司
开　　本：787 毫米×1092 毫米　1/16
印　　张：20.5　　**字　　数：**343 千字
版　　次：2021 年 10 月第 1 版　　**印　　次：**2023年 1 月第 2 次印刷
书　　号：ISBN 978-7-5103-3872-4
定　　价：79.00 元

序

2020年6月18日，“一带一路”国际合作高级别视频会议在北京成功举行。国家主席习近平向会议发表书面致辞并指出，我们愿同合作伙伴一道，把“一带一路”打造成团结应对挑战的合作之路、维护人民健康安全的健康之路、促进经济社会恢复的复苏之路、释放发展潜力的增长之路。在全球疫情蔓延、世界经济受到严重冲击的形势下，习近平主席首次提出复苏之路、增长之路，并为合作之路、健康之路赋予新的释义，丰富了“一带一路”倡议的内涵，指明了“一带一路”倡议的现实意义。应对疫情，中国始终呼吁世界各国走团结应对挑战的合作之路。在二十国集团领导人应对新冠肺炎特别峰会上，习近平主席建议“发起二十国集团抗疫援助倡议，在世界卫生组织支持下加强信息沟通、政策协调、行动配合”；在第73届世界卫生大会上，习近平主席呼吁“要加强信息分享，交流有益经验和做法”；在中非团结抗疫特别峰会上，习近平主席表示疫苗研发成果率先惠及非洲国家……，这些举动无一不是中国诚意和中国行动的有力见证。

面对疫情，中国也始终坚持走维护人民健康安全的健康之路。从“始终把人民生命安全和身体健康摆在第一位”，到“以民为本、生命至上”，再到“尽最大努力保护人民生命安全和身体健康”，无一不是对“健康之路”的最好诠释。此外，以高质量推进共建“一带一路”为抓手，与各国拓展在贸易投资、科技创新、基础设施建设、数字经济、医疗卫生等领域的合作，同时继续坚定维护多边主义，推动贸易投资自由化和便利化，种种倡议都为促进经济社会恢复的复苏之路、释放发展潜力的增长之路指明了方向。而各国在选择经济贸易发展方式时，也将跨境电子商务作为首选之一

自2008年金融危机以来，全球市场一直萎靡不振，我国的传统贸易发展也陷入了停滞不前的局面，贸易增长率逐年放缓。但是，我国的跨境电子商务的发展却与总体贸易发展呈相反的趋势。2013年9月，习近平主席首次提出了共建“丝绸之路经济带”倡议，并于次月再度提出共建21世纪“海上丝

绸之路”倡议。“一带一路”倡议主要涉及了包括中国在内的65个国家，这些国家的总人口和年生产总值分别占据了全球的62.5%和28.6%。并且大多数国家都是处于社会和经济结构转型时期的新兴经济体和发展中国家，这些国家贸易市场极具开发潜力，同这些国家开展经济活动将为我国产业结构的升级、国际贸易的振兴提供了新的历史性的契机。

随着居民收入水平的提高以及网络购物量的持续攀升，尤其是受今年新型冠状肺炎的影响，居民封闭在家，导致网络销售量有了持续迅猛的上升。与此同时，国内不少电商品牌异军突起，极大地推动了中国电子商务行业的发展和壮大。而跨境电子商务作为电子商务的延伸，也展现出了较为良好的发展态势。“一带一路”倡议的提出，不仅使跨境电商行业获得了巨大的发展优势，而且为国民经济的增长贡献了力量。跨境电子商务在“一带一路”倡议下，开展得如火如荼，但是也不可避免地面临一些机遇和挑战。这是因为，一方面，“一带一路”倡议为跨境电商增添了发展动力；另一方面，跨境电商发展水平又难以达到“一带一路”倡议的期望和要求。

关于跨境电子商务贸易效应的研究，国内外都有相关研究，但是由于国外的跨境电子商务发展较早，因此国外的相关研究成果更为丰富。如针对跨境电子商务对“贸易距离”的影响展开的研究，研究结论并不统一，如有的研究认为跨境电子商务作为一种新型的贸易模式可以通过部分的消灭“贸易距离”来减少贸易成本。但是也有的文献认为跨境电子商务并没有有效地降低“贸易距离”，两国的地理距离仍然是影响双边贸易的重要影响因素。对跨境电子商务的贸易效应的实证研究并没有得出一致性的结论。国内有关跨境电子商务贸易效应的研究较少，多为描述性研究，少有实证研究。国内的跨境电子商务研究主要集中于跨境电子商务平台建设、跨境物流体系建设、跨境支付方式、跨境电子商务税收等问题的应用型研究。少数的几篇实证文章结果与国外研究类似，所得结论却不尽相同，有的认为跨境电子商务的发展对贸易有显著的促进作用。但是另一些文献却认为跨境电子商务对贸易的影响极其有限。

现有关于跨境电子商务贸易效应的实证研究中，关于跨境电子商务发展水平的变量，国外学者主要用跨境电子商务交易额衡量，而国内学者由于相关统计数据的缺乏，往往使用电子商务交易额或邮件数量代替。这些数据虽然都能在某方面反映跨境电子商务的发展，但是都缺乏全面性。虽然，国内已经出现了一些要研究跨境电子商务的综合发展水平的文献，但是这些研究的结果难以直接用于检验贸易效益的实证分析。因此，基于现实和国内外理论研究背景，本文认为在“一带一路”发展倡议持续推进的背景下，深入研究跨境电子商务发展对我国与“一带一路”沿线国家之间出口贸易的影响是十分必要的，并且为了得到相对可靠的结论，需要完善对跨境电子商务发展水平的测度方法。

目　录

第一篇　"一带一路"跨境电子商务的背景、现状与特征

第二篇　相关理论与实证

前　言

随着“互联网+”时代的来临，我国跨境电子商务迅速发展。出口跨境电商更是作为外贸领域中的“黑马”，成为推动中国经济增长的一个重要组成部分。与此同时，“一带一路”倡议为我国对外贸易带来了新的机遇，但“一带一路”沿线国家物流发展水平参差不齐，我国对沿线国家的跨境电商出口贸易正面临物流不畅的重大问题。为抓住“一带一路”倡议带来的机遇，本文就“一带一路”沿线国家的物流绩效与我国对沿线国家跨境电商出口贸易之间的关系进行研究，以找出“一带一路”沿线国家物流发展的薄弱环节，提出合理建议，进一步促进我国跨境电子商务的发展。

近年来随着互联网技术的进一步发展，跨境电子商务作为新型贸易模式，在我国贸易中的占比逐年增高。跨境电子商务是指分属不同关境的交易主体，通过电子商务平台达成交易、进行支付结算，并通过跨境物流送达商品、完成交易的一种国际贸易模式。根据中国电子商务研究中心和海关总署的数据显示，2016 年我国跨境电子商务进出口总值为 67 万亿元，较之 2008 年的跨境电子商务进出口总值增长了 8 倍有余，并且已经连续七年保持了 20% 以上的增长率。除了绝对量的飞速增长外，跨境电子商务在我国进出口贸易中占据的位置也越来越重要，跨境电子商务交易量占我国总贸易量的比重从 2010 年的 64% 增长到 2016 年的 27.5%。近年来，从我国进出口贸易不断下滑的整体趋势来看，跨境电子商务的超高速发展态势可谓是异军突起。为了激发我国出口贸易的活力，跨境电子商务已经被视为新型的贸易增长点，并连续多年写入国务院总理的政府工作报告之中。在 2015 年 3 月，国务院决定在杭州设立跨境电子商务试验区，并在一年后的国务院常务会议上又批准了再新建 12 个跨境电子商务试验区。在 2018 年的政府工作报告中，将“设立 13 个跨境电子商务综合实验区”列为“坚持对外开放的基本国策”的工作项目之一，可见跨境电子商务已经被视为我国跨境电商发展迅速经济转型升级的重要推动力之一。2012 年底国家发改委办公厅公布《关于开展国家电子商务试点工作的通知》，批准同意上海、杭州、郑州、宁波、重庆作为国内首批开展跨境贸易电子商务试点城市，跨境电子商务的发展进入了重点发展环节。经历了6年的发展，2018年我国跨境电商交易规模已经达到9万亿元，同比增长11.6%，跨境电商发展迅速意味着跨境电商企业数量也越来越多。从2012年的14万增长至2018年的67万，跨境电商企业数量年平均增长率达到29.4%。为促进我国跨境电商的发展，中央政府和地方政府纷纷出台了相关政策，包括设立杭州、上海、广州等37个城市跨境电子商务综合试验区以及出台相关海关政策等，跨境电商在我国的发展如火如荼，经济地位也越来越重，2019年1月1日出台的《电子商务法》更是将电子商务和跨境电商的地位正式提高。

面对互联网+、数字经济不断深化、全球疫情蔓延以及经济衰退的压力，“一带一路”跨境电子商务也受到前所未有的挑战。分析当前“一带一路”电子商务发展状况及其发展特征、汇集相关理论以及实证相关问题、研判数字经济带来的挑战、提出应对的政策和建议是本书的目标所在。本研究分为三个篇章：第一篇是“一带一路”跨境电子商务的背景、现状与特征，主要分析当前“一带一路”跨境电子商务发展状况及其发展特征；第二篇是相关理论与实证，主要内容是汇集相关理论以及实证相关问题、研判数字经济带来的挑战；第三篇是解决方案与路径选择，主要内容包括“一带一路”跨境电子商务在人才培养、纠纷解决方案、政策框架和未来发展路径。

本研究中的第二篇是重点所在。在第二篇中，本研究运用三个实证，分别论述相关理论、“一带一路”沿线国家物流绩效对中国跨境电商出口贸易的影响研究、我国对“一带一路”沿线国家对外直接投资（OFDI）与出口贸易关联性的影响研究、沿线国家吸引力水平对跨境电子商务企业的影响、沿线国家吸引力水平对跨境电子商务企业的影响、国际政治经济对一带一路跨境电商的新挑战、数字货币对“一带一路”跨境电子商务的影响。

实证1：跨境电子商务的出现为传统对外贸易发展带来了新的活力和机遇，同时国家出台的跨境电商政策也为发展跨境电商打下了坚实的基础。企业通过跨境电子商务业务，发展更大的市场，获得更广阔的成长空间。但是目前，由于多种因素的影响，我国跨境电商的发展程度仍不平衡，跨境电商企业的发展依然较为稚嫩。绩效是衡量企业发展非常重要的部分，而目前学术界对于跨境电商的研究较少涉及跨境电商企业的绩效，对于开展跨境电子商务的外贸企业进行绩效研究可以在一定程度上对企业乃至整个行业起到帮助作用。因此，本书将在第 1 章，首先回顾相关领域的研究现状，梳理物流绩效、跨境电商以及二者之间关系的相关文献并进行述评，分析物流绩效分项指标对跨境电商贸易的作用机制。其次，选取“一带一路”沿线 49 个国家为研究对象，对 2010 – 2018 年期间沿线各国的物流绩效指数和分项指标的现状以及中国对“一带一路”沿线国家的跨境电商出口贸易现状进行分析，在此基础上初步判断“一带一路”沿线国家的物流绩效与跨境电商出口贸易的相关性。最后，本文基于扩展的贸易引力模型，运用空间计量模型中的 SDM 模型研究“一带一路”沿线国家物流绩效及分项指标对中国与沿线国家跨境电商出口贸易的空间溢出效应，并对物流绩效各要素的空间溢出效应进行测度和分析。

研究结果表明：（1）“一带一路”沿线国家的物流发展极不平衡，中东欧地区的整体物流绩效表现好于亚洲地区，且中国与“一带一路”沿线不同国家的跨境电商交易规模差距也较大。（2）“一带一路”沿线国家物流绩效对中国与沿线国家的跨境电商出口贸易的影响存在着空间交互作用。即中国对“一带一路”沿线任一国家的跨境电商出口贸易受到该国和沿线其他国家物流绩效的双重影响。（3）物流基础设施建设和国际运输便利性对中国与“一带一路”沿线国家的跨境电商出口贸易有着显著的直接促进作用，且作用效果依次减弱。（4）清关效率、物流基础设施建设和货物可追溯性都存在显著的空间溢出效应，具体表现为挤出效应。并且，物流基础设施的溢出效应受空间地理距离的影响最大也最为显著，其次是清关效率，最后是货物可追溯性。同时，物流绩效及其分析指标对中国与“一带一路”沿线国家之间跨境电商出口贸易的间接影响都大于直接影响。最后基于研究结果，提出了针对性的建议，包括整合物流资源、强化物流基础设施、加强物流信息化建设、组建跨国物流集团等。

实证 2：出口贸易和对外直接投资是一个国家融入国际经济社会活动的两条重要途径。面对错综复杂的国内外经济环境，我国对外贸易的发展面临着严峻的挑战和不断增加的压力，贸易结构转型升级迫在眉睫。在此背景下，我国进行了高瞻远瞩的全面战略布局，对内，以“供给侧结构改革”为突破，通过全面制度变革与创新驱动挖掘经济增长新潜力；对外，以“一带一路”为牵引，通过“投资和贸易有机结合，以投资带动贸易发展”的“双轮驱动”模式积极推动“走出去”战略。在“走出去”战略视角下，其关注的重点从传统的单一贸易驱动模式转向了以贸易和投资为支撑的双轮驱动协同模式，因而，探讨在“一带一路”倡议背景下，我国对沿线国家对外直接投资与出口贸易的关联性正好契合这一现实需求。

通过类比我国对沿线国家对外直接投资和出口贸易两者的显性比较优势构建衡量两者关联度的指标，测算我国与沿线61个国家在2009－2018年间对外直接投资和出口贸易的关联度，从沿线国家的经济发展程度来看，我国对沿线国家对外直接投资和出口贸易的关联度在中等收入国家高于高收入国家和低收入国家，但随着经济的发展关联度的差异逐渐缩小；通过对沿线国家对外直接投资与出口贸易关联度较高的国别选择分析来看，我国与以东盟地区国家为代表的劳动力丰富的中等收入国家，以西亚北非地区国家为代表的自然资源丰富的国家的关联度较高，对外直接投资的显性比较优势表现出上升趋势，缩小了与出口贸易显性比较优势的差距。其次，在理论分析的基础上，本文采用贸易引力模型构建相应的面板数据模型实证分析了我国对“一带一路”沿线国家对外直接投资与出口贸易的关联效应，并将沿线国家按照经济发展程度进行了分类样本研究。实证研究表明，总体上我国对“一带一路”沿线国家对外直接投资对出口贸易存在显著的正向促进作用，但在高收入国家和低收入国家并不存在显著的影响，说明我国对沿线国家对外直接投资和出口贸易的关联性质在不同收入水平国家的差异明显。然后，本文以我国对沿线国家对外直接投资和出口贸易的关联度为因变量构建包含市场规模、劳动力成本、资源禀赋、地理距离、制度环境、贸易便利化程度、双边实际汇率等核心因素的实证模型，从总体研究和分类研究中具体分析和评价上述因素在我国对沿线国家对外直接投资和出口贸易关联性的贡献程度及各因素的相互作用，进一步分析我国对沿线国家对外直接投资与出口贸易关联度产生的内在原因和形成机理。研究表明，“一带一路”沿线国家的市场规模、劳动力成本、自然资源禀赋、高新技术禀赋、地理距离、贸易便利化程度、双边实际汇率等是影响我国对“一带一路”沿线国家对外直接投资和出口贸易关联度的重要因素，其作用效果在不同收入水平国家存在着显著差异；制度环境、贸易壁垒、基础设施、贸易自由度以及是否签订自贸区协议的影响并不显著。最后，在理论分析和实证研究的基础上，就如何增强我国对“一带一路”沿线国家对外直接投资和出口贸易的关联性提出针对性政策和建议。

论证3：“互联网＋”时代背景下，我国跨境电子商务飞速发展，其中出口占据了主导地位，而在跨境电子商务出口的过程中，东道国的选择是一个重要的问题，为了帮助我国跨境电子商务企业更好地开拓国际市场，本研究主要研究了东道国国家吸引力水平与我国跨境电子商务出口的关系，并进一步找出影响跨境电子商务企业出口的重要因素。

第 6 章分析了跨境电子商务、国家吸引力的研究现状，包括定义、影响因素等，然后基于信号理论对跨境电子商务和国家吸引力之间的机理关系进行了探讨。在此基础上，从市场规模和经济增速、成本、物流、信息化和风险五个维度构建了一套评价国家吸引力的指标体系，并使用主成分分析法对各指标的权重进行赋值，进而对各国国家吸引力水平进行测算，结果显示，排名靠前的国家包括美国、德国、荷兰等，也就是说基础设施较为完善且经济发展水平较高的成熟市场对投资者的吸引力较大，其次，像韩国、捷克等这类新兴市场也同样值得关注；在得到不同国家的国家吸引力水平后，本文通过构建合适的线性回归模型验证了东道国国家吸引力水平与我国跨境电子商务企业出口的关系，并进一步通过回归分析找出对跨境电子商务企业出口有重要作用的指标。研究表明，东道国国家吸引力水平与中国跨境电子商务企业出口具有正相关的关系，也就是说，吸引力大的国家被跨境电子商务出口企业选为东道国的可能性更大。其中，在国家吸引力指标中，物流服务的能力和质量对跨境电子商务出口的影响最大，其次分别为劳动力、信息化发展指数、商品进出口占国内生产总值比重。最后根据前文的分析，提出了有针对性的建议，包括精选贸易伙伴、优化物流服务的能力和质量、优化升级出口商品结构等。

第 7 章主要阐述国际政治经济对“一带一路”跨境电商带来的新挑战；第 8 章分析了数字货币对“一带一路”跨境电子商务的影响。

第三篇主要论述解决方案与路径选择，共分为四个章节，其中第 9 章为“一带一路”倡议下跨境电子商务人才培养模式研究；第 10 章为“一带一路”倡议下跨境电子商务纠纷解决问题研究；第 11 章为突破重围实现跨越构建“一带一路”跨境电商的政策框架；第 12 章为后疫情时代“一带一路”的道路选择。

第一篇

“一带一路”跨境电子商务的背景、现状与特征

“一带一路”跨境电子商务的时代背景与发展现状

1.1 “一带一路”跨境电子商务的时代背景

1.1.1 “一带一路”倡议框架下的跨境电子商务大发展

在全球区域经济一体化的背景下，国际贸易的发展愈加开放自由，国家之间的贸易往来更加频繁。如何打破瓶颈，进一步促进对外贸易的增长已成为各国都关注的问题。习近平在2013年访问哈萨克斯坦和印度尼西亚时，首次提出共同建设“丝绸之路经济带”和“21世纪海上丝绸之路”的倡议，这也被称作“一带一路”倡议，该倡议的提出得到了沿线各国的积极响应。中国也随后发布了《推动共建丝绸之路经济带和21世纪海上丝绸之路的愿景与行动》，目的是促进经济要素的有序、自由流动，资源的有效配置和深层次的市场一体化，并为该区域的经济和贸易发展创造巨大的机会。从2018年开始，中美贸易摩擦持续升温，影响了中国的贸易出口和经济增长。在这种背景下，我国为了经济的平稳发展，找到了化挑战为机遇的方法，即加强与“一带一路”沿线国家的经济交流与合作。与此同时，随着互联网的普及与信息技术的快速发展，跨境电子商务开始崭露头角，截至2018年，中国跨境电子商务的市场规模已达到9万亿元，成为我国对外贸易的重要支柱。并且，随着“一带一路”建设和中国跨境电商综合试验区的建立，跨境电商所具有的巨大发展潜力将被释放，成为我国经济增长的重要推动力。

“一带一路”建设为中国出口贸易带来了新的机遇，但由于也有一些问题亟待解决。“一带一路”沿线国家由于自然资源、文化教育、科技等方面的差异，导致了国家经济发展水平差距较大，所以服务其经济发展的物流发展水平也参差不齐，并不能为国际贸易的顺利开展提供支撑。并且，跨境电商因其即时交易、时效性强、小批量和高频度等特点对国际物流的要求更高。在这种背景下，提升“一带一路”沿线国家的整体物流绩效是一种双赢策略，既扩大了我国的跨境电商出口贸易规模，又加快了“一带一路”沿线国家的经济发展水平。

1.1.2 互联网+电子商务形成的技术驱动模式

互联网时代的到来，改变了消费者的生活方式，同时也改变着企业的价值创造方式。跨境电子商务正是“互联网+产业+国际贸易”的产业互联网思维的实践应用，给外贸增长以新的空间，促使商品和品牌的全球化流动更加便捷。目前，我国跨境电子商务发展已走在世界前列，但跨境电商人才供给却滞后很多。国内多数高校尚未构建起系统完善的跨境电子商务人才培养模式，输出人才的能力与素质无法满足企业发展需求，教育投资和培养政策上也存在诸多问题。“十三五”规划建议中指出，优化高校学科专业布局和人才培养机制，鼓励推进产教融合、校企合作。面对跨境电商行业大量的复合型人才需求，高校跨境电子商务人才的培养迫切需要在政策的引导下构建系统的培养模式，缓解人才供给压力，促进跨境电商行业的发展。

随着互联网的普及程度越来越高以及信息技术的不断发展，世界各地的人们接触电子商务网站和参与线上活动变得更加方便，因此电子商务得以在不同国家飞速发展。而电子商务在世界各国的推广成为我国电子商务企业走出国门的重要动力。在传统贸易上，世界上大部分企业都是从中国进货到本国销售，或者从中国进货到本国经加工后出口到其他国家或地区，而电子商务的发展改变了传统的交易模式，中国大部分生产者或企业已经开始通过电子商务平台主动销售产品或服务。跨境电子商务这一新的交易模式逐渐成为国际间贸易的重要形式，电商平台打造、支付、物流、营销模式、通关等环节逐渐进入了跨境电子商务模式。与传统贸易链路相比，跨境电子商务由于流通链路短、实效高等优势，已经成为中国制造链接全球消费者的第一路径。妮娜等（2015）结合我国首份电子商务城市发展报告，分析了在“一带一路”倡议背景下，我国跨境电子商务的发展机遇与发展潜力，提出了借助“互联网+”大势，夯实信息基础建设，进一步完善跨境电子商务法律法规的安排。杨宁（2019年）指出跨境电子商务正借助互联网积极开拓国际市场，同时将产品推向海外，不断抢占国际市场。据网经社电子商务研究中心的数据显示，2012年我国跨境电子商务交易规模仅为2.1万亿元，2013年达到

3.2万亿元，上涨近50%，到2018年跨境电子商务交易规模达到9.0万亿元，同比上升11.1%，是2012年的4.29倍，如图1-1所示。此外，根据中国电商年度报告，2017年中国占据了全世界电子商务市场规模的40%，网购规模达到7500亿美元。

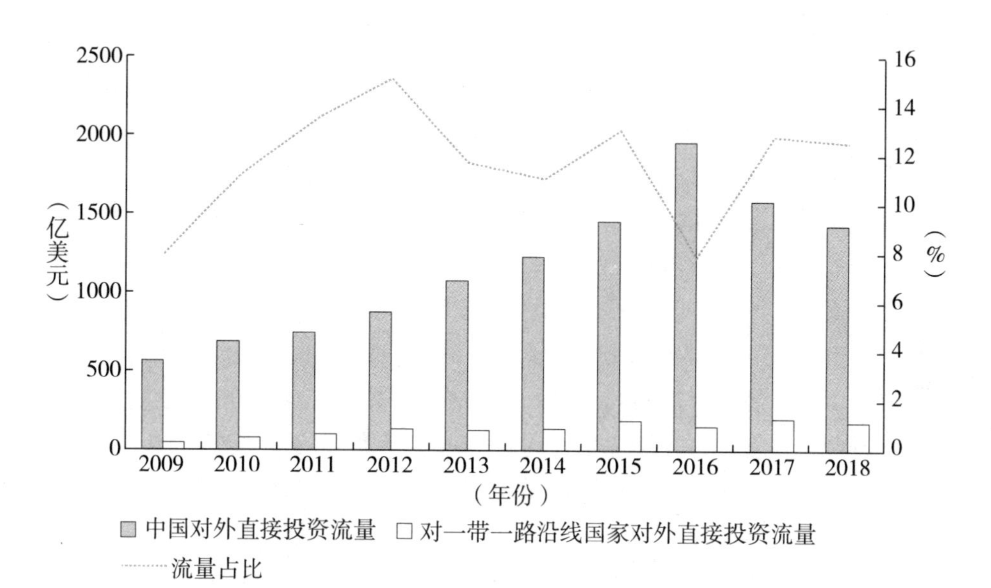

图1-1 我国对外直接投资流量及对“一带一路”沿线国家对外直接投资流量

数据来源：《中国对外直接投资统计公报》整理所得

从进出口结构看，跨境出口电商一直以来都是我国跨境电子商务贸易的重点，如图1-2所示，2018年出口交易规模占比达78.9%，较2013年的85.7%虽有所下降，但依然占据主导地位，品牌出海依然是近年来我国跨境电子商务发展的主流趋势。

1.1.3 物流企业发展的平台日益壮大

刘小军等（2016）的研究认为，在“一带一路”的大背景下，要实现跨境电子商务的发展，首先要建立起与之匹配的物流体系。积极地打造跨境电子商务海外仓、构建跨境电子商务物流信息共享平台，着力解决物流费用与时间、通关效率、售后服务困难等问题。

王娟娟等（2016）讨论了在“一带一路”经济区下跨境电子商务的发展模式，提出考虑到“一带一路”经济区内的经济交往逐步加强，人民币国际化进程不断加快，双方的跨境电子商务平台可由大型经济组织或联盟等第三方牵头搭建，如亚投行等。打造的平台要兼顾文化差异，语言差异以及宗教信仰差异等诸多特点。孙笑等（2015）以吉林省为例，分析了“一带一路”跨境电子商务的经贸发展现状，朱刘小军等（2016）的研究认为，在“一带一路”的大背景下，要实现跨境电子商务的发展，首先要建立起与之匹配的物流体系，积极地打造跨境电子商务海外仓、构建跨境电子商务物流信息共享平台，着力解决物流费用与时间、通关效率、售后服务困难等问题。

韦斐琼（2017）认为“一带一路”倡议对区域间的跨境电子商务发展有着极为显著的促进作用，可以使得跨境电子商务发展水平提高50% –60%。我国“一带一路”沿线城市应该充分利用好政策红利，因地制宜地加快经济建设，避免区域间经济差距扩大。余筱兰（2016）从法律体系构建的视角研究了“一带一路”背景下的跨境电子商务运输问题，研究认为我国的《海商法》第四章应当借鉴《鹿特丹规则》做出相应的修改，添加电子运输记录制度的相关内容。余贺伟（2017）在讨论跨境电子商务的规则建设时，提出我国自贸协议是构建“一带一路”跨境电子商务多层次法制规则体系的主要形式和关键纽带。在构建过程中，要灵活运用自贸协议的形式，突出多边贸易规则的普遍适用性，注重我国在国际规则体系制定中话语权的提升，注重对跨境电子商务新规则的吸纳。

本文基于“一带一路”的背景，先对相关文献及基本概念如物流绩效指数、空间溢出性等进行了梳理，并分析了物流绩效六个分项指标对跨境电商贸易的作用机制。接着对“一带一路”沿线国家的物流绩效和跨境电商发展的现状进行分析，利用皮尔逊系数对“一带一路”沿线国家物流绩效及中国对其跨境电商出口贸易间的相关性作出了初步判断。最后基于面板数据实证分析“一带一路”沿线国家物流绩效对我国与“一带一路”沿线国家之间跨境电商出口贸易的影响效果，并对其空间溢出效应进行了测度分析，为大力提高“一带一路”沿线国家物流整体水平，降低双边贸易成本，促进双边跨境电商贸易的发展提出针对性的建议。

中国贸易额高速增长，但仍面临不少挑战。2001 年我国加入世界贸易组织后，随着贸易自由化和市场开放程度的不断扩大，我国出口贸易得到迅猛发展。根据商务部的数据显示，我国2018 年出口贸易总额达到24800 亿美元，与20 年前未加入世界贸易组织之前的数据相比，我国的出口贸易总额增长了9 倍之多。尽管我国出口贸易总额在数量上呈现高速增长的趋势，但是出口贸易的商品一直处于全球价值链生产的低端，即以劳动密集型出口商品为主。对内，相比其他国家，劳动力成本较低一直是我国在对外经济中所拥有的巨大优势，但是随着我国经济的快速发展以及人口老龄化问题的出现，我国劳动力从原本的充裕状态到如今的短缺状态，已逐渐失去劳动力成本低这一巨大优势。除此之外，伴随着我国经济的快速发展，由于自然资源和能源的约束以及生态环境承受能力的下降，原本高消耗高增长式的经济增长方式已不再适合我国，我国需要加快转变经济增长方式的步伐。对外，自从 2008 年金融危机爆发以后，虽然各国积极应对，但是国际市场的需求一直处于比较疲软的状态，市场的波动性较大，尤其是近几年贸易摩擦时有发生，以上种种情况使得我国的出口贸易面临着巨大的挑战。面对国内外复杂多变的政治经济环境，我国已不能再坚持传统的对外贸易方式，应加快转变贸易发展方式，促进我国产业转型升级。

1.1.4 对外直接投资促进“一带一路”沿线国家基础建设

对外直接投资已成为促进经济发展的重要因素，我国对外直接投资呈现出新的特征。面对国际政治经济环境的不断变化以及贸易保护主义的抬头，出口贸易已不再是促进全球经济发展最重要的方式，取而代之的是对外直接投资这一新型方式。2018 年，世界经济增速与上年基本持平，出口贸易增速放缓，全球外国直接投资流出总量萎缩，2016 年至 2018 年连续 3 年下降。我国经济运行稳中有进，对外开放水平不断提升，有关部门积极引导有条件的中国企业“走出去”，对外投资结构和质量进一步优化。我国企业大规模的对外直接投资现象是从加入世界贸易组织之后开始兴起。自从加入世贸组织之后，我国加大对外开放的力度，特别是在 2013 年提出“一带一路”倡议之后，在国家政策的引导之下，极大地激发了我国企业对外直接投资的积极性。根据《对外直接投资统计公报》统计，2002 年我国对外直接投资流量仅有 27 亿美元，但是 2018 年我国对外直接投资流量达到 1430.4 亿美元，增长了 53 倍之多。与全球其他经济体比较来看，2018 年我国对外直接投资流量位居世界第三位，存量位居世界第二位。从对外直接投资的流向来看，以往我国企业对发展中国家的投资主要是以顺梯度投资为主，但是近几年顺梯度投资的占比在我国企业对发展中国家的投资中逐渐降低，而我国企业对发达国家的逆梯度投资却比以往得到更快速的提高，这表明我国企业的对外直接投资在近几年来出现了新的、与众不同的特征。

对外直接投资与出口贸易之间的关系复杂，出口贸易可由对外直接投资带动发展。出口贸易与对外直接投资的关系一直是国际社会的研究焦点。蒙代尔（Mundell）、韦克林（Wakelin）和佩因（Pain）通过长时间的理论研究得出对外直接投资与出口贸易之间存在替代效应。但是，随后经过学者们的进一步研究发现对外直接投资对出口贸易其实是具有促进作用的。比如小岛清（Kojima，1978）通过将美国和日本的对外直接方式进行对比，研究分析当时高速发展的日本跨国经营实际状况，发现并提出了符合发展中国家对外直接投资的理论的边际产业扩张理论，该理论认为投资国对东道国的对外直接投资对出口贸易具有促进作用。埃尔普曼（Helpman，1984）、马库森（Markusen，1983）和利普西（Lipsey）和威斯（Weiss，1984）提出的新贸易理论从供给、需求、技术差距等角度来进行研究分析，他们均一致认为对外直接投资对出口贸易不是简单的此起彼落的替代关系，而是具有促进作用。伊顿（Eaton）和田村（Tamura）（1995）以日本跨国企业为研究对象同样得出了与小岛清（1978）、埃尔普曼（1984）、马库森（1983）、利普西和威斯（1984）一致的结论。除此之外，也有部分研究认为对外直接投资与出口贸易的关系是不确定的，或者互补关系，或者替代关系，也或者互补和替代关系同时存在（Svensson，1996；Aizenman and Spiegel，2006）。

现今，为了应对国内外政治经济局势面临的重大考验和严峻挑战，以习近平总书记为核心的党中央高瞻远瞩地进行了全面战略规划布局，面对国内经济结构调整和转型的重大考验，提出以“供给侧改革”为突破，通过全面深化制度变革与增强技术创新水平加快转变经济增长方式，推动产业转型升级；面对复杂多变的国际政治经济局势，把握“一带一路”倡议规划蓝图所带来的机遇，通过“投资和贸易有机结合、以投资带动贸易发展”的“双轮驱动”模式积极推动“走出去”战略布局。在“一带一路”倡议规划蓝图视角下，我国对外开放的方式应该从简单的出口贸易转变为出口贸易和对外直接投资协同发展的新模式。因此，在“一带一路”倡议规划蓝图视角下，探索我国对“一带一路”沿线国家对外直接投资与出口贸易的关联性正好符合这一现实需求。

综上所述，本文与以往研究的不同之处在于：基于“一带一路”倡议的视角，通过构建关联度指标定量测度并深入剖析我国与对“一带一路”沿线国家对外直接投资与出口贸易的关联状况以及真实影响。这可以为我国“一带一路”倡议规划蓝图的实现、我国对外直接投资和出口贸易关联度的增强以及差异性投资贸易政策的制定提供相应的依据。杨（Yang）等（2017）研究了“一带一路”背景下跨境电子商务市场形成的机制，并以速卖通为例论述跨境电子商务对国际贸易的具体影响。

虽然中国的跨境电子商务已经做得不错，但是也可以看到，中国跨境电子商务出口地的选择还是主要以欧美等发达国家或地区为主，据网经社电子商务研究中心数据显示，2018 年中国出口跨境电子商务主要国家和地区分布为：美国 17.5%、法国 13.2%、俄罗斯 11.3%、英国 8.4%、巴西 5.6%、加拿大 4.5%、德国 3.7%、日本 3.4%、韩国 2.5%，其他 29.9%。随着世界各国的参与者不断增多，中国所占的市场份额必然变得越来越少，竞争变得更加激烈，要摆脱这种情况，除了要在众多的竞争对手中脱颖而出，我国跨境电子商务企业也需寻求进入新市场。但是相比于国内市场，跨境电子商务企业出口面临更为复杂的全球市场环境，如各国的消费者偏好、基础设施、法律制度等都存在差异，这些差异都会对我国跨境电子商务企业在国际上进行商务活动产生影响。对于想要对外扩张的跨境电子商务企业来说，如何评估不同国家的潜力，选择一个适合出口的国家进行跨国贸易是一个重要的问题。是立足于基础设施等较为完善的成熟市场，还是积极开拓新兴市场？解决这个问题，首先需要明确我国跨境电子商务企业在不同市场的潜力及主要影响因素。

对于如何评估我国跨境电子商务企业在不同市场的潜力，张益丰、王晨（2019 年）运用拓展的贸易引力模型分析了我国对主要贸易伙伴的跨境电子商务出口潜力，发现相比于成熟市场，中国对新兴市场的跨境电子商务出口潜力更大；崔少娜（2018 年）则借助五通指数分析了我国与“一带一路”国家的跨境电子商务发展潜力，发现“一带一路”国家的贸易畅通、设施联通等五通问题都会影响到跨境电子商务的健康发展。

根据对前人的研究可以发现，对东道国跨境电子商务发展潜力的研究主要集中在与经济相关的因素上，而在当前的国际舞台上，我们也不能忽略政治可能带来的影响。有些国家在带给我们巨大利益的同时，也会带来一定的风险。因此，必须对一个国家的政治体制、经济体制、法律体系、环境等因素进行综合地评估，才能更好地判断该国作为一个市场或投资场所的吸引力。而因伯（Imber）、托夫勒（Toffler）（2008 年）指出国家吸引力模型解释了评估潜在东道国的机制，可以用来解释某个国家为什么比别的国家更有吸引力。

李光勋（2016 年）认为经济、政治等各种因素都会同时作用于国家吸引力。目前，在国际贸易的研究中，国家吸引力的概念已经被用来衡量一个国家在市场上的特点，这其中包括产业、贸易、外商投资领域的特点，但是根据对前人的研究可以发现，将国家吸引力与跨境电子商务企业出口的关系相结合进行分析几乎是个空白，因此，本研究希望以跨境电子商务出口为背景分析国家吸引力，探究东道国的国家吸引力水平与我国跨境电子商务企业出口的关系，从而帮助中国跨境电子商务企业出口选择一个合适的新市场。

对外直接投资与出口贸易关系的相关研究。对外直接投资的出口贸易替代效应是指对外直接投资与出口贸易之间是相互替代的关系，蒙代尔（Mundell）（1957）的国际货币资本投资理论、海默（Hymer）（1976）的垄断优势理论、邓宁（Dunning）（1977）的折中理论、佛农（Vernon）（1996）的产品生命周期理论等均支持这种观点。

蒙代尔（1957）假设资本等要素是可以自由流动的，打破了 H－O－S 理论的严格假设，最先将资本流动引入国际贸易理论中。他认为贸易壁垒的出现催生了对外直接投资，如果母国和投资东道国的生产函数是一致的，那么出口贸易和对外直接投资是完全替代的关系。蒙代尔分析过程如下：如果国际贸易是完全自由的，两国间的出口贸易会使两国的要素价格趋于一致，那么在这样的情况下，资本就不会流向他国。然而，贸易壁垒的出现会使得两国间的要素价格不再一致，进而产生差异，由于要素之间产生差异，则资本会发生流动，从低报酬国家流向高报酬国家，这一过程会使得资本等要素的价格再次趋于一致。由此出现出于保持国际收支平衡和就业平衡等的目的，资本丰富的国家会削减资本密集型产品的生产和出口，提高比较优势产品的生产的同时减少进口，最终对外直接投资的出现降低了进出口贸易的规模。

斯蒂芬·海默（1976）认为资本不仅仅只是货币，还包括知识产权、高新技术、经营管理等方面，这进一步丰富了资本本身的定义。他同时假设市场是不完全的，强调不仅包括要素市场，还包括了产品市场。斯蒂芬·海默（1976）的研究假设解释了为什么越来越多的国家会选择进口比较优势产品，这弥补了蒙代尔理论的缺陷。他以美国为研究对象，提出了垄断优势理论：当且仅当母国的跨国企业与投资东道国的本土同类型企业相比具有了一定垄断优势时，母国的跨国企业才会选择对外直接投资这一方式开展对外经济；反之则会选择出口贸易，因此对外直接投资和出口贸易是相互替代的关系。由于斯蒂芬·海默的研究对象美国为发达国家，因此垄断优势理论对于不具备垄断优势的发展中国家跨国企业进行的对外直接投资现象无法解释。

邓宁（1977）在上述理论的基础之上提出了国际生产折中理论，该理论认为跨国企业同时具备所有权优势、内部化优势和区位优势时，才会选择对外直接投资；反之则会选择出口贸易的方式开展对外经济。此外，布雷纳德（Brainard）（1997）提出的权衡集中理论从一个崭新的角度解释了对外直接投资和出口贸易相互替代的原因，这一角度为跨国企业决策的角度，他提出在进行对外扩张时，如果出口贸易成本高于对外直接投资成本时，跨国企业会倾向于选择对外直接投资；反之则会倾向于选择出口贸易。

佛农（1996）从产品发展阶段的角度来研究对外直接投资和出口贸易之间的关系。他将产品生命周期划分创新阶段、成长阶段、成熟阶段及标准化阶段四个阶段。通过分析创新阶段、成长阶段、成熟阶段及标准化阶段四个阶段里产品生产和销售的变化历程，进一步证实了对外直接投资和出口贸易的替代效应。

巴克利（Buckley）和卡森（Casson）（1976）提出基于降低成本提高收益的目的，在出口贸易的成本高于对外直接投资时，企业会选择对外直接投资而非出口贸易。佩因和韦克林（1998）运用经合组织成员国的数据，从整体和行业两个层面实证研究分析得出对外直接投资和出口贸易之间存在替代关系。戈皮纳特（Gopinath）和皮克（Pick）（1999）通过运用美国食品加工企业12年间的对外直接投资和出口贸易数据，分析得出对外直接投资和出口贸易之间的关系成反比，说明对外直接投资在一定程度上替代了出口贸易。徐贞洙（Jung Soo Seo）和Chung Suh（2006）以韩国为研究对象，运用1987－2002年这15年间的数据实证研究得出韩国的对外直接投资与出口贸易之间呈现负相关关系，即两者之间是相互替代的关系。

对外直接投资的出口贸易促进效应。对外直接投资的出口贸易促进效应是指对外直接投资与出口贸易之间是相互促进、共同发展的关系。虽然上述理论和研究说明了对外直接投资和出口贸易之间是相互替代的关系，但是随着经济全球化的不断深化，对外直接投资和出口贸易相互替代的理论却解释不了出口导向型的对外直接投资，两者的关系显然不仅仅是简单的替代关系。小岛清（1978）通过对比美国和日本两个国家的对外直接投资方式，由此提出了边际产业扩张理论，研究发现这两个国家的对外直接投资对出口贸易的影响效应是截然不同的，该理论认为投资国对东道国的对外直接投资对出口贸易具有促进作用。此外，巴格瓦蒂（Bhagwati，1987）和拉尔（Lall，1985）等学者也从不同的角度分析得出与小岛清（1978）相同的结论。

小岛清（1978）提出的边际产业扩张理论，研究分析当时高速发展的日本跨国经营实际状况，该理论认为母国应该选择自身即将处于劣势的产业但在投资东道国处于优势的产业通过对外直接投资向外转移，从边际产业开始进行投资，可以使东道国因缺少资本、技术、经营管理技能等未能显现或未能充分显现出来的比较优势显现或增强，扩大两国间的比较成本差距，为实现数量更多、获益更大的贸易创造条件，从而实现对外直接投资和贸易的相互促进关系。在这种情况下，母国就形成边际产业扩张—对外直接投资—出口贸易扩张—产业升级—边际产业扩张—对外直接投资的良性循环。

桑加亚·拉尔（Sanjaya Lall，1983）提出技术地方化理论来弥补垄断优势理论的缺陷，他以发展中国家为研究对象，基于小规模技术理论，认为发展中国家跨国公司的技术特征尽管表现为规模小、使用标准化技术和劳动密集型技术，但这种技术的形成却包含着企业内在的创新活动，发展中国家拥有对新技术快速消化和再次创新的能力，研究分析得出对外直接投资和出口贸易之间是相互促进的关系。

巴格瓦蒂和迪诺普洛斯（Dinopoulos）（1992）提出的 B－D 模型创新性地从政治经济学和跨国企业的角度研究对外直接投资和出口贸易之间的关系，他提出母国为了防止自身出现出口贸易顺差，而他国出现出口贸易逆差而使得他国采取贸易保护措施阻止母国向其出口贸易的情况出现，母国会鼓励跨国企业进行对外直接投资，在这种情况下出口贸易的发展便会推动对外直接投资的发展。

利普西和韦斯（1981）、古贝特和穆蒂（1991）运用美国出口贸易和对外直接投资的数据，实证分析得出美国的对外直接投资和出口贸易呈现正相关关系，即美国的对外直接投资活动会促进美国的出口贸易。Pfaffermayr（1994）采用奥地利 1980－1990 年 10 年间该国制造业出口贸易和对外直接投资的数据进行实证研究，分析得出对外直接投资和出口贸易之间成正比，即对外直接投资对出口贸易有显著的促进作用。伊顿和田村（1996）、黑德和雷斯（2002）运用日本出口贸易和对外直接投资的数据进行实证研究，分析得出日本的对外直接投资和出口贸易呈现正相关关系，即日本的对外直接投资活动会促进日本的出口贸易。马利亚姆和塞西利奥（2004）运用了美国、日本和欧盟的工业品对外直接投资与进出口贸易的数据基于贸易引力模型构建了相应的面板数据模型进行实证研究，发现对外直接投资对出口贸易存在促进效应。

李东阳、杨殿中（2012）、闫杰、刘清娟（2017）选取我国对中亚五国的对外直接投资存量数据和进出口贸易数据为样本，研究得出对外直接投资和出口贸易正向相关的结果，即我国对中亚五国的对外直接投资对出口贸易有促进效应。胡昭玲，宋平（2012）运用我国在1993－2009年16年间的对外直接投资和进出口贸易数据，构建动态VAR模型，实证研究得出我国对投资东道国的对外直接投资不仅促进我国的出口贸易，还促进了我国的进口贸易，对外直接投资和出口贸易之间是相互促进的关系。隋月红、赵振华（2012）以国家的不同经济发展程度为研究视角进行实证研究，研究结果说明我国对不同经济发展程度的国家的对外直接投资均对出口贸易有正向的促进作用。周昕、牛蕊（2012）以我国的对外直接投资和出口贸易数据为研究对象进行实证分析，得出我国对其他国家的对外直接投资促进了进出口贸易。程中海、袁凯彬（2015）运用我国的能源对外直接投资和能源出口贸易数据构建面板数据模型，并基于系统GMM估计进行实证研究，得出我国能源的对外直接投资整体促进了我国对这些国家能源的进口和出口。王怡安、许启航（2017）选取“一带一路”沿线国家为样本构建模型进行实证研究，研究结果表明我国对沿线国家的对外直接投资和进出口贸易呈现正相关关系，即我国对沿线国家的对外直接投资对进出口贸易有正向促进作用。

随着经济全球化的持续深入，跨国企业在出口贸易和对外直接投资中扮演角色的重要性越来越高，对外直接投资和出口贸易不是简单的分割关系，两者往往会同时发生在同一跨国企业内，因此投资贸易一体化的趋势越来越清晰明了。这也说明对外直接投资和出口贸易之间并非简单的替代关系或互补关系，而是有可能是替代和互补相互融合、相互交叉的关系。

卡森（1976）和巴克利（2017）提出了内部化理论，他们从跨国企业决策的角度对两者的关系进行深入剖析，研究发现跨国企业的对外直接投资活动是源于出口贸易，企业通过出口贸易了解各投资东道国，当出口贸易的成本高于对外直接投资的成本时，跨国企业就会舍弃出口贸易，选择对外直接投资。

马库森（1983）和斯文松（1996）从要素价格和相关性的角度分析了对外直接投资与出口贸易的关系，由于要素之间存在价格差异，而要素之间的价格差异就会导致所生产的产品的价格产生差异，进而会导致产品进行在全球范围内流动。如果出口贸易的产品和与生产该产品有关的要素是组合或相关的，那么出口贸易产品的流动会促进与生产该产品有关的要素在全球范围内流动；反之，出口贸易产品和与生产该产品有关的要素流动则表现为替代关系。

克鲁格曼（2001）提出的新贸易理论假设市场是不完全竞争的，他认为对外直接投资和出口贸易都会使得要素的价格趋于一致，从而导致出口贸易减少。但是由于市场存在不完全竞争，资本和商品的自由流动也无法导致不同国家的要素价格完全一致，因此对外直接投资和出口贸易不可能是完全替代的关系；假设要素价格完全一致，但在生产标准化和技术不断创新的基础上，资本的流动促使国际分工更加细化和专业化，从而使得零部件、中间品等产业链上的出口贸易迅速发展，因此，对外直接投资会促进出口贸易的发展。

斯文松（2004）从国家和行业两个角度进行实证分析，并以美国为研究样本，得出对外直接投资的出口贸易效应与产品的等级有关，对于低水平等级的产品呈现替代效应，而对于高水平等级的产品则呈现为互补效应。张如庆（2005）运用我国 1982－2002 年 10 年间的对外直接投资和出口贸易数据，并进行格兰杰因果检验实证分析，结果表明进出口贸易虽然在一定程度上作用于对外直接投资，但是对外直接投资却不是进出口贸易变化的格兰杰原因，因此，对外直接投资对出口贸易不存在促进或替代效果。谭亮和万丽娟（2010）选取我国 1995－2007 年间对外直接投资和出口贸易数据进行实证分析，研究结果表明对外直接投资在短期内对进口和出口产生抑制作用但在长期是会促进进出口贸易。胡兵和乔晶 2013 年的实证结果表明我国对发达国家的对外直接投资阻碍出口贸易的发展，但对发展中国家的对外直接投资则会显著的推动我国出口贸易发展。陈培如和冼国明（2018）以新的视角——对外直接投资二元结构为研究的出发点，收集整理了我国对 184 个国家或地区 2007－2018 年 11 年间的对外直接投资和出口贸易数据，构建面板数据模型，得出了我国的对外直接投资集约边际促进了我国对这些国家的出口贸易发展，而对外直接投资的拓展边际则和出口贸易为替代关系。

对外直接投资的动机及其与出口贸易的关系。对外直接投资和出口贸易的关系一直是学术界研究的焦点，由于研究逻辑、研究方法和分析基础的差异，得出的结论也各有不同，至今未形成一个权威和一致的观点。一部分研究认为要深入剖析形成不同结论的原因，关键是要深入研究对外直接投资本身，分析不同对外直接投资动机下出口贸易效应的差异。小岛清（1978）第一个提出对外直接投资对出口贸易效应的不同可能与对外直接投资本身的动机有关。Pananond P. 和 Cuervo – Cazurra A（2018）经过实证研究分析得出不同类型动机的对外直接投资对出口贸易的影响截然不同。Patrie（1994）与格雷（1998）将对外直接投资动机分为创新导向型、成本导向型资源、市场导向型、资源导向型等类型进行研究分析也得出相同的结论。邓（2004）则将对外直接投资动机分为战略资产寻求投资动机、技术寻求投资动机、市场寻求投资动机、多样化寻求投资动机以及资源寻求投资动机，侧重观察我国的跨国企业对外直接投资过程中所源于的不同动机的问题，并从宏观角度和微观角度进行相应分类的实证分析。韦贝克和卡诺（2016）基于商业历史的角度，运用十个成功典型企业进行案例分析，分析新兴经济体跨国企业优势的同时提出其在投资过程中存在的九个动机。德弗雷涅（2017）以我国对欧盟的对外直接投资为研究对象，提出我国企业对欧盟进行对外直接投资的动机是想要获得欧盟的经营管理、品牌管理以及高新技术等战略型创新型资产。

虽然国内对对外直接投资动机异质性的研究起步相对较晚，但很多学者也进行了相应的研究，柴庆春（2012）经过研究分析得出母国基于获取自然资源和市场为动机对发展中国家进行对外直接投资，基于躲避贸易壁垒和扩大市场为动机对发达国家进行对外直接投资。张海波（2011）以东亚国家为研究对象，发现对发达国家的对外直接投资通常是创新资产寻求型对外直接投资，对发展中国家的对外直接投资通常是资源型对外直接投资（李兵，2008；蒋冠宏，2014）。闫雪凌和胡阳（2016）我国的对外直接投资是出于避税、获取资源以及抢夺市场的目的。

进一步地，张海波（2011）和张春萍等（2012）除了将对外直接投资的动机分为三大类，还将其与出口贸易的关系进行了相应的分析，结果得出资源寻求型对外直接投资和创新资产寻求型对外直接投资对出口贸易有促进作用，市场寻求型对外直接投资对出口贸易有替代作用。李兵（2008）经过研究分析得出对外直接投资对出口贸易的影响是综合性且不确定的。刘薇（2018）以“一带一路”沿线国家为研究样本，将我国对沿线国家的对外直接投资动机分为市场寻求型、资源寻求型、效率寻求型和战略寻求型四类，并经过实证分析得出这四类投资动机均对出口贸易有促进作用，只不过其作用效果不同而已。

在上述研究分析的基础上，部分学者探索了导致不同对外直接投资动机产生差异的原因，如王胜（2014）得出了对投资东道国的对外直接投资的动机差异源于投资东道国的经济发展程度和资源禀赋的不同的结论。在我国提出“一带一路”倡议规划蓝图以后，我国对于“一带一路”沿线国家的对外直接投资对出口贸易影响的相关研究也在逐步增加。王苏琰（2016）选取2003-2014年61个“一带一路”沿线国家的数据，发现我国对“一带一路”沿线国家的对外直接投资均产生贸易创造效应。黄达（2016）选取2003-2012年我国对东盟十国的相关数据对我国与东盟自贸区的投资与贸易的关系进行了实证研究，结果表明长期内对外直接投资对于出口贸易具有促进作用，而短期内的贸易拉动作用较小。宋勇超（2017）利用2005-2014年我国对24个沿线国家的对外直接投资和进出口数据构建了相应数据模型，结果表明我国对“一带一路”沿线国家的对外直接投资和出口贸易存在明显的互补关系，且短期的贸易创造效应十分显著，中长期贸易效应较弱。李晓钟，徐慧娟（2018）选取2007-2016年我国对“一带一路”沿线国家对外直接投资与进出口贸易的面板数据，研究得出对外直接投资对贸易影响总体上不显著，但对不同收入国家的不同贸易结构影响效应存在差异，存在着创造和替代双重效应。

郭玉梅（2016）从对外直接投资动机差异化的角度，分析了2009-2014年我国对51个“一带一路”沿线国家对外直接投资流量、存量和进出口额等相关数据，并根据聚类分析和投资动机将东道国分为三类，结果表明对外直接投资存量对于促进贸易的影响要大于对外直接投资流量，资源寻求型对外直接投资的出口贸易效应要大于效率寻求型和市场寻求型的对外直接投资的出口贸易效应。刘薇（2018）也将投资动机差异加入研究中，同样发现资源寻求型的对外直接投资对出口贸易结构的优化作用最大，其次是效率寻求型的对外直接投资，但是战略资产获取型和市场寻求型对外直接投资的贸易创造作用较弱。杨亚平和高玥（2017）从制度距离以及海外华人网络视角入手，选取2003-2014年我国对“一带一路”沿线国家的对外直接投资数据，实证研究结果发现：我国企业不同偏好动机具有差异性制度距离偏好，技术研发型投资偏好正向制度距离大的国家，而商务服务型以及当地生产型对外直接投资则显示出规避负向制度距离大的国家的趋势。黎绍凯和张广来（2018）以投资动机以及风险规避为研究视角，研究我国对“一带一路”沿线国家投资布局以及其优化选择，并从区位选择以及投资规模两个角度，对于我国投资进行优化决策分析，并根据研究结果做出相应政策建议。彭冬冬和林红（2018）从东道国制度质量的角度对我国对“一带一路”沿线国家对外直接投资数据的进行分析，并在差异性投资动因基础上进行分析，实证结果显示，对于市场导向型、技术导向型、成本导向型以及工程承包型对外直接投资，制度质量较高的东道国具有更强的吸引力。

通过对国内外对外直接投资对出口贸易影响的理论研究和实证研究相关文献的梳理，已有研究主要具有以下几点不足：

第一，对外直接投资对出口贸易究竟是何种影响效应，截至目前还没有一个统一的结论。至于为什么会出现这种情况的原因，绝大部分已有研究认为是对外直接投资的动机不同的原因。

第二，已有研究中关于对外直接投资的动机，大多数是将其分为创新资产寻求型、效率寻求型、资源寻求型、市场寻求型等类型，但是目前尚没有构建出一套合适的方法体系去识别和辨认不同的对外直接投资动机。

第三，现有的对不同对外直接投资动机对出口贸易影响的研究主要是在理论分析和定性研究的基础上，通过实证分析进行的定量研究相对较少。

最后，在现今关于对外直接投资和出口贸易的研究中，通过对“一带一路”倡议规划视角下的相关研究进行梳理，发现已有研究基本是采用贸易吸引力模型分析我国对沿线国家对外直接投资和出口贸易之间的关系，这种方式仅仅只能解释我国对沿线国家对外直接投资和出口贸易的整体关系，并不能深入剖析沿线国家与国家之间的关联性以及关联性的动态变化。本文构建的对外直接投资和出口贸易的关联度指标可以对我国对“一带一路”沿线国家的对外直接投资与出口贸易的关联性进行定量计算，这样可以使得研究结果更加科学和客观，并可以提出更加具有针对性和实用性的政策建议，为我国对“一带一路”沿线国家对外直接投资和出口贸易关联性的研究添砖加瓦。

综上所述，本文在已有研究基础上，选取“一带一路”沿线国家为研究对象，将出口贸易和对外直接投资纳入同一分析框架，建立关联度指标定量测度我国与“一带一路”沿线国家对外直接投资的出口贸易的关联状况，从对外直接投资不同的投资动机的角度对对外直接投资和出口贸易产生关联的机制进行了理论分析和实证检验，利用面板数据模型从总体样本和分类样本实证研究了我国对“一带一路”沿线国家的对外直接投资与出口贸易关联度的影响因素，进一步剖析不同动机对外直接投资和出口贸易关联度的影响效应，这可以为我国“一带一路”倡议规划蓝图的实现、我国对外直接投资和出口贸易关联度的增强以及差异性投资贸易政策的制定提供相应的依据。

跨境电子商务是国际贸易的重要组成部分，在我国国际贸易增速放缓、非关税性壁垒增多、部分竞争优势丧失的情况下，如何利用跨境电商这一新兴业态拉动国际贸易的进一步发展是当前的重要任务。目前跨境电商行业处于井喷式发展，但在这井喷的背后，跨境物流产业的发展并没能跟上跨境电商产业的节奏。跨境电商面临的基础设施不完善、配送周期长、运输成本高等问题将成为制约跨境电商发展的最大难题。因此，本文对“一带一路”沿线各国的物流绩效及其六个分项指标进行了分析，研究物流绩效的不同分项指标对中国与“一带一路”沿线国家之间跨境电商贸易的空间效应，对跨境电商行业通过提升物流环节的效率从而推动其发展具有一定的理论和实践意义。

1. 理论意义

（1）随着物流成本在贸易成本中地位的加深及跨境电商的迅速发展，越来越多的学者开始关注物流绩效和跨境电商的研究。但多数学者在研究物流绩效时，只关注本国的物流发展对本国传统对外贸易的影响。本文利用世界银行发布的国际物流绩效指数来衡量一个国家的物流发展水平，从“一带一路”沿线国家物流绩效的角度来研究它对中国与沿线国家间跨境电商出口贸易的影响，并且加入了空间计量模型，对“一带一路”沿线国家物流绩效的空间溢出效应进行测度分析，更清楚地研究了“一带一路”沿线国家的物流绩效对中国与其跨境电商出口贸易的影响程度，具有一定的理论意义。

（2）为探讨针对“一带一路”沿线投资与出口贸易关系的相关理论分析添砖加瓦。尽管我国在近年来加强对对外直接投资这一研究热点的研究，但是大多数研究仅仅只是单方面研究对外直接投资这一领域。把对外直接投资和出口贸易结合起来进行研究的学者只有很少的一部分，针对对外直接投资和出口贸易关联性的研究更是少之又少。与此同时把两者结合起来的研究大多只是针对发达国家进行研究，缺乏对发展中国家的深入研究。以习近平总书记为领导的党中央在2013年提出的“一带一路”倡议规划蓝图所涉及的国家非常多，这些国家的自然资源水平、经济发展程度、制度环境等都是截然不同的。因此，本文选择“一带一路”沿线国家为研究对象，深入剖析我国对“一带一路”沿线国家对外直接投资与出口贸易的关联状况以及变化情况，这可以在很大程度上能填补这一研究领域的空白，具有一定的理论意义。

（3）创建对外直接投资与出口贸易相互关联的理论框架。本文系统收集、整理以及分析了对外直接投资和出口贸易的相关研究，结合我国对外直接投资的特质，以我国对外直接投资的动机为研究视角来研究分析对外直接投资和出口贸易之间的关联性，将我国对外直接投资动机分为市场寻求型、效率寻求型、资源寻求型和技术寻求型四种来研究我国对“一带一路”沿线国家对外直接投资和出口贸易内在关联的机理，并构建相应的理论框架，进一步完善我国对“一带一路”沿线国家对外直接投资和出口贸易的理论机制，这同时也为本文接下来的实证研究奠定相应的理论基础。

（4）构建关联度指标定量测度我国对沿线国家对外直接投资和出口贸易的关联状况，具有较强的针对性和实用性。出口贸易和对外直接投资被纳入同一分析框架，并通过建立我国对沿线国家对外直接投资与出口贸易关联度指标进行定量测算和深入剖析我国对“一带一路”沿线国家对外直接投资和出口贸易的关联状况，构建面板数据模型，实证研究我国对沿线国家对外直接投资与出口贸易产生关联的机制，同时利用面板数据模型结合地缘政治、经济维度从总体样本和分类样本实证研究我国对“一带一路”沿线国家的对外直接投资与出口贸易关联度的影响因素，为探讨对沿线国家对外直接投资与出口贸易的更深层次关系提供了新思路。

2. 现实意义

本文对“一带一路”沿线国家物流绩效和中国对沿线国家跨境电商出口贸易之间的关系进行了详细的理论和实证分析，并提出相应的发展对策，对促进我国跨境电子商务出口贸易健康、长足地发展具有重要的现实意义。本文首先从理论上分析了“一带一路”沿线国家的物流绩效现状，让各国清楚了解到本国物流发展水平在所有国家中的地位。其次，本文没有单纯地认为各国的物流绩效是一个独立的变量，而是认为各国的物流绩效之间相互影响并对此进行分析。最后，根据沿线国家物流绩效空间溢出效应的实证结果，提出针对性的建议，以提高“一带一路”沿线国家整体的物流发展水平，扩大双边贸易。

（1）在现今关于对外直接投资和出口贸易的研究中，基本都是采用贸易吸引力模型来分析我国对“一带一路”沿线国家对外直接投资和出口贸易之间的关系，然而这种方式仅仅只能解释我国对沿线国家对外直接投资和出口贸易的整体关系，并不能深入剖析沿线国家与国家之间的关联性以及关联性的动态变化。本文构建的我国对沿线国家对外直接投资与出口贸易的关联度指标可以对我国对“一带一路”沿线国家的对外直接投资与出口贸易的关联性进行定量计算，这样可以使得研究结果更加科学和客观，并可以提出更加具有针对性和实用性的政策建议，为我国对“一带一路”沿线国家对外直接投资和出口贸易关联性的研究添砖加瓦。

（2）加深和拓展对对外直接投资与出口贸易关系的认识和理解。本文将对外直接投资和出口贸易纳入统一研究框架进行研究，在一定程度上为我国在这方面的研究添砖加瓦，并加深和拓展我国对沿线国家对外直接投资与出口贸易关系的认识和理解。其次，本文基于“一带一路”倡议的视角，通过构建关联度指标定量测度并深入剖析我国对“一带一路”沿线国家对外直接投资与出口贸易的关联状况以及真实影响。这可以为我国“一带一路”倡议规划蓝图的实现、我国对外直接投资和出口贸易关联度的增强以及差异性投资贸易政策的制定提供相应的依据。

（3）为“一带一路”的“投资带动贸易”的“双轮驱动”模式提供理论和现实支撑。面对复杂多变的国际政治经济局势，把握“一带一路”倡议规划蓝图所带来的机遇，通过“投资和贸易有机结合、以投资带动贸易发展”的“双轮驱动”模式积极推动“走出去”的战略布局至关重要。因此，本文以此为现实出发点，在“一带一路”倡议规划蓝图视角下，展开以不同对外直接投资动机为视角探索我国对“一带一路”沿线国家对外直接投资和出口贸易的关联性正好符合这一现实需求。

（4）为政府与企业制定差异化投资贸易政策和决策提供参考。本文从理论和实证两个角度，以我国对沿线国家的对外直接投资的动机为研究视角来研究分析我国对“一带一路”沿线国家对外直接投资和出口贸易之间的关联性，并构建相应的理论框架来分析并提出相关政策启示。这可以为我国“一带一路”倡议规划蓝图的实现、我国对外直接投资和出口贸易关联度的增强以及差异性投资贸易政策的制定提供相应的依据。

1.2 “一带一路”跨境电子商务的现状

1.2.1 我国跨境电子商务发展现状

据电子商务研究中心发布的《2018 年度中国跨境电商市场数据监测报告》显示，2018 年中国跨境电商交易规模达 9 万亿元，同比增长 11.6%，其中出口跨境电商规模达 7.1 万亿元，而进口跨境电商规模则为 1.9 万亿元。跨境电商交易结构中，出口依然占据主导地位，品牌出口成为近年来发展的主流趋势。在根据中国产业信息研究网发布的《中国跨境电商物流行业发展模式调研与趋势前景分析研究报告》数据测算：以物流成本占交易额的 25% 来估算跨境电商物流行业市场规模，则 2019 年中国跨境电商物流行业市场规模达到 3519 亿元，预计到 2025 年规模将突破 1 万亿元。中国跨境电商发展迅猛，与之息息相关的跨境物流也在不断完善，发展到现在已经形成了一件代发货、自发货、海外仓三大物流方式主打的跨境物流局面。但无论是从交易量还是增长率方面来看，跨境电商物流服务水平都难以与跨境电子商务的发展水平相协调。

1. 跨境电子商务的规模效应显现

跨境电子商务作为新兴产业，由于涉及贸易范围较广，参与主体比较多，有关交易双方交易行为的各种法律法规还不够完善，消费者权益和企业利益维护起来相对困难，因此需要有完备的法律制度来进行保障。伴随着“一带一路”倡议的进一步展开，我国跨境电子商务企业要想在广阔的海外市场中站稳脚跟，必须以完善的法律法规作为支撑。

跨境电子商务即为外贸电商，由于交易对象不同，当前的跨境电子商务主要包括 B2B、B2C、C2C 几种模式；按照经营主体来划分，则包括混合型和垂直型两种。跨境电子商务是在信息技术和互联网飞速发展的大环境下衍生而来，它主要借助电子商务手段从事进出口交易活动，包括商品甄选、跨境支付、结算、物流和数据传输等多方面内容。

从 2011 年起，中国跨境电商进入了高速发展的时期。到 2013 年，交易

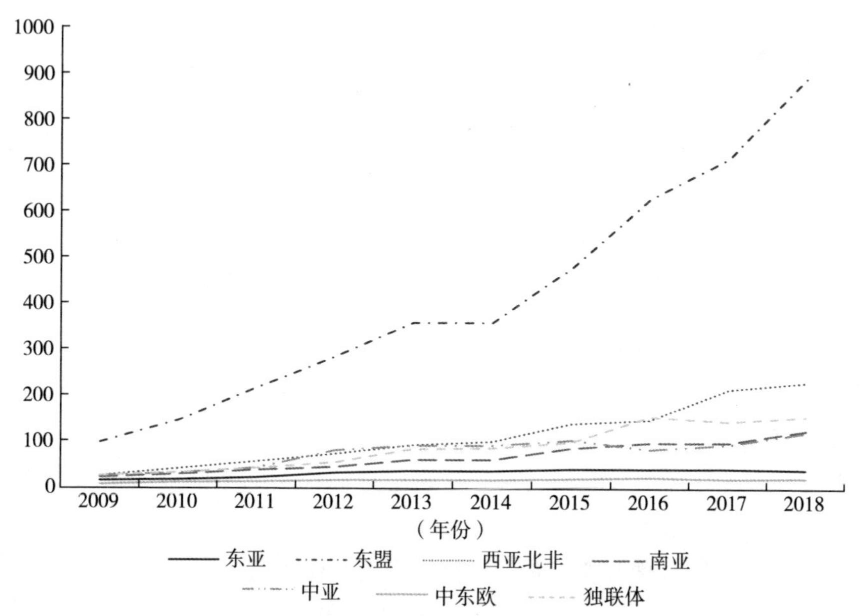

图 1－2 我国对“一带一路”沿线七大区域对外直接投资存量（亿美元）

数据来源：《中国对外直接投资统计公报》整理所得

规模已经突破人民币5000亿美元，2014年达到6500亿美元，同比增长33%。2016年，其交易额规模突破10000亿美元，2017年交易额预计将突破14000亿美元，年均增幅达30%以上，具体见图1－2。根据数据显示，当前在“一带一路”倡议背景下，出口跨境B2B企业发展环境良好。在我国，跨境电商在广东、浙江等网络、物流等基础设施发展较为成熟的沿海地区已经形成规模。在消费升级的市场大环境之下，消费者的关注点已经从商品的价格向商品的使用体验方向转变。更注重商品的使用体验，更注重商品细节的企业会获得更好的口碑，占有更高的市场份额。目前跨境电商以B2B模式为主，随着更多的企业进入跨境电商领域，跨境电商的市场竞争已经更加激烈，同时市场也较以前更加的细化。企业的业务已经开始向产业链上下游延伸。将对外贸易的相关业务资源整合进行专业物流、通关、金融等服务成体系一站式服务的平台已经开始出现。

2. 我国跨境电商发展趋势良好

从相关数据以及相关资料可以看出，跨境电商贸易已经成为我国对外贸易发展新的增长动力点。我国正在实施的“互联网＋外贸”的对外经济合作战略，将进一步引导外贸企业向跨境电商方向转型发展。我国跨境电商产业的发展趋势向好的原因如下：

（1）政府扶持力度加大

政府对跨境电商发展会日益重视，在中国，政府导向作用、政府的资源投入毋庸置疑会对某个产业的发展起到积极的作用。随着跨境电商试点城市逐步增加，跨境电商平台的业务范围将逐步扩大。“一带一路”互联互通项目的实施，与跨境电商相关联的物流、仓储、支付、通关等服务业态也会逐步完善。我国的制造大国优势将进一步显现。

（2）跨境电商移动化、媒体化趋势明显

移动互联网终端设备和网络建设的迅速发展让大量的业务流程可以在手机这样的移动终端上得以实现。地点和时间的灵活性已经在最大程度上弥补了国际贸易的空间和时间的差别。而伴随着大数据时代一起到来的，就是商品利用社交、媒体工具的精准推广。跨境电商基于电子商务的本质特征就在于客户对于商家的评价会在短时间内被传播和放大。

（3）跨部门、跨行业整合，完整供应链正在形成

跨境电商的发展促进了传统外贸企业与电子商务平台的融合。大数据、人工智能技术的发展又使得电子商务平台有了更强劲的技术推动力。电子商

务平台的智能化、便捷化的发展又反过来促进跨境电商积极整合贸易产业链条上下游的服务企业向一站式服务发展。在这个领域内，中国目前走在世界的前列，已经初步具备了制定行业规则、标准的能力。

（4）政策法规进一步完善，行业标准和准入门槛进一步提升

在中国，各个跨境电商试点工作的进行已经取得了一定的成功。跨境电商正在向着法制化、标准化、集群化的方向发展。监管部门的协调功能在逐步增强，监管政策法规也在逐步完善。《网络安全法》将得到更深入的贯彻，《电子商务法》也即将出台。从国际范围来看，基于中国电子商务和跨境电商的成熟，按照中国模式制定的行业标准也将成为现实。对于过去的粗放的行业准入制度也会随之而改变，必将会提高行业的准入门槛。

3. 我国跨境电商人才储备与日俱增

我国跨境电商人才缺口据统计已接近 450 万，并以每年 30% 的增速扩大。在目前的跨境电商领域，尽管选择从事跨境电商行业的毕业生具有一定专业背景，数量也相当可观，可是这些毕业生还是未能满足行业发展的需要。“一带一路”倡议面向多个国家，对语言有着很高的要求，我国现阶段仍然缺少既能运用多种语言、了解多国风俗习惯，又具备特定的商务知识与客户交流自如的人才。在“一带一路”倡议的推动下，我国跨境电子商务的人才供不应求，目前的人才培养模式已经很难满足跨境电子商务发展日益扩大的人才需要。

“一带一路”的构想充分体现了和平与发展的当今世界主题，符合“一带一路”沿线国家和平发展的美好愿景。基于我国互联网与信息技术的急速发展，跨境电子商务已经在某些领域起到了传统贸易无法替代的作用。跨境电商不仅包括线上产品展示，还包括线上交流，线上询价以及线上交易等环节。目前已经发展到整个的贸易流程都可以在线上完成。具体包括线上的海关通关，货款支付，线上的物流仓储管理以及保险运营，售后服务等整体国际贸易链条的整合。

4. 沿线国家基础设施建设进一步加强

（1）“一带一路”沿线国家经济发展水平差异较大、宏观经济稳定性差。一国对外贸易投资能力与经济发展水平、宏观经济稳定性存在正向相关关系，经济发展水平越高、宏观经济越稳定，一国对外贸易投资能力越强，对基础设施投资合作的认知能力和积极性也就越高。“一带一路”沿线国家经济发展水平差异较大，宏观经济稳定性相对较弱，对推进“一带一路”沿线国家基

础设施合作形成了巨大挑战。以非洲地区为例，非洲大多数国家经济发展水平依然落后，根据国际货币基金组织 2018 年发布的《全球各国人均国内生产总值排名》，南苏丹的人均国内生产总值只有 228 美元，甚至有些国家的人均储蓄水平常年处于负数状态。在发展基础设施、高额的偿债成本和政府支出增加等多重因素的推动下，非洲多数国家公债规模持续增加，对外债务水平不断提高，国家主权信用评级下降，加之非洲国家通货膨胀率长期居高不下。这些因素给经济稳定性带来了极大的风险，严重制约了非洲对外贸易投资合作便利化，尤其给投资规模巨大、周期较长的基础设施建设带来了不利影响，不利于推进与非洲地区基础设施的投资合作。

（2）“一带一路”沿线国家存在不同程度的市场准入限制。经济活跃程度和市场开放程度越高，对外贸易投资合作便利化程度也就越好。“一带一路”沿线国家为保护本国企业和就业，对行业、土地使用及外资等投资设置了较高的壁垒，出台限制劳工政策以及存在不同程度的贸易管制，不同程度地设置了项目审批、许可证发放、职业技能认证、语言测试、市场需求测试、劳务国籍配额、人员本地化指标、审批程序繁杂等障碍，导致劳动、资金以及技术等要素流动性极其缓慢，也带来了双边贸易投资尤其是基础设施投资成本的增加，降低了基础设施投资经营生产效率，给具有较强基础设施投资合作意愿的国家和企业投资便利化带来了阻碍。例如：2011 年以来，埃及为保障本国人口就业，决定停止向从事非稀缺工种的外国人颁发工作许可，从而限制外国劳工输入。

（3）“一带一路”沿线国家基础设施投资合作

“一带一路”沿线国家的经济不同程度地面临缺乏内生增长动力、海关物流水平低、信用评级较差、市场准入限制严格以及长期处于对外贸易逆差状态等问题，导致“一带一路”沿线国家基础设施投资合作便利化程度相对较低，特别是“一带一路”沿线国家由于环境治理、财政债务危机、国家安全评估、政府信贷安排等缘由，叫停或暂缓实施在建或投标的基础设施项目，加之缺乏一个有效的、独立的、政策协调的、具有法律基础的仲裁监督机构，贸易投资双方难以遵循贸易投资争端解决原则以及难以有效约束双方。这些都不利于建立一个有效的贸易投资合作体系，缺乏规范的有效的关于贸易投资争端的解决机制，更不利于创造基础设施贸易投资合作便利化环境。同时，“一带一路”沿线国家投资合作便利化程度差异较大，虽然随着时间推移，部分国家和地区的投资合作便利化程度有所改善，但是整体水平仍然较低。

（4）“一带一路”沿线国家金融合作机制不成熟。众所周知，以物流和港口为重点的基础设施便利化有利于推进“一带一路”沿线国家贸易投资合作。如果基础设施建设水平较高，则一国的贸易投资便利化程度也就相应提高，因而解决一国贸易投资便利化的前提是解决基础设施便利化，即基础设施投资便利化既是贸易投资便利化的依赖，也是贸易投资便利化的保障。但“一带一路”沿线国家基础设施建设水平参差不齐，大部分国家或地区基础设施投资缺口巨大，而对外金融合作机制不成熟，融资渠道和手段单一，基础设施融资困难重重，这都无疑给“一带一路”沿线国家基础设施投资合作带来了巨大挑战。

5. 沿线国家营商环境进一步改善

营商环境在“一带一路”沿线国家经济发展中的积极作用，通过提升营商环境来推动经济发展是一条可行之路。“一带一路”沿线国家应致力于建设透明高效的政务环境，优化企业从诞生到破产过程中的政府职能，缩减企业办理各项手续的时间，降低企业支付的行政成本，不断优化企业生产经营的环境。“一带一路”沿线国家另外还应致力于建立公平正义的法治环境，使企业能够在公平的市场中充分竞争，完善法律体系和制度，特别是要完善《公司法》，实施企业注册登记的“单一窗口”制度。在便利企业注册登记的同时，加快企业的注销程序。此外，还应当进一步健全产权保护制度，维护企业投资者的利益，降低解决商业纠纷的成本，引导企业健康发展。中国提出“一带一路”合作倡议，致力于打造文化包容、经济融合、政治互信的“人类命运共同体”，应当着力推动沿线国家在营商环境规则领域的协调与合作。全球经贸投资竞争激烈，中国与“一带一路”沿线国家共同营造稳定公平透明的营商环境，有助于加强沿线国家的经济合作和互相投资，从而进一步促进区域经济的快速发展。

（1）沿线国家的营商环境整体上处于世界的中等偏上水平。190 个国家的营商环境情况，涉及了 64 个“一带一路”沿线国家。其中，沿线经济体营商环境便利度的平均得分高于世界平均水平。从排名上看，新加坡、格鲁吉亚和马其顿都在前 10 名之内。营商环境排名前 38 名中，“一带一路”沿线国家占到了 16 个；有 22 个经济体排名在 39 ~ 76 之间，如斯洛文尼亚、亚美尼亚、斯洛伐克、土耳其等，较为便利；有 10 个经济体排名在第 77 ~ 114 位之间，如印度、阿曼、不丹等，营商环境处于中等水平；有 8 个经济体排名在第 115 ~ 152 位之间，如埃及、菲律宾、塔吉克斯坦等，水平较差；有 8 个国家排名在第153～190位之间，如老挝、阿富汗、伊拉克等，营商环境评价较差。

（2）沿线经济体在营商环境具体细分指标上的表现与经济合作与发展组织（OECD）的差异较大。沿线经济体营商环境与世界整体营商环境的表现相近，却与经济合作与发展组织（OECD）经济体显著不同。从细分指标看，沿线经济体表现最好的是“开办企业”，其次是“对外贸易”和“缴纳税款”，得分最低的是办理破产。这与190个国家的营商环境表现基本相同，而经合组织经济体表现最好的是“对外贸易”，其次才是“开办企业”和“电力供应”，得分最低的是获得贷款。“一带一路”沿线经济体横跨欧亚非三大洲，营商环境无论是整体指标还是各分项指标都要比世界的一般水平高一些，但是各经济体的营商环境水平存在明显差异。按照沿线经济体所处区域、经济发展程度并考虑分析的简便性，可以将其分为中东欧、亚洲和西亚北非三个区域。其中，中东欧地区的营商环境整体便利度较高，亚洲次之，而西亚北非较差，并且各区域内部营商环境的差异也较大。例如亚洲各个经济体中，东北亚和东亚地区的营商环境水平最高，中亚地区次之，南亚地区较差。新加坡的营商环境一直位列前茅，但是其他东南亚国家营商环境则普遍较差。

（3）沿线经济体的营商环境整体逐步向好，社会经济稳步发展。从2010年以来，沿线经济体的营商环境得分总体呈现上升的趋势。与2010年相比，2019年沿线经济体中有57个国家的营商环境得分有所提高，只有7个国家的得分有所下降。这些营商环境恶化的国家大多政治动荡，社会经济环境恶化。在“一带一路”沿线经济体中，有些国家的营商环境水平较高，但其经济发展水平偏低，如格鲁吉亚、柬埔寨等；还有个别国家的经济发展水平较高，其营商环境水平却偏低，如阿联酋等。即便如此，从整体来看，随着营商环境水平的提高，沿线国家的人均国内生产总值还是呈现比较明显的上升趋势。这说明，“一带一路”沿线国家的营商环境与经济发展水平具有正向相关关系。

6. 沿线国家电商人才质量进一步提升

自中国政府提出“一带一路”倡议以来，中国将自身在基础设施建设、装备制造、能源等方面的优质产能与中东欧沿线国家的建设需求结合起来，同时全面加强了与它们的文化、金融、医疗、教育、旅游等领域的深层交流与合作。国家发展改革委、外交部、商务部于2015年3月联合发布了《推动共建丝绸之路经济带和21世纪海上丝绸之路的愿景与行动》（下文简称《愿景与行动》）。《愿景与行动》明确地指出“一带一路”的合作重点是“五通”，即政策沟通、设施联通、贸易畅通、资金融通、民心相通。要实现“五通”，人的因素是重要环节也是关键支撑。培养通晓国际规则，了解国际政治、经济、文化的专业人才，成为各级教育机构、专业智库、政策制定者和有关企业共同面对的课题。

1.2.2 我国跨境电子商务物流发展现状

当前电商的物流发展模式主要包括邮政包裹、国际快递专线物流以及海外仓储等几种主要的物流模式，其各自有着优势和劣势。如邮政包裹盖面比较广泛，而且受到多个国家的支持，在跨境电商物流发展中服务质量标准比较高，而且在严格的要求下是国家之间深化合作，努力提升服务水平的重要保障。其主要的弊端是邮政包裹的运抵速度较慢。海外仓储这一物流分销模式，虽然可以极大地解决跨境电子商务售后和服务效率的问题，但可能存在对海外仓储信息获取以及控制的难题。如有可能被复制以至于以次充好的产品出现，影响跨境电子商务贸易的市场信誉等。

随着信息技术的进步与发展，敦豪（DHL）、天地（TNT）、联邦快递（FEDEX）和联合包裹（UPS）是四个最大的国际商业快递公司，他们应用强大的计算机技术，自建全球网络，为跨境物流产业的发展提供了更加优质的物流服务，但伴随着优质的服务必然需要消费者付出较高的成本，通常只有对时效性要求较高的跨境电子商务产品适用。这就暴露了当前跨境电子商务发展严重受到物流产业影响的情况。同时也催生了专业物流公司的进一步发展，他们的发展为建立更专业的跨境电商物流产业提供了可能。我国现代物流已经初步得到了发展，并且国家重视开发物流配送基础设施的建设，为其提供了技术支持，使得物流产业的发展的动力十足，推动了物流的跨越式发展。

1. 体制障碍。专业物流公司发展面临着体制的障碍，专化的物流服务方式有限，而且管理水平有待于提高。物流企业的管理水平低却面临着较大的市场需求，而作为第三方物流的承载量较小，延时了跨境电子商务企业高效率的生产和发展，也严重影响着物流的运输效率提高。

2. 基础设施建设不完善。现代化的物流集散运输设施较少，而且大型综合性的货物运输枢纽渠道建设仍然存在着弊端，港口等集散中心的建设滞后，各种物流基地园区以及物流中心建设缺乏，严重影响着物流集散运输的效果。加上现有的物流设备，技术以及操作系统的先进性不高，非常不利于专业物流公司的发展。尤其是海陆空运输网络的建设以及基础设施的完善和更新、修缮工作比较滞后，投资力度小，使得专业物流公司可用的技术设施较少，对其提高运输效率和服务效果比较不利，进而影响了跨境电子商务物流产业的扩大。

3. 专业人才匮乏。物流产业的人才匮乏，是制约现代物流集散运输的主要原因，对于物流运输、软件和系统的建设以及操作、开发等各个方面的影响比较深远，尤其是现代物流基础设施的专业人才十分的紧张，具有研究生和博士生学历人才在陆续的培养，缺乏一定的经验，而且具有国外物流管理专业的人才更是少之又少。专业的物流人才匮乏，复合型的物流人才较少，尤其是具备综合国际贸易，跨境贸易等多个方向的物流管理经验人才几乎没有，严重制约了跨境电子商务下专业物流公司的发展，不利于专业物流企业进一步发展扩大经营范围，继而影响跨境电子商务贸易的发展。

4. 成本运营较高。目前，我国跨境电子商务已通过部分知名网站作为物流平台，为国内外客户提供了相应的物流服务，虽然这些国际物流公司的物流速度极快，但其物流成本也高。如联合包裹、敦豪等跨国际物流公司，通常会选择与一些小网点合作。在这种情况下，无论是运营商还是协作商，首先考虑的合作因素一般都是"质量"，而高质量的物流服务体验背后必然需要较高的资本保证其有效、顺畅，所以较高的运营成本也阻碍了物流企业的进一步发展。因此，有效节省相应的跨境电子商务物流成本迫在眉睫。

5. 物流企业体系不合理。对于跨境电子商务物流新兴发展情况下，其收入从 2009 年的 0.9 万亿元增至 2013 年的 1.2 万亿元，增速达 7.5% 左右。在"一带一路"和"互联网 +"的政策下，无疑为我国跨境电子商务物流发展提供了有利的政策保障。但是在这种机遇来临的同时，物流体系上至管理人员，下至企业员工，都没有重视现代企业管理制度。如韵达、圆通、中通以及顺丰等，虽然在国内建立了相应的物流网络，但是相应的物流基础设施却不能及时跟进。在"一带一路"的经济大背景下，在严峻的市场和复杂化的国际贸易交易中，严格的企业管理体系不仅是企业可持续发展的标志之一，也是其利润的获取最大的保障。目前，我国的物流企业在电子物流商务上，无法用现代思维拓宽视野广度，建立内部运行机制和与外部环境相适应的管理体制。一是无法建立市场经济占主导地位的市场观念，受长期政府的扶持和调控，企业管理逐渐形成依赖性。然而，这种思想在"一带一路"经济环境下必然要受到阻碍，从而影响企业管理制度内部工作与外部环境相统一，无法建立现代化市场下对竞争观点、服务观点、开拓观点、人才观点等方面的硬性要求。二是无法让制度提升企业的生产力。社会主义的根本任务是发展社会生产力，所以发展生产力也是企业的根本任务。一个企业的生产力水平，最终要看企业职工改造自然（实践经济活动）的效果。但要是在流水似的管理制度下，这样的生产力提升必然会破灭，而这也是我国跨境电子商务在物流网速较快的步伐中，其基础设施未能“两条腿”走的主要根源。

6. 管理缺乏专业化。我国的跨境电子商务发展过程在当前的政策下，总体上呈急剧增长的态势，相信在“互联网+”的驱动下，这种状况也将有增无减。然而，当前我国真正开始从事跨境物流的企业还很少，这些跨境电子商务物流的配送一般都是由国际快递公司来进行，这种现状一方面是受当前物流体系不完善所致，另一方面是物流企业在管理人员的使用上未达到专业化。企业管理人员专业化工作既是当前时代的必然要求，也是现代企业自身紧跟时代部分革新自我的应然状态。管理人员的素质如何、管理水平如何，将直接影响企业资源的使用及配置，并会对企业管理的进一步改革与发展起着不可估量的作用。管理专业化工作既是当前时代的必然要求，也是企业自身紧跟时代部分，革新自我的应然状态。企业管理人员专业化是当前企业管理工作中的重要内容，这既是时代的应然要求，也是企业管理人员自身不断完善的必然选择。如何让现代企业管理人员工作走向专业化，需要把握其专业化原则和专业化路径。当前，促成现代企业管理人员专业化在一些企业里面临很大的问题，一些员工因思想观念较陈旧，一直未能重视管理人员专业化的思想。总以为管理是一个“上传下达”，一切按照以前的管理套路进行管理即可，专业化是一个可有可无的“面子”工作，这实则是一种严重错误的想法。此外，有的企业管理工作自身的运作模式较为落后，无法形成一套现代化的体系，与当前的信息化时代相脱节，无法捕捉到“一带一路”经济背景下为西部带来的商机和机遇。因此，现代企业管理人员专业化的障碍是落后的思想观念和缺乏现代化的运作模式等问题。

1.2.3　我国对“一带一路”沿线国家对外直接投资的总体规模

1.2.3.1　我国对“一带一路”沿线国家对外直接投资的情况

2018年，世界经济增速与上年基本持平，货物贸易增速放缓。全球外国直接投资流出总量萎缩，2016年至2018年连续3年下降。中国经济运行稳中有进，对外开放水平不断提升，有关部门积极引导有条件的中国企业“走出去”，对外投资结构和质量进一步优化。2018 年，中国对外直接投资流量 1430.4 亿美元，列全球第二位。自从 2013 年以习近平总书记为核心的党中央提出“一带一路”倡议蓝图规划后，我国与沿线国家的合作得到进一步加强，我国对“一带一路”沿线国家的对外直接投资得到迅速的提高。

由图 1-3 可见，中国对外直接投资总体上呈现快速增长的趋势，对外直接投资流量由 2009 年的 565.3 亿美元增长到 2018 年的 1430.4 亿美元，增长了 2.53 倍；尽管我国的对外直接投资流量并不是逐年增长的趋势，但是从整体上来说，其总体上是呈现上升趋势的，反映了我国对外直接投资在全球不断扩张的影响力。虽然国际政治经济形式复杂多变，全球经济出现疲软状态，但是我国对“一带一路”沿线国家的对外直接投资流量总体上还是呈现持续增长趋势；2018 年对外直接投资流量虽有所下降，但是也达到了 178.9 亿美元。从所占比重的角度分析，我们也可以看出，虽然我国对“一带一路”沿线国家对外直接投资占我国对外直接投资总流量的比重在 2009-2018 年 10 年间有所波动，但总体上在上升，由 2009 年的 8% 上升至 2018 年的 12.51%。

与对外直接投资流量不同，对外直接投资存量存在滞后性，更加反映累积效果。由图 1-3 可知，10 年间我国对外直接投资存量一直持续迅速增长，对外直接投资存量由 2009 年的 2457.55 亿美元增长至 2018 年的 19388.7 亿美元，增长了 7.89 倍。与此同时，我国对“一带一路”沿线国家的对外直接投资存量也是呈现迅猛增长的趋势，与 2009 年相比，2018 年增长了 7.8 倍，但

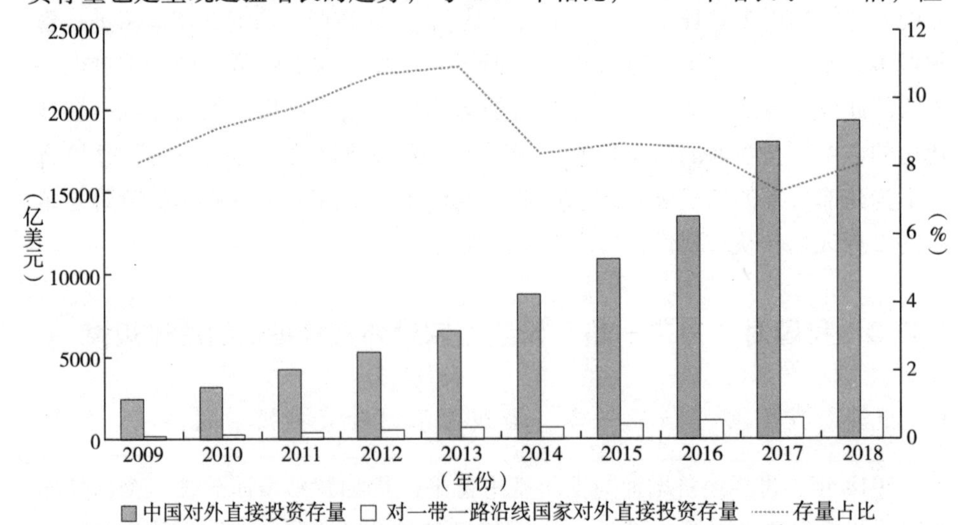

图 1-3 我国对外直接投资存量及对“一带一路”沿线国家对外直接投资存量

数据来源：《中国对外直接投资统计公报》整理所得

是对外直接投资的规模依旧比较小；从我国对“一带一路”沿线国家对外直接投资存量的占比来看，我国对“一带一路”沿线国家对外直接投资占我国对外直接投资总存量的比重从2009年至2018年处于先上升后下降的波动状态中，在2009－2013年比重总体上呈现爬行上升趋势，但是2013－2018年却处于波动下降的趋势，究其原因，这可能是源于我国对外直接投资存量的增长率与我国对于“一带一路”沿线国家的直接投资的增长率相比较高，说明随着我国政府加强审查企业对外投资的合规性和真实性，对外直接投资更加趋向成熟，回归理性，结构进一步优化。随着“一带一路”倡议规划蓝图的实现，我国对“一带一路”沿线国家的对外直接投资仍然具有相当大的提升空间。

1.2.3.2 我国对“一带一路”沿线国家对外直接投资的区位分布

本文通过查阅、收集、整理及分析相关文献资料，将研究对象选定为较早加入“一带一路”倡议规划蓝图的主要国家，共65个（不计中国），包括东亚1国、东盟10国、南亚8国、西亚北非18国、中亚5国、中东欧16国、独联体7国，具体如下表1－1所示。

表1－1 “一带一路”沿线国家地区划分

地区	国家
东亚（1）	蒙古国
东盟（10）	新加坡、马来西亚、印度尼西亚、缅甸、泰国、老挝、柬埔寨、越南、文莱、菲律宾
南亚（8）	印度、巴基斯坦、孟加拉国、阿富汗、斯里兰卡、马尔代夫、尼泊尔、不丹
中亚（5）	哈萨克斯坦、乌兹别克斯坦、土库曼斯坦、吉尔吉斯斯坦、塔吉克斯坦
西亚北非（18）	伊朗、伊拉克、土耳其、叙利亚、约旦、黎巴嫩、以色列、巴勒斯坦、沙特阿拉伯、也门、阿曼、阿联酋、卡塔尔、科威特、巴林、希腊、塞浦路斯、埃及
独联体（7）	俄罗斯、乌克兰、白俄罗斯、格鲁吉亚、阿塞拜疆、亚美尼亚、摩尔多瓦
中东欧（16）	波兰、立陶宛、爱沙尼亚、拉脱维亚、捷克、斯洛伐克、匈牙利、斯洛文尼亚、克罗地亚、波黑、黑山、塞尔维亚、阿尔巴尼亚、罗马尼亚、保加利亚、北马其顿

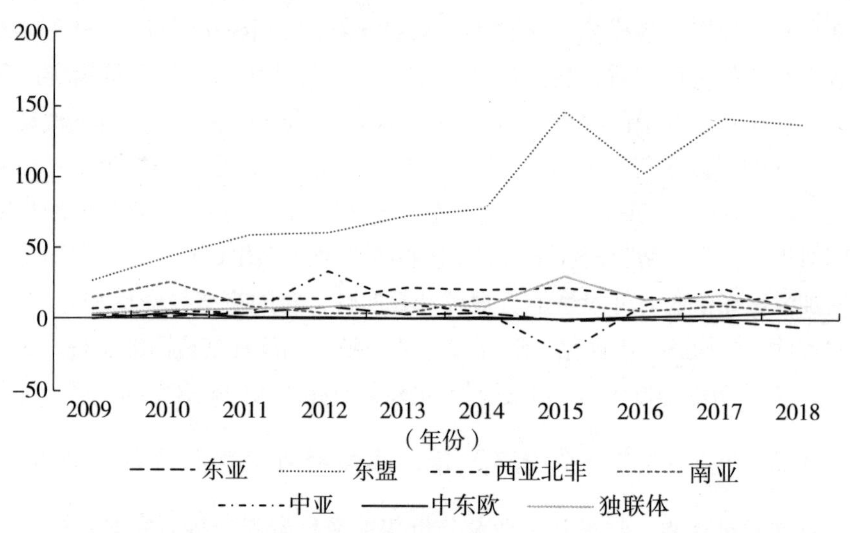

图1－4　我国对"一带一路"沿线七大区域对外直接投资流量（亿美元）

数据来源：《中国对外直接投资统计公报》整理所得

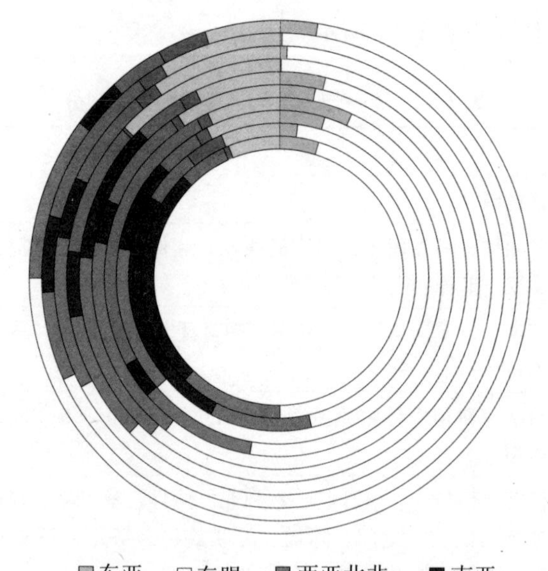

图1－5　2009年－2018年我国对"一带一路"各地区的对外直接投资流量分布图

数据来源：《中国对外直接投资统计公报》整理所得

由上图1－4、1－5可知，与其他地区相比，2009－2018年10年间我国对东盟地区的对外直接投资流量一直处于最高水平，并呈现波动上升趋势。

2009年我国对东盟地区的投资流量为26.98亿美元，2009－2015年在持续上升，并达到最高值146.04亿美元，此后2016年呈现下降的趋势，2017年经过调整又得到些许回升，随后伴随着我国对“一带一路”沿线国家对外直接投资结构的不断优化，2018年我国对东盟地区对外直接投资流量继续回升至136.94亿美元，占我国对“一带一路”沿线国家对外直接投资流量的76.55%，2009－2018年这10年间年均增长率为17.65%，共增长了5.08倍。2018年位于我国对七个区域对外直接投资流量第二、三位的分别是西亚北非和独联体地区，这两个地区分别从2009年的7.28亿美元和3.60亿美元增长至2018年的19.48亿美元和9.19亿美元，年均增长率分别为10.35%和9.83%。2018年对东亚、南亚、中亚等地区的对外直接投资流量占比则有所下降。我国对七大区域的对外直接投资流量总体上呈现波动上升的趋势，中东欧地区对外直接投资流量的所占比重的不断提升说明了我国对“一带一路”沿线国家对外直接投资结构在不断优化。

如图1－6、1－7所示，2009年至2018年，这10年的时间里，我国对“一带一路”沿线国家的对外直接投资存量呈现不断增加的态势，但是“一带一路”沿线国家中不同地区之间存在着明显的差异。2009年－2018年，这10年的时间里，占我国对“一带一路”沿线国家对外直接投资存量前三位的地区分别为东盟地区、西亚北非地区以及独联体地区。这3大地区的2018年对外直接投资存量与2009年相比，分别提升了9.30倍、9.93倍以及6.50倍。

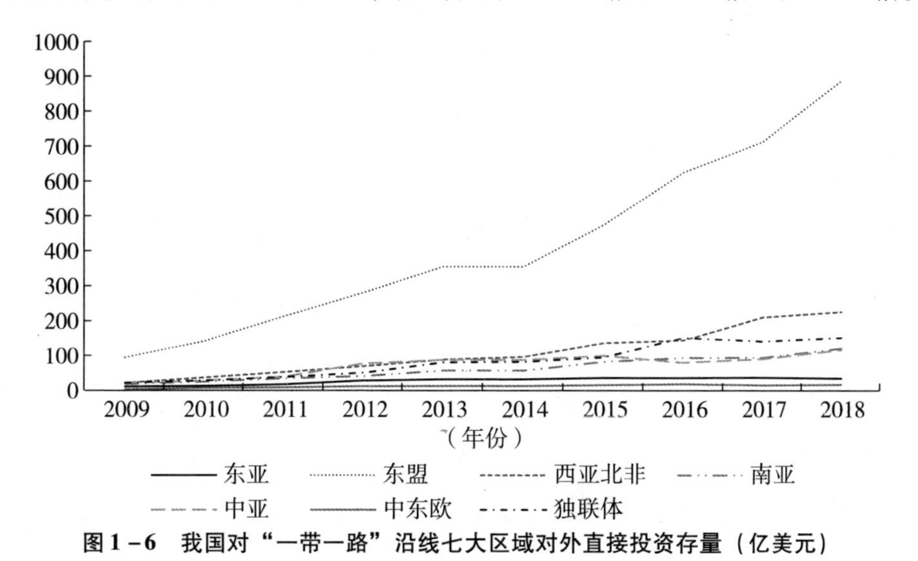

图1－6 我国对“一带一路”沿线七大区域对外直接投资存量（亿美元）

数据来源：《中国对外直接投资统计公报》整理所得

虽然我国对东盟地区的增长倍数并不是最大的，但是我国对东盟地区的对外直接投资存量一直比其他六个区域高很多。但是我国对西亚北非地区的对外直接投资存量增长速度最快，2009－2018 年 10 年间保持着 25.80% 的年均增长率，其次才是东盟地区，年均增长率为 24.98%。位列投资存量末四位的东亚、南亚、中亚、中东欧地区的虽然占比较低，但近 10 年来同样呈现波动上升的增长态势。

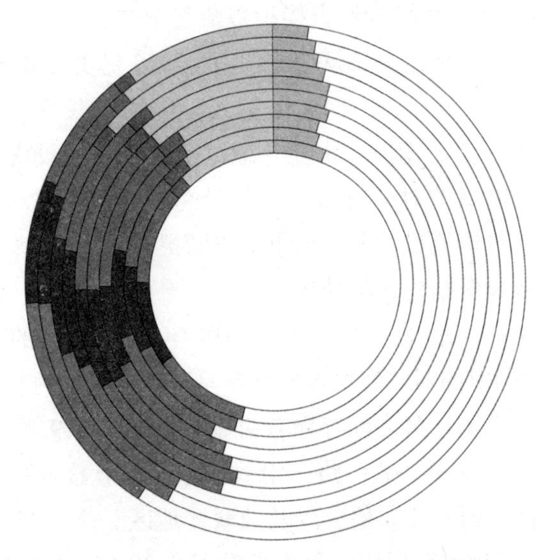

图 1－7　2009 年－2018 年我国对“一带一路”各地区的对外直接投资存量分布图

数据来源：《中国对外直接投资统计公报》整理所得

从下表 1－2 可以知道，截至 2018 年末，我国对“一带一路”沿线国家对外直接投资存量排名前 20 名国家发生的对外直接投资存量占对我国对“一带一路”沿线国家总投资额的 92.09%，这说明我国对“一带一路”沿线国家对外直接投资存量的区域集中度很高，主要流向东盟、西亚北非、独联体地区。与此同时，我国对“一带一路”沿线国家对外直接投资流量排名前 20 名国家发生的对外直接投资流量占我国对“一带一路”沿线国家总投资额比例的 95.96%，也是主要流向东盟、西亚北非、独联体地区。

表 1-2 2008 年我国对“一带一路”沿线国家对外直接投资流量和存量前 20 名国家

单位：亿美元

沿线国家	对外直接投资流量	沿线国家	对外直接投资存量
新加坡	64.1126	新加坡	445.6809
印度尼西亚	18.6482	俄罗斯	138.716
马来西亚	16.627	印度尼西亚	105.388
老挝	12.4179	哈萨克斯坦	75.6145
越南	11.5083	老挝	66.5495
阿联酋	10.8101	阿联酋	64.3606
柬埔寨	7.7834	巴基斯坦	57.1584
泰国	7.3729	缅甸	55.2453
俄罗斯	7.2524	柬埔寨	54.4873
孟加拉国	5.4365	泰国	53.5847
以色列	4.1057	越南	49.6536
塔吉克斯坦	3.8824	马来西亚	49.147
沙特阿拉伯	3.8307	印度	47.4733
土耳其	3.5282	以色列	41.4869
埃及	2.2197	伊朗	36.235
印度	2.062	蒙古国	36.228
科威特	1.9208	沙特阿拉伯	20.3827
塞尔维亚	1.5341	塔吉克斯坦	16.1609
哈萨克斯坦	1.1835	土耳其	13.0135
波兰	1.1783	吉尔吉斯斯坦	12.9938

数据来源：《中国对外直接投资统计公报》整理所得

总体而言，我国对“一带一路”沿线国家对外直接投资流量和存量一直处于迅速增长的态势。目前来看，对“一带一路”沿线七大区域的对外直接投资仍然存在比较大的不同，但是伴随着 2013 年我国提出的“一带一路”倡议蓝图规划，我国对中东欧地区的对外直接投资流量和存量呈现着快速增长的趋势，说明我国对“一带一路”沿线国家的对外直接投资结构在不断完善中。

1.2.4 我国对“一带一路”沿线国家对外直接投资的行业分布

我国对“一带一路”沿线国家的对外直接投资除了存在区位分布，还存在着行业分布。2018 年末，由《2018 年中国对外直接投资公报》可知，中国境内投资者在“一带一路”沿线国家设立境外企业超 1 万家，涉及国民经济 18 个行业大类，2018 年实现直接投资 178.9 亿美元同比下降 11.3%（流向采矿业投资为负值），占同期中国对外直接投资流量的 12.5%。从行业构成看，流向制造业的投资 58.8 亿美元，同比增长 42.6%，占 32.9%；流向批发和零售业 37.1 亿美元，同比增长 37.7%，占 20.7%；流向电力生产和供应业 16.8 亿美元，同比增长 87.5%，占 9.4%；流向科学研究和技术服务业 6 亿美元，同比增长 45.1%，占 3.4%。2013 至 2018 年，中国对沿线国家累计直接投资 986.2 亿美元。

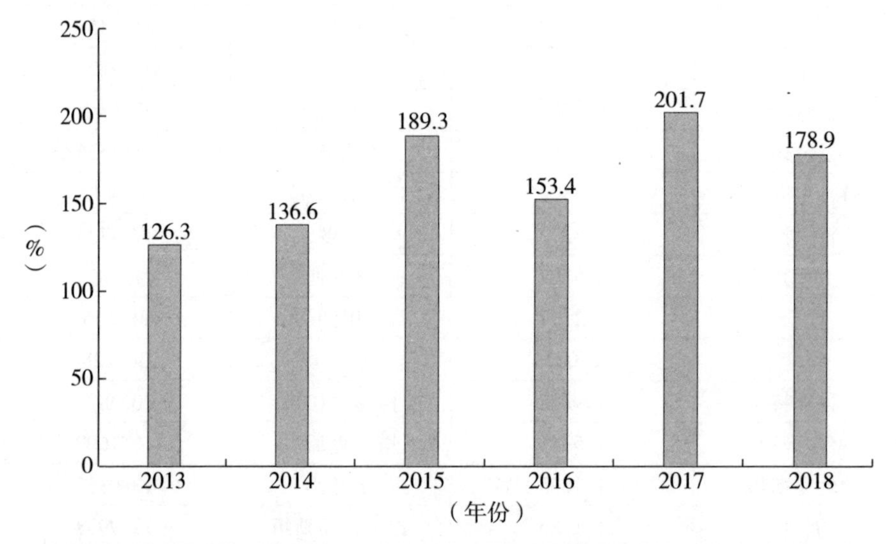

图 1-8　2013-2018 年中国对“一带一路”沿线国家投资情况（亿美元）

数据来源：《中国对外直接投资统计公报》整理所得

由以上数据可知，我国对“一带一路”沿线国家对外直接投资的行业集中度较高，但是行业分布越来越合理，与我国经济发展相匹配。我国对“一带一路”沿线国家对外直接投资的行业排名前四位的分别是制造业、批发和零售业、电力生产和供应业、科学研究和技术服务业，这四个行业总共占同期对外直接投资流量的 66.4%，从对“一带一路”沿线国家对外直接投资的国别构成来看，东盟国家占据半壁江山，因此，下面以东盟十国为例，对我国对“一带一路”沿线国家的对外直接投资行业分布进行分析。

1.2.4.1 第三产业在对外直接投资存量行业结构中占比显著提升

我国对东盟国家直接投资的行业分布分为两个阶段。第一阶段的行业分布特征为第二产业占据主导地位。2009年我国对东盟地区对外直接投资存量行业分布前三位分别为电力/热力/燃气及水的生产和供应业，批发和零售业和租赁和商务服务业。第二阶段的行业分布特征为第三产业投资流量的快速增长。2018年，我国对东盟地区对外直接投资存量的48%集中在第三产业（即服务业），金额为498.68亿美元，主要分布在租赁和商务服务、金融、批发和零售、信息传输/软件和信息技术服务、房地产、交通运输/仓储等领域。第二产业480.64亿美元，占我国对外直接投资存量的47%，其中：制造业214.18亿美元，采矿业97.63亿美元，建筑业68.77亿美元，电力/热力/燃气及水的生产和供应业100.05亿美元。第一产业49.26亿美元，占我国对外直接投资存量的5%。2018年，投资的第一目标行业是制造业，制造业行业投资流量达到44.97亿美元，同比增长41.7%，行业投资存量达到214.18亿美元，主要流向马来西亚、印度尼西亚、越南、新加坡和泰国。第二是批发和零售业，投资流量为34.73亿美元，同比增长41.8%，主要流向新加坡。租赁和商务服务业位列第三，投资流量为15.02亿美元，同比下降29.9%，主要流向新加坡、老挝、印度尼西亚。从2018年中国对东盟国家投资存量的行业分布来看，制造业（214.18亿美元），租赁和商务服务业（188.74亿美元）及批发和零售业（154.30亿美元）是当前投资存量排名前三大行业。

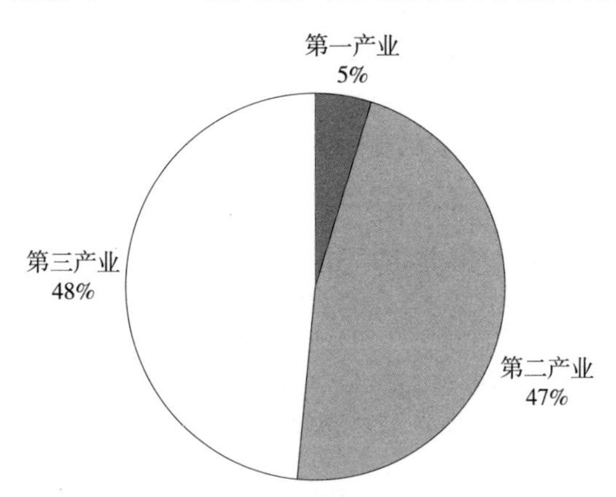

图1-9 2018年我国对东盟对外直接投资存量按三次产业分类构成

数据来源：《中国对外直接投资统计公报》整理所得

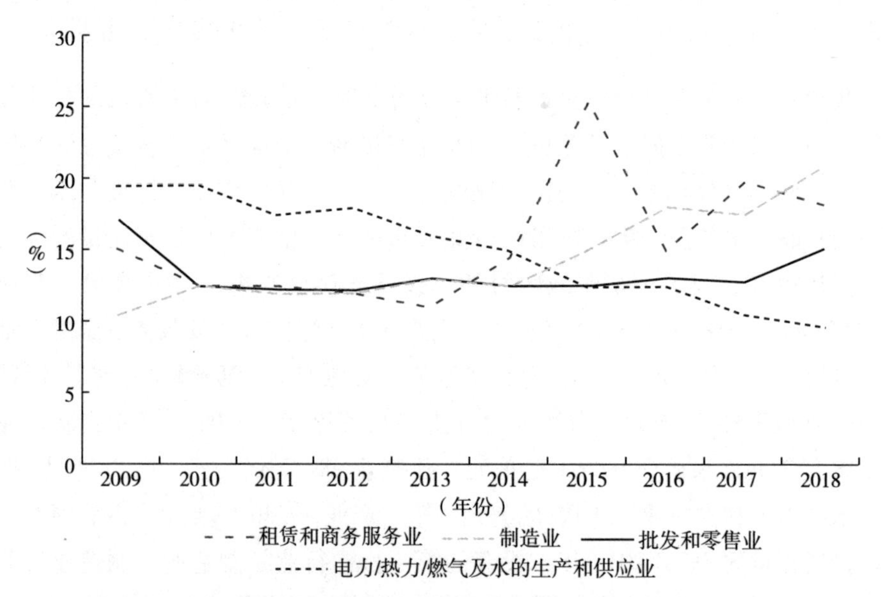

图 1－10　我国对东盟国家四大行业的对外直接投资存量占比

数据来源：《中国对外直接投资统计公报》整理所得

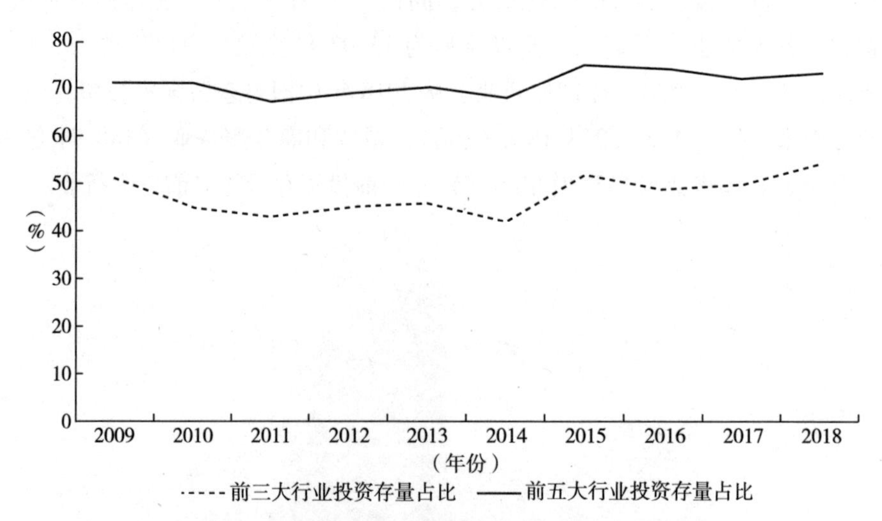

图 1－11　我国对东盟对外直接投资存量的行业集中度

数据来源：《中国对外直接投资统计公报》整理所得

1.2.4.2　对外直接投资存量的行业集中度较高，规模效应显著

我国对东盟地区对外直接投资存量行业集中度较高，2009 年我国对东盟

地区前三大行业对外直接投资存量占我国对东盟地区对外直接投资存量的45.7%，前五大行业这一比重则为62.6%。前三大行业分别为电力/热力/燃气及水的生产和供应业，批发和零售业和租赁和商务服务业。

如下图1－12和1－13以及下表1－3所示，从所占比重来看，我国对东盟地区对外直接投资的行业集中度较高，由于我国对东盟地区的对外直接投资占我国对“一带一路”沿线国家对外直接投资的绝大部分，因此可以推出我国对“一带一路”沿线国家对外直接投资的行业集中度同样比较高，这表明我国对“一带一路”沿线国家对外直接投资的行业规模效应较显著。2018年，我国在东盟对外直接投资存量排名前三的行业分别为制造业、租赁和商务服务业及批发和零售业。这三大行业占我国在东盟对外直接投资存量的比重达到54.1%，而前五大行业占比也达到了73.3%。

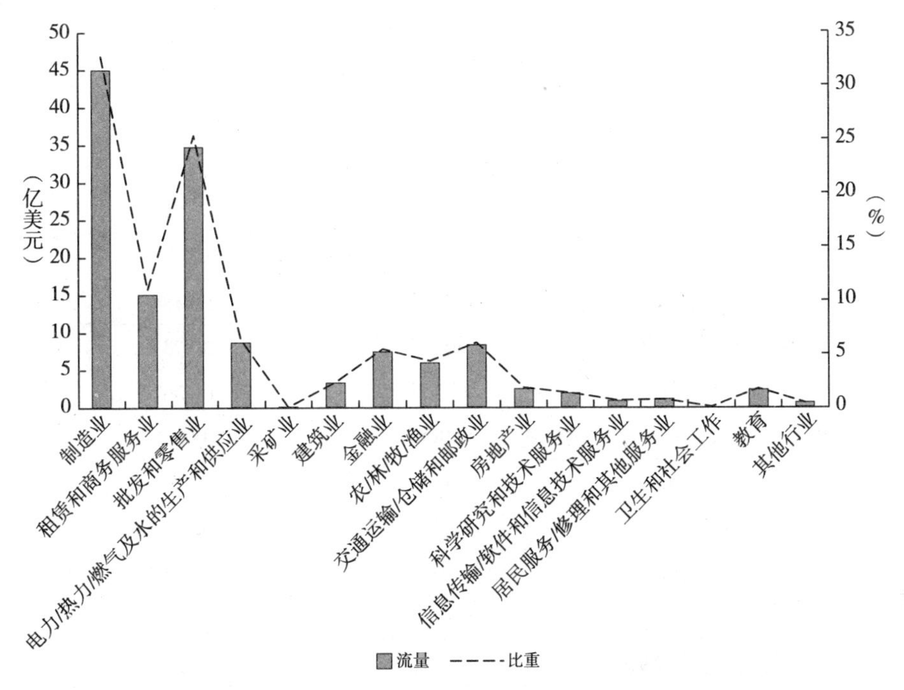

图1－12　2018年我国对东盟对外直接投资流量行业分布图

数据来源：《中国对外直接投资统计公报》整理所得

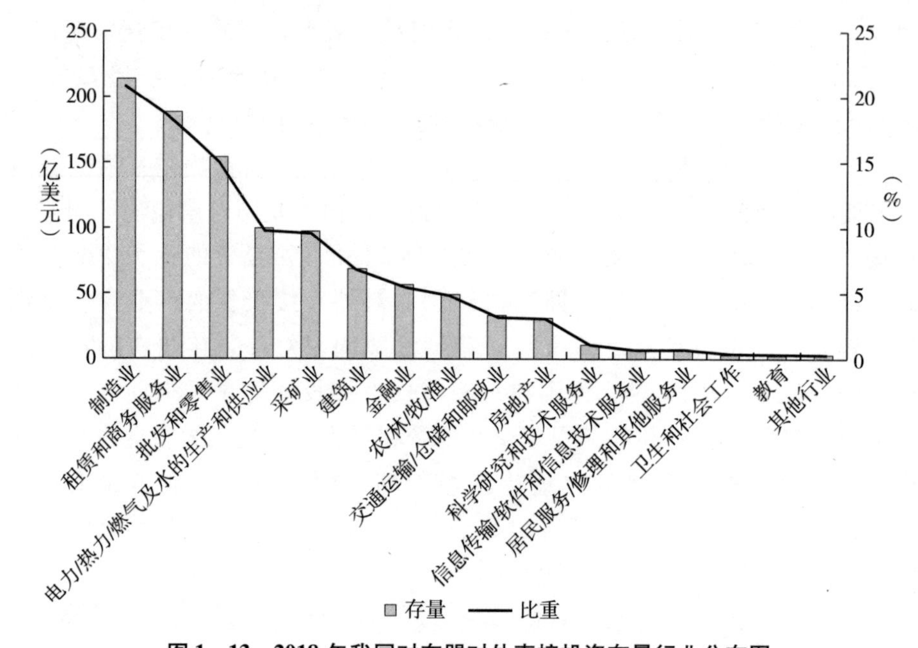

图 1－13　2018 年我国对东盟对外直接投资存量行业分布图

数据来源：《中国对外直接投资统计公报》整理所得

表 1－3　2018 年我国对东盟直接投资的主要行业

单位：万美元

行业	流量	比重（%）	存量	比重（%）
制造业	449742	32.8	2141843	20.8
租赁和商务服务业	150175	11	1887379	18.3
批发和零售业	347307	25.4	1543027	15
电力/热力/燃气及水的生产和供应业	86068	6.3	1000527	9.7
采矿业	338	0	976277	9.5
建筑业	32009	2.3	687718	6.7
金融业	73390	5.4	567591	5.5
农/林/牧/渔业	58661	4.3	492641	4.8
交通运输/仓储和邮政业	82625	6	333593	3.2
房地产业	24006	1.8	312732	3.1
科学研究和技术服务业	18255	1.3	107658	1.1
信息传输/软件和信息技术服务业	7910	0.6	75966	0.7
居民服务/修理和其他服务业	10265	0.7	70500	0.7

续表

行业	流量	比重（%）	存量	比重（%）
卫生和社会工作	—	0	31110	0.3
教育	22787	1.7	25031	0.3
其他行业	5815	0.4	32252	0.3
合计	1369353	100	10285845	100

数据来源：《中国对外直接投资统计公报》整理所得

1.2.4.3 我国对“一带一路”沿线国家出口贸易的总体规模

由图1－14可以看出，我国对“一带一路”沿线国家出口贸易额呈现总体显著上升的态势，并且占同期我国对外出口贸易额的比重总体上也是呈现逐年上升的趋势。据商务部统计，2018年我国向“一带一路”沿线国家的出口额高达7091.23亿美元，占同期我国出口总额的28.51%。

2013年，以习近平总书记为核心的党中央提出的“一带一路”倡议蓝图规划明确表示要重视和抓住我国与“一带一路”沿线国家的经贸合作，这表明我国经贸合作重心正向“一带一路”沿线国家转移的贸易战略。

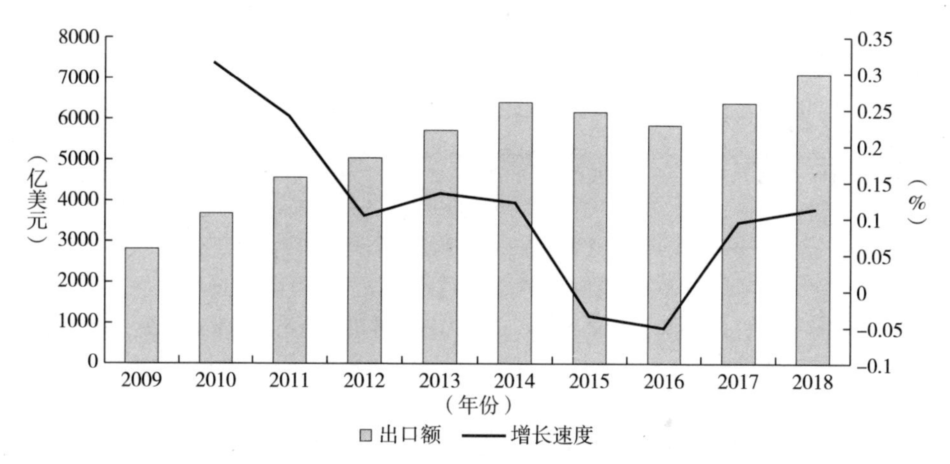

图1－14 2009－2018年我国对“一带一路”沿线国家出口总额和增长速度变化情况

数据来源：中国海关统计

1.2.5 我国对“一带一路”沿线国家出口贸易的区位分布

由于我国的资源在从前的粗犷型经济增长方式的消耗下已经逐渐减少，

并且减少的速度较快，而西亚北非地区最大的特点是资源丰富，刚好弥补了我国资源逐渐缺失的劣势，因此西亚北非地区已成为我国对外经贸合作的第二大合作地区，贸易潜力很大。我国对南亚、中东欧以及独联体地区的出口贸易额分别排在我国对“一带一路”沿线国家出口贸易额的第三、四、五位，分别占我国对沿线国家总出口额的16.55%、8.27%以及8.19%。此外，我国对东亚地区的出口贸易额最少，仅占0.23%。

综上所述，今后我国对“一带一路”沿线国家的出口贸易可以适当转变投资区域，不仅仅只是局限于东盟地区和西亚北非地区，其他几个地区的贸易潜力相对来说较大，具有更多的发展机遇，我国企业可以充分利用“一带一路”倡议规划蓝图加强与其他几个地区的经贸合作。

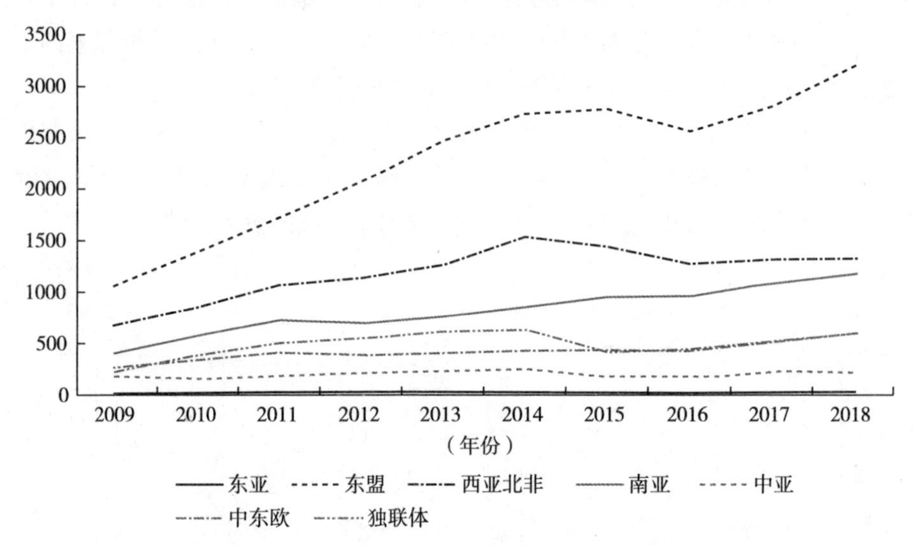

图1－15　我国对“一带一路”沿线七大区域出口贸易额（亿美元）

数据来源：中国海关统计

1.2.5.1　我国对“一带一路”沿线国家出口贸易的商品结构

本文研究的贸易结构是我国与“一带一路”沿线国家的出口商品结构，即按照统一标准分类的商品在出口贸易总额中所占比重。本文采用的分类标准为联合国统计署制定的国际贸易标准分类（SITC）Reisions的一位数分类法，具体如下表1－4所示。

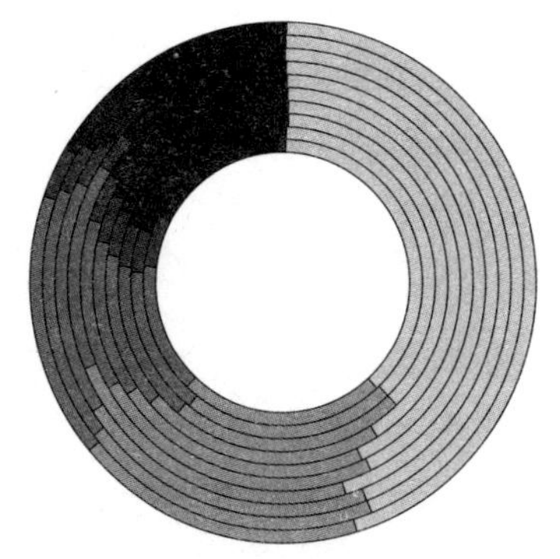

图1-16 2009年-2018年我国对“一带一路”各地区的出口贸易额分布图

数据来源：中国海关统计

表1-4 国际贸易标准分类（SITC）Reisions 3分类

SITC	商品类别
0	食品、活畜
1	饮品、烟草
2	非能源材料
3	矿物燃料及相关产品
4	动物油、植物油、果脂
5	化工产品
6	主要以材料分类的制成品
7	机械、交通运输设备
8	杂项制品
9	未分类商品

资料来源：世界贸易组织网站

由下图1-17、1-18及1-19可以看出，近10年来，我国对沿线国家出口额排名前四的产品为SITC 7（机械、交通运输设备），SITC 6（主要以材料分类的制成品），SITC 8（杂项制品）以及SITC 5（化工制品）。2017年其出口额分别5035.39亿美元、2839.14亿美元、2358.04亿美元以及1046.05亿美元，所占比重分别为42%，23%，19%和9%。由此可以看出，中国向“一带一路”沿线国家出口产品的主要构成以SITC 5678类别中的产品为主，且占比逐年提高。这意味着我国向“一带一路”沿线国家的出口产品结构以资本、技术及劳动密集型产品为主。

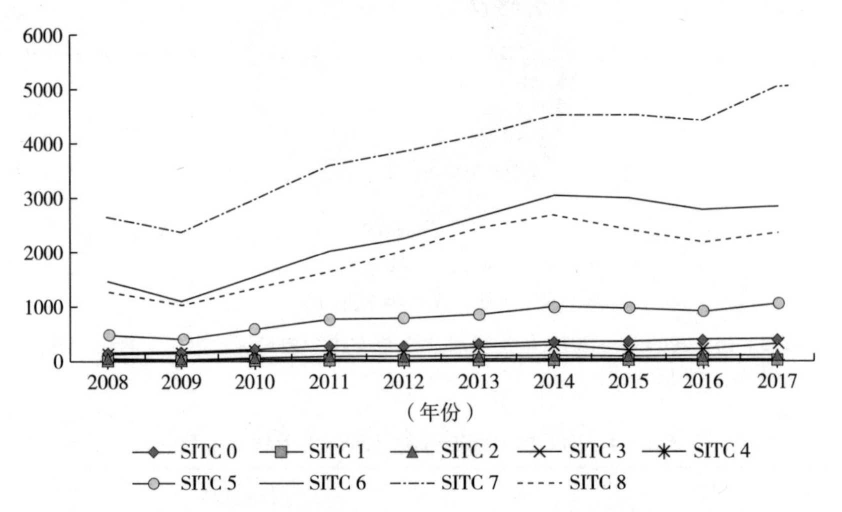

图 1－17　2008－2017 年我国与“一带一路”沿线国家出口商品贸易结构

数据来源：世界银行 WITS 数据库

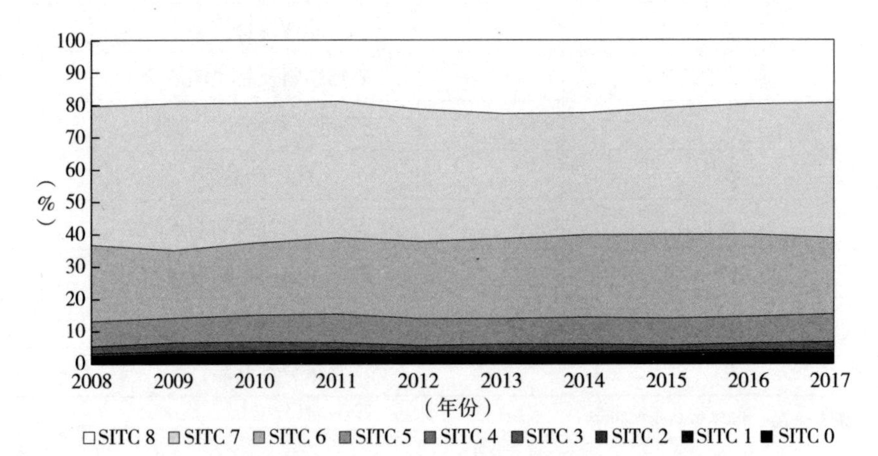

图 1－18　我国与“一带一路”沿线国家出口商品所占比重

数据来源：世界银行 WITS 数据库

1.2.5.2　我国对“一带一路”沿线国家出口贸易的方式

由图 1－20 可知，我国对“一带一路”沿线国家的出口中，一般贸易出口额占比最高。2017 年，一般贸易出口 4751.5 亿美元，占我国对“一带一

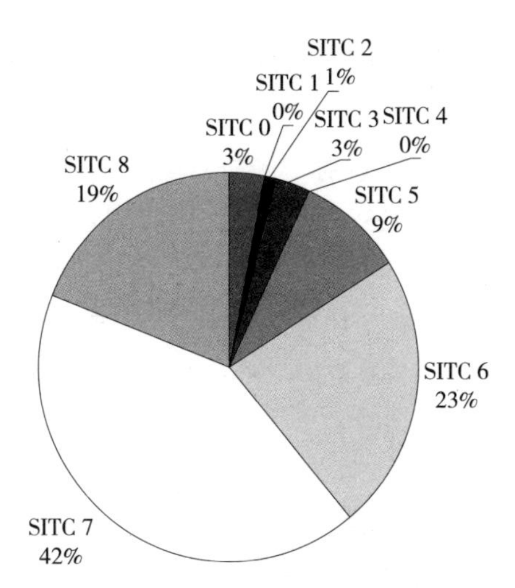

图1－19 2017年我国与“一带一路”沿线国家出口商品所占比重

数据来源：世界银行WITS数据库

路”沿线国家出口额的61.4%。排在一般贸易之后的贸易方式分别为进料加工贸易（19.1%）、其他贸易（11.9%）、来料加工装配贸易（3.9%）、边境小额贸易（3.8%）。从出口增速来看，边境小额贸易出口增速最快，2017年较2016年增长14.6%。出口增速排在边境小额贸易之后的分别为来料加工装配贸易（14.3%）、其他贸易（10.6%）、一般贸易（8%）、进料加工贸易（6.7%）。

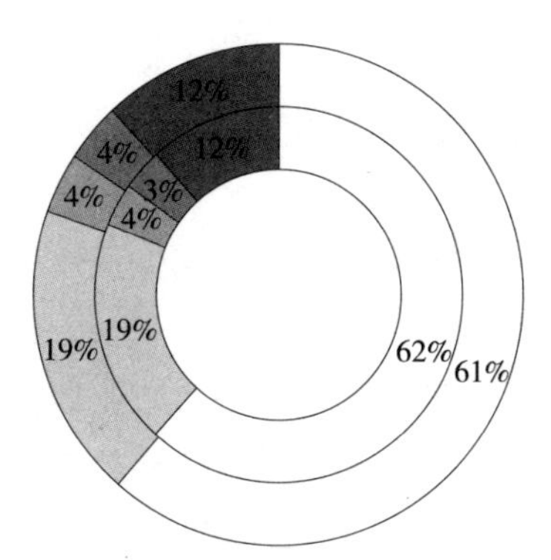

图1－20 2016－2017年我国对“一带一路”国家出口的贸易方式

数据来源：2018年一带一路贸易合作大数据报告

1.2.6　我国对“一带一路”沿线国家出口贸易的企业性质

由图1－21可知，民营企业对“一带一路”沿线国家的出口额占比最大。2017年，民营企业出口达4325.4亿美元，占我国对“一带一路”沿线国家出口额的55.9%，其次为外资企业（31.3%）、国有企业（12.6%）、其他企业（0.3%）；从出口额增速来看，民营企业对“一带一路”沿线国家出口额增速也最快，较2016年增长8.9%，其次为国有企业（8.3%）、外资企业（8.2%）、其他企业（－15.2%）。

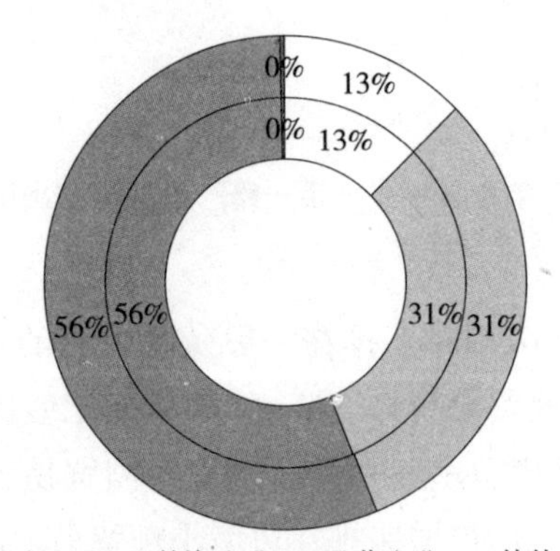

图1－21　2016－2017年我国对“一带一路”国家出口的贸易主体

数据来源：2018年一带一路贸易合作大数据报告

1.2.7　有关跨境电商产业的研究

关于跨境电子商务，国外的研究相对较少且较为零散，因此，在这里将国外研究与国内研究文献放在一起进行阐述。对于目前已有的跨境电商文献，将其大致分为两个方向，一是关于跨境电商产业如何发展的研究，分析跨境电商产业发展的影响因素，二是基于跨境电商产业的某个角度来分析如何提升跨境电商产业能力。

1. 跨境电商产业发展如何发展的研究

在对跨境电商产业发展的研究中，可将现有研究方法分为理论研究和实证研究的方法。在理论研究方面，阿索谢（Asosheh）等（2012）基于信息传递、业务流程和内容三个标准层对伊朗的B2B电商情况进行分析，提出一种本地化跨境电商模型，探讨了各层的标准以及如何选取方案。这一模型囊括进口企业、出口企业、海关部门、区域单一窗口以及国家单一窗口。赵志田（2014）依据产业创新系统理论，分析中国跨境电子商务的发展影响因素，并构建了跨境电商发展系统模型。提出跨境电商发展的影响要素包括知识技术、国家政策、经济社会环境等，将跨境电商系统分为技术系统、网络系统和环境系统，提出推进跨境电商企业技术创新、注重人才发展、政府部门支持、适应国际性市场、产学研结合等跨境电商发展路径。来有为（2014）、崔雁冰（2015）、李伟（2015）、金虹（2015）、刘禹（2017）和钊阳（2019）等学者通过理论和现状分析了我国跨境电商发展现状、存在的问题和瓶颈，并提出了如何发展的建议。

在实证研究方面，埃雷拉（Herrera）（2014）认为有效的政策制定者在欧盟数字单一市场能够促进跨境电子商务，经过分析得到的结论为高效、灵活的跨境支付系统的使用每增加1%，跨境电子商务产值就会增长7%。周芳（2018）基于产业竞争力评价体系，分析了杭州、深圳、广州、苏州、上海的跨境电商产业竞争力，分析目前存在的问题，提出了提升区域跨境电商产业竞争力的政策建议。张伟年（2019）运用多元回归分析模型分析中国跨境电商发展影响因素。结果得到互联网普及率、物流发展水平和国家政策的扶持对跨境电商发展成正向相关。根据实证数据，互联网普及率与跨境电商交易额的增加额之比为1%：464.73亿；电商快递数量与中国跨境电商交易额增加额之比为1亿：182亿；国家政策的支持和规范将会使跨境电商交易额年均增加4946亿左右。由此说明国家政策扶持的重要性。张锡宝等（2020）运用双重差分法对影响我国跨境电商发展的因素进行了实证分析，结果表明贸易便利化政策促进了跨境电商发展，信息化水平和经济发展水平的提升有助于跨境电商的发展。

2. 跨境电商国际贸易方面的研究

努拉伊·特兹业（Nuray Terzia）（2011）探讨了电子商务与国际贸易之间的关系，指出电子商务可以增加国际贸易量。从短期来看，跨境电商对发达国家有利；从长期来看，跨境电商会为发展中国家带来更多好处，从高收入经济体进口的国家将会受益于知识溢出效应。汪旭晖（2018）对新常态下跨境电商的商业模式创新进行了研究，基于奥斯特瓦德（Osterwalder）的商业模式要素框架，构建了创新型商业模式，并提出了推动跨境电商产业发展的商业模式建议。穆沙江·努热吉（2017）分析了"一带一路"政策为跨境电商发展所带来的优势，"一带一路"为跨境电商提供了政策高地，促进了跨境物流的建设，提供了广阔的跨境电商发展空间，有助于加强国际企业合作，消除贸易壁垒。杨云鹏（2018）分析了新政法规对于跨境电商贸易过程的影响，基于谣言传播模型，提出跨境电商政策的实施应适时、合理，从而保证其对跨境电商市场的动态调控。张夏恒（2016）分析了跨境电商系统演化路径，运用生态系统相关理论分析跨境电商与物流的协同作用。周莉萍（2016）分析了我国跨境支付的现状及存在的问题，并提出了相关对策建议。

根据众多学者的研究可以看出，不可否认跨境电商是拉动经济发展的"新引擎"。目前从整体上看我国跨境电商产业的发展十分迅速，跨境电商成果喜人，但是跨境电商产业布局并不完善，跨境电商产业链的各个环节都还存在影响跨境电商发展的难题，当然，也存在许多可以提升跨境电商能力的因素。国内外对于国家发展跨境电商所提出的策略大多包含国家政策支持与引导、信息技术创新、提高互联网利用程度、完善跨境物流服务体系和跨境支付体系等。

1.2.8 跨境电商绩效方面的研究

对于跨境电商绩效方面的研究，可分为对于跨境电商绩效的评价和跨境电商绩效的影响因素研究。

1. 跨境电商企业绩效评价

在对企业绩效评价的研究中，巴鲁阿（Barua）等（2001）提出了电子商务三层价值模型，将绩效驱动、财务与经营绩效这三大指标联系起来。张小康（2005）基于平衡计分卡模型，将客户、企业的经营能力、企业的学习成长能力和财务绩效结合起来，提出了针对电子商务企业的绩效评价模型，对电子商务企业的绩效实证检验提供了借鉴。晏妮娜（2004）基于模糊评价法和层次分析法构建了企业电子商务营销绩效评价体系，从成本、营销、竞争、服务和网站 5 个方面分析模型，将绩效进行得分量化，并提出具有针对性的政策措施。李雪欣（2015）运用层次分析法和模糊评价法构建了电子商务企业营销绩效评价模型，得到资产负债率占财务绩效影响权重较高，销售利润率其次。王丽华（2009）基于粗糙集理论设计了电子商务企业绩效评价体系，将影响绩效能力的因素分为发展能力、生存能力、系统运行和经济效益四个方面，结果得到发展能力对于企业绩效影响较大。陈军科（2017）运用模糊评价法对跨境电商综合服务平台企业进行了绩效评价。徐书彬运用数据包络分析（DEA）的方法对我国 66 家跨境电商上市企业进行运营效率评价，选取了产出、投入和环境方面的变量进行度量。马述忠（2018）则使用主成分分析和聚类分析法评价我国跨境电商上市企业的绩效，结果表明，我国跨境电商上市企业综合绩效水平较低，企业发展不均衡，绩效波动性较大。企业应重视品牌效应、电商信息应用和人才培养。林楚（2018）基于因子分析模型，构建了跨境电商中小企业发展能力评估体系。依据实证分析结果，分别从企业和政府角度提出建议。其指出应加强校企合作、政企合作进而培养人才留住人才；物流模式应继续改进，并提升支付效率；积极建设品牌，提升品牌国际地位；企业应注重强化产品优势、积极创新；把握良好机遇等。在企业内部，应注重员工培训，重视人才培养。

2. 跨境电商企业绩效影响因素

在对于企业绩效影响因素的研究中，有些学者运用了理论性的研究方法，毛艳琼（2016）运用 SWOT 分析法分析我国中小企业跨境电商的相关情况，认为我国中小企业跨境电商的发展受到电商应用水平低下、人才短缺的影响，提出促进企业跨境电商核心竞争力的发展策略，对于政府，应积极鼓励和扶持中小企业，完善监管体系，完善基础设施建设，调节国家间国际合作关系。对于企业，应重视品牌效应、电商信息应用和人才培养。

有些学者运用了实证研究的方法，库米亚（Kumia）运用因子分析法和描述统计法分析马来西亚 125 家中小企业数据，研究结果显示，影响跨境电商综合绩效的因素包括国家就绪、行业就绪、组织就绪以及环境压力。廖晓莉（2010）认为，我国电子商务企业运作绩效受到多种因素的影响，包括社会、技术、企业内外部环境等。通过多元回归分析，结果得到物流、社会信用水平和信息化水平、电商规制等要素的提升均有效促进了企业绩效的提高。戴卫明（2013）运用多元线性回归方法构建了集群企业电子商务绩效模型，分析得到物流配送效率、电商应用水平对于企业绩效具有显著的正向促进作用，而地方政府的政策和企业规模则无显著影响。陈晴旖（2015）基于 TOE（技术 – 组织 – 环境）模型对北京市中小企业的电子商务绩效进行研究，结果得到信息技术对于促进企业电子商务交易额具有明显且持续的作用，企业的规模和环境因素对于电商交易额均具有较为平稳的促进作用。基于 TOE 模型用于跨境电子商务企业绩效研究的还有徐书彬。高翔（2016）认为网络营销和物流对于跨境电商供应链具有显著影响。苏曼（2016）认为目前跨境电商人才稀缺，人才分配不均。周阳敏（2019）则认为制度环境对于企业绩效具有促进作用。吴海燕构建跨境电商企业绩效影响因素分析实证模型，分析认为我国跨境电商企业应注重内部资源与政策、支付和通关等外部资源结合，从而提高绩效水平。吴楠燕（2017）使用 SPSS 对我国 8 个城市的 75 家中小企业跨境电商竞争力进行分析，分别从企业层面和政府层面提出策略。在企业层面，注重市场选择，信息发展，重视小型订单模式，重视技术开发和人才培养。在国家层面，应加大扶持力度，加强监管体系建设。刘晋飞（2018）则认为企业的商业模式、通关能力、内部组织管理和政府支持能够帮助促进制造业跨境电商企业成长。

1.2.9　我国跨境电子商务综合试验区发展现状

汤兵勇、熊励在《2015 – 2016 中国跨境电子商务发展报告》中提到，2016 年 1 月 15 日，国务院发函《关于同意在天津等 12 个城市设立跨境电子商务综合试验区的批复》（国函〔2016〕17 号），确认设立跨境电子商务综合试验区，这些试验区分别定于 12 大主要城市，具有代表性的城市有：上海、深圳、广州、苏州、大连等，综试区贯彻落实创新、协调、绿色、开放、共享的发展理念，借鉴中国（杭州）跨境电子商务综合试验区建设"六大体系"（信息共享、在线金融服务、智能物流、电子商务信用、统计监测、风险防控六大体系）、"两个平台"（线上"单一窗口"、线下"综合园区"两个平台）的经验和做法，根据实地情况，突出地方特色和优势，率先在 B2B 的平台上试行统一的技术标准、业务程序、监管制度以及信息化的建立等，进而为跨境电子商务的可持续发展奠定更坚实的基础和可参考的依据，以更加便捷高效的新模式释放市场活力，吸引大中小企业集聚，促进新业态成长，推动大众创业万众创新，增加就业，支撑外贸优进优出、升级发展。

2018 年 7 月 24 日，国务院印发《关于在北京等 22 个城市设立跨境电子商务综合试验区的批复》（以下简称《批复》）。发展跨境电商等贸易新业态是推动外贸高质量发展的重要举措。党中央、国务院高度重视跨境电商等贸易新业态发展。党的十九大报告明确提出，拓展对外贸易，培育贸易新业态新模式，推进贸易强国建设。商务部认真落实国务院要求，会同相关部门和地方坚持问题导向，加强顶层设计，开展制度、管理和服务创新，探索形成了以"六体系两平台"为核心的管理制度和 12 方面成熟经验做法，并已面向全国复制推广。综合试验区跨境电商成交额连续两年增长 1 倍以上，现已成为外贸创新发展的新亮点、转型升级的新动能、创新创业的新平台和服务“一带一路”建设的新载体。跨境电商作为一种外贸新业态，仍处于高速发展期。在面向全国复制推广成熟经验做法基础上，新设一批综试区，有利于各地方结合实际，探索新经验新做法；有利于逐步完善促进其发展的监管制度、服务体系和政策框架，推动跨境电商在更大范围发展；有利于培育外贸新动能，推进贸易强国建设。《批复》明确，在北京市、呼和浩特市、沈阳市、长春市、哈尔滨市、南京市、南昌市、武汉市、长沙市、南宁市、海口市、贵阳市、昆明市、西安市、兰州市、厦门市、唐山市、无锡市、威海市、珠海市、东莞市、义乌市等22个城市设立综合试验区。《批复》强调，要全面贯彻党的十九大精神，以习近平新时代中国特色社会主义思想为指导，按照党中央、国务院决策部署，统筹推进“五位一体”总体布局和协调推进“四个全面”战略布局，坚持新发展理念，复制推广前两批综合试验区成熟经验做法，着力在跨境电商企业对企业（B2B）方式相关环节的技术标准、业务流程、监管模式和信息化建设等方面先行先试，探索跨境电商发展新经验、新做法。《批复》要求，有关部门和省、自治区、直辖市人民政府要积极深化外贸领域“放管服”改革，以跨境电商为突破口，大力支持综合试验区大胆探索、创新发展，在物流、仓储、通关等方面进一步简化流程、精简审批，完善通关一体化、信息共享等配套政策，推进包容审慎有效的监管创新，推动国际贸易自由化、便利化和业态创新。同时，要控制好试点试验的风险。有关地方人民政府要切实加强组织领导，制定具体实施方案，细化先行先试任务，建立健全信息化管理机制。有关部门要加强指导和服务，按照鼓励创新、包容审慎的原则，努力在健全促进跨境电商发展的体制机制、推动配套支撑体系建设等方面取得新进展、新突破。

商务部将按照《批复》要求，一是会同有关部门细化责任，指导地方完善具体实施方案并抓好组织实施。二是进一步做好统筹协调、跟踪分析和督促检查，适时评估试点成果，及时总结推广试点经验。三是加快制度创新、管理创新和服务创新，推动完善适应跨境电商发展的体制机制，促进全国跨境电商健康发展。

1.2.9.1 跨境电子商务综合试验区的主要创新实践和成效

1. 跨境电子商务综合试验区的主要创新实践

（1）建设跨境电子商务综合服务平台。跨境电子商务是在信息技术创新和广泛应用的特定背景下得以发展壮大，因此，保障跨境电子商务顺利发展的基础是建设统一的信息服务平台。为此，我国高度重视支撑跨境电子商务发展的信息化建设，早在2014年就已建立全国统一的跨境电子商务出口通关管理系统。该系统对接电商、物流、支付企业，通过“清单核放，汇总申报”的方式保障了“1210”模式和“9610”模式的顺利开展，并大幅提升了电子商务出口的通关便利化水平。2016年，海关总署以广州跨境电子商务综合试验区在发展中形成的“物流畅顺、通关便捷、监管有效”模式为依托，开发上线了跨境电子商务进口统一版信息化系统，增强了对跨境电子商务进口企业走阳光化通关渠道的吸引力，至此国家级“互联网+海关”的关企合作平台基本建设完成。各跨境电子商务综合试验区在实践过程中，密切结合实际情况，开发了一系列地方性的综合服务平台，除基本的通关服务外，逐步增加了渠道服务和统计监测等功能。其中，2018年11月，宁波跨境电子商务综合试验区率先上线了宁波保税区跨境电商信用信息公示平台，首次建立了企业信用信息透明化机制，对于完善跨境电子商务信用体系、引导行业良性竞争具有探索性的意义。

（2）健全跨境电子商务产业服务链。培育跨境电子商务竞争力，关键在于提升交易全流程的竞争力。各跨境电子商务综合试验区大力发展线下园区，集聚跨境电子商务平台、相关企业、专业人才、投融资公司等要素，吸引支付、物流、信息安全、法律服务等配套服务企业入驻，积极打造跨境电子商务全产业链，建立适宜其发展的园区生态系统。以杭州跨境电子商务综合试验区为例，2018年杭州共引进跨境电子商务相关企业615家，其中龙头企业85家，使跨境电子商务综合试验区保持了旺盛的活力。在出口产品生产领域，杭州跨境电子商务综合试验区积极推进跨境电子商务与传统制造业的融合升级；在跨境电子商务交易平台建设领域，杭州大力支持阿里巴巴（包括阿里巴巴国际站、全球速卖通和天猫国际）等传统本土龙头电商开展商业模式创新，积极支持云集、执御等新型本土平台的业务拓展，鼓励其与WISH、易贝和谷歌等国际平台和互联网巨头合作，形成良性竞争机制；在服务型产业链领域，积极培育并扶持提供供应链解决方案的连连支付、专攻跨境收款的PingPong、服务跨境电子商务智能物流的乐链等公司在杭州跨境电子商务综合试验区发展壮大。

（3）培育跨境电子商务综合试验区发展优势。随着跨境电子商务综合试验区的数量增多和范围不断扩大，简单的经验“复制”或“移植”已无法适应各跨境电子商务综合试验区的发展，跨境电子商务综合试验区之间的内部差异性日益明显。因地制宜地培育跨境电子商务综合试验区发展优势成为摆在面前的必然选择。如，在杭州、广州、深圳等拥有大型本土跨境交易平台的跨境电子商务综合试验区，以这些交易平台自身的流量为核心来打造跨境电子商务服务体系；在义乌、无锡等城市，跨境电子商务综合试验区则主要依托发达的小商品生产基地和配套服务企业，利用自身产品类型丰富、对国际市场较为敏感等优势，积极推动跨境电子商务在零售出口领域的发展；在郑州、兰州等中西部城市，由于缺乏大型跨境电子商务交易平台和外向型产业，跨境电子商务综合试验区更加注重对跨境电子商务产业的培育及其上下游产业链条的拓展，谋求与沿海地区的“差异化”和“错位发展”，并积极利用“一带一路”建设机遇和中欧班列的物流便利，重点加强与相关国家的贸易往来。

（4）探索跨境电子商务监管服务创新。“跨境电商综试区不是政策洼地而是制度高地。”“制度高地”的主要领域是监管服务。各跨境电子商务综合试验区自成立以来开展了一系列关于跨境电子商务的制度创新、管理创新和服务创新。其中，杭州跨境电子商务综合试验区先试先行，探索出“六体系两平台”的创新管理模式，大大提升了跨境电子商务通关效率。2016 年，杭州跨境电子商务综合试验区“单一窗口”上线，出口申报的时间从 4 小时降到了 10 分钟，到 2017 年平均时间进一步下降到 1 分钟左右，为其他跨境电子商务综合试验区深入开展外贸“放管服”改革提供了标杆。郑州跨境电子商务综合试验区在制度创新方面更进一步，在“六体系两平台”之外针对产品质量问题和人才短缺问题增添了“人才培养和企业孵化平台”和“跨境电商质量安全体系”，构建了“七体系三平台”的监管服务矩阵，并取得了良好的效果。这些创新性的管理模式在取得成效之后，迅速在各地跨境电子商务综合试验区推广，有效推动了我国跨境电商整体监管水平的提升。

2. 创新实践的显著成效

（1）跨境电商交易规模持续扩大。海关总署公布的数据显示，2018 年我国通过海关跨境电子商务管理平台进出口零售商品总额达 1347 亿元，增速超过 50%，其中，出口商品总额 561 亿元，进口商品总额 786 亿元。通过海关“1210”和“9610”模式进行跨境商品交易规模大幅提升的背后，跨境电子商务综合试验区扮演了十分重要的角色。

（2）跨境电商交易结构不断优化。跨境电子商务综合试验区设立以来，我国跨境电子商务市场结构不断优化。一方面，在商业模式上，长期以来跨境 B2B，特别是跨境 B2B 出口在跨境电商行业中始终居主导地位。而近年来跨境 B2C 进口出现了快速增长，占跨境电子商务交易规模的比例有较大提升。数据显示，2018 年我国跨境 B2C 进口交易额达 120 亿美元，增长率超过 40%。而跨境电子商务综合试验区的设立则在直邮进口 B2C 的基础上为企业和消费者提供了保税进口 B2B2C 这一新的选择，有利于 B2C 市场份额的进一步扩大。另一方面，在进出口结构上，跨境电子商务综合试验区为我国跨境进口电商的发展提供了强大助力，使后者的增速有望在未来相当长的一段时间领先于跨境电商出口。

（3）跨境电商监管服务不断创新。跨境电子商务综合试验区在跨境电商进出口零售领域的监管服务方面积极探索，针对跨境电商自身特点，各跨境电子商务综合试验区在不放松监管质量的前提下，开创新型服务模式，以杭州经验为基础，初步形成一整套具有较强操作性和实效性的监管模式。“单一窗口”“一站通关”等模式的实行和推广，使跨境零售商品的通关速度得到了大幅提升。另外，跨境电子商务综合试验区信息化监管服务平台的上线和持续完善，也大幅降低了原有海关监管体系中跨境电商企业需要承担的相关成本，如上海海关需要海关验核的 46 种监管证件中，已有 42 种实现联网核查。通过监管服务创新，明显提高了跨境商品通关便利化水平，大幅缩减了通关时间，降低了企业成本，优化了跨境电子商务营商环境。

（4）跨境电子商务辐射带动能力不断增强。当前，我国 35 个跨境电子商务综合试验区已覆盖了大部分省、自治区和直辖市，绝对数量上的增长使得跨境电子商务的辐射带动能力不断增强，区域范围大幅拓展。原有跨境电商试点集中在少数东部地区城市的固有格局被彻底打破，广大中西部地区同样有机会享受跨境电子商务发展的政策红利。同时，跨境电子商务综合试验区自身的辐射能力也在探索创新中不断增强。以珠海跨境电子商务综合试验区为例，作为粤港澳大湾区跨境电子商务的“重要一极”，其规划中明确提出要在三年内辐射到粤西地区。随着跨境电子商务综合试验区“以点带面”发展模式的推广和延伸，跨境电商对地方经济增长的带动作用更加明显。

（5）产业带动能力不断增强。随着跨境电子商务综合试验区产业链的引入和发展，进一步促进了所在地区相关产业的发展。第一，为传统进出口企业开展对外贸易提供直接支撑。以深圳为例，一些制造业企业借助跨境电子商务综合试验区直接面对海外消费者，形成 F2C（工厂—消费者）的商业模式。第二，行业内分工更加专业。跨境电子商务综合试验区及相关产业链条聚集了大量高科技企业，随着行业规模的扩大，行业内分工更加专业，这为相关产业的发展提供了坚实基础。如，2018年郑州跨境电子商务综合试验区开始建设跨境电子商务大数据服务中心，以服务于中西部地区电子商务大数据的应用需要，同时，也为传统制造业企业拥抱“互联网+”、向智能化转型提高了大数据获取、应用的便利性。又如义乌，很多小型加工企业引入跨境电商相关的数据分析系统和物流系统，实现快速转型。

1.2.9.2 跨境电子商务综合试验区存在的短板

虽然跨境电子商务综合试验区在发展过程中积累了很多成功经验，但同时暴露出了一些问题。这些问题有的来自制度设计层面，有的来自行业发展层面，有的在于管理体制机制调整，有的在于内在创新滞后，需要引起高度重视。

1. 跨境电子商务综合试验区核心竞争力需进一步提升

（1）跨境电子商务综合试验区生态系统存在短板。各地跨境电子商务综合试验区在发展中都十分重视吸纳社会资源、加强跨境电商生态系统建设，但仍存在短板。第一，部分中西部地区跨境电子商务综合试验区内缺乏龙头企业引领，为保持增长速度，片面追求园区数量和规模，且因缺少“领头羊”而导致创新资源浪费和创新动力不足的现象并存，致使跨境电子商务综合试验区缺乏活力和核心竞争力，甚至出现转型进行商业地产开发的现象。第二，随着国内现代物流业的发展，跨境电子商务国内段的物流运输效率整体得到大幅提升，但跨境物流国际巨头的垄断地位仍未被打破，跨境电子商务零售出口的物流渠道仍十分单一，还没建立起涉及运输、保管、装卸、搬运、包装、流通加工、配送以及信息等物流各环节的跨境电子商务综合试验区海外物流运输联盟。第三，虽然政府、企业、高校三位一体的人才培养模式已初步建立，但在相关领域仍存在巨大缺口，特别是缺少高水平运营人才、品类开发人才和销售营销人才，限制了跨境电商的集群式发展，这在中西部和东北地区跨境电子商务综合试验区尤为明显。

（2）部分地区跨境电子商务综合试验区特色不鲜明，没有形成差异化发展优势。受所在地区经济发展水平、对外贸易水平、产业特色、城市群发展水平等因素的影响，各跨境电子商务综合试验区之间的发展水平不平衡。与杭州、广州、深圳等拥有雄厚制造业基础、发达配套服务体系及高度经济外向性的东部沿海跨境电子商务综合试验区相比，中西部跨境电子商务综合试验区所依托的地域经济发展相对滞后、相关配套服务体系不健全、经济外向程度不足。大多数跨境电子商务综合试验区仍缺乏对本地区特色的探索和应用，尚未形成发展优势，导致其与发达地区的差距不断增大。从跨境电子商务发展规模看，以跨境电商发育最为充分的杭州为例，2018 年跨境电子商务占其外贸出口的比重高达 16.8%，而中西部城市很少能突破 10%，甚至不到 5%。从监管服务能力看，当前一二线城市跨境电子商务综合试验区和三四线城市跨境电子商务综合试验区之间的差异同样巨大。依托一二线城市和发达城市群建立的跨境电子商务综合试验区在财政投入、监管服务人才队伍建设、监管服务经验积累等方面都占有较大优势。这就要求三四线城市的跨境电子商务综合试验区必须走出具有区域特色的差异化发展道路，不能简单复制其他跨境电子商务综合试验区的模板，应充分结合地方产业优势，谋求新的发展。

（3）跨境电子商务综合试验区对企业的服务重点不够突出。目前，跨境电子商务零售出口“通关难、退税难、结汇难”等问题仍未得到彻底解决，一定程度上限制了跨境电子商务零售出口企业走阳光化通关，相当多的零售出口企业更加青睐以行邮物品的方式向邮政交运，或者交付物流企业走一般贸易的方式申报出境，而不愿意选择“1210”和“9610”模式。跨境电子商务综合试验区在协调有关部门解决“三难”问题的过程中做出大量努力，一定程度上缓解了“通关难”问题。但很多跨境电子商务企业反映“退税难”“结汇难”现象突出，主要原因是跨境电子商务零售出口企业经营种类繁杂，取得每一种类、每一批次商品的进项增值税发票的机会成本过高，而“无票”订单在现行出口税收管理体系下不仅不享受退税，反而会被加征增值税。面对这种情况，2018 年 3 月深圳前海率先实行“免征不退”政策，对跨境电子商务综合试验区内未取得有效进货凭证的货物试行增值税、消费税免税。目前，这一政策经财政部、税务总局、商务部、海关总署批准已经扩大到全部跨境电子商务综合试验区，但具体效果仍有待观察。2018 年 12 月，商务部和海关总署明确“对跨境电子商务零售进口商品按个人自用进境物品监管，不执行有关商品首次进口许可批件、注册或备案要求”，很大程度上缓解了跨境包裹数量激增与海关通关能力有限之间的矛盾。但是保税进口模式要求过高的问题仍未解决，一般来说，跨境零售进口业务模式可以分为两类，即包税进口模式和直邮进口模式。前者与后者相比对企业资质要求更高，在商品运抵之前，必须上传订单、支付订单和物流登记，在海关验证完“三单”和申报信息后方可进入国内物流配送环节。但不少中小型企业并没有上传“三单”或不具备提前申报的能力，因此只能走直邮或其他方式，增大了海关的通关压力。而跨境电子商务综合试验区尚未针对此类问题提出具体可行的方案，对企业的服务重点不够突出。与此同时，跨境电子商务综合试验区对进货渠道、消费者权益保障和售后服务等灰色地带的管理有待进一步完善。

2. 跨境电子商务综合试验区开展监管服务创新的能力需进一步加强

（1）跨境电子商务综合试验区服务创新举措需经多个部门审批，难度较大。跨境电子商务综合试验区作为开展跨境电商监管服务创新的主体，对于市场波动、行业变化及企业诉求最为敏感，其在开展服务创新的过程中往往能够更有针对性，结合所在区域的发展特点做到因地制宜。但在管理体制上，跨境电子商务综合试验区主要在本级政府的领导下，服务区域内的企业组织，无权直接越过海关、税收、外汇、检疫等部门制定相关政策。从结果看，目前多数跨境电子商务综合试验区取得的关键性服务创新成果往往来自顶层设计。如，2016年广州跨境电子商务综合试验区开发的跨境电子商务进口统一信息化通关管理系统就是受到海关总署的委托。相关部门共同监管在一定程度上保障了监管的力度、降低了潜在风险，但同时也限制了跨境电子商务综合试验区在发展过程中突破原有的框架和限制。另外，跨境电子商务综合试验区在监管体制机制创新方面探索不足，在监管实践中发现的新问题和涌现出的新思路无法及时转化为政策实践，也无法得到科学的评估，从而影响跨境电子商务综合试验区服务创新主体作用的发挥，不利于其长远发展。

（2）跨境电子商务综合试验区对一些政策实施的准备不足。跨境电子商务是新生事物，无论是对于市场交易主体，还是对于监管、管理部门，都需要在发展中做好预判和应对准备。跨境电子商务综合试验区的主要任务是支撑跨境电子商务发展，应与相关部门和企业保持密切沟通，形成合理的规划和预期目标，积极主动做好相关工作。如，2016年初公布的“4·8”新政的监管严格程度远远超过市场预期，正面清单公布之后跨境电子商务平台清单外商品下架，跨境进口企业保税仓内大量清单外商品难以完成通关，跨境零售进口行业接近“熔断”状态，虽然随后连续3次延长期限，但仍在客观上造成了行业发展波动，影响了企业的预期。在行业发展初期，政策的调整是必然的，但跨境电子商务综合试验区应正确引导企业预期，促进跨境电子商务有序稳定发展。

3. 跨境电子商务综合试验区引导产业有序发展的能力需进一步提高

（1）跨境电子商务综合试验区难以准确界定跨境电商主体。当前，尽管跨境电子商务市场规模不断扩大，但我国立法层面和监管层面仍未能给予跨境电子商务一个清晰、规范的定义。一方面，是当前跨境电子商务业界与政府监管部门之间存在一定认知上的分歧。特别在统计口径上这种分歧尤为明显。海关总署公布的数据显示，2018 年通过海关跨境电子商务管理平台零售进出口商品总额为 1347 亿元，而艾瑞咨询的数据显示当年我国跨境电子商务交易规模达 8.8 万亿元人民币，前者仅为后者的 1.53%。另一方面，给跨境电子商务综合试验区开展工作带来了困扰。如，在设计具体支持政策的过程中，政策着力点是否对跨境电子商务平台企业以及相关物流、第三方服务等企业有所区别。产生这些问题的根源是尚未厘清跨境电子商务的真正内涵。因此，应尽快在立法层面和监管层面对跨境电子商务给予一个清晰、规范的定义。

（2）跨境电子商务综合试验区对海外不确定性风险和不利因素的认识有待进一步深化。与国内政策环境稳定向好相对照，跨境电子商务面临外部环境的不确定性风险和不利因素有加大趋势。第一，国外税收政策方面。英国、德国、俄罗斯等主要出口国纷纷准备结束跨境电子商务免税时代，对跨境订单征收增值税（Value Added Tax）基本上已成为发达国家市场的共识。这对于我国跨境电子商务出口企业来说属于不利因素。跨境电子商务综合试验区应积极引导低附加值企业向高附加值转型，走智能化生产道路。第二，知识产权纠纷方面。当前，国外逆全球化势力抬头，跨境电子商务需要面临知识产权壁垒的制约。由于我国跨境电子商务零售企业普遍规模较小，应对知识产权纠纷的能力较弱，因此很容易受到冲击。跨境电子商务综合试验区应培养企业的知识产权保护意识，同时鼓励企业自主创新。第三，以海外仓为代表的模式创新方面。在贸易保护主义升温的背景下，海外仓建设除存在成本风险、运营风险外，法律监管风险愈发突出。当前，我国跨境电子商务企业采用的一般为“一般贸易 + 海外仓”模式，其在欧盟、美国等市场出现了偷逃增值税的现象，违法风险较高，给我国跨境电子商务企业和国家整体形象造成严重的负面影响。出现这一问题的根源实际上在于我国与贸易往来国之间存在着较大的制度和法律差异。跨境电子商务综合试验区相关部门有责任对企业进行贸易往来国相关制度和法律知识的普及，并应积极构建统一的国际跨境电子商务合作框架予以协调、加强监督。

①上游供应商存在的问题。上游供应商作为出口跨境电商产业链中的第一个环节和出发点，它是交易过程中最为关键的点和构建整个产业链的必要条件。从郑州跨境电子商务产品供应商出口的产品来看，有几个很大的缺点，其中以下三点表现得最为明显：一是供应商所提供销售的产品同质化情况比较严重。因为最近几年跨境电商行业的门槛降低且行业规范还不够，但是其快速发展以及新兴行业所能获得的高利润吸引了大量的商家想要进入该行业，特别是很多发制品、食用菌、机械制造、服装鞋帽以及休闲食品等小微供应商。有些小微供应商为了增加自己的海外市场销售份额而使用降低价格或者对竞争对手进行恶意贬低等恶性竞争手段。所以，为了保护供应商自身以及国内供应商在国际市场上的市场份额和对外声誉以及形象，产品同质化现象亟待解决。二是供应商资金运转的压力比较大。虽然线上交易方便快捷并且可进行国际贸易交易，但是跨国交易周期相对国内贸易而言是比较长的。在进行跨境交易活动时，对供应商的要求是比较高的。供应商要先提供产品，等客户收到所购买的产品并且满意的时候才能完成交易，此时供应商才能够顺利得到所售商品的货款，而这就需要供应商有足够强大的资金周转能力从而确保在得到货款之前能够保持比较好的运转状态。三是供应商所提供的出口商品的质量好坏不一并且供应商的品牌意识比较差。由于境外消费者在购买商品时是线上交易，对产品的具体质量等信息很难准确把握，如果供应商售卖的商品质量不佳，境外消费者收到商品时发现跟预期的不太一样，就会感到失望，并且在下次购买商品时可能就会避开质量差的供应商所提供的产品。由于国内供应商自身素质不同，所以就会出现一些生产和提供假冒伪劣产品或者有信用欺诈等不良行为的国内供应商，而这种行为就会让境外消费者在信用、产品安全等方面对国内供应商产生不信任。供应商所供应的商品具有较强的可替代性并且各个供应商提供的产品存在严重的同质化现象，供应商之间靠打价格战而不是依靠质量、售前和售后服务在激烈的竞争中占据市场份额，这种行为导致供应商从交易中获得的利润越来越少，而且发展前景也越来越不好。中国品牌在国际市场中缺乏经验和优势，加上品牌的营销意识和营销手段也不充分，这就使得中国品牌的国际竞争力严重不足。

②中游跨境电商平台存在的问题。中游跨境电商平台是出口跨境电商产业链中的第二个环节。B2B 模式和 B2C 模式是跨境电商平台的两种常见运行模式。郑州综试区的中游跨境电商平台，主要存在以下问题：一是跨境电商平台中的一部分还没有实现交易闭环。以信息展示为主的运行模式是跨境电

商平台最开始的运行模式，这种模式也是研究跨境电商贸易模式的基石。跨境电商虽然拥有很大的潜在市场，但是整个跨境电商行业处于初始发展阶段，发展缓慢，主要原因有两个：首先是跨境电商受信用支付和物流等因素的制约，缺乏健康发展的商业环境；其次是一般跨境贸易发生的金额比较大，使用的票据也比较复杂。以工业品为例，很多产品本身只是产业链中的一个中间产品，但是就目前跨境电商平台而言是很难满足消费者这种外延服务要求的，再加上很多供应商更倾向于以线下方式进行交易，这致使跨境电商平台的交易闭环很难形成，从而导致交易数据不能累积在交易平台中。二是跨境电商的综合服务能力比较薄弱。与传统外贸不同的是，跨境电商平台是在互联网高速发展的情况下产生的新型集成中间商，这个交易平台与不同国家和地区的交易双方直接交易，同时该平台需要为交易双方提供产品结构信息、支付结算服务、跨境物流服务等综合性的服务。然而就我国跨境电商当前发展情况而言，相关平台和职能部门所提供的综合服务还不能达到以上复杂的综合性服务标准，并且很难满足交易双方的实际需求。三是跨境电商和河南省各产业之间的联动协调发展程度不够。河南省占据主导地位的产业和具有特色的产业还不能完全匹配跨境电商出口的产品结构。要想有效突破时间和空间上的限制，对河南省的外贸发展起到推动作用，跨境电子商务平台还需要进一步的完善和发展。

③服务提供商存在的问题。

一是跨境支付存在风险。首先，大量的资金被寄存在第三方支付机构的银行账户里，这是由于第三方跨境电子支付机构只有在消费者收到所购商品并且进行确认之后才开始执行付款功能；其次，由于第三方跨境电子支付可以规避我国对个人外汇方面额度限制，因而外汇购买量快速增加；第三，是由于互联网交易的真实性不能得到完全的保证，如果监管部门对其监管不力，可能会出现资金转移或者洗钱等违法犯罪行为；第四，由于跨境电商交易周期比较长，因此可能出现国际收支的申报和事实不相符的现象，影响政府的外汇管理；最后，第三方跨境电子支付机构可能会产生由于操作技术或者通信技术存在缺陷而导致的大量跨境交易数据信息、消费者和跨境电商的个人以及银行卡等重要信息的泄漏或者交易不安全等风险。

二是跨境物流体系不健全。其一是我国跨境电子商务的物流成本比较高。跨境贸易中的贸易物流有很长的中间物流产业链与环节，如国内外物流和国外海关等环节，其中特别需要注意的是海关与商检这两个环节的操作具有很大的难度和风险，这是导致跨境电商物流成本比较高的重要原因之一。其二是跨境电商的运输和配送需要花费较长的时间周期。在Focalprice调查中发现客户对跨境电商最不满意的地方在于跨境电商的物流方面。但是，物流产业链环节时间周期长是由跨境贸易的独特性决定的。而跨境电商物流具有相对于国内电商物流来说比较长的周期也是由于清关和商检周期长导致的。

三是海关、法律与文化等方面也存在风险。波特建构的PEST模型结果显示政治和社会环境是影响跨境电商物流的最重要的两个原因。这是由于作为跨国交易，跨境电商不免要与交易对方所在地的政策、区域习惯以及知识产权政策等方面有所碰撞。

四是汇率风险的存在。跨境贸易不免涉及汇率问题，跨境电商的利润会受到税率波动的影响，因此，当一个国家的货币升值或者贬值的时候就会影响汇率进而影响电商利润。举个例子，2013年卢布在与美元和人民币进行兑换时汇率不断下降，货币出现了接连贬值的现象。

五是退换货物流的实现难度是很大的。我国的跨境电商的物流环节中包含很多节点，而退换货物流则存在于物流链的每个点中，因此，跨境电商的发展受到退换货的极大影响。电子商务具有退换货比例相对比较高的特点，当消费者收到有质量问题的商品时候就会发生退换货，而退换货不仅会延长物流周期，同时也会出现商品丢失的风险，这就进一步增加了海关和商检的风险，而配送地址错误等也是阻碍退换货物流的重要影响因素。

六是营销推广存在的问题。我国大部分传统的外贸企业以及其他企业在跨境电商高盈利和高增长的诱惑下，想要进入该行业的愿望不断增强，而要想合理有效拓展跨境电商业务需要企业把握好国内外市场价格之间的差异，但是跨境电商的这种业务的低门槛也使得相同的营销方式和市场定位在跨境电商企业中被大量运用，这样不仅会对跨境电商的正常发展产生阻碍作用，同时也会对市场价格的稳定产生冲击。所以，价格战虽然会有利于消费者，但是对于整个市场的发展来说是很不利的，可能会产生很大的负面影响。

④下游用户面临的问题。一是售后服务难。对于消费者来说，在进行海外购买的过程中售后服务的好坏会对退换货行为产生影响。因为跨境电商业务属于国际贸易，所以跨境通关、商检、跨境物流等环节就会不可避免地被牵涉其中，而这些环节增加了退换货的难度。同时，由于是跨境交易所以会出现退换货产生物流费用比商品自身价格要高很多的现象，如果不是商品本身的质量问题消费者就需要承担退换货产生的物流费用；再加上在维权、丢

包处理、售后服务等多个可能存在问题的环节，跨境购买商品需要比非跨境消费投入更多的时间、精力和成本，而这几个问题会对消费者是否选择购买跨境商品产生很大的影响。二是语言、文化不同导致沟通存在偏差。所在地、语言、行为习惯等均不同的境外客户是我国出口跨境电商产业链中的下游用户，这种差异性比较大的客户群体会遇到各种各样的问题。此外，信息不对称也会对用户体验、顾客忠诚度和客户黏度产生很大的不利影响。商务部公布的数据显示，个体商户以及中小型企业占我国跨境电商平台上注册成功以及登记的卖家的比重高达90%。美国等英语国家以及俄罗斯、巴西等非英语的国家是我国出口跨境电商的目标地区。这些地区的买家使用的语言与国内买家有很大的差异，同时对中国的商品市场缺乏深入的了解。

⑤产业链衔接存在的问题。一是我国目前出口跨境电商产业链还不够完善。从目前的情况来看，我国跨境电商的优势并没有得到非常充分的发挥，这是由于我国没有很好地落实跨境电商产业链的优化升级工作从而使产业链比较低级甚至缺少某一个环节所导致的。我国出口跨境电商进入门槛相对比较低，这会促使一部分企业运用不正当、不合理甚至不合法的方法和手段增加自己的销售量来获得更高的利润，这种不良竞争会影响产业链的正常发展甚至对我国的对外形象产生严重的不良影响。

目前存在海外消费者对我国部分供应商不信任情况，造成这一现象的原因是由于一些不良国内供应商提供伪劣产品，以次充好或者恶意降价来吸引海外消费者。这种恶性行为也会直接或者间接影响国内信誉比较好的产品供应商。二是各环节间互动及协同程度低，部分跨境电商服务层面较低，还存在信息在网上发布而交易在线下进行的交易方式。三是目前我国跨境服务的各个环节所覆盖的范围相对较小，各产业之间以及产业内部各环节的互动协调程度不够，导致跨境电商的服务功能难以发挥。

以西安跨境电商发展情况为例有如下几方面问题。

第一，大型跨境电商企业入驻率较低。笔者在调研外贸生产型企业过程中，企业普遍反映，如果沿用过去以进口代理商或订单为主的生产模式已显现出竞争力不足，存在着产品在目标市场的覆盖率下降、细分品类中的领导力弱化等潜在威胁，消费者的需求已从产品标准化逐渐变为个性化。由于中国制造网、阿里 express、大龙网、易达通、跨境通等国内领先跨境电商 B2B 平台企业几乎垄断着跨境电商交易的大部分市场份额，汇集着海量供求信息，由于沟通成本与交易成本太大，企业需要国内大型跨境电商企业入驻西安为其提供贴身的海量消费者数据匹配、线下物流、交易等全产业链服务。

第二，人才供给难以满足产业飞速发展。从专业知识结构来看，跨境电商人才应具备外语应用能力、信息技术处理能力、国际贸易、电子商务、国际物流、国际商法以及企业经营管理相关知识，而目前高校专业设置缺乏“跨境电商”复合型人才培养。因此，由于人才缺口巨大，现有人才与企业难以达成一致，人才资源要素已成为制约西安跨境电商产业发展的重要因素。

第三，业务开展整合资源能力相对较弱。跨境电商需要交易、支付、物流、通关、退税、结汇等各环节的技术标准、业务流程、监管模式和信息化建设实现资源整合，通过制度创新、管理创新、服务创新和协同发展，打造跨境电商完整的产业链和生态链。目前，部分地区特别是西部地区的跨境电商各涉及方接触融合还处于初级阶段，跨境电商的交易流程、业务流程还有待改进，难以适应消费者多样化需求。同时跨境金融服务参与度和沿海发达城市还有一定距离。

第四，支持政策针对性不强，缺乏合理规划。规划是引领产业发展的基础。由于政府对区域跨境电商产业比较优势分析不到位，虽出台了支持优化跨境电商产业发展的办法和措施，但政策多采取“撒胡椒面”方式，缺乏有效激励措施，致使西安跨境电商产业竞争力不足，与国内跨境电商优秀示范产业聚集区的差距逐渐拉大。

可能的初步解决方案如下：①吸引大型跨境电商企业入驻。通过政策措施为本地外贸生产型企业提供良好投资环境，着力吸引国内知名跨境电商企业进驻，提成产业配套环境，推动跨境电商创新发展。②建立跨境电商人才配套。依托丰富的高校资源，借鉴东南沿海发达城市自贸区经验，通过政策扶持倾斜，建立跨境电商人才培养、认证、输出完整人才链。同时，每年定期举办大学生跨境电商创新创业大赛，及跨境电商人才双选会。③坚持政策引领，优化整合资源。提高跨境电商交易、通关、物流、支付、结算等各环节匹配度和便利度。通过流程再造，打通跨境电商产业链、贸易链、监管链和数据链，真正做到向进出口企业提供“一站式”服务。④完善发展规划，提高政策针对性。根据本地产业、消费者习惯及地域特点，学习借鉴复制深圳、杭州、郑州等跨境电商示范城市在业务流程、监管模式和信息化建设等方面先行先试的经验，让消费者能够方便地通过互联网购买跨境商品，享受税赋减免、物流便捷的购买体验。同时，提高支持跨境电商产业发展聚集优惠政策的前瞻性、灵活性、有效性，有效助推跨境电商产业快速发展。

1.2.9.3 进一步促进跨境电子商务综合试验区发展

1. 跨境电子商务综合试验区要立足自身特色，开展创新实践。不断拓展跨境电子商务综合试验区布局是当前我国支持跨境电子商务行业发展、进一步扩大对外开放的重要举措。应鼓励跨境电子商务综合试验区依托所在地域，结合自身特色，不断提高管理服务水平，促进当地跨境电子商务发展。当前，差异化发展的跨境电子商务综合试验区为我国跨境电商管理服务的创新提供了"素材库"和"试验场"。在拥有较好出口商品生产能力的地区，跨境电子商务综合试验区应配合所在地政府制定跨境电商出口的支持政策，集中力量提高出口商品通关便利化水平，为跨境电商企业精简流程，并加强服务强度。在居民收入水平较高、消费能力较强的地区，跨境电子商务综合试验区应更加强调对跨境零售进口监管服务的关注，提升消费者的跨境消费体验，并积极开展跨境售后探索，保护跨境消费者的合法权益。在中西部城市的跨境电子商务综合试验区，应利用自身战略优势，实现跨越式发展。重点推广对跨境电子商务产业培育及其上下游产业链条拓展的做法，同时，加强跨境电子商务交易平台建设和培育外向型产业的龙头企业，结合地区发展特色探索差异化发展道路。随着"一带一路"合作项目逐渐增多，包括郑州、西安、兰州在内的位于丝绸之路经济带沿线的跨境电子商务综合试验区，以及包括南宁、厦门等位于海上丝绸之路沿线的跨境电子商务综合试验区应抓住战略机遇，将政策红利转化为发展实际。鼓励跨境电子商务综合试验区立足自身实际开展创新实践，有利于总结出符合服务跨境电商发展的管理服务模式，也有利于我国积极参与到当前世界数字贸易规则体系的建设之中，将中国的管理服务经验推广到全世界，推动世界贸易朝向更普惠、均衡的方向发展。

2. 保持跨境电子商务综合试验区政策连贯性。跨境电子商务作为一种新兴业态，发展历程较短，跨境电商企业积累的管理经验和调整能力也往往不足，因此需要一个相对稳定的长期政策预期，以合理安排生产、销售和融资计划。为保证跨境电商行业健康发展，政策制定者应保持跨境电子商务综合试验区政策连贯性，在市场中建立起中长期的政策预期，鼓励跨境电商企业拓展新市场、探索新模式、打造新优势；鼓励社会资本进入跨境电子商务行业，加强智能物流等跨行业合作，促进跨境电商企业的发展和竞争；鼓励跨境电商专业人才的培养，使越来越多的高素质人才进入跨境电商行业。与此同时，管理部门之间应加强沟通、确立原则、明确责任，在关键问题上达成共识。保证跨境电子商务综合试验区政策连贯性，避免出现“急停急起”的现象，在推行监管政策时，应做好预期管理。跨境电子商务综合试验区应重点关注关系到跨境电商企业核心问题的创新实践，切实解决零售出口和零售进口行业的痼疾，探索出符合跨境电商零售进出口长期发展趋势的监管模式，建立运行更加有序、更加全面的跨境电商园区生态系统。另外，为最大化“实验田”的效用，政府应积极推广在先行跨境电子商务综合试验区取得良好效果的政策，适当缩短政策迁移的时滞。如，杭州跨境电子商务综合试验区2018年起试行的特殊区域出口模式，把企业的海外仓“转移”到了国内海关的特殊监管区域，在给予零售出口企业便利的同时减少了海外仓的风险敞口，取得了良好效果。应积极推广此类效果显著的政策从先行先试到全部跨境电子商务综合试验区落地实施，并缩短推广周期。

3. 积极引导跨境电商企业转型，提高其风险应对能力。面对日益增加的外部风险和不利因素，跨境电子商务零售出口企业面临着“Easy Money”向“Smart Money”的转折点，而跨境电子商务零售进口企业由于面临着经营商品同质化严重、资本热潮趋冷等问题，行业内部竞争加剧。跨境电子商务综合试验区在服务企业开展进出口业务的同时，还应积极引导企业升级转型，不断提高其应对经营不确定性风险的能力。第一，避免跨境电子商务综合试验区的粗放式发展，对入驻企业有所甄别。第二，积极提供国际法律方面的指导和援助，增强企业正当维权和应对纠纷的能力。第三，建立跨境电子商务企业信用公开机制，保障优质企业自身发展权益，有力打击蓄意违约、产品造假等行为，利用奖惩机制，引导企业走合规化发展道路。

4. 厘清跨境电子商务内涵，准确界定跨境电子商务综合试验区服务主体。按照生命周期理论，行业由成长期过渡到成熟期，行业内涵基本成型，以往口径不一的统计体系已难以适应行业自身的发展需求，而行业内部沉淀为建立规范的统计体系创造了技术上的可能。因此，无论是在发展必要性还是监管可行性上，都应进一步明确跨境电子商务内涵，建立规范的统计体系。(1)应对跨境电子商务给予一个清晰、规范的定义。其中，既包括窄口径，也包括宽口径。按照窄口径的定义，跨境电子商务数据即海关总署给出的通过跨境电子商务管理平台的跨境零售进出口数据具有较好的信度。按照宽口径定义，跨境电子商务数据包含全部跨境B2B、B2C、C2C及其他的交易模式下的统计量，当前这一数据多由第三方机构整理得出，数据质量缺乏保证。但从将来管理支撑的政策针对性来讲，使用宽口径数据更有利于规范化统计体系的形成。（2）应完善跨境电商法律法规建设。目前，在行政法规方面，跨境电商进口商品属性已得到明确，即统一按照个人物品进行监管。但是在法律上跨境电商还没有得到清晰的界定，在2018年颁布的《电子商务法》中对于跨境电商的规范比较宏观，不具备指导实践的操作性。因此，应尽快完善跨境电商法律法规建设，为行业发展确立标准、设立底线、指明方向。

5. 跨境电子商务综合试验区应为我国参与国际规则制定提供实践层面支撑。随着跨境电子商务的不断发展，特别是当前数字贸易的兴起，建立新的国际规则是大势所趋。我国应顺应潮流，加强经贸规则研究，积极参与、引领国际电子商务规则制定。跨境电子商务综合试验区作为先行先试主体，应系统总结行业发展规律，促进我国参与规则制定的步伐。①跨境电子商务综合试验区应结合实践问题，对《电子商务法》的进一步完善提出具体意见。在国际经贸规则制定过程中，起草的范本往往基于少数领导国国内的立法实践，因此建立和完善我国关于跨境电子商务的法律法规体系是参与国际规则制定的基础。我国《电子商务法》首次将跨境电子商务纳入到了电商法的适用范围，标志着我国已朝向跨境电子商务市场规则制定方向迈出了坚实一步。但《电子商务法》中对于跨境电商的规范仍停留在框架式层面，尚不具备具体的操作性，因此仍需进一步完善。跨境电子商务综合试验区作为先行先试主体，应结合实践中遇到的问题对《电子商务法》的进一步完善提出具体意见。积极参与由各国政府、国际组织举行的双边、多边谈判和有关法规、标准的制定工作，努力建立一个国际社会普遍接受的电子商务国际框架。目前，电子商务国际谈判主要集中在少数国家之间，这样的国际磋商机制与互联网的基本原则是不符的，不利于国际框架的形成。如，2018年2月中国海关组织召开首届跨境电子商务海关大会，就进一步完善《跨境电商标准框架》达成基本共识，重点确定了跨境电子商务管理的八大核心原则，成为世界海关跨境电商监管与服务的首个指导性文件。大会还发布了《北京宣言》，确立了世界海关跨境电子商务大会机制，推动管理理念创新，促进贸易安全与便利，实现均衡发展。②加强跨境电子商务综合试验区与行业龙头企业沟通，充分发挥龙头企业在规则制定中的作用。我国跨境电子商务发展过程中培育了一大批较大规模的跨境电商企业。跨境电子商务综合试验区作为先行先试主体、行业龙头企业作为实践者，对跨境电商市场的现状和未来发展趋势更有洞察力，在市场竞争中积累了不同视角的宝贵经验。应加强跨境电子商务综合试验区与行业龙头企业的沟通，保持和扩大我国跨境电子商务竞争优势，打破跨境物流等方面国际巨头的垄断地位，并在跨境电商经贸规则制定中联合发挥重要作用。跨境电商的发展仍会处于高速状态。随着一些新市场加入跨境电商业务中以及信息化时代的到来，我国在电商市场中还有很大的发展空间。通过研究发现，我国的购买力水平在不断增强、网络的使用率也在提高、物流水平以及网络支付水平得到了完善，在今后几年我国的跨境电商业务将会有很大的增长率，预计到 2018 年我国的交易额会占总进出口贸易的百分之二十左右。③B2C 交易模式将会更加普及。跨境电商业务的逐渐壮大离不开 B2C 的交易模式，研究表明，在 2020 年全球的 B2C 交易将会达到一万亿美元左右，每年会有 27 个增长点；除此之外，消费者也会有很大的增加比例。我国有着众多的跨境消费者，这也是我们成为全球最大跨境市场的体现，有关人员表示，我国 2018 年的出口交易额将会达到 7000 亿元。④保税模式有很大的发展前景。保税模式是指一些跨境电商的企业通过海购，之后将其统一发往国内的保税区，在消费者完成支付时会有物流公司来对物品进行配送。与直邮的方式相比较，这种方式可以降低运输成本。除此之外，保税模式的发货速度是比较快的，几乎等同于国内购物，缩短了等待的时间。从监管的角度来看，保税模式可以为税收监管提供方便。尽管采用这种模式需要有关企业具有足够的资金，但这种模式是当前电商平台经常用到的模式。使用这种模式的消费者也避免了交税的环节，这可能会对传统的进口贸易带来不便，有关监管部门也在制定相应的监管策略。总之，跨境电商业务正处于一个发展的阶段，是一项有利的创业平台，值得引起重视。

1. 供应商层面。一是各个产品供应商需要对产品的知识产权和品质产生高度的重视。作为中间环节，跨境电商平台对供应商提供的商品质量需要进行严格的把关，通过质量检验淘汰不合格产品；除此之外，跨境电商平台还应该设置专门的产品监督团队，通过抽样或者全面检查的方式监督产品；最后，为了防止出现客户收到包装破损或者损坏等瑕疵产品以及产品出现遗漏或者损坏等现象，跨境电商平台需要在产品的运输和配送过程中对其包装进行严格的检查。二是跨境电商平台应该协助供应商进行资金周转。跨境电商平台可以向银行提供其代理供应商的经营状况、交易记录、信誉度等重要信息。帮助银行高效完成贷款任务，供应商也能有效缓解周转资金不足问题。三是跨境电商平台应该实行严格的审核监督制度，确保进行贷款的供应商有足够的还款能力，防止当其经营状况出现异常时没有偿还贷款的能力，维护跨境电商平台的良好声誉。

2. 跨境电商平台层面。一是建立安全高效的信用体系。跨境电商平台通过对各个供应商的信用状况和交易累积的数据进行分析，运用信用保障体系对供应商进行信用标志化，同时赋予其相对应的信用保障额度，该体系还能够对消费者的跨境贸易进行安全保障。二是建立安全高效的第三方跨境电子支付体系。运用安全、快捷、有效的方式且完成必要的身份信息认证。三是建立外贸综合服务平台。跨境电商平台需要重点推进供应链金融的发展，为供应商提供基于信用证、保险单或者外贸提单等单证的融资服务，或者根据其历史交易数据和企业资信实现无抵押、无贷款的纯信用融资服务。

3. 服务提供商层面。一是加强对跨境支付的风险管理。在国际贸易中较为困难的工作为收款和结汇，各综试区应该积极主动地探索和建立一整套相对完善的针对跨境电商企业的信用体系。同时，要积极寻求相关国家法律机构的业务合作和工作配合，在法律框架的基础上，健全相关体系认证标准，建立完善且有效的行业规范和信用制度。二是海外建仓，转移跨境电商物流风险。现代物流创建的仓库可以为买卖双方提供交流和沟通平台，而海外仓的建立不仅实现了海外节点的安置，同时在很大程度上缩减了物流成本，有效地拓展了海外市场。跨境电商还能通过使用海外仓享受仓储、分拣与配送等一系列优惠服务。海外仓的构建还能够打破保护壁垒。跨境电商可以提前存放货品，这便利了跨境电商本土化操作，很大程度上也降低了汇率、政策和政治等因素带来的风险。海外仓使得退换货成为一种现实。当买家对所购买商品不满意要求退换货的时候，退换货商品通过回流的方式进入海外仓中，相对于把退换货商品返回国内，减少了很多不必要的跨境通关和物流环节，在缩减时间和成本的同时，也降低了二次跨境通关和商检等带来的风险。三是推进贸易便利化进程，建设综合保税区。虽然跨境电商物流配送的商品多种多样，但是对于水产品、海产品等比较容易腐败变质的产品而言，海外仓这种形式就不适用了。在这种情况下，就应该针对特殊情况来对海关资源进行合理整合，精简报关程序，从而减少由于产品通关时间长导致的货品损失，提高贸易便利程度。此外，政府需要在海关做好便利化工作的同时发挥其在建设及开发综保区方面的积极引导作用。

4. 下游用户层面。对于下游的消费者而言，在购买所需要的产品之前，应该对所购买产品的基本信息有一个大概的了解，或者可以向有丰富跨国购买经验的人“取经”来获得一些有益经验或者所需产品的可靠来源信息，最重要的是要选择在一个信誉度比较高的跨境电商平台上进行商品的交易。此外，还应帮助用户建立安全意识。由于消费者的购买信息、个人账户等重要信息会在其进行产品的购买时被涉及，而一旦这些重要的信息被泄漏并且遭到不法分子的利用，就会产生非常严重的后果。

5. 产业链衔接层面。一是整合产业链。跨境电商平台应该整合产品从生产一直到客户购买过程中的各个环节、各种资源，改进跨境物流和支付服务。与此同时要整合各个环节到一个平台上，提高各个环节的相互依存程度。二是精准定位产业链。跨境电商企业在进行运营模式转变的过程中首先应该给自己的产业链进行准确的定位，在采购、管理、销售等环节找寻自己的发展路径和发展机遇的同时对具有可行性和可操作性的技术手段进行不间断的探索研究。三是保障交易各方的利益。跨境电商平台或者供应商应该针对跨境电商退换货业务成立一家专门的公司，可以规定所有由跨境电商交易所产生的退换货服务都属于该公司业务范畴，并且该公司应该把需要退换的货物进行统一整理和运输。跨境物流公司还需要尽可能地对海关监督的相关流程进行学习了解，在法律法规允许的情况下最大限度地简化货物二次入仓、行邮税退还等流程。

“一带一路”跨境电子商务的特征分析

伴随着互联网技术和人工智能技术的深入广泛的发展，中国与“一带一路”沿线国家的电子商务合作正在迅速展开，未来的发展趋势良好。2016年12月出台的《电子商务“十三五”发展规划》更是明确指出，要推动与“一带一路”沿线国家和地区积极开展电子商务合作。“一带一路”下的跨境电商合作势必会成为区域经济发展与经济全球化和信息化趋势下的重要经济模式。同时，对于以中国为中心的区域经济共同体的构建，人民币国际化进程的推进，国际贸易新环境的形成起到积极的作用。

2.1 基于“一带一路”倡议的国家层面建设特征

“一带一路”倡议的提出无疑推动了我国跨境电子商务的有效发展，解决了传统的问题与不足，优化了“一带一路”经济区跨境电子商务通关服务；推动了物流业的发展以及中小企业的跨境电子商务发展，对于我国综合经济实力的提升有着积极的作用，其主要如下：

1. 优化了“一带一路”经济区跨境电子商务通关服务。在“一带一路”的引导之下，解决了“一带一路”经济区跨境电子商务的通关服务与质量。在“一带一路”背景下，为了保障跨境电子商务的服务质量，我国构建了电子商务管理机制，为促进跨境电子商务通关奠定了基础，也完善了交易主体以及报关服务的关系系统，完善了通关服务。实现了监管的分类管理，全面推动了电子结汇、退税系统以及电子商务平台、国际物流、结算的规范化发展。在通关服务的保障系统之下，我国的跨境电子商务呈现着安全、方便、快捷的发展趋势。

2. “一带一路”推动了物流业的发展。在“一带一路”倡议引导之下，转变了传统的电子商务贸易方式，为全球贸易发展带来了全新的增长点，跨境电子商务的战略发展以及对外贸易转型作用得到了凸显，实现了贸易的通畅性。在“一带一路”经济区跨境电子商务发展过程中，我国物流产业发展势头良好，竞争日益激烈。而物流企业也逐渐拓展了自己的市场占有份额，开辟了国际领域。在“一带一路”倡议实施之后，通过与沿线国家的贸易往来，完善了的相关政策法规，制定了完善的物流配送服务质量标准，提高了跨境物流企业配送质量，实现了物流企业的多元化发展，构建了高效完善的物流系统。

3. “一带一路”倡议推动了中小企业的跨境贸易发展。在全球经济一体化发展趋势中，企业竞争日益激烈，我国的出口呈现下降的趋势，一些中小外贸企业因为资金实力等因素的影响，无法在对外跨境商务中生存，倒闭破产问题日益严重。而跨境贸易的发展，为中小对外贸易企业的发展提供了契机，现阶段我国的跨境电子商务平台的新经营主体中多数为中小企业以及个体商户。随着“一带一路”倡议的实施与开展，为我国中小外贸企业以及沿线国家的贸易活动开展提供了极大的便利，对于提升中小外贸企业的交易额有着积极的推动作用，对于中小外贸企业走出困境，提升经济实力，推动跨境电子商务的快速发展有着积极的作用。

2.2 跨境电子商务进出口贸易规模较大且增长迅速

跨境电子商务模式经历了从尝试探索到逐渐被大众接受认可的过程，并在2008年金融危机爆发至2014年期间进入了井喷式的发展阶段。但自2015年起，出现了增速放缓的现象。总体来说，跨境电子商务交易总额仍在不断攀升，增幅也显著高于传统外贸。2008年中国跨境电子商务交易规模约为0.8万亿元人民币，2014年则增至4.2万亿元，年均增幅31.8%，表现远优于同期的传统外贸。中国跨境电子商务进出口交易额中，出口占据了主要部分，但进口比重也在逐年上升。2010年至2015年上半年，在跨境电商的进出口结构中，出口占比一直在80%以上，进口比例虽仍较小，但在政府利好政策及人口红利的刺激下，已由7.1%增至15.2%。跨境电子商务规模实现突飞猛进的原因主要在于：一是日趋成熟的互联网技术较好地为跨境电子商务提供了技术保障；二是全球各国的网民渗透率均有所提高，尤其在中国已高达60%；三是从中央到地方各级政府的积极支持，以及跨境电商试点城市规模的扩大，使得企业较以往能更为便利地介入跨境电商市场。

根据阿里研究院与埃森哲发布的《全球跨境 B2C 电商市场展望》报告，2014 年全球跨境 B2C 电商市场规模超过 2300 亿美元，并将于 2020 年达到近 1 万亿美元，同整体 B2C 电商、消费品进口额和消费品零售额相比，全球跨境电商市场规模年均增长率高达 27%。全球跨境电商市场规模在整体 B2C 电商中的比重也将由 2014 年的 14% 增长为 2020 年的 29%。届时，跨境 B2C 电商消费者总数也由 2014 年的 3. 09 亿人增加到 2020 年的超过 9 亿人，年均增幅超过 21%。到 2020 年，接近半数的网上消费者会进行跨境网上消费。在全球跨境电子商务迅猛发展的背景下，我国跨境电子商务的规模也呈逐年上升趋势。2015 年上半年，中国跨境电商交易规模为 2 万亿，同比增长 42. 8%，占我国进出口总值的 17. 3%。从历年中国跨境电商交易规模和增长率来看，2011 年我国跨境电子商务交易规模仅为 1. 8 万亿元，2013 年交易规模达到了 3. 1 万亿元，较 2012 年增长约 50%。2014 年我国跨境电子商务的交易规模达到 4. 2 万亿元，是 2011 年规模的 2. 5 倍预计 2015 年我国跨境电子商务交易规模将达到 5. 5 万亿元，2016 年将达到 6. 8 万亿元，2011 年至 2016 年，中国跨境电商市场规模实现约 32% 的年均增长率。

2. 3 优势产业出口占主导地位

作为传统外贸的创新模式，跨境电子商务发展的地域分布并未与传统外贸发展的地域分布完全匹配。传统外贸领域中，近些年全国进出口交易额排名前 10 位的地区分别为广东、江苏、上海、北京、浙江、山东、福建、天津、辽宁与河北。在跨境电子商务领域中，2015 年广东省实现跨境电子商务进出口占全国比重近 30%，稳居全国首位。浙江跨境电商进出口额约占全国的 20%，仅次于广东。山东跨境电商交易额在全国的占比不到 1%，与山东贸易规模和口岸大省地位很不相称。反之，外贸额排名全国第 11 位的河南省，试点城市郑州跨境电子商务产生了约 39. 26 亿元的交易总值，增加了 4. 05 亿元的相关税收，各项指标均名列试点城市首位。截至当前，中国共批准 10 个跨境电商试点城市，包括直辖市沪、渝、津，省会城市杭州、郑州、广州、福州，以及宁波、深圳及平潭三个沿海城市。政府对试点城市及跨境电子商务综合试验区的选择，主要是从该地区外贸进出口规模、电子商务规模、当地政府的重视程度以及兼顾中西部的发展及东中西部的合理布局。对比可见，除广东、浙江与福建三省各独中两元外，其余外贸大省获批试点城市仅有1个，甚至为零。较为明显的就是，江苏作为全国第二外贸大省，仅苏州在2016年刚刚获批成为综合试验区，其余各市均未进入试点城市行列。山东与辽宁也呈现类似情形，两省仅有青岛与大连新近成为综合试验区，河北省则干脆榜上无名。这从侧面反映出一些传统外贸大省的跨境电商发展步伐较慢。

我国跨境电子商务以出口为主。据《跨境电子商务产业发展分析报告显示》，美国有3.15亿居民，2.55亿网民，1.84亿在线买家，全球约37%的跨境在线买家集中在北美。美国和加拿大在线总销售额达到3895亿美元，占全球的33.1%。在网络零售领域，无论从进口角度还是出口角度来说，美国是世界上最大的市场。从我国跨境电子商务的进出口结构来看，我国的跨境电子商务以出口为主。在2010年我国跨境电商总交易额中，其中有93.5%为出口，进口仅有6.5%。到2014年出口占跨境电子商务总交易额的比例略有下降为86.7%，进口增长为13.3%。从数据中可以看出，虽然进口所占比例均比上一年有所增加，但是出口占比仍以绝对大的数值远远高于进口占比。随着国内市场对海外商品的需求扩大，预计未来几年跨境电商进口的份额将不断提升。

2.4 跨境电子商务信息服务逐步完善

中国跨境电子商务平台的数量正成倍增加，平台的主体性质也发生了变化。早先，平台主要为个体私营性质，如阿里巴巴、中国制造网、环球资源等。如今，私营性质的平台依旧为主体，并仍占据大部分市场份额，但在各级地方政府的扶持下，政府牵头搭建的平台不断涌现。其中，一部分是由政府全权负责搭建，主要侧重于承办搭建跨境电商公共服务平台。例如，天津市政府搭建了海关监管平台与检验检疫监管平台；合肥市政府以快件、邮件为物流支撑，构建通关、结汇、退税等政府服务职能的跨境电商平台；另一部分则是由政企合作承办，如2013年南京海关数据分析中心与当地民营企业三宝科技共同出资，组建了贸互达外贸综合服务平台。另一方面，跨境电子商务平台的服务内容也在不断完善。早期平台的业务范围重点放在为外贸企业提供交易前和交易中的服务上，克服进出口买卖双方间的信息不对称问题，并同时附带提供支付、物流、质量保证、售后处理等服务。当下新加入的不少电商平台则将侧重点放在帮助企业降低交易成本，即交易后的服务上。这类平台为外贸企业提供金融、通关、物流、退税、外汇等所有外贸交易所需的进出口环节服务，被称为外贸综合服务平台。最早的代表平台为深圳一达通（2010 年加入阿里巴巴）。某种程度上讲，这类跨境电子商务平台完善了从生产厂家到国外买家完整的业务信息流，将通关体系、物流体系、金融服务体系与信息共享体系等连接起来，最大化地提高外贸企业、电商企业及个人外贸从业者的通关效率，降低了通关成本，将国际贸易流程中的各个环节尽量整合起来，为买卖双方提供一站式服务，可形象地比喻为"国际贸易企业的保姆或管家"。

据海关统计数据并计算得出，我国跨境电子商务的主要商品占比分别为：电子产品 23%、日化产品 21%、服装鞋帽 17%、机械零件 12%、建筑材料 10%及家居产品 6%等。而以 B2B 为主的跨境电商商品排名前五的产品依次为电子产品、机械零件、服装鞋帽、日化产品、建筑材料，以 B2C 为主的跨境通和海淘也主要销售化妆品、服饰、电子产品、婴幼儿用品等。由此可见，无论是从跨境电商的总体来看，还是分别从 B2B 和 B2C 来说，跨境电子商务的商品种类都比较集中。

近年来，从中国跨境电子商务的发展方向来看，跨境电商平台服务有所改变，同时，基于大数据的分析，贸易高效匹配、信用体系创新服务、金融和物流配套协同等形成了未来跨境电子商务的主流发展方向。跨境电商在"买卖全球"的同时，传统贸易（M2B2…）不断朝 C2B、C2M 发展，通过网络消除信息的不对称和中间环节，形成时空弯曲的"虫洞"现象，市场更加定制化、企业提供柔性化生产供应。通过大数据和人工智能技术的发展，跨境零售与 B2B 模式共同发展，产生出增量贸易形式。未来几年我国跨境电子商务空间将进一步拓展。

过去几年跨境电子商务面临众多争议，包括市场层面、政府层面以及自身层面的争议，即跨境电子商务税制方面的争议、对传统外贸企业的冲击以及跨境电子商务模式的选择，外贸模式逐渐从大额交易转为"小订单"出口，与传统电商相比，跨境电商在整个交易流程中涉及国际物流、出入境清关和国际结算等，需要与海关、检验检疫等十余个相关政府部门进行业务对接。因此，依托互联网和信息系统，电子数据交换是各地政府建设跨境电子商务公共服务平台的关键。我国主要有三大跨境电商服务平台：通关服务平台、公共服务平台和综合服务平台。建立健全的跨境电商贸易平台，可实现对跨境电子商务数据全方位、全过程监管和资源共享。

过去跨境电商的竞争主要在于产品质量、产品价格质等方面，随着国际贸易发展，更多跨境电商企业纷纷参与其中，使得竞争更加激励，而这时企业的软实力就显得尤为重要。因此，跨境电子商务的发展趋势之一就是要从实物走向O2O体验，从产品走向服务。着跨境电子商务的快速发展，跨境电子商务与供应链的结合更加紧密。为提高企业竞争力，降低物流成本，必须重视跨境电子商务与供应链的深度融合，创新跨境电子商务供应链管理机制，提高供给效率，促进跨境电子商务健康、稳定发展。

2.5 跨境电子商务模式多元化

跨境电商是指位于不同国家的交易主体借助各类跨境电商平台实现商品的网上下单和支付，再通过国际物流将商品送达消费者的一种对外贸易活动。跨境电商按照商品流动方向可以分为出口跨境电商和进口跨境电商。由于出口跨境电商的主体是企业，因此从企业角度可以将出口跨境电商分为入驻第三方平台、自建跨境电商网站、综合服务商和代运营服务商四种模式。进口跨境电商的主体是消费者，因此从消费者角度将进口跨境电商分为B2C、C2C和M2C这三种模式。而从企业视角将出口跨境电商分为四种模式：

1. 入驻第三方平台模式。入驻第三方平台模式指生产企业或代理商通过缴纳佣金或会费等方式入驻第三方跨境电商平台，由第三方企业提供统一的销售平台来连接国内出口企业和海外买家。其中，第三方平台不参与售前售后等过程，而是为企业提供信息展示和商品交易服务，同时还可以提供物流或支付服务，典型代表如速卖通和敦煌网。

2. 自建跨境电商网站模式。自建跨境电商网站模式是指生产企业或销售商自主开发电子商务网站将商品销往海外。企业自己负责产品的生产或采购、在线交易和支付、跨境物流运输、客服、退换货处理、网站维护和产品推广等整条供应链上的工作，例如米兰网和兰亭集势。该模式特点在于企业能全程把控产品质量、跟踪物流进度，而且在推广方式选择上具有多样性，在产品推广效率和转化率上也较第三方平台模式高。

3. 综合服务商模式。综合服务商模式是为中小企业提供一站式电子商务解决方案而诞生的一种创新模式。“综合”涵盖了金融支付、通关、结汇退税以及跨境物流等服务。对中小型出口企业来说跨境贸易链条长且面临着操作环节复杂、政策环境和文化环境难适应等问题，而综合服务商的出现，可以为企业提供个性化解决方案，满足企业不同的需求。例如阿里速卖通就为卖家提供国际物流解决方案、数据挖掘与分析服务，除此以外还有专门提供物流和仓储解决方案的“递四方科技”以及专注于外贸营销方案整合的“奥道中国”。

4. 代运营服务商模式。随着中小企业海外业务的拓展，专业跨境电商代运营服务应运而生。在该模式下，代运营服务商全程代理外贸企业产品的销售、推广、物流、支付、通关以及网站搭建和维护等各个环节，为企业降低运营成本、防范交易风险和创立全球品牌等方面提供解决方案从而达到共同成长、共享收益的目标，典型代表如四海商舟和圣云通等。

政府结合供给侧结构性改革指导方针，最大限度地减少对跨境电子商务市场的行政干预，各相关部门推进通关、结售汇与退税的便利措施，以壮大跨境电商 B2C 与 B2B 的发展。在次级层面，各地方政府也竞相实施扩大跨境电子商务 B2B 出口的措施。例如，2015 年 7 月，杭州海关正式启动跨境电子商务 B2B 出口业务试点；南京市政府鼓励企业培育自主品牌，规定对那些以自主品牌从事境外销售，并且年销售额达到不同规模级别的跨境电商企业将对应给予一次性奖励，最高可达 500 万元人民币。鉴于跨境电商 B2B 能够充分发挥中国外贸竞争优势，并且扩大企业效益，可以预见，今后政府的政策方向将以 B2B 为工作重心。

2.6 跨境电子商务平台多种多样

海外仓的积极布局不仅仅是新政影响的结果，也是中国跨境电商企业未来提升自我发展的重要途径之一。出口电商企业可在境外目标市场通过组建或者租赁仓库，先批量出口货物至这些仓库存储，待电商平台接到订单后，再将货物由仓库配送给境外客户。反之，进口电商企业同样可以先通过海外仓集货，再通过直邮的方式发送给国内消费者。这一操作比跨境零售直邮方式成本更低，解决了零售散单配送能力差的问题。同时，海外仓的设立还可以进行产品展示，尝试解决售后体验难以保证的问题，如退换货，以此增强网络交易的信心。故此，倚仗海外仓是未来跨境电商企业成长到一定阶段必然考虑的问题。然而，设立海外仓本身是一个高成本行为。在其设立模式上，企业应当因地制宜。中国不少传统外贸企业在全球各地早已拥有海外仓，对这些企业而言，进行电子商务转型物流体系并非其“痛点”。海外仓的设立主要是针对新进入该行业的企业。发达国家的物流配送体系比较完善，土地租金以及人工费较高，实力有限的电商企业若自建仓库成本较高，可以选择与第三方物流企业合作，向其直接租赁仓库则更为合适，预计未来海外仓的租金将翻倍。发展中国家的物流配送体系相对落后，但土地、劳动力成本较低，电商企业自建仓库更为合适。无论设立模式为何，海外仓的功能不应仅仅局限在物流配送上，还应当充分拓展品牌打造、提高客户体验的功能。

所谓“海外仓”，就是跨境电商企业在海外目标市场设立或租赁仓库，按照传统贸易方式，将商品批量运输到境外仓库，通过电商平台的销售，商品由境外仓库配送给的消费者。海外仓不是在境外简单设有仓库，还包括单证、物流、财务、税收等业务。海外仓是跨境物流发展新模式，解决了很多传统跨境物流无法解决的问题，并且随着跨境电商的快速发展，市场体量将越来越大，成为推动跨境电商发展的新动力，是跨境物流发展的趋势。

1. 自建型海外仓。自建型海外仓模式是指由跨境电商出口企业自行建设并运营的海外仓库，仅为本企业销售的商品提供海外仓储、配送等服务的物流模式。在这种模式下，整个跨境电商物流体系是由出口跨境电商企业自身控制的。自建物流需要充足的资金和一定的销售规模，部分大型跨境电商企业，如易贝，亚马逊，全球速卖通，DX 等早已在境外设有海外仓。苏宁在原有日韩美及中国香港海外仓的基础上，开通澳洲及欧洲的海外仓业务。京东全球购已经建立了荷兰等多个海外仓。兰亭集市自 2014 年起相继在欧洲、北美建立了海外仓，实现国内商品在海外本土发货。

2. 外包型海外仓。自建型海外对中小型电子商务企业而言要求过高，因此，许多中小型电子商务企业选择使用第三方物流公司提供的海外仓业务，这样，既可以发挥海外仓的快速配送优势，又避免了自建海外仓所承担全部物流运营成本的劣势，是一种明智的选择。目前，第三方海外仓物流公司有万邑通、出口易、飞鸟、递四方等。其中，出口易拥有超过十年自营海外仓经验，配送范围可覆盖北美、欧洲全境。万邑通针对易贝卖家推出了澳洲、美国、英国、德国四大公共海外仓服务，递四方有 5 个海外分公司及仓库。

2.7 跨境电子商务的品牌塑造

在传统经营模式的长期影响下，中国外贸企业利用电子商务手段的初衷只是为了拓宽营销渠道。常见的做法是企业注册多家外贸电子商务平台，并且不停地更换平台，以期扩大更多的客户群来获取利益。然而，跨境电子商务模式是把"双刃剑"，在为企业扩大销售渠道的同时，也招致了更多的竞争对手。早期这种单纯的想法导致不少企业还处于价格营销阶段，通过不断降低产品价格在激烈的竞争中获取微薄的利润，加之企业普遍规模小，整体缺乏自主品牌意识。当前外贸环境复杂严峻、生产成本增加，若企业利用"互联网+外贸"仍旧进行贴牌生产，当网络渠道的红利瓜分完毕后，势必将举步维艰。因此，利用电子商务实现自主品牌创建将是未来跨境电商企业追求的目标。企业首先应当在海外注册商标，再利用网络平台进行品牌产品推介，提高品牌的曝光率，增加知名度。同时，利用平台上的大数据，精准分析消费群体的购物习性，了解消费者的需求，准确定位品牌和目标，完善线下服务，从而提高企业的经济效益。"互联网+"的大潮正改造着各行各业。外贸领域内"普惠贸易"的时代正在到来，跨境电子商务发展的外部不利因素虽然存在，但各国政府也在积极地合作消除。随着政府全面优化电子商务的通关服务，加快推行"单一窗口"平台建设，货物监管与外汇管理制度都得到进一步规范。在优惠政策服务的保障下，跨境电子商务在中国必然会朝着健康稳定的方向成长。作为跨境电子商务的重要主体，平台和制造型企业要立足长远，不能一味依靠政策攫取红利，应处理好当前自身发展过程中日益尖锐的问题，如知识产权侵权、售后退换货、品牌意识薄弱等。跨境电子商务的发展亦离不开实体制造业的支撑。一个健全的"互联网+"生态链应该是由线上交易、线上监管、线上线下服务、线下实体支撑共同组成。

企业塑造自身产品和品牌形象后，要想让广大消费者广泛接受该品牌，必须做品牌推广。企业要想借助跨境电子商务平台将自主品牌推广到海外，必须整合多方资源，打造跨境电子商务的服务团队，提高品牌运营能力，充分利用"大数据"平台为企业的跨境营销引领方向。首先对跨境电商平台积累的海量信息进行数据挖掘，精准引入客流，传递消费者品牌形象；其次依据大数据实现精准营销，把企业产品品牌信息推向潜在用户，借助大数据的力量和信息优势来强化基于数据挖掘的精准营销，以争取现期与预期的用户。最后还可以加强与境外电商和媒体的合作，以实现品牌产品销售的本地化。跨境品牌的建立是一个全面的过程，需要一系列综合运营体系来维护。消费者对品牌的认可度与忠诚度，其感知质量非常重要，因此，无论是产品质量还是服务质量，对品牌建设至关重要。

企业应加大技术投入，增强产品研发设计和创新，保证产品质量，同时还应充分利用跨境电子商务网络覆盖终端的优势，研究学习目标市场国家或地区的时尚走向及潮流需求，进而设计或是修改自己的产品，“渠道”影响“设计”，“设计”同样也影响“渠道”，两者共同作用，提升出口商品的综合品质，从而打造网民信赖的消费品牌。此外，企业还应基于跨境电子商务平台建立一个完善的供应链体系，完善保障客户服务体系，在售前、售中和售后都给予消费者支持，尤其在退换货服务上做到全心全意，切实照顾到消费者的需求。中国已成为世界第一制造大国但还是一个品牌弱国，跨境电子商务的发展给中国制造业品牌建设带来了新的契机和途径。基于跨境电子商务建设中国制造业品牌，是实现产业链和价值链向高端跃升的动力，也是顺应市场竞争、促进新消费的客观要求，必将进一步促进“中国制造业”的可持续发展，提升“中国制造业”的国际竞争力。

2.8 跨境电子商务影响因素多种多样

按进出口方向划分，跨境电子商务可分为进口跨境电子商务和出口跨境电子商务两种，本文主要研究跨境电子商务出口贸易。影响跨境电子商务的因素主要有物流、支付、信息化基础和海关通关方面，除此之外，国内关于影响跨境电子商务发展的因素的研究还涉及信用风险评价体系和政府监管措施方面。

从物流环节方面，曹淑艳、李振欣（2013 年）总结了现有的跨境电子商务物流模式，并提出中国跨境电子商务主要存在物流体系不合理、物流基础设施不完善、物流信息化程度较低等问题。刘小军、张滨（2016 年）提出我国跨境电子商务发展存在的物流问题，包括物流政策支持不足、物流基础设施不完善以及物流的发展速度与跨境电子商务需求不匹配。金虹和林晓伟（2015 年）指出我国跨境电子商务存在价格高、配送时间长、包裹损坏率高等问题，物流服务水平相对较低。冯利娜（2019 年）从目标国家市场环境、物流成本等 4 个方面分析了影响跨境电子商务物流服务能力的因素，认为目标国家物流市场成熟与否很大程度影响了物流的效率，如果一个国家的物流基础设施有限，那么就没有办法保证物流的安全性及时效性。其次，运送准确性、安全性、运输损坏率、包裹丢失率及赔付能力等都会影响买家物流服务体验。

从支付环节方面，黄永江、韦继强、韦念好（2013 年）研究了跨境电子商务的交易支付现状，针对性地指出了我国跨境电子商务支付业务外汇管理方面存在的问题。刘幸赞（2016 年）研究了跨境支付对我国跨境电子商务的影响，分析结果表明不健全的跨境支付制度建设给我国带来了一定的汇付风险。毕雅婷（2019 年）则指出跨境支付存在着信用风险、资金风险和欺诈风险。此外，张夏恒（2017 年）总结了跨境电子商务支付方式选择的影响因素，主要包括交易主体使用偏好、跨境支付方式普及程度以及跨境支付方式的使用成本。

从信息化基础来看，李梦（2017 年）通过对 2007－2016 年的时间序列数据进行实证研究，发现互联网普及率是影响跨境电子商务发展的重要因素。姜宝（2017 年）等学者运用修正的贸易引力模型证实互联网的连通质量是影响跨境电子商务实物商品进出口规模最重要的因素。王妍提出大数据、云计算、智能化等技术越来越多地应用在跨境贸易中，信息化基础对跨境电子商务发展越来越重要。其次，简化海关通关手续及制定统一的管制标准对跨境电子商务的发展具有重要意义。李海莲和陈荣红（2015）从通关申报制度和进口环节税费缴纳两个角度比较了中美澳加欧盟五个国家和地区的跨境电子商务通关制度，发现中国的进出口税费缴纳环节较为烦琐，从而在一定程度上增加了海关的监管成本以及企业或个人的遵守成本。冯然（2015）指出我国跨境电子商务现行的关税法规还不够完善，仍然存在部分领域没有覆盖，其次，不完善的关税征收制度也会对跨境电子商务发展带来不利的影响。因此，制定适用于跨境电子商务通关的作业标准，规范海关部门通关、审单、估价、征税和查验操作，优化跨境电子商务的通关流程越来越重要。

在信用评价体系建设方面，叶悦青（2015 年）对跨境电子商务信用、信用评价以及电子商务信用评价体系进行了总结，指出跨境电子商务由于存在跨境这一因素，因此，不同国家和地区间的信用环境和评级体系存在差异，与国内电子商务信用评价体系建设相比，跨境电子商务信用评价体系构建更加复杂，面临着更多的不确定性。

此外，政府监管职能在跨境电子商务发展中具有重要的作用，要充分发挥政府制定规则和监管的职能。其中，上海社会科学院经济研究所课题组进一步指出了由于跨境电子商务发展中政府监管不到位而存在的偷税漏税、检验检疫标准不完善和市场秩序混乱等诸多问题，因此，行之有效的监管和制度环境亟待建立。

2.9 区域贸易存在竞争性

从区域上来看，有对“一带一路”整体进行研究的，如杨承佳、何继业（2018）基于海关编码的22个商品大类相关数据测算了包括出口相似度指数（Export Similarity Index，ESI）、显性比较优势（RCA）在内的一系列贸易指数，研究发现中国与“一带一路”沿线国家贸易竞争性和互补性共存，整体贸易类型既有产业间贸易也有产业内贸易，与沿线各国的贸易紧密程度不一；陈继勇、蒋艳萍和王保双（2017）基于显示性竞争比较优势指数（CAI）和出口相似度指数（ESI）对“一带一路”沿线国家的贸易竞争关系进行了研究，发现中国在劳动密集型产品上的竞争优势正逐步丧失，技术与资本密集型的竞争优势有增强的趋势；胡玫、郑伟（2019）从贸易竞争性、互补性及竞争力三个方面分析研究发现中国与“一带一路”国家之间以产业间贸易为主，且互补性大于竞争性；何敏、张宁宁、黄泽群（2016）从农产品的角度利用显示性比较优势指数（RCA）和贸易互补性指数（TCI）研究了中国与“一带一路”国家之间的竞争性和互补性，研究表明农产品的互补性强于竞争性，双方存在较大的生产合作空间；别诗杰、祁春节（2019）也发现中国与“一带一路”沿线国家农产品贸易以产业间贸易为主，集中度高，互补性强，但我国一直处于逆差地位。更多的是针对特定区域来研究，如多位学者研究发现中国与中亚之间的互补性显著强于竞争性（马莉，黄佛君，高萧消，2019；蒋宇宁，王雅莉，2018；朱新鑫，李豫新，2011）；陈章喜、徐丝对中国与南亚贸易进行了综合研究，通过测算RCA、ESI、贸易结合度指数（TII）、修正后专业化系数（CS）和一致系数（CC）等指标，发现了双方在出口产品类别上的差异；杜秀红（2015）的研究表明中印之间存在显著的产业竞争差异，中国更多是在劳动密集型产业及机械轻工业，印度在农矿物原料及医疗等方面具有优势；韩永辉等（2015）的研究表明中国与西亚之间在工业制成品上优势较大，西亚更多的是丰富的能源优势，双方贸易具有很强的互补性；另外还有对中东欧地区进行研究的。中国与东盟之间的贸易竞争性和互补性孰高孰低一直存在争议。张亚斌、许苹（2003）、史智宇（2004）的研究表明中国与东盟之间的贸易竞争性要远高于贸易互补性；而孙婧（2012）、冯颂妹、陈煜芳（2020）则表示中国与东盟之间的贸易互补性更强，虽然都是从相关贸易指数得出的实证结论，研究结果却截然相反，这其中的差异可能是因为中国与东盟之间的贸易竞争关系在随时间而变化，不同指数测算出来的结果可能也存在一定差异；陈秀莲（2011）对早期中国与东盟之间的服务贸易互补性进行了相关研究，将互补性指数划分为产业内贸易互补性和产业间贸易互补性，发现各类服务间贸易互补性指数均呈上升趋势，其中中国与新加坡在技术密集型产品上的产业间互补性程度最高；张晓燕、孙乾坤（2017）从双边贸易总量、贸易便利化以及进出口商品结构等方面对中国—东盟之间的贸易关系进行了研究，揭示了中国—东盟贸易之间存在的结构相似、便利化水平低、产业竞争严重等一系列问题，并提出了相关建议。

2.10 “一带一路”倡议下跨境电子商务发展存在的问题

1. 跨境电商企业缺乏品牌创新力

由于“一带一路”倡议的支持，日益扩大的跨境电商交易规模也对中国经济的增长产生了一定的积极作用。跨境电子商务迅速发展的同时，产品附加值较低，科技含量不高，也揭示出了我国出口跨境电子商务企业存在的一些问题。我国跨境电商出口业务虽然在跨境电商交易中充当着十分重要的角色，但是大部分企业还局限于传统的贸易模式，部分跨境电商企业目光比较短浅，对品牌创新的关注度较少。由于企业缺乏创新意识，所以要在国际市场上找到自己的“安身之所”则显得有些困难。我国企业在产品制造这方面做得还不错，但是与发达国家相比，我国的大部分跨境电商企业缺乏品牌创新力，很难迎合国外消费者不断变化的消费需要。而且因为消费者生活在不同的地方，消费习惯存在很大差异，每个人对产品的价格、性能和品质等方面都有着不同的预期。在“一带一路”倡议的宏观环境下，由于缺乏自主创新力，我国跨境电子商务出口企业在国际竞争中没有明显的竞争优势。从某种层面上看，唯有创新才是我国的跨境电商企业谋求长久发展的必由之路。

2. 跨境物流配送水平较低

在“一带一路”倡议背景下我国的跨境电商发展潜力巨大，但与此同时也给我国跨境电商物流企业带来了极大的挑战。一般来说，跨境电子商务物流的时间跨度更大，过程更加烦琐。此外，我国跨境电商物流企业的配送效率有待提高，由于仓储、网络通信、运输等方面的基础设施不够完善，时常会出现货物无法及时送达的情况，很难满足消费者在既定的时间内对商品的需求。就目前的状况而言，国内的物流公司难以满足日益扩大的跨境电商市场的需要。尤其是在“节礼日”“黑五”等购物节，订单堆积、物流延迟、快递丢失等现象屡见不鲜。而且跨境电子商务的交易双方通常来自不同的地方，商品的退换货问题也对我国的跨境电商物流水平有着更高的要求。这些要素在某种程度上阻碍了我国跨境电子商务的发展。

3. 跨境电商专业人才紧缺

“一带一路”倡议作为跨境电子商务的指导方针，囊括不同地区的多个国家，所以对人才的要求也更加专业化和多元化。随着跨境电子商务的蓬勃发展，国家对跨境电商人才的需要则更加迫切。要从事跨境电子商务行业，除了需要强大学科背景还需要具备较强的专业能力。然而当前跨境电子商务的人才呈现出较为紧缺的状况，人才培养远远不能满足跨境电子商务行业的发展需要。由于跨境电子商务是融合互联网技术、对外贸易、电子商务、网络营销以及外语等多门学科的综合体，仅仅通过四年的时间，在校生难以掌握跨境电子商务所需要的所有专业知识。而且大多数情况下，学生学习的都是一些理论知识，即便学校会开设一些实训课，但是通常都以上机操作的形式完成，学生仍然缺乏足够的实战经验，很难真正地将理论知识运用到实践操作中去。值得注意的是，近些年来虽然国家十分重视英语专业人才的培养，但是由于“一带一路”倡议面向越来越多的小语种国家，因此跨境电子商务对于小语种人才的需求也大大提升。小语种人才供不应求也是我国在培养跨境电商人才的过程中必须要考虑的问题。

4. 相关法律法规不完善

尽管我国已经出台了电子商务的法律法规，但是跨境电子商务法律这一领域依然涉足很少。由于跨境电子商务涉及的法律主体比较广泛，除了支付机构和交易平台以外，还牵涉到海关税收等多个部门。现行的法律法规已经很难适应跨境贸易发展的需要。交易双方的权益维护、网络支付安全以及物流责任的归咎等问题的解决都需要一套完善的法律法规作为支撑和依据。如果仅仅运用国内的电子商务法律来解决跨境电子商务交易活动中的法律纠纷，交易双方必将产生一定的矛盾和冲突。缺乏相应的法律规范，最后也会导致跨境电商行业秩序的混乱。此外，因为缺乏相应的法律监管，跨境电子商务在交易过程中很难避免一些违法行为的产生，在一定程度上对我国跨境电商的健康发展产生了极为不利的影响。

2.11 “一带一路”下企业跨境电子商务风险识别

1. 支付框架不健全，通关结汇难。在国内企业跨境电子商务支付金融体系中，有超过90%的卖家和超过85%的买家使用电子支付业务，这增加了“一带一路”沿线国家因支付系统对接会涉及外汇兑换和资金风险的可能性。例如，当境外用户与企业发生跨境支付上的纠纷时，由于双方并未签订纸质合同，境外用户一般情况下受到所属国的法律保护，加上买方是汇款方，拥有绝对的话语权，具体问题的举证与追责往往偏向于境外用户，导致国内企业跨境电子商务处于劣势地位。因此，不健全的支付框架给企业跨境电子商务发展带来了通关结汇难。

2. 物流信息不对称，浮动范围大。我国与“一带一路”沿线国家已经签署了130多个涉及铁路、公路、海运、航空和邮政的双边和区域运输协定。据统计，通过沿线国家73个公路和水路口岸，我国与相关国家开通了356条国际道路客货运输线路；海上运输服务已覆盖“一带一路”沿线所有国家；与43个沿线国家实现空中直航，每周约4200个航班；开展国际铁路运邮合作，“中欧班列”已开行39条，到达10个国家15个城市。从物流基础设施方面看，“一带一路”沿线国家无论在运输设备上，还是基础设施上，发展水平参差不齐。从信息通信技术合作方面看，因物流基础设施和信息通信技术方面的不完善，造成了跨境电商物流周期增长、沿线国家投递时效不稳定的问题，而且收货时间波动很大。

3. 交易产品同质化严重，利润空间小。近三年来，由于国家“一带一路”倡议的大力支持，大量进出口外贸企业纷纷转型跨境电子商务。企业跨境电子商务主要是以价格低廉的产品吸引消费者。据调查，企业跨境电子商务中的很多产品来自一些小工厂制造，产品类别包括3C、服装和塑料制品等，这些产品极容易被竞争对手模仿，特别是热销且利润空间较大的产品，如3C产品及配套附件等。很多企业看重眼前丰厚的利益，不需要做出战略的取舍，便投入大量资金，纷纷涌入这些领域，从而使企业跨境电子商务竞争加剧，产品同质化现象严重，行业内甚至出现恶性价格战，驱使整体行业回报率下降，利润空间被压缩。

第二篇

相关理论与实证

“一带一路”跨境电子商务相关理论

3.1 物流成本理论

古典贸易理论主要是从生产成本的角度，研究国际贸易起因和影响的学说，它认为劳动生产率的差异是国际贸易的主要起因，而这个学说研究的前提是交易成本的不存在。然而，随着研究的深入，人们逐渐发现国际贸易的产生和发展的因素之一就是贸易成本的存在。萨缪尔森（1952）在20世纪50现代首次提出了“冰山运输成本”的概念，即在区域间进行产品的运输活动时，有一部分产品会像冰山一样“融化”，这部分产品的消耗就是运输成本。也正因为运输成本的存在，才使进口商品的价格高于本地商品。在“冰山运输成本”被提出之后，克鲁格曼（1980）在这个假定的基础上，用数理解析的方法进一步探讨了“本地市场效应”，结果发现运输成本的存在使各国倾向于出口那些在本国有大规模国内市场的产品。

随着开展国际贸易门槛的降低，物流成本的差异已逐渐成为各国之间贸易规模具有差距的主要原因。物流成本对外贸的制约作用使得不同商品进入国际市场进行交易的可能性不同，比如某些价值较低但体积庞大的产品，其物流运输成本较高导致参与国际贸易的成本太高，进入国际市场的可能性就较低。因此，降低低附加值产品的物流成本对扩大各国的对外贸易规模是至关重要的。

物流绩效指数（LPI）的六个分项指标也从各个方面影响物流成本，从而影响跨境电商贸易，主要作用机制如下：

1. 从清关效率的视角，清关作为跨境商品所要面临的第一个环节，也是国际物流所要接受的第一个考验，其重要性不言而喻，通关时间的快慢直接影响整个物流的运转效率及成本。跨境电商的产品大多数为低附加值产品，任何时间成本对于它们来说都会大幅降低其价值。在跨境商品的通关过程中，必然会出现相互等待的情况，车辆和人员等待跨境商品的通关、通关时间快的商品等待通关时间慢的商品。这些等待成本会转化成时间成本转移到跨境电商的价格中，导致商品的价格竞争力进一步减弱，面临着贸易机会减少的风险。

2. 从物流基础设施的视角，物流基础设施是国际物流顺利运转的前提，也是物流活动的物质基础，更是跨境电商贸易赖以生存的港湾。由于国家物流基础设施建设的不完善，各国物流人员在进行跨境电商的运输时可能会面临货物损坏或丢失的情况，从而使买卖双方均遭受损失，这些损失会转化为跨境商品的流通成本，从而制约跨境电商的发展。

3. 从国际运输便利性的视角，各国法律法规的差异、部门信息的不通畅、基础设施建设的不统一都会制约国际运输便利性。法律规定的差异可能会加大相关利益者之间的纠纷；部门信息的不通畅会使信息系统之间缺乏有效的衔接，降低了整个物流过程中的通用性与连贯性；基础设施建设的不统一会使各国基础设施无法高效对接，降低了商品在各国之间流通的效率。由此看出，国际运输便利性从硬性成本和软性成本两个角度影响着物流成本。

4. 从物流服务质量和能力的视角，物流服务质量是指货物在运输过程中，不同的运输公司在运输环节中提供的服务，关乎着货物在整个运输过程是否受到损害，货物在到达消费者手中时是否完好等重要问题。物流服务能力是指在跨境电商平台上的交易完成之后，企业能否立刻就这个贸易需求作出响应的能力。响应时间越短，货物在运输过程中所要花费的时间就越短，产生多余的贸易成本的可能性就越小；响应时间越长，则货物在运输过程起始环节所浪费的时间就越多，就越可能产生多余的贸易成本，这说明物流服务质量和能力与物流成本直接相关联。

5. 从货物可追溯性的视角，跨境商品需要经过远距离的运输才能到达消费者手中，其在运输过程中所进行的任何物流操作都增大跨境商品被损坏的风险。而为了降低这些风险成本，物流企业必然会在运输过程中采取一些措施以此来保护商品，那么这些措施所花费的成本就是物流成本。

6. 从货物运输及时性的视角，运输及时性是指迅速、准确并适时地满足货主提出的物资运送要求的程度。包括两个方面的内容：①货物从托运到交付给收货人，时间要求尽可能短，使货物能尽快实现其交换及使用价值，特别是在鲜活易腐品的运输中更需要速度快、时间短。②提供运输劳务的时间，要符合货主的要求，适时地满足运输需要。货物运输及时性对应着物流供应链中的可靠性，从时间成本的角度直接影响物流成本。

3.2 空间溢出效应

在空间计量学中，空间溢出效应一般是基于空间距离因素的基础上所产生的效应，是指一个经济单位所从事的某类经济活动不仅会对该经济单位本身产生影响效果，而且会对单位之外的团体乃至社会产生影响。赫希曼的极化——涓滴学说较早地阐述了不同经济发展水平地区间的交互作用和相互影响。理查德森（2007）以赫希曼的研究成果为基础，进一步为地区间的空间溢出效应做出了定义。运用经典统计学研究两个变量之间关系的前提是假定这两个变量相互独立，互不影响。但后来随着研究的深入，空间计量经济学开始进入大众的视野，由此人们开始重视变量之间的空间相关性。Groenewold（2007）等人研究了中国各经济区域间的空间溢出效应，并利用VAR模型得出了实证结果。张光南（2014）等人从成本函数的角度，研究了不同行业中基础设施建设所存在的空间溢出效应。布仑（Brun）（2002）等人以地区是否沿海为标准划分了中国各区域，并在此基础上研究了不同地区之间的溢出效应。

3.3 空间权重矩阵

空间权重矩阵的选择对空间效应的分析至关重要。空间权重矩阵的设计都是基于空间截面数据，在面板数据中需要进行对截面数据的空间权重矩阵进行扩展。在截面数据下空间权重矩阵的基本表现形式如下：

w_{ij}是指区域i与区域j之间的距离，在收集n个区域的空间数据后，由此形成空间权重矩阵W_{ij}。常见的空间权重矩阵主要有3种：0－1邻接矩阵、基于地理距离的空间权重矩阵和基于经济距离的空间权重矩阵。在0－1邻接矩阵中，区域之间有无共同边界是用0、1来表示，当区域i与区域j存在共同边界时，$w_{ij}=1$；当区域i与区域j无共同边界或$i=j$时，$w_{ij}=0$；在基于地理距离的空间矩阵中，w_{ij}一般是两国的首都之间的直线距离，或者是两国人口密度最大的两个城市间的直线距离。在基于经济距离的空间矩阵中，w_{ij}一般用地区间人均国内生产总值的差额作为测度地区间“经济距离”的指标。随着空间权重矩阵研究的完善，研究者可以根据研究的具体情况来设定空间权重矩阵。

3.4 技术创新理论

技术创新理论由美国著名经济学家熊彼特于1990年首次提出。他认为，创新就是一种新生产体系的建立，即对生产要素和生产条件进行重新组合。继熊彼特之后，许多学者对该理论进行了大量规范性研究和实证研究，总结得出企业创新包含的两大方面——技术创新和管理创新。一般在企业创立之初，其管理制度就已经形成并逐步得到完善。在之后的发展过程中，企业很难在制度方面有更大的创新与突破。所以，企业的创新主要是指企业的技术创新，它应当贯穿于企业经营活动的整个过程。后来又有大量的学者在熊彼特的创新理论的基础上进行研究，进一步发展了该理论，并提出了相关观点。

曼斯菲尔德（Mansfield）对技术创新的研究侧重于模仿与维持的关系，即探讨在不同企业的同一部门内影响新技术推广的经济性因素。他采用技术推广模式证明：某个企业首次推广某项新技术后，可以在较长的时间内保持这种技术垄断优势不被大多数市场竞争者模仿。林恩（G. Lynn）则更看重技术创新的过程，他认为技术创新开始于市场潜在需求和价值的感知和洞察，最终以运用技术转化而成的商业化成果满足市场需求和实现市场价值而告终的整个行为过程。国内学者傅家骥也认为，技术创新是一个包括筹资投资活动、研发活动、管理活动、市场营销活动等一系列组织行为的综合过程。

技术创新对企业构建核心竞争力十分重要，是企业持续发展的不竭动力。对于基于互联网技术发展起来的跨境电子商务企业来说，技术的研究创新能够有助于企业在跨境电商竞争中处于有利地位，在长期经营发展过程中消耗更少的资源，获取更大的收益，从而提高绩效能力和水平。随着企业绩效水平的提高，企业也将更多地进行技术的创新投资，来应对迅速变化的互联网经济，二者将形成良性的促进作用。

3.5 平衡记分卡模型

1990年哈佛大学商学院教授罗伯特·卡普兰和部分管理学专家以及咨询公司总裁戴维·诺顿启动了一项研究计划，致力于寻求新的绩效管理体系，并在两年后正式提出了平衡计分卡的概念，发表了该研究计划的成果《平衡计分卡：驱动绩效的评价指标体系》。主要包含四个方面的内容。(1) 财务维度：财务目标一般和获利能力相关，通过对财务指标和投资者期望值的分析，使企业价值最大化和利润最大化即是企业最主要的财务目标。(2) 客户维度：管理者参考顾客对产品的态度，针对公司产品的市场情况，站在客户的角度为客户服务。客户维度是进行绩效评价不可或缺的一环。(3) 内部业务流程维度：公司在实际生产运用需要认识到哪些流程可以使公司决策有效化，基于财务与客户两个维度的目标和指标，公司内部的相关营运指标才能得以确定。(4) 学习与成长维度：这部分要求公司建立起长期的成长和改进的流程与框架。

平衡计分卡是一种在国外较为广泛使用的研究方法，通过分析可以得知，这四个维度不仅适用于企业绩效的评价，同时它们对于企业绩效也存在着影响，故而将这几个维度纳入企业绩效的影响因素系统中。

3.6 4P理论

在传统的商务活动当中，1960年由密歇根大学教授杰罗姆·麦卡锡提出的4P理论得到了非常广泛的认可和传播。4P理论，即产品（product）、价格（price）、促销（promotion）、渠道（place）。虽然后来4P理论就发展成为12P理论。但一般来说，4P理论仍然作为最基础、广泛的营销理论工具在商务活动中发挥着重要的作用。在本文中，着重研究在跨境电商活动中，4P理论的不足之处。

1. 产品。产品作为商务活动的中心地位当然不可动摇。但是在电子商务的视角来看，产品包含着有型产品和无形产品两部分；服务也不仅仅是面对面的服务生成，也包含着远程的服务体系。在传统贸易中，服务只会产生于服务活动的当时，而不能被存储。但是在电子商务的维度上，跨时间空间的服务也会产生。因此，产品的内涵和外延都发生了变化。过去的营销理论中的产品定义也要随之发生改变。

2. 价格。传统的价格制定方法基于企业的主观判断和以企业为主的做法。企业制定价格的时候都处在信息的不对称条件之下。但是在电子商务发展的当下，价格变得越来越透明。即便是对企业生产一无所知的商务合作伙伴，也可以通过货比三家来确定价格的高低。而信息传递和便捷的物流体系也让产品的附加价值空间被压缩。因此，再用过去的企业主观制定价格的方法显然是不合适的。

3. 促销。传统的促销方式已经不可能完全地适应当前电子商务发展的趋势。虽然各个企业也注意到了运用网络媒体作为宣传媒介来进行产品的推广。但是技术的发展让产品的宣传变得更加的专业，信息量的增长也使各个企业自身的网页宣传不一定能够得到大范围的覆盖。而传统的价格优势促销也在向着边缘产品附加促销的方式转变。媒体的作用或者说无意识的商务促销活动正在越来越多的影响促销的成果。

4. 渠道。渠道是指产品从生产到消费者终端这个过程中所经历的环节。当下，B2B、B2C的电商手段正在深刻地改变着贸易的模式。直销模式减少了商品的流通环节。中间的利润让利给消费终端的方法越来越多地影响着销售渠道。尽可能地减少中间环节，把握住产品原料的买进，产品卖出的渠道才有可能给自己的产品留下利润的空间。生产和销售渐渐从过去的分离式运营，转变为集约化、系统化的运作。

3.7 4C理论

虽然4P理论作为营销的基础理论运用了近半个多世纪，但是随着消费者选择空间的扩大，信息传递的速度与广度的提升，加之生产力的迅速提高。4P理论的不足之处渐渐显现。正在被4C理论所取代。在这里要强调，并不是4P理论有错误，只能是说，4P理论不再适应当前电子商务发展的需要。4C理论最核心的观点在于顾客战略。4C理论：顾客需求（Consumer's needs），愿意支付的成本（cost），双向的沟通和交流（communication），购买的便利性（convenience）。

1. 顾客需求。分为显性需求和隐形需求两部分。显性需求是对现有市场需求的满足，隐形需求是对市场的引导。由于各个国家消费群体的偏好不同，无论是满足现有的市场需求还是引导消费终端的消费行为都需要企业进行更广泛的调研。运用电商平台的技术优势对同类产品的细分市场开拓是跨境电商满足顾客需求的优势所在。“一带一路”沿线国家的客户需求和我们当下面临的国际市场环境有着很大的不同。顾客的需求也与当前我们所了解的顾客需求有很大的不同。在这方面企业应该有更深刻的认识。

2. 顾客成本。顾客成本指的是顾客购买和使用产品时所需要付出的所有代价总和的货币体现。利用跨境电商平台的技术，可以大量节约客户的咨询、付款、物流、通关等直接费用。同时也可以节约使用者熟练掌握产品时所发生的学习成本、时间成本以及机会成本等间接费用的总和。因此在跨境电商环境中，对产品的定价应该以客户的顾客成本为基础进行衡量。对成本进行综合考虑，更加有利于满足客户的真实要求。“一带一路”倡议的构想基于共同发展的目标理念，考虑真实的顾客成本显得尤为重要。

3. 沟通和交流。指的是企业的推广策略是以顾客的需求为导向，而不是传统的企业需求为导向。在跨境电商环境中了解客户的需求，与客户之间产生良好的互动变得相对容易得多。积极地与客户联系，便捷的信息传递和情感的交流，可以提升客户的忠诚度。对于产品使用过程中的产品体验积极地予以回应是保证产品创新升级的最好方式。“一带一路”沿线国家的文化、社会传统与我们所熟知的情况略有不同。认真地了解、真诚地沟通会给跨境电商企业带来更广阔的市场空间。

4. 渠道。在商务活动中，谁掌握了渠道谁就拥有市场的主动权。谁能够让客户更加接近于企业，谁就能够给客户让出更多的利润。在跨境电商的平台上更是如此，我国东南沿海地区有着发展成熟的物流、仓储体系。相对来看，西部、西南部、西北部地区相对来说还有很大的发展空间。“一路一带”沿线的省份以及“一带一路”沿线国家大部分还处于经济发展相对落后的地区。因此也给跨境电商企业留下了更为广阔的发展空间。

3.8 贸易中介理论

在传统的贸易理论中，对于贸易中介的研究一直处于“空白地带”，但是随着异质性贸易理论逐渐成为理论前沿，越来越多的实证研究发现贸易中介在许多国家的出口贸易中都占据十分重要的地位。贸易中介的最早定义是丹尼尔·F. 史普博（Spulber）在 1996 年提出的，即“贸易中介指的就是一个从事把从供货商那里买来的商品转卖给买家，或者是帮助供货商和买家之间达成交易的中介代理机构”。一方面，贸易中介利用广泛的国外分销网络和对国外市场的信息优势来降低从事贸易活动的成本，从而提高了企业的出口量；其次，通过激励更多的企业进入国际市场而带来的学习效应会促使企业生产效率提高，从某个方面来讲也就是降低了企业的边际成本。再次，贸易中介为许多不具备出口贸易条件的企业提供了出口的可能性，降低了企业出口的固定成本，使得更多的企业加入了出口市场。因此，本质上来说，贸易中介引领了一种可替代的分销技术，全部或部分地参与了出口产品分销的实物流、促销流和市场信息流，在可变成本和固定成本的相互影响中实现均衡（綦建红，2016）。跨境电子商务的出现在很大的程度上对传统的贸易中介形式产生了冲击，形成了一种新型的网络贸易中介。这种新型的贸易中介通过与各种网络技术的结合，如网络营销、网上支付、网上货物流程查询等，使得贸易成本下降的幅度更大，从而促进了贸易的进一步发展。茹玉骢（2014）指出，新型的网络贸易中介相较于传统贸易中介能够更好地克服文化、距离等贸易障碍，提高企业进入国际市场的可能性。

3.9 贸易便利化理论

第二次世界大战结束后，世界贸易发展受到各种复杂的贸易规则和通关程序的困扰，这引起了许多欧洲国家的不满。因此，20 世纪 50 年代贸易便利化的议题便被一些北欧国家提出。贸易便利化的内容非常丰富，涉及范围十分广泛，其主要定义有以下几种。（1）世界贸易组织在 1998 年将贸易便利化定义为国际贸易程序的简便化和规范化。这些程序涵盖了国际贸易的各个流程中所涉及的手续、惯例以及行为。（2）经济合作与发展组织对贸易便利化的定义为，货物在跨境流动以及完成交易付款的信息流的简便化与规范化。（3）亚太经济合作组织将贸易便利化定义为通过统一标准、利用新技术、简化各种手续等方式来降低国际贸易障碍。虽然各种定义的表述方式不一样，但从本质上说，贸易便利化就是为了使得贸易更有效率，降低贸易过程中的各种交易成本，促进贸易发展。孔庆峰等（2015）通过考察我国同"一带一路"国家的贸易时发现，贸易便利化的提高将大大提高贸易潜力。跨境电子商务的发展从以下几个方面对我国贸易便利化产生了影响：（1）通关效率：为了配合跨境电子商务的高速发展，国家出台了许多新政策来改善海关通关环境，实施"清单核放"的通关方式，进一步规范跨境电子商务的流程，缩减通关手续，增加边境管理的透明度与通关效率。从某种程度上说，跨境电子商务的高速发展在倒逼有关部门出台相应的行业规范，改善了跨境电子商务的通关环境（舒伟彬，2016），加快了商品通关进程，降低了通关成本。（2）支付效率：在 2015 年 6 月 10 日的国务院常务会议上，李克强总理提出，为促进跨境电子商务的全面发展，要鼓励开展跨境支付，推进跨境外汇支付试点，支持境内银行卡清算机构拓展境外业务。在政府部门的强力支持下，许多商业银行和支付机构纷纷开展了跨境电子商务网络支付业务。因此，跨境电子商务的发展推进了网上支付的改革，提高了跨境支付的效率，促进了贸易便利化。(3) 信息效率：跨境电子商务的发展在很大的程度上了克服了传统贸易的信息不对称的弊端。例如，B2B或B2C的出口模式，直接将产品信息发送给买家，减少了中间商的环节，使得国外消费者更容易了解到产品信息，能够更加精准地找到所需产品，提高了贸易便利化（舒伟彬，2016）。

3.10 贸易风险理论

国际贸易风险指的是在国际贸易的过程中，突然发生某些始料未及的变化，导致贸易主体的实际收益或实际成本与预期的相差较大，从而导致贸易主体蒙受损失。国际贸易风险的特征和一般性风险的特征差不多，都具有不确定性、客观性和复杂性等（黄荣文，2002；吴建功，2008）。贸易风险的提高在某种程度上就是意味着贸易成本的上升，不利于贸易的发展。跨境电子商务对贸易风险的影响主要来自以下几个方面：(1) 信用风险。不同于有形市场，通过跨境电子商务交易的产品有虚拟性和不确定性，因此围绕着商品本身的质量、性能等便有许多风险问题。如：跨境电子商务平台上的广告和图片常常存在过度美化产品的问题；或者更有甚者，在买家付款后会出现不发货的情况（倪程，2016；王小珍，2015）。(2) 法律风险。由于跨境电子商务是一种新型贸易模式，传统的国际贸易领域的法律法规不能完全适用于新的贸易模式，而新的法律法规的制定又存在一定的时滞性，这就导致了一些通过跨境电子商务达成的交易不能受到法律的保护。再者由于跨境电子商务兴起的时间较短，各国没有在相关的法律领域形成共识，未曾形成一个国际统一的法律标准，这使得跨境电子商务中常常出现摩擦和纠纷（杨颖，2016）。(3) 技术风险。由于跨境电子商务活动的开展是依托于网络电子平台，所有的商业信息都是通过互联网进行交换传达，而互联网是一个带有安全隐患的开放系统。因此，许多涉密的商业信息可能会被黑客截获，然后对交易双方进行勒索或诈骗。

3.11 交易成本理论

将交易引入严格的经济学分析的是制度经济学家康芒斯，交易是制度经济学的最小单位。并将交易分为买卖的交易、管理的交易和限额的交易三种类型（康芒斯，1981；沈满洪等，2013）。但在旧制度经济学中，交易是不计费用的，即没有交易成本，但这与现实经济相差甚远。交易成本的概念由科斯（Coase）（1937）在其论文“论企业的性质”中首次提出。他指出企业的存在是由于利用市场价格机制配置资源是有代价的，而通过组织能够适当地降低这种代价。正式使用“交易成本”这一名词的是阿罗（Arrow），他将交易成本定义为市场机制运行的费用（Arrow，1969）。在此基础上又有众多的经济学家做出补充与修正，比如张五常（1999）给出了更加宽泛的定义，他认为信息成本、谈判成本、界定和控制产权的成本、监督成本和制度结构变化带来的一系列制度成本都属于交易成本。萨缪尔森（Samuelson）（1954）首先将交易成本引入到国际贸易领域，并构建了“冰山成本模型”。萨缪尔森将交易成本视为在贸易过程中的产品损耗，由于在均衡状态时，国内销售和国外销售的利润是一致的，所以国外价格会高于国内，从而降低产品竞争力，减少贸易量。安德森（Anderson）等（1979）利用引力模型研究了交易成本对贸易的影响，两国的贸易量与两国国内生产总值成正比，与交易成本成反比。梅里兹（Melitz）（2003）在论文中提到，正是由于出口市场的固定成本门槛太高，导致了生产率较低的企业选择境内销售，而生产率较高的企业选择出口，这里的固定成本指的就是市场上的交易成本。因此，交易成本对国际贸易量的影响是显而易见的。跨境电子商务的兴起，极大地改变了传统的贸易模式的供应链，对贸易的交易费用产生了深刻的影响。

3.12 政策网络理论

关于“政策网络”一词最早的解释出现在20世纪70年代：“政策网络就是公共行为主体和私人行为主体之间的一种关系模式。”而理论的形成则源于学者们发现政府和利益团体之间由于竞争与合作而产生出复杂的网络关系，这种关系间的互相作用结果往往导致新公共政策的产生。政策网络主体涵盖了政府部门、私人部门、第三部门、公民等，因此政府不再是公共政策过程的唯一力量，而只是参与的一方。政策网络的特征一般包含三方面：（1）每个政策主体目标的实现必须依赖网络中的其他主体；（2）是各种具有一定资源和目标的主体为实现自身利益而相互影响和作用的动态网络；（3）在这个相互作用过程中形成的行动准则，也会成为制约和影响它们之间互动的反作用力。综上，政策网络理论是在政策科学中引入网络理论而形成的一种研究方法和分析途径。不同政策主体在政策网络中通过复杂的相互博弈共同影响着公共政策过程与结果。本文运用政策网络理论对高校跨境电商人才培养的政策网络进行分析，明确政策过程中的政策主体、政策网络结构及主体政策期望和相互之间的利益冲突，有助于从宏微观角度提出全面、合理的政策建议。

3.13 产学研合作理论

产学研合作是指高等学校、企业和科研院所之间的合作，其中企业是技术需求方，高等学校或科研院所是技术供给方。近年来，高校的教育质量问题引起了社会的广泛关注，特别是本科阶段的教育质量问题。现在的本科跟过去所有不同，过去的本科更多的是指精英教育本科或者学术型的本科，而现在应用型本科成为主流，应用型人才的社会需求更加明显。《国家中长期教育改革和发展规划纲要（2010—2020）》明确提出：要创立高校与科研院所、企业、行业联合培养人才的新机制。产学研合作创新了我国高校的人才培养模式，它是培养应用型人才，提高综合教育质量的重要途径。但随着产学研合作实践的不断深入，这一模式存在的现实阻碍与弊端逐渐显现，因此对于产学研合作理论的研究还要在实践检验中不断深入发展。本研究在产学研合作理论的基础上加入政府主体参与，形成政府政策引导调控，产学研各方联动的高校跨境电子商务人才培养模式。

“一带一路”沿线国家物流绩效对中国跨境电商出口贸易的影响研究

4.1 关于物流绩效的研究

1. 物流绩效的影响因素

鄢飞和王译（2016）对比分析了我国和中亚五国的物流绩效与构成要素之间的关系之后发现，物流绩效构成要素中的海关效率和物流基础设施质量是物流发展中的薄弱环节，且丝绸之路经济带沿线国家的物流行业还有充分的发展空间。王昕天（2015）从理论上分析了影响国际物流绩效的影响因素，并在实证部分借鉴结构方程模型分析了其影响因素对国际物流绩效影响程度的大小，而且通过实证结果发现，影响因素中的信息技术基础影响国际物流绩效的途径是先对物流基础设施产生积极影响从而间接影响国际物流绩效。刘小军和张滨（2016）运用聚类分析法，从多维度分析“一带一路”沿线国家和地区的物流绩效水平，发现存在着物流基础设施薄弱、物流绩效水平普遍偏低，且短期内难以得到明显改善，很难与中国物流有效对接等问题，并对此提出了解决方法。科里奈克（Korinek）（2011）研究发现，物流绩效设施建设和物流服务质量作为 LPI 的分项指标对中等收入国家的影响显著，所以应加大对它们的资金投入。马蒂（Marti）等人（2014）发现在非洲、南美和东欧地区的发展中国家对物流绩效分项指标的变化比其他国家更为敏感。

2. 物流绩效对国际贸易的影响

樊秀峰和余姗（2015）运用定性分析和定量分析相结合的方法，研究了海上丝绸之路经济带国家的物流绩效指数及分项指标对中国进出口贸易的影响。王东方、董千里和于立新（2018）将物流绩效水平作为核心变量，研究其对我国对外贸易潜力的影响。结果发现，物流绩效水平及分项指标对我国与其他国家的双边贸易有着正向的促进作用。刘洋和殷宝庆（2017）利用赫克曼模型对 100 个国家和地区国际物流绩效的贸易效应做了实证计量，结果表明：出口国国际物流绩效对双边贸易流量的提升比进口国更明显。孙慧和李建军（2016）将国家物流绩效指数作为变量放入了影响中国中间产品出口的模型之中，结果和预期一样，国际物流绩效是影响中国中间产品出口的重要因素。梁烨和崔杰（2019）运用理论分析、描述分析、实证分析相结合的方法，分析了物流绩效对国际贸易的引致效应，同时，将物流绩效指数和贸易潜力纳入同一模型中进行实证分析，并将物流绩效指数均值提升与原值所产生的效果对比分析，结果发现：物流绩效对我国贸易潜力具有正向作用。希奥（Herel）和米尔扎（Mirza）（2009）在研究关于全球农产品和工业制造品贸易的过程中，首次将物流绩效指数引入了引力模型，并进行了实证分析。维德（Vide）、托明茨（Tominc）和罗格查（Logozar）（2013）在分析物流绩效对进出口贸易的影响时，将研究对象定为欧盟原先的 22 个国家以及后来加入的 8 个国家，并分别对其做实证分析，得到原先的 22 个国家受物流绩效影响较大的研究结果。杰西（Jesus）和乌特萨夫（Utsav）（2010）在研究中亚国家时，将 LPI 作为贸易便利化的替代变量以此分析其对进出口贸易额的关系，结果证明，中亚国家贸易额显著增加的最重要因素就是物流绩效的改善。沃伦（Warren）、豪尔（Haul）和奥马尔（Uma）（2013）在介绍了物流绩效的定义后，研究分析了物流绩效的细分指标与双边贸易之间的关系。弗罗因德（Freund）和罗查（Rocha）（2010）将非洲国家的出口贸易作为研究对象，实证分析的结果表明物流绩效是非洲对外贸易发展的关键因素。普埃尔塔（Puerta）、马蒂（Marti）和加西亚（Garcia）（2014）将物流绩效指数（LPI）作为贸易便利化的替代变量，使用 Heckman 模型对欧盟国家进行实证分析，结果发现物流绩效对出口国比对进口国更为重要。

4.2 关于跨境电商的研究

1. 跨境电商的影响因素

从跨境电商企业的角度出发，李培馨和谢伟（2012）制定了定量分析电子商务企业影响因素的构架，框架中共有十大因素，其中管理态度、企业战略、外部压力和企业技术优势这四个因素最为重要。王林、杨坚争（2014）利用结构方程模型研究了影响跨境电商交易的因素与立法需求之间的关系，结果发现跨境物流和跨境关税政策会通过影响跨境营销能力从而间接影响跨境电商的发展。林楚和储雪俭（2018）从浙江省中小企业的微观视角出发，建立了有人才支持、外部支持、营销支持以及产品支持4个维度、11个方面的中小企业跨境电商发展能力评估模型，判断浙江省中小企业发展跨境电商的优劣势，并提出针对性的建议，帮助浙江省中小企业实现跨境电商转型的目标。陈钰芬（2019）构建了包括风险识别、评估指标体系、风险度量、风险等级划分以及风险原因追溯五个部分的进口B2C跨境电商商品质量风险评估系统，并对杭州市进口B2C跨境电商企业进行实证分析，发现杭州市进口B2C跨境电商企业的风险点主要集中于四个方面，且不同规模企业的商品质量风险存在异质性。

从跨境支付的角度出发，褚学力（2016）对我国与“一带一路”沿线国家跨境电商发展过程中金融方面存在的问题进行了分析，并提出了相应的政策建议。王景河，罗文樊（2018）在梳理中国—东盟跨境电商支付发展现状后，通过归纳法总结了中国—东盟跨境电商支付过程中的主要问题，比如支付手段不统一、结算汇率风险、支付系统不完善、信用机制不完备等，并提出构建中国—东盟跨境电商链来加快解决相关支付问题。

从跨境物流的角度出发，杰伊（Jay）（2008）等人研究了在电子商务环境下影响企业绩效的因素，通过实证发现，相同因素在不同行业中对企业绩效的影响不同。曹淑艳、李振欣（2013）分析了不同的跨境物流模式的特点，并针对中国跨境电商物流目前存在的问题提出了建议。任志新和李婉香（2014）认为跨境电商交易活动相对于货物运输量大、货物总额大的传统对外贸易而言，更容易在通关时遇到问题。刘小军、张滨（2016）指出了在“一带一路”的背景下，我国与沿线国家进行物流协作时会遇到的问题，并且有针对性地提出了建议。

2. 跨境电商的模式研究

金虹、林晓伟（2015）在研究跨境电商的产生原因时，基于系统论的方法发现了信息化将是跨境电商发展的关键，所以提出了一种新的跨境电商发展模型，即云物流发展模式。张夏恒（2017）总结了跨境电商的模式，按照交易主体属性、平台经营商品品类、商品流动方向三个标准划分了跨境电商类型，并剖析了不同模式的跨境电商的业务流程与运作模式，为中国跨境电子商务的发展提供了参考和借鉴。郭四维（2018）等人系统界定了跨境电子商务的概念与定义，并基于异质性企业理论，发现跨境电商降低了企业进入外贸行业的固定成本及边际交易成本，并改善了资源的分配。

3. 跨境电商的效应研究

本杰明（Benjamin）和威根德（Wigand）（1995）通过研究发现，提高交易效率的方法可以是减少中间营销环节，而为了达到这种目的，可以多加应用电子商务。埃雷拉（Herrera）（2014）等人发现跨境电商因依托互联网而存活，所以与传统贸易相比，会增加一些新的贸易成本，但跨境支付系统的完善对贸易规模的扩大有促进作用。曹红玉（2014）发现中小企业可以借助跨境电商这波东风进入海外市场，加快企业的发展速度，完成企业的转型。程晓煜（2016）基于VAR模型，研究了电子商务与进出口贸易的关系，并从政府和企业两个层面提出了相关建议。马述忠、陈奥杰（2017）建立了一个描述生产企业利用贸易中介和跨境电商B2C渠道开展出口贸易的理论模型，从而对多种情况下生产企业和贸易中介对销售渠道的选择进行研究。马述忠、郭继文（2019）等人在理论的角度上分析跨境电商有助于降低交易前、中、后期的贸易成本的机理之后，还采用实证计量研究了它们之间的关系。

4.3 关于物流绩效与跨境电商关系的研究

目前研究物流绩效与跨境电商之间关系的文献较少。Weina Ai（2016）等人运用双边市场理论，建立了综合电子商务物流绩效评价模型，并通过比较物流绩效因素发现跨境支付是制造业跨境电子商务发展的瓶颈，国家法律体系之间的协调会影响电子通关程序的实施。吴俊红（2019）利用物流绩效指数不同维度上的分项指标，研究了其对中国与沿线国家跨境电商贸易的影响。研究发现：物流绩效指数对中国与沿线国家跨境电商发展的促进作用在所有解释变量中仅小于经济总量，且六个分项指标对跨境电商的影响程度存在差异。钱莎莎（2014）为了实现跨境生鲜电商对物流供应链的高要求，通过文献综述和德尔菲法从生鲜农产品供应链的绩效评价因素中筛选出9个关键因素，并从效率、柔性、响应、质量四个方面探析了物流供应链绩效的影响因素，构建了解释结构模型，为跨境生鲜电商的发展提供科学的决策依据。

4.3.1 “一带一路”沿线国家的界定

“一带一路”是2013年习近平主席外出访问时提出的建设“丝绸之路经济带”和“21世纪海上丝绸之路”合作倡议的简称。“一带一路”倡议的提出是为了积极发展与沿线国家的合作，加强区域间的对话，打造命运共同体，实现双赢的局面。共建“一带一路”的主体框架是“六廊六路多国多港”，这为各国参与“一带一路”合作提供了清晰的导向。本文通过查阅相关文献资料，并鉴于后文所需数据的可得性，将本章的研究对象定为"一带一路"沿线的49个国家，包括东北亚2国、东南亚9国、南亚5国、西亚北非14国、中亚4国、中东欧15国，具体如表4-1所示。

表4-1 本章选定的"一带一路"沿线国家

区域	国家
东北亚（2）	蒙古国、俄罗斯
东南亚（9）	新加坡、马来西亚、泰国、菲律宾、越南、印度尼西亚、老挝、柬埔寨、缅甸
南亚（5）	印度、巴基斯坦、尼泊尔、马尔代夫、不丹
西亚北非（14）	阿联酋、科威特、土耳其、卡塔尔、阿曼、黎巴嫩、沙特阿拉伯、巴林、约旦、伊拉克、埃及、阿富汗、格鲁吉亚、亚美尼亚
中亚（4）	哈萨克斯坦、吉尔吉斯斯坦、塔吉克斯坦、乌兹别克斯坦
中东欧（15）	波兰、爱沙尼亚、立陶宛、斯洛文尼亚、保加利亚、捷克、匈牙利、北马其顿、罗马尼亚、斯洛伐克、克罗地亚、拉脱维亚、波黑、乌克兰、摩尔多瓦

资料来源：中国一带一路网

4.3.2 跨境电商的内涵

跨境电子商务是国际贸易的一种新形式，它以互联网为依托，在电子商务平台上完成传统贸易中的展示、交易、支付等环节，然后通过跨境货物运输来完成商品的送达。此外，跨境电商因其自身特有的低门槛、碎片化、零散化等特征，所以不仅仅是传统贸易的电子化。一般来说，跨境电商按照货物进出口方向、商业模式、服务类型等标准划分，具体见表4-2。

表4-2 跨境电商分类

划分标准	类型	基本含义	举例
货物流向	出口跨境电商	本国商品售往海外	敦煌网、兰亭集势、速卖通
	进口跨境电商	购买海外商品至国内	天猫国际、网易考拉、小红书

续表

划分标准	类型	基本含义	举例
商业模式	B2B	企业与企业之间通过互联网进行产品、服务及信息的跨境交易	阿里巴巴、敦煌网、中国制造网
	B2C	企业与个人之间通过互联网进行产品、服务及信息的跨境交易	亚马逊、易贝、京东全球购
	C2C	个人与个人之间通过互联网进行产品、服务及信息的跨境交易	海购（HIGO）
服务类型	综合型跨境电商	经营的商品涉及多种行业，满足多种客户群体需求	亚马逊、网易考拉、京东商城
	垂直型跨境电商	只提供某种特定领域的商品，满足某类特定顾客群体	海蜜全球购、唯品会

4.3.3 国际物流绩效指数

国际物流绩效指数（Logistics Performance Index，LPI）是全球首个对各国物流发展水平进行综合评价的指标。2007年世界银行首次公布该指标的数据，2010年后每隔两年发布一次。物流绩效指数存在的意义是试图捕捉每个国家的物流可达性，或与全球物流实体互联网的连接程度，以此来帮助各国识别在贸易物流中面临的挑战和机遇，并帮助其改善提高。

物流绩效指数（LPI）是基于由世界银行联合学术机构、国际组织、私营企业以及国际物流从业人员共同完成的问卷调查而得出的数据指标。问卷调查的参与者就每个问题的答案选择1至5分的分值，对应很低、低、一般、高、很高五个等级。在收集完所有问卷后，将问卷调查里得到的关于6个核心指标的数据使用主成分分析（PCA）合并为一个综合指标，即物流绩效指数（LPI），也就是说物流绩效指数是这6个分项指标分数的加权平均值。这6个核心指标分别是清关效率（Customs）、物流基础设施（Infrastructure）、国际运输便利性（International shipments）、物流服务质量和能力（Logistics quality and competence）、货物可追溯性（Tracking and tracing）和货物运输及时性（Timeliness），指标具体说明及权重见表4-3。

表 4-3　物流绩效指数构成要素说明及权重

指标	说明	权重
清关效率	海关和其他边境管理机构清关的效率	0.4072
物流基础设施	与贸易相关的物流基础设施的建设情况，如公路、铁路、港口等的建设情况	0.4130
国际运输便利性	安排有价格竞争力的货物运输的难易程度	0.3961
物流服务质量和能力	物流企业提供的服务的质量以及其竞争力如货运、转运、报关等	0.4166
货物可追溯性	跟踪查询货物的能力	0.4106
货物运输及时性	在预定时期内将货物交付给收货人的能力	0.4056

数据来源：世界银行发布的2018年《连接以竞争－全球经济的贸易物流》报告

4.3.4　相关理论应用

1. 本地市场效应

从生产成本的角度，研究国际贸易起因和影响的学说，它认为劳动生产率的差异是国际贸易的主要起因，而这个学说研究的前提是交易成本的不存在。然而，随着研究的深入，人们逐渐发现国际贸易的产生和发展的因素之一就是贸易成本的存在。萨缪尔森（1952）在20世纪50年代首次提出了“冰山运输成本”的概念，即在区域间进行产品的运输活动时，有一部分产品会像冰山一样“融化”，这部分产品的消耗就是运输成本。也正因为运输成本的存在，才使进口商品的价格高于本地商品。在“冰山运输成本”被提出之后，克鲁格曼（1980）在这个假定的基础上，用数理解析的方法进一步探讨了“本地市场效应”，结果发现运输成本的存在使各国倾向于出口那些在本国有大规模国内市场的产品。

物流绩效指数（LPI）的六个分项指标也从各个方面影响物流成本，从而影响跨境电商贸易，主要作用机制如下：

（1）从清关效率的视角，清关作为跨境商品所要面临的第一个环节，也是国际物流所要接受的第一个考验，其重要性不言而喻，通关时间的快慢直接影响整个物流的运转效率及成本。（2）从物流基础设施的视角，物流基础设施是国际物流顺利运转的前提，也是物流活动的物质基础。由于国家物流基础设施建设的不完善，各国物流人员在进行跨境电商的运输时可能会面临货物损坏或丢失的情况，从而使买卖双方均遭受损失，这些损失会转化为跨境商品的流通成本，从而制约跨境电商的发展。(3) 从国际运输便利性的视角，各国法律法规的差异、部门信息的不通畅、基础设施建设的不统一都会制约国际运输便利性，如法律规定的差异性、部门信息的不通畅、基础设施建设的不统一等。(4) 从物流服务质量和能力的视角，物流服务质量是指货物在运输过程中，不同的运输公司在运输环节中提供的服务，关乎着货物在整个运输过程是否受到损害，货物在到达消费者手中时是否完好等重要问题。(5) 从货物可追溯性的视角，跨境商品需要经过远距离的运输才能到达消费者手中，其在运输过程中所进行的任何物流操作都增大跨境商品被损坏的风险。(6) 从货物运输及时性的视角，运输及时性是指迅速、准确并适时地满足货主提出的物资运送要求的程度。

2. 空间溢出效应

在空间计量学中，空间溢出效应一般是基于空间距离因素的基础上所产生的效应，是指一个经济单位所从事的某类经济活动不仅会对该经济单位本身产生影响效果，而且会对单位之外的团体乃至社会产生影响。赫希曼的极化—涓滴学说较早地阐述了不同经济发展水平地区间的交互作用和相互影响。理查德森（2007）以赫希曼的研究成果为基础，进一步为地区间的空间溢出效应做出了定义。运用经典统计学研究两个变量之间关系的前提是假定这两个变量相互独立，互不影响。但后来随着研究的深入，空间计量经济学开始进入大众的视野，由此人们开始重视变量之间的空间相关性。格林沃尔德（2007）等人研究了中国各经济区域间的空间溢出效应，并利用 VAR 模型得出了实证结果。张光南（2014）等人从成本函数的角度，研究了不同行业中基础设施建设所存在的空间溢出效应。布伦（2002）等人以地区是否沿海为标准划分了中国各区域，并在此基础上研究了不同地区之间的溢出效应。

3. 空间权重矩阵

空间权重矩阵的选择对空间效应的分析至关重要。空间权重矩阵的设计都是基于空间截面数据，在面板数据中需要进行对截面数据的空间权重矩阵进行扩展。在截面数据下空间权重矩阵的基本表现形式如下：

w_{ij}是指区域 i 与区域 j 之间的距离，在收集 n 个区域的空间数据后，由此形成空间权重矩阵 W_{ij}。常见的空间权重矩阵主要有 3 种：0－1 邻接矩阵、基于地理距离的空间权重矩阵和基于经济距离的空间权重矩阵。在 0－1 邻接矩阵中，区域之间有无共同边界是用 0、1 来表示，当区域 i 与区域 j 存在共同边界时，$w_{ij}=1$；当区域 i 与区域 j 无共同边界或 $i=j$ 时，$w_{ij}=0$；在基于地理距离的空间矩阵中，w_{ij}一般是两国的首都之间的直线距离，或者是两国人口密度最大的两个城市间的直线距离。在基于经济距离的空间矩阵中，w_{ij}一般用地区间人均国内生产总值的差额作为测度地区间“经济距离”的指标。随着空间权重矩阵研究的完善，研究者可以根据研究的具体情况来设定空间权重矩阵。

4.3.5 技术路线图

本研究的技术路线图如图4-1所示。

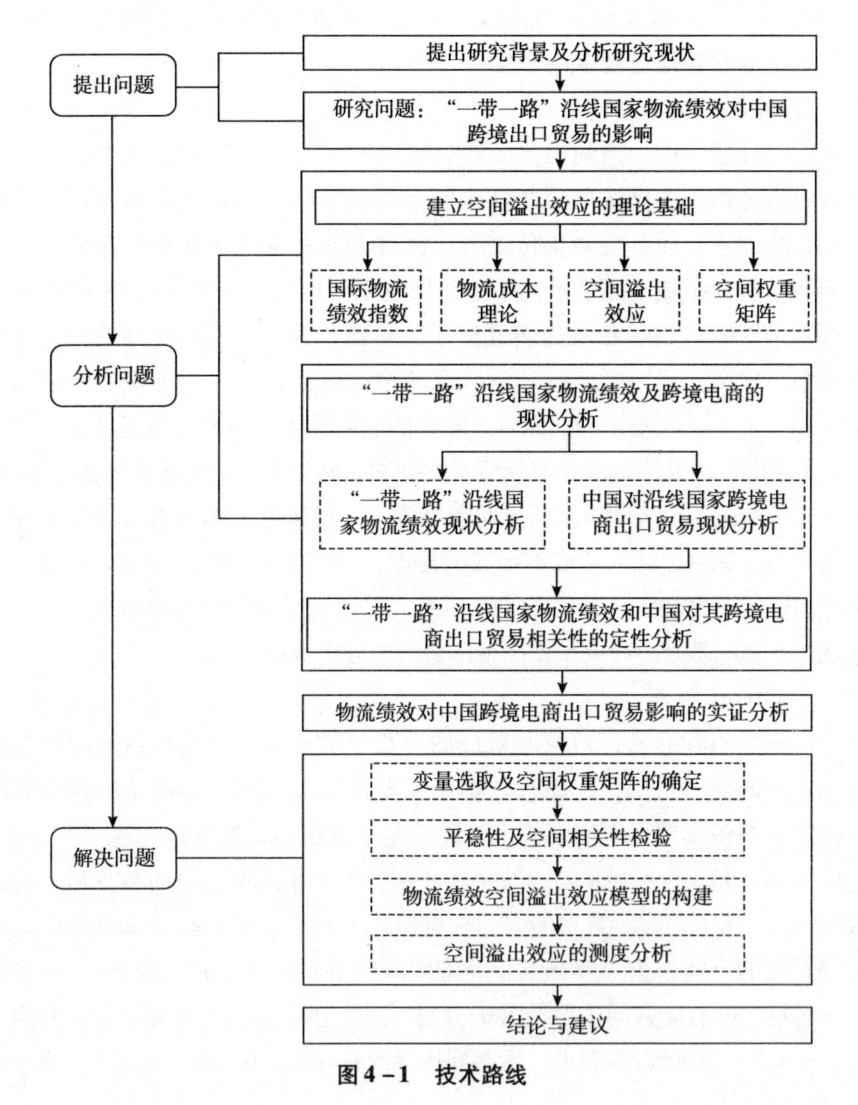

图4-1　技术路线

4.4 “一带一路”沿线国家物流绩效现状分析

4.4.1 整体物流绩效指数分析

为帮助世界各国提高和改善物流发展水平，世界银行于 2007 年首次推出了物流绩效指数（LPI），2010 年之后每隔两年发布一次物流绩效指数报告。迄今为止，世界银行已发布了 2007 年、2010 年、2012 年、2014 年、2016 年和 2018 年的物流绩效指数数据。根据所得数据，计算出“一带一路”沿线 6 个区域物流绩效得分的均值进行对比分析，计算结果见表 4 - 4。

表 4 - 4 “一带一路”物流绩效得分均值

区域	2010 年	2012 年	2014 年	2016 年	2018 年
东北亚	2.4295 (-0.4325)	2.4176 (-0.4406)	2.5250 (-0.4205)	2.5385 (-0.3859)	2.5651 (-0.3337)
东南亚	2.9835 (0.1215)	3.0223 (0.1641)	3.0718 (0.1263)	2.9965 (0.0721)	3.0592 (0.1604)
南亚	2.5265 (-0.3355)	2.6005 (-0.2577)	2.7062 (-0.2393)	2.7109 (-0.2135)	2.5886 (-0.3102)
西亚北非	2.9068 (0.0448)	2.8906 (0.0324)	2.9219 (-0.0236)	2.9664 (0.042)	2.8561 (-0.0427)
中亚	2.6475 (-0.2145)	2.4491 (-0.4091)	2.4577 (-0.4878)	2.3438 (-0.5806)	2.5682 (-0.3306)
中东欧	2.9740 (0.112)	2.9832 (0.125)	3.1576 (0.2121)	3.1195 (0.1951)	3.0784 (0.1796)
“一带一路”	2.8620	2.8582	2.9455	2.9244	2.8988

注：括号内为“一带一路”整体与各区域物流绩效均值的差值

数据来源：根据世界银行物流绩效指数计算整理得出

从“一带一路”整体来看，物流绩效指数从 2010 年的 2.862 提升至 2016 年的 2.9244，呈上升趋势，但在 2018 年略微下降至 2.8988。从划分的区域来看，中东欧地区的物流绩效指数水平较高，且一直高于“一带一路”整体水平，稳定发展。相较之下，亚洲物流绩效表现最好和最差的两个区域的物流绩效得分差距较大，发展极不平衡。东南亚地区是亚洲所有地区中物流绩效得分最高的地区，并且其得分逐年升高，物流发展呈逐年改善的积极态势；西亚北非地区的物流绩效均值近年来维持在2.9左右，与“一带一路”整体相比，差值正负交错；而俄蒙、南亚、中亚地区的物流绩效水平落后，且中亚、南亚地区近两年物流发展速度有回落趋势，但值得欣慰的是俄蒙两国的物流绩效与“一带一路”整体的差值正在逐渐缩小。总之，观察各区域物流绩效指数的得分可以发现，“一带一路”沿线各区域的物流发展极不平衡，差距较大。

中东欧地区的大部分国家地处平原，临进港湾，海陆交通发达，因其特有的成本和区位优势已逐渐成为物流行业竞逐的热土，所以中东欧地区国家的物流绩效指数得分在“一带一路”沿线国家和世界范围内排名都较为靠前（中东欧各国物流绩效具体得分及排名见附录1）。此外，与亚洲有明显差异的欧洲特有的制度环境及欧盟的贸易政策都为欧洲物流业的发展带来了显著的促进作用。更重要的是，跨境电商企业在欧洲市场的扩张使中东欧地区的电商市场迅速增长，促使物流行业的目光日益聚焦于此，中东欧国家的物流绩效水平也在关注中不断提升。

与欧洲国家相比，亚洲大多数国家的制度环境较为严格、经济及科技发展水平偏低、专业物流人才较少，所以亚洲的物流绩效水平整体低于欧洲国家（亚洲各国的物流绩效具体得分及排名见附录2）。不过，亚洲地区中还是有部分国家，如新加坡基于其良好的地理位置，抓住了物流发展的机遇，积极提升国家物流发展水平，如今已拥有较为完善的物流管理技术及物流网络系统。从物流绩效得分来看，新加坡的物流绩效指数在“一带一路”区域范围内排名第一，在世界范围内排名维持在前十，已当之无愧地成为了亚洲区域内的领头羊。同时，阿联酋也利用其较强的经济实力，积极推动物流行业的发展，其物流绩效得分在世界范围内的排名已由2010年的第24名上升至2018年的第11名，提升速度较快，成为“一带一路”范围内物流绩效指数排名仅次于新加坡的国家。在观察亚洲地区内物流绩效排名较低的国家后，发现了几个共同点，这些国家或是国家所处的地理位置不利，或是国家的政局动荡不安。所以由此得出，国家政局稳定、经济水平较高、地理位置有利的国家更容易提升本国的物流发展水平。

4.4.2 物流绩效指数分项指标分析

为了更加清楚地了解“一带一路”沿线国家在物流发展时需要改善的环

节，计算整理了“一带一路”沿线6个区域物流绩效指数分项指标的得分均值，结果见表4-5。

表4-5 “一带一路”各地区物流绩效分项指标得分均值

区域	清关效率	物流基础设施	国际运输便利性	物流服务质量和能力	货物可追溯性	货物运输及时性
东北亚	2.14	2.32	2.51	2.44	2.49	3.04
东南亚	2.81	2.83	3.04	2.95	3.06	3.44
南亚	2.43	2.41	2.66	2.59	2.64	3.00
西亚北非	2.68	2.83	2.88	2.83	2.88	3.33
中亚	2.26	2.32	2.51	2.40	2.51	2.93
中东欧	2.83	2.86	3.06	2.98	3.09	3.54

数据来源：根据世界银行物流绩效指数计算整理得出

从分项指标的角度看，货物运输及时性在各个区域的得分都是最高的，在物流绩效的六个分项指标中表现最好，其次是货物可追溯性和国际运输便利性。相较之下，“一带一路”沿线国家应该多加关注清关效率和物流基础设施建设这两个方面，可以与“一带一路”倡议中五通建设的“政策沟通”和“设施联通”相结合，促进其快速发展，提升物流绩效整体水平。

从区域的角度看，在亚洲区域中，东南亚地区的每个分项指标得分均值都最高，表现最好，稍微薄弱的环节是清关效率和物流基础设施。除此之外，其他亚洲地区虽然各有其优势指标和劣势指标，但各分项指标的得分都较低，所以亚洲地区的国家需要从物流的各个环节进行改善，先将优劣势指标之间的差距逐渐缩小，再整体提高。与亚洲区域相比，中东欧地区的物流发展水平较高，表现较好，但与亚洲区域相似，在分项指标中，清关效率和物流基础设施处于弱势地位。综合来看，提升“一带一路”整体物流绩效的关键点是提高清关效率和物流基础设施建设。

1. 清关效率

图4-2所示为“一带一路”沿线区域清关效率指标得分，6个区域平均分为2.53分，有3个区域超过平均分数，其中中东欧和东南亚五年来每年都达到平均分数，表现较好。清关效率指标中最高得分为2.94，最低得分为1.98，差距较大，但最高得分未超过3分，仍需作为改善物流水平的重点。东北亚虽得分较低，但在逐年提高，已从2010年的1.98增加到2018年的

2.32 分，上升趋势明显，涨幅达到 17%。西亚北非得分较稳定，维持在 2.68 左右。排名靠后的中亚和南亚地区在五年内的得分上下波动较大，南亚更是在 2014 年达到最高峰后出现了连续性的下降趋势。

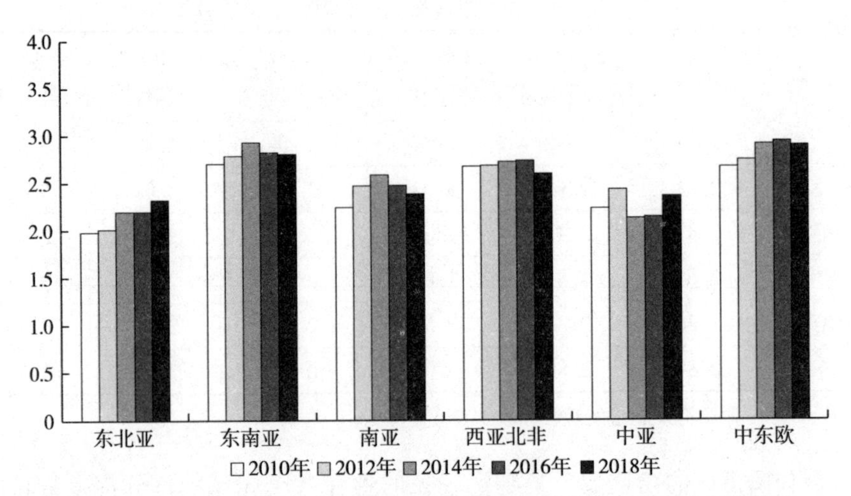

图 4－2 “一带一路”沿线区域 2010－2018 年清关效率指标的得分情况

数据来源：根据世界银行物流绩效指数计算整理得出

2. 物流基础设施

图 4－3 为 2010－2018 年期间“一带一路”沿线区域物流基础设施指标的得分情况，从图中可以看出，6 个区域在物流基础设施方面的平均分较低，为 2.60 分，东南亚、西亚北非、中东欧三个地区超过了平均水平。其中分数最高的是中东欧地区，平均分达到 2.86 分，2016 年达到 2.98 的最高分，同时也是整个沿线区域的最高分。分数最低的区域为东北亚，2012 年最低峰的得分为 2.01 分，但自 2012 年开始，分数逐年上升，成功将平均分提高到 2.32，与中亚区域的平均分持平。东南亚和西亚北非这两个区域的平均分均为 2.83，高于整体平均分，虽然有上下波动，但波动范围不超过 0.2，较为稳定。

3. 国际运输便利性

如图 4－4 所示，在国际运输便利性指标方面，“一带一路”区域整体平均分为 2.78，达到平均分的有 3 个区域，分别为东南亚、西亚北非和中东欧。并且，每个区域的平均值都高于 2.5 分，其表现好于清关效率和物流基础设施的表现，尤为突出的是东南亚地区和中东欧地区，平均分均超过 3 分，为 3.04 分和 3.06 分。中亚地区的分值波动较大，最高值与最低值之间差 0.59 分，其余地区得分均较为稳定，最大差值都在 0.3 以内。

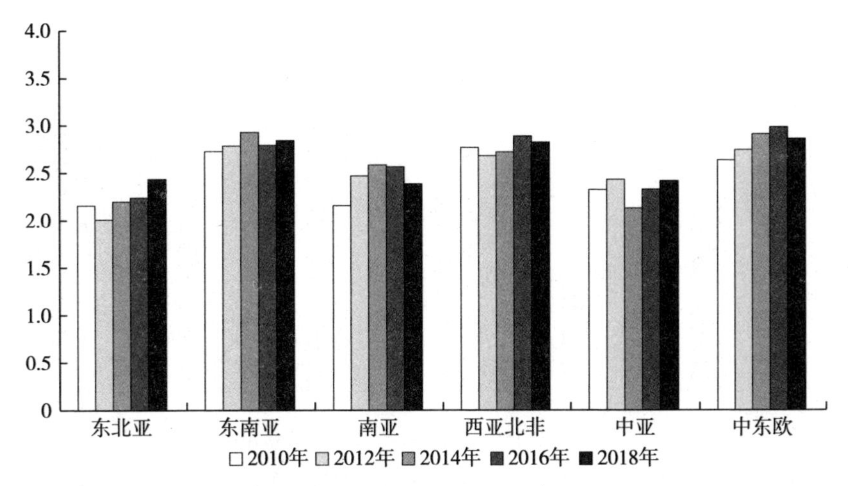

图 4 -3 “一带一路”沿线区域 2010 -2018 年物流基础设施指标的得分情况

数据来源：根据世界银行物流绩效指数计算整理得出

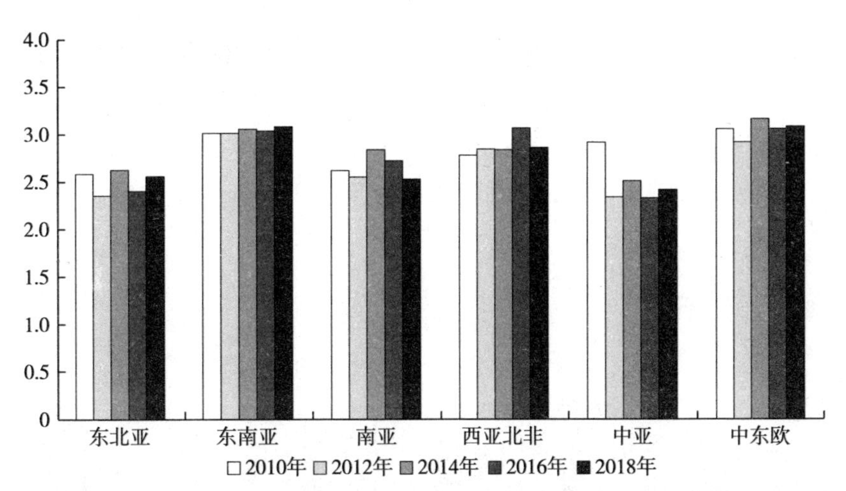

图 4 -4 “一带一路”沿线区域 2010 -2018 年国际运输便利性指标的得分情况

数据来源：根据世界银行物流绩效指数计算整理得出

4. 物流服务质量和能力

图 4 -5 所示为“一带一路”沿线区域物流服务质量和能力得分，平均得分为 2.70，东南亚、西亚北非、中东欧 3 个区域的平均分超过了整体平均分。排名从高往低依次为中东欧、东南亚、西亚北非、南亚、东北亚、中亚，得分依次为 2.98 分、2.95 分、2.83 分、2.59 分、2.44 分、2.4 分。并且，各区域在五年中的波动也不大，较为稳定。

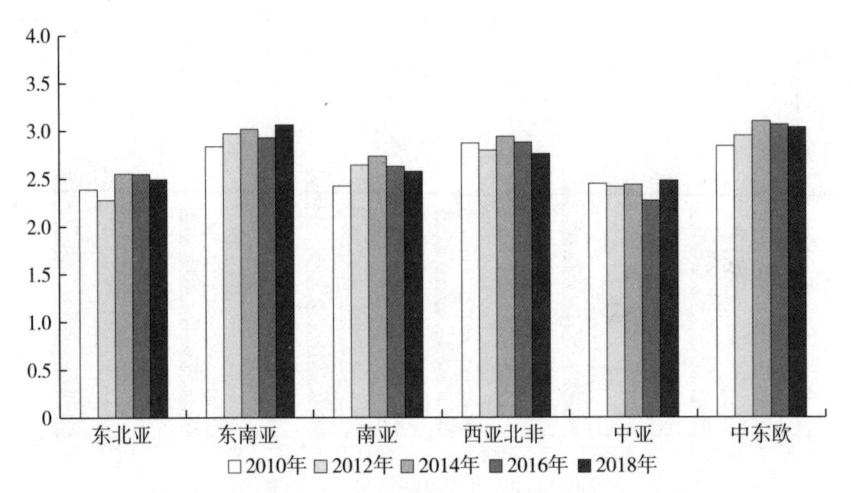

图4-5 "一带一路"沿线区域2010-2018年物流服务质量和能力指标的得分情况

数据来源：根据世界银行物流绩效指数计算整理得出

5. 货物可追溯性

图4-6所示，货物可追溯性方面，"一带一路"沿线6个区域的平均成绩为2.78，到达平均成绩的区域有3个。排名靠前的东南亚和中东欧地区的得分都较为稳定，且平均成绩超过3分。排名略微靠后的东北亚、南亚和中亚这三个区域之间差距不大，东北亚2.49，南亚2.64，中亚2.51，都有较大的提升空间。

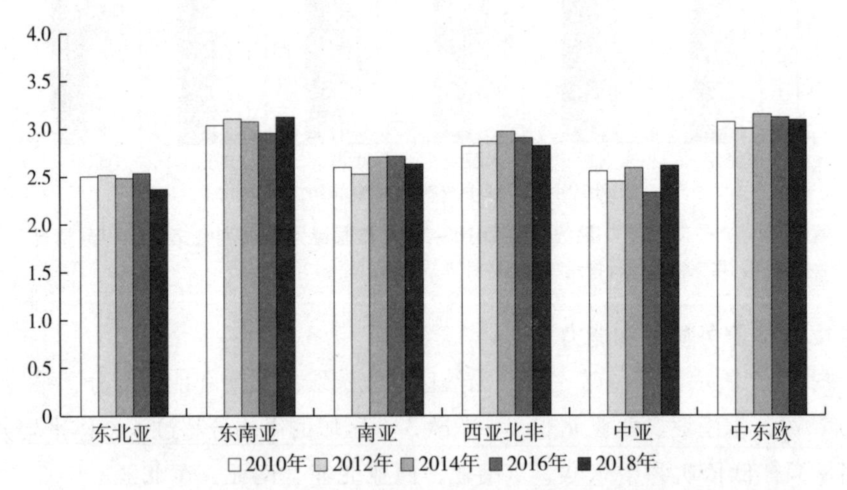

图4-6 "一带一路"沿线区域2010-2018年货物可追溯性指标的得分情况

数据来源：根据世界银行物流绩效指数计算整理得出

6. 货物运输及时性

图4-7所示是货物运输及时性的得分情况，“一带一路”整体平均分为3.21，在物流绩效的六个指标中，货物运输及时性指标表现最好。而且各区域的成绩普遍较高，除中亚区域外，其他区域的平均分均超过3分。中亚地区的成绩未超过3分的原因主要是波动太大，最高值与最低值之间相差0.65分。

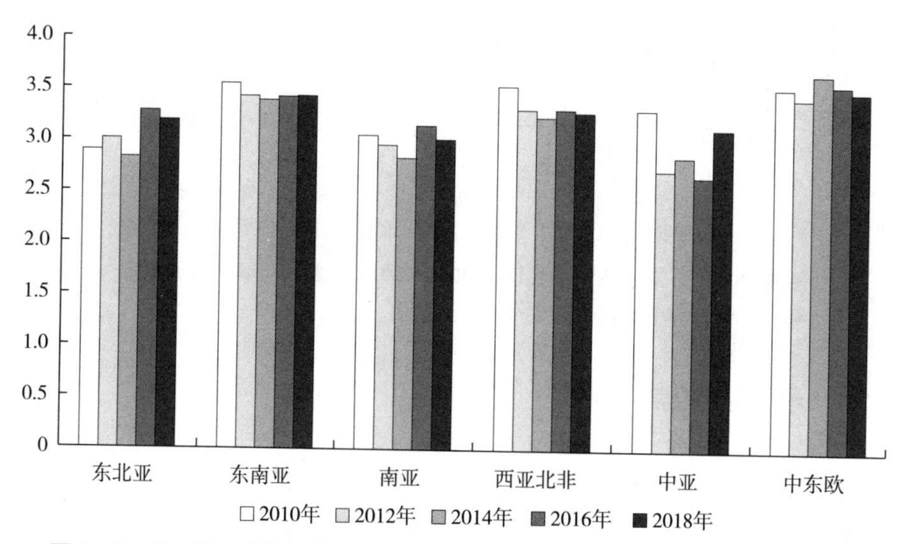

图4-7 “一带一路”沿线区域2010-2018年货物运输及时性指标的得分情况

数据来源：根据世界银行物流绩效指数计算整理得出

在分析比较2010-2018年期间“一带一路”沿线区域在清关效率、基础设施建设、国际运输便利性、物流服务质量和能力、货物可追溯性和货物运输及时性这六个指标上的表现之后，接下来观察“一带一路”整体沿线国家在各指标上的表现。图4-8为“一带一路”沿线国家在2010-2016年各指标的平均得分情况。从图中可发现，“一带一路”沿线国家的六个指标五年内整体上呈现上升趋势，且每年大概保持货物运输及时性、货物可追溯性、国际运输便利性、物流服务质量和能力、物流基础设施、清关效率这样的排序。货物运输及时性在六个指标中的得分远远高于其他指标，表现最好；物流基础设施、清关效率两个指标保持稳定上升的态势；货物可追溯性、国际运输便利性、物流服务质量和能力在2014年取得了较快的发展，而后又回落，逐渐平稳。

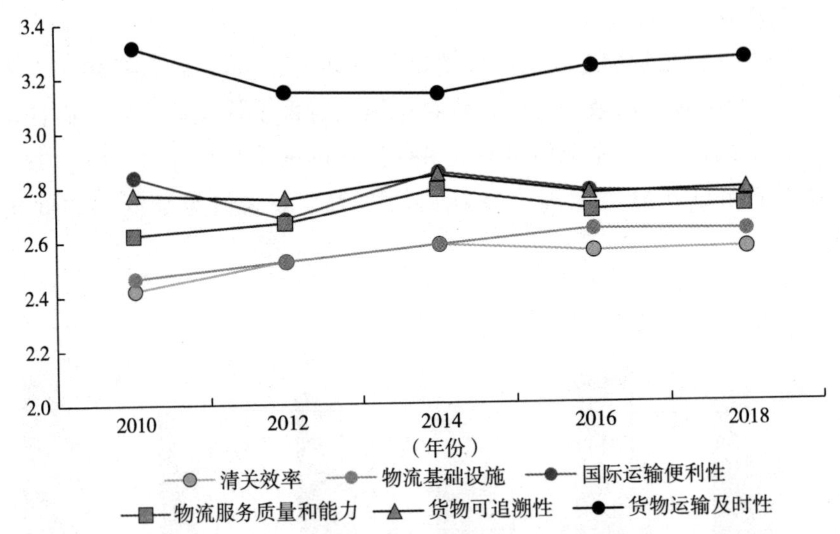

图 4－8 “一带一路”沿线国家 2010－2018 年各指标平均得分情况

数据来源：根据世界银行物流绩效指数计算整理得出

4.4.3 物流绩效差异分析

前文基于“一带一路”沿线各区域物流绩效的得分均值对各区域的物流绩效现状作了概括性的比较分析，接下来将计算各分项指标的变异系数，以此来观察物流绩效的差异程度，具体结果如表 4－6 所示。

表 4－6 “一带一路”沿线国家 LPI 及分项指标变异系数对比

年份	LPI	清关效率	物流基础设施	国际运输便利性	物流服务质量和能力	货物可追溯性	货物运输及时性
2010	0. 1498	0. 1884	0. 2154	0. 1352	0. 1763	0. 1687	0. 1346
2012	0. 1501	0. 1654	0. 1777	0. 1479	0. 1612	0. 1677	0. 1433
2014	0. 1503	0. 1713	0. 1816	0. 1436	0. 1532	0. 1661	0. 1609
2016	0. 1762	0. 2021	0. 2083	0. 1749	0. 1870	0. 1925	0. 1459
2018	0. 1544	0. 1685	0. 1845	0. 1599	0. 1695	0. 1729	0. 1316

数据来源：根据世界银行物流绩效指数计算整理得出

单独观察 LPI 的变异系数，发现 2010 年－2016 年间变异系数从 0. 1498 增加到 0. 1762，说明“一带一路”沿线国家物流绩效差异在加大。但 2018 年的变异系数是 0. 1544，较之前几年有所下降，说明近两年“一带一路”沿线国家的物流绩效差异在逐步缩小。

进一步分析比较物流绩效各分项指标的变异系数，从分项指标的角度看，各国之间物流基础设施、清关效率、物流服务质量和能力这三个指标的变异系数较大，表明它们之间的差异较大。从年份来看，2010 年 - 2014 年，除国家运输便利性和货物运输及时性外，大部分指标的变异系数都是逐渐缩小。而经过几年的发展后，在 2016 年 - 2018 年，物流绩效的六个分项指标的变异系数均有不同程度的减小。

物流是一个整体的系统，单个国家的高效发展并不能带动“一带一路”整体物流绩效的提升，所以关注“一带一路”沿线各个国家的物流发展水平是至关重要的。也因为物流的整体性，所以我们才需要着重关注物流中较为薄弱的环节，由此来推动我国与沿线国家之间的跨境电商贸易。

4.5 中国对“一带一路”沿线国家的跨境电商出口贸易现状

本文参照 iResearch 的测算方法，测算出了中国分国别的跨境电商出口数据，并在此基础上分析了我国对“一带一路”沿线 49 个国家跨境电商出口额的变化趋势，具体见图 4 - 9。从图中看出，我国对 49 个“一带一路”沿线国家的外贸出口总额从 2010 年的 3345.26 亿美元已增加到 2018 年的 6507.26 亿美元，呈上升态势。但在 2015 年和 2016 年这两年，我国对“一带一路”沿

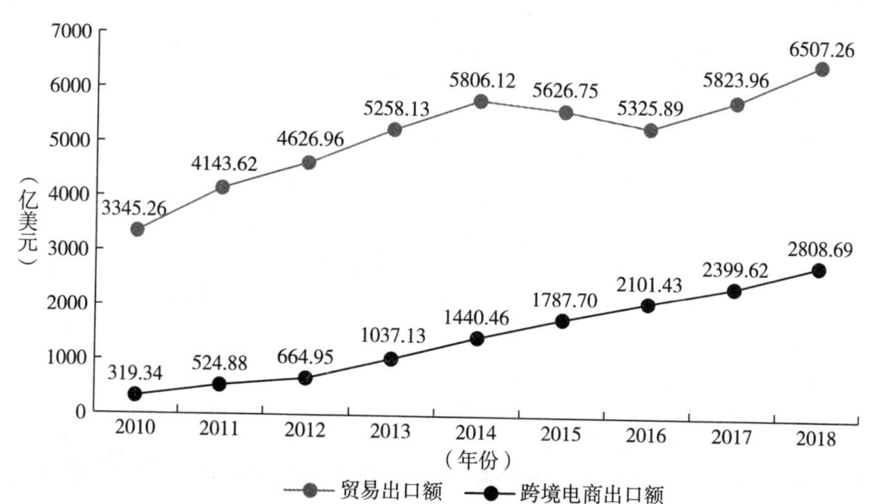

图 4 - 9 中国对主要“一带一路”国家贸易出口与跨境电商出口额

数据来源：国家统计局、中国电子商务研究中心

线国家的贸易出口额出现大幅下降，分别同比下降3.1%和5.3%。这可能是因为一方面我国出口贸易的新兴市场国家在此期间的经济明显减速，直接导致需求低迷；另一方面可能是我国出口贸易之前一直是通过低成本的竞争优势来扩大贸易额，但近年来我国出口贸易依赖的人口优势和劳动力低廉的优势在逐渐消失，导致了出口贸易的竞争力在减弱，但随着2017年的到来，我国的出口贸易又展现了新的活力，总额为5823.96亿美元，环比增长9.4%。

与我国出口贸易总额的波动不同，我国对“一带一路”沿线国家的跨境电商出口贸易的总体规模呈现持续快速增长趋势。2018年，我国对“一带一路”沿线国家的跨境电商出口总额已达到2808.69亿美元，年增长率远高于同期外贸出口总额增速。从2010年到2018年，我国对“一带一路”沿线国家的跨境电商出口贸易交易规模增长已超过700%，不仅显示出了我国跨境出口贸易的强大活力，还表明我国与“一带一路”沿线国家的合作日益紧密。

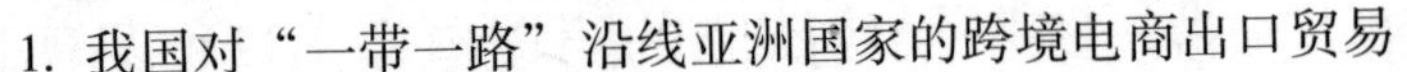

1. 我国对“一带一路”沿线亚洲国家的跨境电商出口贸易

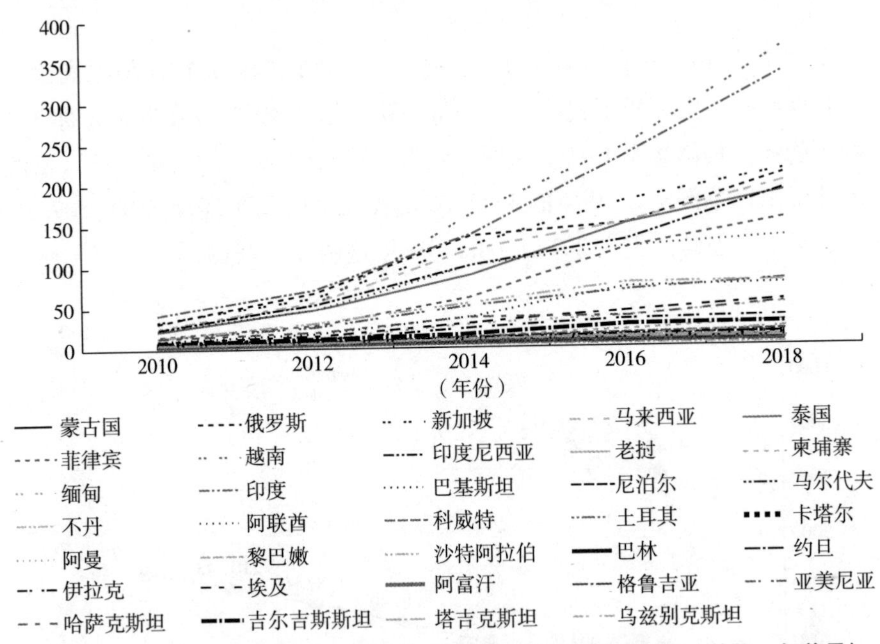

图4-10　2010-2018年我国对沿线亚洲国家的跨境电商出口额（单位：亿美元）

数据来源：国家统计局、中国电子商务研究中心

图4-10显示的是近9年来我国对“一带一路”沿线亚洲国家的跨境电商出口额情况，由图可看出，总体上所有国家的贸易额都呈上升趋势。从亚洲的各个区域来看，东南亚地区凭借其独特的地理优势及文化优势，成为我国其跨

境电商出口总额最多的地区。而且，我国与越南之间跨境电商贸易额的增长速度更是一骑绝尘。中亚地区的国家与中国之间跨境电商贸易额较低，这可能是因为中亚地区的整体物流绩效水平较低，无法支撑跨境电商贸易所需要的物流活动。从单个国家来看，我国与越南、印度、新加坡之间的跨境电商贸易额增长速度排前三，与 2010 年的贸易额相比，2018 年分别增长了 15 倍、7 倍、5 倍。

2. 我国对“一带一路”沿线中东欧国家的跨境电商出口贸易

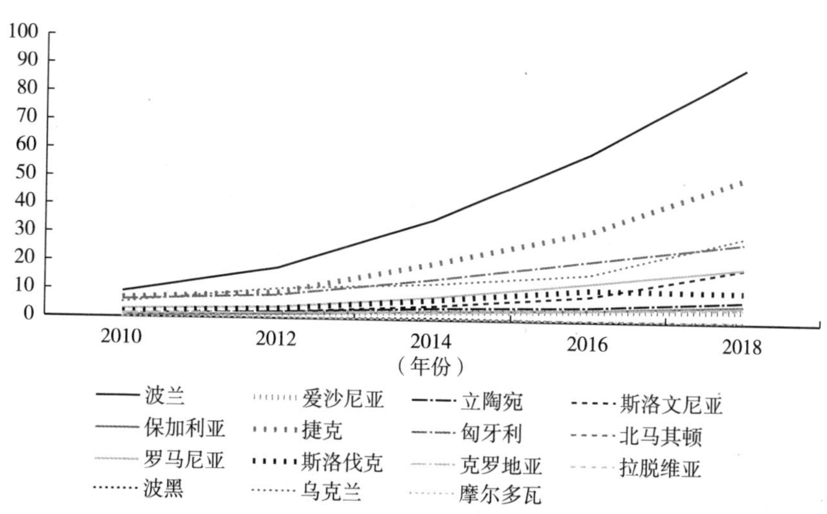

图 4－11　2010－2018 年我国对沿线中东欧国家的跨境电商出口额（单位：亿美元）

数据来源：国家统计局、中国电子商务研究中心

图 4－11 显示的是近九年来我国对“一带一路”沿线中东欧国家的跨境电商出口额情况，与亚洲区域的情况相似，总体上与所有国家的贸易额都呈上升趋势。波兰的增长幅度最为明显，从 2010 年的 9 亿美元快速增长到 2018 年的 90 亿美元，其次增速较为明显的是捷克、匈牙利、乌克兰等国家。而摩尔多瓦、拉脱维亚、保加利亚、克罗地亚、立陶宛等国家可能因为国土面积相对较小，经济发展水平较低，所以与中国之间的跨境电商贸易增速缓慢。

3. 我国对“一带一路”国家跨境电商出口前 10 位国家

由于“一带一路”沿线各国的发展水平相差较大，所以其进行跨境电商贸易的能力差距也较大。从图 4－12 中可以看出，在本文的研究对象“一带一路”沿线 49 个国家中，在与我国进行跨境电商贸易的国家中，东南亚国家拔得头筹，在中国跨境电商出口前 10 位的国家里，东南亚国家占据 6 席。此外，还可以发现我国与“一带一路”沿线国家进行跨境电商贸易时，与不同

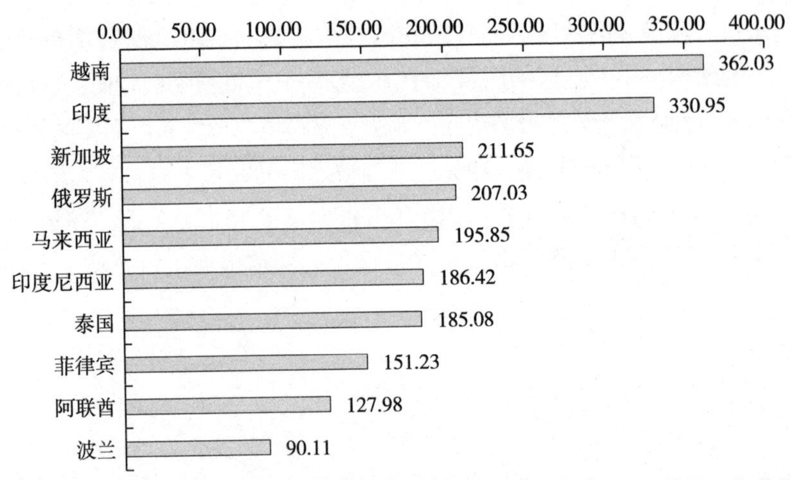

图4－12　中国对“一带一路”国家跨境电商出口前10位国家（单位：亿美元）

数据来源：中国电子商务研究中心

国家的交易总额差距较大，排名第一、第二的国家的贸易总额占前十名整体贸易总额的33.9%，同时排名第一的越南与排名第十的波兰的贸易总额相差271.92亿美元，由此看出，各国之间的贸易发展水平差距较大。

4.6　我国对“一带一路”沿线国家跨境电商出口额与物流绩效的相关性分析

在前文的分析中，我们已经深入了解了我国对“一带一路”沿线国家的跨境电商出口现状及沿线国家的物流绩效水平，接下来会运用定性分析的方法初步判断这二者之间的关系，为后面的回归分析提供依据。

从趋势的角度，图4－13和4－14分别是“一带一路”沿线亚洲国家和中东欧国家2010－2018年物流绩效得分的折线图，将其与图4－10和4－11（我国对“一带一路”沿线亚洲国家和中东欧国家的跨境电商出口额）进行对比，发现两者的增长趋势有相似之处，但并不能完全吻合，这可能是因为图4－10和4－11中横坐标的年份选取是一年，图4－13和4－14中横坐标的年份选取是两年，物流绩效指数缺失5年的数据。从我国对沿线国家的跨境电商出口额来看，49个国家中我国向其出口的跨境电商贸易额处在前五的国家是越南、印度、新加坡、俄罗斯和马来西亚，从物流绩效的得分情况来看，49个国家中物流绩效排名前五的国家是新加坡、阿联酋、捷克、波兰和马来西亚。其中有两个国家重合，可见二者之间存在着一定的联系。从区域上看，东南亚地区是中国向其出口的跨境电商贸易额最多的区域，同时也是“一带一路”范围内物流绩效表现最好的区域。

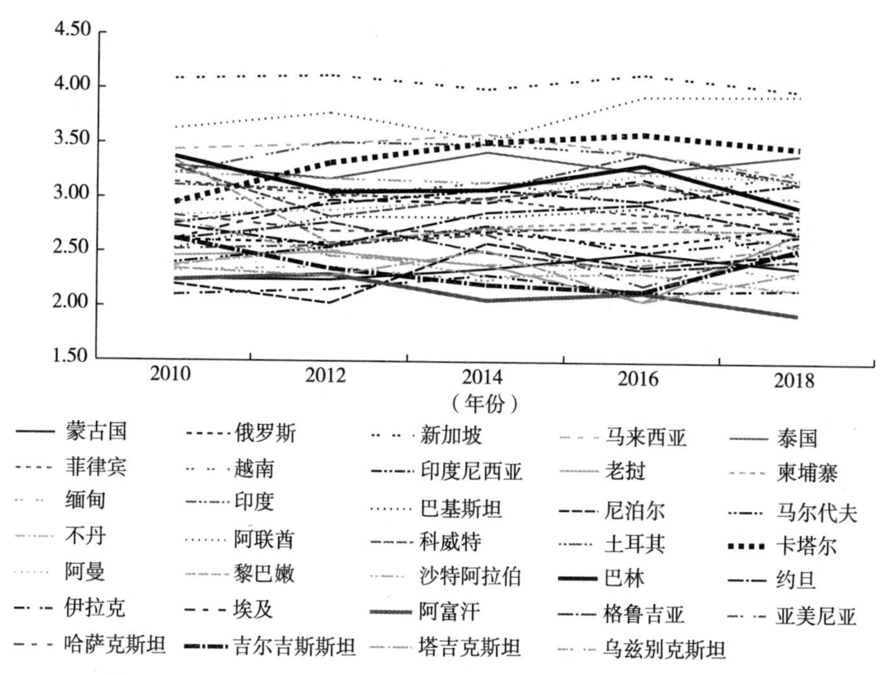

图 4－13　2010－2018 年“一带一路”沿线亚洲国家物流绩效得分

数据来源：世界银行

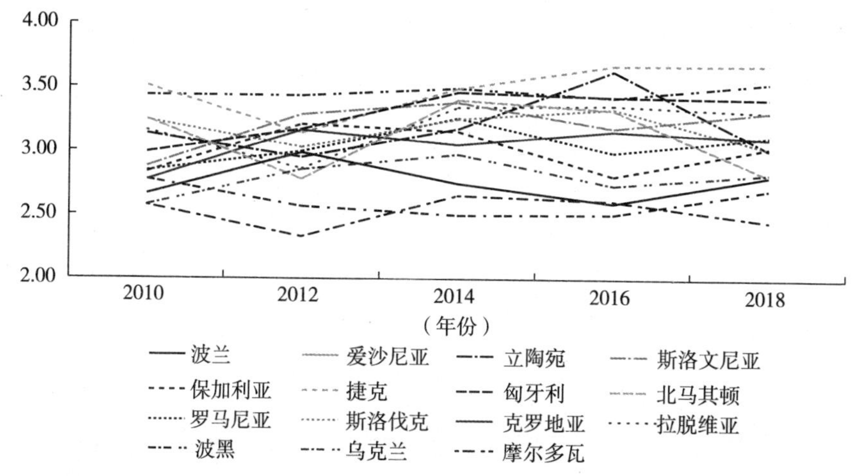

图 4－14　2010－2018 年“一带一路”沿线中东欧国家物流绩效得分

数据来源：世界银行

从Pearson相关系数的角度，首先以国家为标准，计算了2010年到2018年间“一带一路”沿线49个国家的物流绩效和中国对其国家出口的跨境电商贸易额之间的相关系数，具体结果见表4－7。从表4－7可以看出，63%的国家的物流绩效与中国对其出口的跨境电商贸易额呈现正相关的关系，甚至有11个国家的相关系数大于0.7，表明中国对这些国家的跨境电商出口贸易与其物流绩效的联系较为紧密。但也有少数国家的相关系数为负数，表明二者之间呈现负相关性。

表4－7　2010－2018年跨境电商出口额与物流绩效的Pearson相关系数

国家	相关系数	国家	相关系数
蒙古国	0.3768	伊拉克	0.2659
俄罗斯	0.9865	埃及	0.4178
新加坡	0.9912	阿富汗	－0.8435
马来西亚	0.9951	格鲁吉亚	－0.7064
泰国	0.9901	亚美尼亚	0.0465
菲律宾	－0.9024	哈萨克斯坦	0.0753
越南	0.7479	吉尔吉斯斯坦	－0.2971
印度尼西亚	0.8658	塔吉克斯坦	－0.1414
老挝	0.1452	乌兹别克斯坦	－0.1882
柬埔寨	0.4048	波兰	0.7070
缅甸	－0.0090	爱沙尼亚	0.6113
印度	0.5291	立陶宛	0.1646
巴基斯坦	－0.0672	斯洛文尼亚	0.4059
尼泊尔	0.7803	保加利亚	－0.0311
马尔代夫	0.2616	捷克	0.7165
不丹	－0.6576	匈牙利	0.7840
阿联酋	0.5694	北马其顿	－0.1412
科威特	－0.2839	罗马尼亚	0.4140
土耳其	－0.2014	斯洛伐克	0.1316
卡塔尔	0.6926	克罗地亚	0.5204
阿曼	0.9342	拉脱维亚	－0.1063
黎巴嫩	－0.5332	波黑	－0.0883
沙特阿拉伯	－0.7518	乌克兰	0.3401
巴林	－0.6631	摩尔多瓦	0.0135
约旦	0.4456		

再以年为标准，计算相同年份内中国对“一带一路”沿线49个国家的跨境电商出口额与物流绩效之间的相关系数，具体结果见表4-8。观察表4-8，可以发现相同年份内，中国对“一带一路”沿线国家的跨境电商出口额与其物流绩效的相关系数都是正的，由于是以年为标准，所以并不存在时间上的波动性，只考虑各国的具体情况，相关系数为正可以表明物流绩效对于中国对其沿线国家的跨境电商出口额有着积极的正向影响作用。

表4-8 各年度跨境电商出口额与物流绩效的Pearson相关系数

年份	相关系数
2010	0.4571
2012	0.4829
2014	0.3941
2016	0.3849
2018	0.4325

最后，从总体上进行分析，将2010到2018年间我国对“一带一路”沿线49个国家的跨境电商出口贸易额和沿线49个国家的物流绩效分别作为一个整体来计算二者之间的相关系数，得出Pearson相关系数为0.35，二者为正相关。

以上从趋势性和相关性两个角度得出了“一带一路”沿线国家的物流绩效和中国对其出口的跨境电商贸易额之间总体上具有正向的相关关系。但是这是对“一带一路”沿线国家物流绩效和中国对其出口跨境电商贸易额之间关系的初步定性判断，“一带一路”沿线49个国家的物流绩效水平对我国与其之间的跨境电商出口贸易究竟有着什么样的影响，影响程度有多大，还需要在接下来的章节中进行具体的回归分析。

本节首先基于数据的可得性选取了本文所要研究的49个“一带一路”沿线国家，接着基于物流绩效指数的得分分析了“一带一路”沿线国家的物流绩效现状，并从物流绩效分项指标的角度分析了沿线国家物流绩效发展不平衡的原因。结果发现，提升“一带一路”整体物流发展水平的关键是提高清关效率和完善物流基础设施。另外，本章还对我国与“一带一路”沿线国家的跨境电商出口贸易现状做出了详细的分析。最后，本章从趋势，相关系数等角度对“一带一路”沿线国家的物流绩效与中国对其出口跨境电商贸易之间的相关性做出了初步的定性判断，结果显示物流绩效的改善对于跨境电商贸易的确有促进作用。

4.7 物流绩效对中国跨境电商出口贸易影响的实证分析

在初步判断“一带一路”沿线国家的物流绩效和中国对其跨境电商出口贸易之间具有正向的相关关系之后。接下来将基于空间计量模型，更深入地研究物流绩效对跨境电商贸易的空间溢出效应。

4.7.1 模型变量选取及数据来源

1. 模型设定及变量说明

引力模型的思想和概念源自物理学中牛顿提出的万有引力定律，最早将引力模型用于研究国际贸易的是丁伯根（Tinbergen）（1962）和波洪能（Poyhonen）（1963），他们分别独立使用引力模型研究分析了双边贸易流量，并得出两国双边贸易规模与它们的经济总量成正比，与两国之间的地理距离成反比的结果。贸易引力模型的基本形式如下所示：

$$EXP_{ij} = \alpha * Y_i * Y_j / D_{ij} \tag{4-1}$$

后来随着研究的深入，基本形式变为：

$$\ln EXP_{ij} = \alpha_0 + \alpha_1 \ln Y_i + \alpha_2 \ln Y_j + \alpha_3 \ln D_{ij} + \varepsilon_{ij} \tag{4-2}$$

其中，EXP_{ij}表示 i 国和 j 国之间的贸易总额；Y_i和 Y_j分别表示 i 国和 j 国的经济规模；D_{ij}表示 i 国与 j 国之间的地理距离；α_i为系数项，ε_{ij}为误差项。

随着人们对国际贸易的研究越来越深入，引力模型中也开始逐渐加入其他能够影响国际贸易的变量，以分析其对贸易的不同影响。自此，扩展的贸易引力模型开始成为国际贸易研究中的主流模型。本文也基于贸易引力模型设定了本文实证分析中所用的模型。由于本文想要研究的是“一带一路”国家物流绩效与中国对其跨境电商出口额之间的关系，所以在设定的模型中除了将经济总量、地理距离及物流绩效指数（LPI）作为自变量外，还根据实际情况加入了新的变量，即人口和国土面积。本文设定的具体方程如下：

$$\ln TRAit = \alpha 0 + \alpha 1 \ln GDPit + \alpha 2 \ln CGDPt + \alpha 3 \ln DISit + \alpha 4 \ln POPit + \alpha_5 \ln AREAit + \alpha_6 \ln LPI_{it} + \varepsilon it \tag{4-3}$$

其中，TRA_{it}代表 t 年中国对 i 国的跨境电商出口贸易额；GDP_{it}代表 t 年 i 国的国内生产总值；$CGDP_t$代表 t 年中国的国内生产总值；DIS_{it}为 t 年 i 国与中国的地理距离；POP_{it}代表t年i国的人口规模；$AREA_{it}$代表t年i国的国土面积；LPI_{it}代表t年i国的物流绩效；α_0为常数项，α_i为各解释变量的系数（$i \neq 0$），ε_{it}为误差项。

同时因为需要进一步研究物流绩效指数中的各个分项指标对跨境电商贸易的影响程度，所以也设定了以物流绩效的六个分项指标为核心解释变量的模型，如式（4-4）至（4-9）。

$$\ln TRAit = \alpha 0 + \alpha 1 \ln GDPit + \alpha 2 \ln CGDPt + \alpha 3 \ln DISit + \alpha 4 \ln POPit + \alpha_5 \ln AREAit + \alpha_6 \ln CUS_{it} + \varepsilon it \quad (4-4)$$

$$\ln TRAit = \alpha 0 + \alpha 1 \ln GDPit + \alpha 2 \ln CGDPt + \alpha 3 \ln DISit + \alpha 4 \ln POPit + \alpha_5 \ln AREAit + \alpha_6 \ln IHF_{it} + \varepsilon it \quad (4-5)$$

$$\ln TRAit = \alpha 0 + \alpha 1 \ln GDPit + \alpha 2 \ln CGDPt + \alpha 3 \ln DISit + \alpha 4 \ln POPit + \alpha_5 \ln AREAit + \alpha_6 \ln SHI_{it} + \varepsilon it \quad (4-6)$$

$$\ln TRAit = \alpha 0 + \alpha 1 \ln GDPit + \alpha 2 \ln CGDPt + \alpha 3 \ln DISit + \alpha 4 \ln POPit + \alpha_5 \ln AREAit + \alpha_6 \ln QLS_{it} + \varepsilon it \quad (4-7)$$

$$\ln TRAit = \alpha 0 + \alpha 1 \ln GDPit + \alpha 2 \ln CGDPt + \alpha 3 \ln DISit + \alpha 4 \ln POPit + \alpha_5 \ln AREAit + \alpha_6 \ln TIC_{it} + \varepsilon it \quad (4-8)$$

$$\ln TRAit = \alpha 0 + \alpha 1 \ln GDPit + \alpha 2 \ln CGDPt + \alpha 3 \ln DISit + \alpha 4 \ln POPit + \alpha_5 \ln AREAit + \alpha_6 \ln TIM_{it} + \varepsilon it \quad (4-9)$$

在设定好模型之后，对模型中所涉及的自变量和因变量做进一步的说明，说明如下：

2. 因变量

中国对“一带一路”沿线各国的出口跨境电商贸易额（TRA），由于目前跨境电子商务数据还存在一定的限制，所以在参考了部分文献和报告后，本文借鉴iResearch关于跨境电子商务数据的测算方法，计算出中国对49个“一带一路”沿线国家的跨境电商出口额，测算公式如下，计算之后的跨境电商数据见附录3。

$$\text{中国对 i 国的跨境电商出口额} = \text{中国跨境电商出口额} * \frac{\text{中国对 i 国的出口额}}{\text{中国出口总额}}$$

3. 自变量

“一带一路”沿线国家的国内生产总值（GDP）。国内生产总值作为贸易引力模型中的原始变量，对双边贸易规模有着重要的影响。

中国的国内生产总值（CGDP）。中国作为出口国，其国内生产总值是影响中国跨境电商出口额的重要因素。国内生产总值越大在一定程度就表示其制造能力越强，出口能力越强。

中国与“一带一路”沿线国家的地理距离（DIS）。地理距离作为引力模型中的原始变量，衡量的是两国之间的距离成本，与双边贸易规模呈反比。本文用两国首都的直线距离代表两国的贸易距离。

“一带一路”沿线国家的人口总数（POP）。人口规模的增加可以带动国家整体的购买能力，扩大国内市场的同时增加了该国的贸易需求，从而影响该国的对外贸易规模。林纳曼（Linnemann）（1966）也通过研究证实国家的人口规模与该国的贸易需求正相关。因此本文以林纳曼的研究成果为基础加入人口变量。

“一带一路”沿线国家的国土面积（AREA）。国土面积和地理距离一样，同属于地理因素，因此可以把国土面积作为距离因素在国内的延伸。两国地理距离越远，其运输成本则越高，贸易成本越大。另外，国土面积越大的国家，其地形和气候就可能越复杂，这些因素都会制约贸易的发展。林玲、王炎（2004）也通过实证计量发现国土面积对中国对外贸易有显著的影响作用。因此本文以林玲和王炎的研究成果为基础加入国土面积变量。

“一带一路”沿线国家的物流绩效（LPI）。物流绩效作为本文的研究目标，是影响中国跨境电商出口额的重要因素。物流绩效指数（LPI）因其对物流活动各个环节的全面评价，自从被世界银行发布之后，就作为衡量国家物流发展水平的指标广泛应用。

4.7.2 数据来源及处理说明

在前期已选取了“一带一路”沿线49个国家作为研究对象，具体国家名单见表4-1。又因为国际物流绩效指数（LPI）的数据是每隔两年发布一次，所以本文借鉴樊秀峰，余姗（2015）的处理方法将缺失年份的数据用相似年份的数据替代，即2017年数据用2018年数据替代，2015年数据用2016年数据替代，以此类推，得到2012-2018年间的物流绩效数据。对模型中各个变量的进一步说明和数据来源如表4-9所示。

表 4-9 变量说明及数据来源

变量类型	变量名称	说明	预期符号	数据来源
因变量	TRA	中国对“一带一路”沿线49个国家的跨境电商出口额	/	国家统计局、艾瑞咨询、中国电子商务研究中心（单位：万美元）
自变量	GDP	“一带一路”沿线49个国家的国内生产总值	+	世界银行数据库（单位：现价美元）
	CGDP	中国国内生产总值	+	世界银行数据库（单位：现价美元）
	DIS	北京与“一带一路”沿线49个国家首都之间的直线距离	-	CEPII 数据库（单位：公里）
	POP	“一带一路”沿线49个国家的人口规模	+	世界银行数据库（单位：个）
	LPI	“一带一路”沿线49个国家的物流绩效得分，取值范围1-5，分数越高代表绩效越好	+	世界银行数据库
	AREA	“一带一路”沿线49个国家的国土面积	-	国家统计局（单位：平方千米）

4.8 物流绩效的空间相关性分析

4.8.1 空间权重矩阵的确立

由于本文的研究目标是研究“一带一路”沿线国家的物流绩效对中国与其跨境电商出口贸易的空间溢出效应，所以需要使用空间计量模型，而空间计量模型的使用又必须以空间权重矩阵的构建为前提，所以构建空间权重矩阵是本文进行实证计量的第一步。在第三章通过对“一带一路”沿线49个国家的物流绩效现状进行分析后，发现沿线国家的物流绩效得分主要呈区域性聚集状态，这种状态又是受到空间地理距离的影响，所以本文采用最常用的0－1邻接矩阵，0－1邻接矩阵的表达式如下所示，它是用0和1来表示两者之间有无共同边界，本文依据CEPII数据库以国家之间的相邻关系建立了“一带一路”沿线49个国家的空间邻接权重矩阵。

$$Wij = \begin{cases} 1, \text{当 } i \text{ 和 } j \text{ 存在共同边界} \\ 0, \text{当 } i \text{ 和 } j \text{ 无共同边界或 } i = j \end{cases}$$

4.8.2 全局空间相关性检验分析

在研究“一带一路”沿线国家的物流绩效的空间溢出效应之前，先对物流绩效指数的空间相关性进行检验，若物流绩效数据不存在空间相关性，则使用普通面板模型即可；若物流绩效数据存在空间相关性，则需要使用空间计量模型。当前对空间相关性检验的方法有莫兰指数I（Moran's I）检验、吉尔里检验C（Geary's C）检验、Getis－Ord指数G检验。本文采用Moran's I检验。莫兰指数I的检验结果若大于0，则表明数据之间存在正的空间自相关；检验结果若小于0，则表明数据之间存在负的空间自相关；检验结果趋于0，则表明不存在空间相关性。检验结果如下：

表4－10　2012－2018年LPI全局Moran's I指数

年份	Moran's I指数	Moran's I标准差	Z值	P值
2012	0.330	0.127	2.769	0.006
2013	0.383	0.128	3.150	0.002
2014	0.383	0.128	3.150	0.002
2015	0.327	0.128	2.714	0.007
2016	0.327	0.128	2.714	0.007
2017	0.303	0.127	2.541	0.011
2018	0.303	0.127	2.541	0.011

数据来源：由Stata16的计算结果整理得到

根据表4－10的检验结果可知，物流绩效指数（LPI）的莫兰指数均大于0，且通过显著性水平检验，这表明“一带一路”沿线国家间的物流绩效存在正向的空间相关性。并且在2012－2018年间，空间相关性的程度先增大后减小。

表4－11 2012－2018年LPI分项指标全局Moran's I指数

指标	年份	Moran's I 指数	P值	指标	年份	Moran's I 指数	P值
CUS	2012	0.319	0.007	IHF	2012	0.343	0.004
	2013	0.386	0.001		2013	0.408	0.001
	2014	0.386	0.001		2014	0.408	0.001
	2015	0.27	0.023		2015	0.309	0.01
	2016	0.27	0.023		2016	0.309	0.01
	2017	0.285	0.016		2017	0.29	0.014
	2018	0.285	0.016		2018	0.29	0.014
SHI	2012	0.271	0.021	QLS	2012	0.316	0.008
	2013	0.303	0.012		2013	0.329	0.006
	2014	0.303	0.012		2014	0.329	0.006
	2015	0.306	0.011		2015	0.303	0.012
	2016	0.306	0.011		2016	0.303	0.012
	2017	0.353	0.003		2017	0.304	0.011
	2018	0.353	0.003		2018	0.304	0.011
TIC	2012	0.248	0.035	TIM	2012	0.267	0.025
	2013	0.225	0.055		2013	0.309	0.01
	2014	0.225	0.055		2014	0.309	0.01
	2015	0.327	0.007		2015	0.331	0.006
	2016	0.327	0.007		2016	0.331	0.006
	2017	0.227	0.052		2017	0.19	0.099
	2018	0.227	0.052		2018	0.19	0.099

数据来源：由Stata16的计算结果整理得到

从表4－11可以看出，物流绩效六个分项指标的Moran's I结果均为正数，虽然指标的部分年份显著性较弱，但均通过10%的显著性检验。说明物流绩效的六个细分指标都存在显著的空间相关性。

4.9 基于面板数据的物流绩效空间溢出效应的检验分析

4.9.1 描述性统计

由于变量之间的数量级不一致，所以对变量数据做取对数处理，消除异方差的存在对检验结果造成的影响。同时，为了观察数据中是否有极端异常值，我们对模型中的变量进行描述性统计，结果见表4－12。

表4－12 各个变量的描述性统计

变量		平均值	标准差	最小值	最大值	观测数
lnTRA	overall	11.41217	1.983527	5.254186	15.10208	N=343
	between		1.940452	5.64924	14.34335	n=49
	within		0.4848561	9.896063	12.6405	T=7
lnGDP	overall	25.0472	1.621389	21.31013	28.63397	N=343
	between		1.631685	21.47282	28.41462	n=49
	within		0.1149555	24.71322	25.4132	T=7
lnCGDP	overall	30.01176	0.1415352	29.77487	30.24169	N=343
	between		0	30.01176	30.01176	n=49
	within		0.1415352	29.77487	30.24169	T=7
lnDIS	overall	8.539168	0.3984549	7.066507	8.951911	N=343
	between		0.4019968	7.066507	8.951911	n=49
	within		0	8.539168	8.539168	T=7
lnPOP	overall	16.30382	1.651898	12.89229	21.02531	N=343
	between		1.666104	13.0259	20.99285	n=49
	within		0.0395661	16.12224	16.44478	T=7
lnAREA	overall	11.80786	2.104801	5.703783	16.65449	N=343
	between		2.12351	5.703783	16.65449	n=49
	within		0.0013586	11.7909	11.81375	T=7
lnLPI	overall	1.056797	0.1597798	0.6670932	1.421573	N=343
	between		0.153648	0.7347718	1.400838	n=49
	within		0.0483326	0.8836685	1.179066	T=7

从表4－12可以看出，所有变量的标准差均小于均值，所以数据中不存在极端异常值。

4.9.2 平稳性检验

由于本文使用实证模型为N＝49，T＝9的面板数据，所以在进行回归前，需要先对数据进行单位根检验，以保证数据的平稳。选取LLC单位根和ADF单位根两种检验方式，检验结果如表4－13所示。

表4－13 单位根检验结果

ADF单位根检验			LLC单位根检验		
变量	统计量	P值	变量	统计量	P值
lnTRA	297.3854	0.0000	lnTRA	－16.5281	0.0000
lnGDP	143.6513	0.0018	lnGDP	－9.6771	0.0000
D（lnCGDP）	175.7127	0.0000	lnCGDP	－10.1057	0.0000
lnPOP	997.3468	0.0000	lnPOP	－2.2244	0.0131
lnAREA	20.0633	0.0101	D（lnAREA）	－18.6411	0.0000
lnLPI	619.7753	0.0000	lnLPI	－58.7664	0.0000
lnCUS	490.9393	0.0000	lnCUS	－43.1346	0.0000
lnIHF	445.0361	0.0000	lnIHF	－35.4418	0.0000
lnSHI	673.6201	0.0000	lnSHI	－56.8366	0.0000
lnQLS	375.4602	0.0000	lnQLS	－30.2557	0.0000
lnTIC	529.6428	0.0000	lnTIC	－19.3346	0.0000
lnTIM	342.3274	0.0000	lnTIM	－29.9217	0.0000

数据来源：由Stata16的计算结果整理得到

通过检验结果发现，大部分变量的原序列都是平稳的，变量lnCGDP和lnAREA的原序列非平稳但一阶差分后均为平稳序列，表明所有序列为一阶单整。

4.10 基于空间计量模型的空间溢出效应的实证分析

4.10.1 空间计量模型的选择

在确定数据具有空间相关性，可使用空间计量方法后，接下来就需要确定运用哪种空间面板回归模型。常见的空间回归模型有空间滞后回归模型（Spatial Autoregression Model Panel）、空间杜宾模型（Spatial Durbin Model）和空间误差模型（Spatial Errors Model）。

空间滞后模型，可简称为 SAR 模型，其基本形式如下：

$$y = \lambda Wy + X\beta + \varepsilon \tag{4-10}$$

W 为自行设定的空间权重矩阵；λ 为因变量的空间滞后回归系数，可反映空间相关性；β 为自变量的回归系数；ε 表示扰动项。

空间滞后模型的内涵是被解释变量除了受到解释变量的影响作用外，还会受到通过空间权重矩阵作用的其他地区被解释变量的影响，最终形成一个均衡结果。

空间杜宾模型，可简称为 SDM，其基本形式如下：

$$y = \lambda Wy + X\beta + WX\delta + \varepsilon \tag{4-11}$$

W 为自行设定的空间权重矩阵；λ 表示因变量的空间滞后回归系数；δ 表示自变量的回归系数；ε 表示扰动项。

空间杜宾模型的内涵是被解释变量除受到本地区自变量的影响之外，还受到通过空间权重矩阵形成的相邻地区自变量的空间影响。

空间误差模型，可简称为 SEM，其基本形式如下：

$$y = X\beta + u \text{，其中，扰动项 } u \text{ 的生成过程为 } u = \rho Mu + \varepsilon, \varepsilon \sim N(0, \sigma^2 In) \tag{4-12}$$

M 自行设定的空间权重矩阵；ρ 表示空间误差回归系数，能够反映空间相关程度；β 表示自变量的回归系数。

空间误差模型区别于其他模型的地方在于不同地区的被解释变量之间的空间相关性通过误差项来体现。

通过 Moran’I 指数的检验，发现“一带一路”沿线国家的物流绩效之间存在着一定的空间相关性，但为了确定建立的空间计量模型中是否含有空间滞后项和空间误差项，所以需要进行进一步的检验。依据 LeSage、Pace（2002）和 Elhorst（2010）关于空间计量模型的选择标准，首先利用非空间面板模型构建 LM 和 R－LM 统计量进行空间自相关检验，如果 LM－Error、LM－Lag、Robust－LM－Lag 与 Robust－LM－Error 检验都不显著，则表示使用普通的面板回归模型；如果 LM－Error、Robust－LM－Error 通过了显著性检验或 LM－Lag、Robust－LM－Lag 通过了显著性检验，这就表明应该使用空间误差模型（SEM）或空间滞后模型（SAR）。接着使用 Wald 检验，因为空间误差模型

（SEM）和空间滞后模型（SAR）是空间杜宾模型（SDM）的特例，所以如果检验结果强烈拒绝原假设，那就应该使用空间杜宾模型（SDM）；如果检验结果不能拒绝原假设，那就应该根据LM的检验结果使用空间误差模型或空间滞后模型。LM的检验结果见表4－14。

表4－14 LM检验结果

检验	统计量	P值
LM Error（Burridge）	19.1930	0.0000
LM Error（Robust）	19.1854	0.0000
LM Lag（Anselin）	0.0135	0.9074
LM Lag（Robust）	0.0059	0.9386

从表4－14的检验结果可知，LM－Error和Robust－LM－Error通过了1%的显著性水平检验，LM－Lag和Robust－LM－Lag则没有通过显著性检验，说明SEM模型优于SAR模型。接下来将空间误差模型（SEM）与空间杜宾模型（SDM）进行比较。Wald检验的结果为“chi2（6）＝29.00，Prob > chi2 = 0.0001”，通过了1%的显著性检验，强烈拒绝原假设，说明空间杜宾模型（SDM）为最优模型。综上，本文采用空间杜宾模型进行空间效应的实证分析。

在确定使用空间杜宾模型（SDM）之后，需要确定采用何种效应模型进行回归分析。由于使用固定效应模型时，系统会自动剔除不具有时间波动性的变量，而本文的地理距离变量（DIS）就属于没有时间波动性的变量，如果距离变量被剔除，那么就违背了贸易引力模型的初衷，所以本文采用了B－P检验在随机效应和混合OLS模型之间进行选择，对模型（4－3）至（4－9）进行B－P检验的结果见表4－15。

表4－15 B－P检验结果

模型	检验统计量	P值
（4－3）	838.40	0.0000
（4－4）	827.53	0.0000
（4－5）	823.10	0.0000
（4－6）	851.96	0.0000

续表

模型	检验统计量	P值
(4-7)	851.22	0.0000
(4-8)	813.76	0.0000
(4-9)	834.24	0.0000

结果显示，7个模型均通过1%的显著性水平检验，强烈拒绝原假设，所以本文选择随机效应模型进行回归。

4.10.2 模型估计结果分析

1. 总体回归分析

利用Stata软件对模型（4-3）进行回归，研究“一带一路”沿线国家的物流绩效对中国与其沿线国家跨境电商出口贸易的影响。结果如表4-16所示。

表4-16 总体SDM回归结果

变量	(4-3)
$lnGDP_{it}$	0.4260*** (0.1171)
$lnCGDP_{it}$	2.6029*** (0.2132)
$lnDIS_{it}$	-1.5708** (0.5872)
$lnPOP_{it}$	0.9346*** (0.1868)
$lnAREA_{it}$	-0.3382*** (0.1163)
$lnLPI_{it}$	0.4570* (0.2628)
$W \times lnLPI_{it}$	-0.9220** (0.4390)
ρ	0.1696***

注：***、**、*分别表示通过1%、5%、10%的显著性水平检验，括号内数字为标准误

由于空间计量模型中存在着空间权重矩阵，所以致使自变量的回归系数并不能表示其对因变量的直接影响程度，因为自变量和因变量间还存在着反馈效应，但是可以先从系数的正负性来初步判断。

在 SDM 模型不考虑空间权重矩阵时，各个变量都通过了显著性水平检验，“一带一路”沿线国家的国内生产总值（$lnGDP_{it}$）、中国的国内生产总值（$lnCGDP_{i}$）、“一带一路”沿线国家的人口规模（$lnPOP_{it}$）、“一带一路”沿线国家的物流绩效指数（$lnLPI_{it}$）的系数是正的，而地理距离（$lnDIS_{it}$）和沿线国家国土面积（$lnAREA_{it}$）的系数是负的。这说明在“一带一路”范围内，沿线国家国内生产总值和人口规模的增加可以带动个人的购买能力，从而提高国家整体的购买能力，扩大国内市场的同时与其他国家进行进出口贸易的需求也在逐渐增加。中国国内生产总值的提高会促进其生产制造能力，从而具有更强的供给能力，满足日益增长的贸易需求，这一系列的生产活动都能促进“一带一路”沿线国家与中国之间的跨境电商贸易额。物流绩效指数的得分越高意味着物流的各个环节，如清关、基础设施建设、国际运输便利性等流程都在逐步改善，从而提高物流的整体效率，为跨境电商交易提供坚实的基础。所以物流绩效是提升中国对沿线 49 个国家跨境电商出口额的重要因素，且物流绩效的改善对贸易的发生具有促进作用。但“一带一路”沿线国家的国土面积及与中国之间的地理距离都对两国之间的跨境电商贸易产生负向的作用。这是因为国土面积和地理距离同属于地理变量，地理变量本身的微小变化就会对贸易产生显著影响。距离的远近在某些程度上可以衡量运输成本的高低，运输成本是贸易成本的组成部分，运输成本越高，则越不利于两国之间的贸易往来，阻碍贸易增长。国土面积越大，其国家的地形和气候就有可能越复杂，对一个国家的经济发展和贸易活动产生制约作用。空间滞后系数 ρ 通过 1% 的显著性检验，它是因变量即中国对“一带一路”沿线国家跨境电商出口额的滞后系数，是在空间权重矩阵上的溢出效应。它大于 0 就意味着因变量受到本国自变量和相邻国家自变量的双重影响。

在 SDM 模型中，$W \times lnLPI_{it}$ 在 5% 的显著性水平下显著，表示的是其他国家的物流绩效对本国与中国之间跨境电商贸易的影响，$W \times lnLPI_{it}$ 的回归系数为负数就意味着相邻国家物流绩效的改善导致了本国与相邻国家之间物流成本的差异，这就促使跨境电商贸易由“物流成本高国家”向“物流成本低国家”流动，即由本国向相邻国家流动，从而造成贸易的转移，导致了一种负向的空间溢出效应。在同等条件下，相邻国家物流绩效的改善意味着本国的国际竞争力在减弱，本国的贸易受到威胁，对本国贸易的产生有着抑制作用。

2. 分项指标回归分析

为了更加细致地研究物流绩效中各分项指标对中国与"一带一路"沿线国家跨境电商贸易的影响程度，接下来按照前文的方法和模型，对方程（4－4）至（4－9）在空间杜宾模型（SDM）下进行相同的回归检验，结果如表4－17所示。

表4－17　分项指标SDM回归结果

变量	(5－4)	(5－5)	(5－6)	(5－7)	(5－8)	(5－9)
$lnGDP_{it}$	0.4266*** (0.1184)	0.3961*** (0.1150)	0.4699*** (0.1147)	0.4887*** (0.1166)	0.4509*** (0.1162)	0.4784*** (0.1159)
$lnCGDP_{it}$	2.5919*** (0.2133)	2.6085*** (0.2109)	2.6000*** (0.2119)	2.5932*** (0.2154)	2.6103*** (0.2134)	2.6087*** (0.2145)
$lnDIS_{it}$	－1.5708*** (0.5927)	－1.5820*** (0.5885)	－1.5047*** (0.5760)	－1.5695*** (0.5916)	－1.5869*** (0.5886)	－1.5597*** (0.5920)
$lnPOP_{it}$	0.9581*** (0.1893)	0.9563*** (0.1858)	0.8825*** (0.1848)	0.8992*** (0.1875)	0.9308*** (0.1875)	0.9046*** (0.1879)
$lnAREA_{it}$	－0.3544*** (0.1170)	－0.3345*** (0.1165)	－0.3248*** (0.1142)	－0.3494*** (0.1168)	－0.3492*** (0.1164)	－0.3461*** (0.1173)
$lnCUS_{it}$	0.1599 (0.1682)					
$W \times lnCUS_{it}$	－0.7178** (0.2939)					
$lnIHF_{it}$		0.6014*** (0.1976)				
$W \times lnIHF_{it}$		－0.9034*** (0.2994)				
$lnSHI_{it}$			0.3746** (0.1787)			
$W \times lnSHI_{it}$			0.1143 (0.3685)			
$lnQLS_{it}$				－0.0689 (0.2202)		

续表

变量	(5-4)	(5-5)	(5-6)	(5-7)	(5-8)	(5-9)
$W \times lnQLS_{it}$				-0.3508 (0.3924)		
$lnTIC_{it}$					0.1860 (0.1837)	
$W \times lnTIC_{it}$					-0.6640** (0.3073)	
$lnTIM_{it}$						0.0231 (0.1853)
$W \times lnTIM_{it}$						-0.2904 (0.3545)

注：***、**、* 分别表示通过1%、5%、10%的显著性水平检验，括号内数字为标准误

由统计结果可知，变量 $lnGDP_{it}$、$lnCGDP_{i}$、$lnDIS_{it}$、$lnPOP_{it}$ 及 $lnAREA_{it}$ 的影响效果和显著性与模型（4-3）的回归结果一样，所以下面将只对物流绩效指数中6个分项指标的回归系数进行分析。

在SDM模型不考虑空间权重矩阵时，清关效率（$lnCUS_{it}$）、物流基础设施（$lnIHF_{it}$）、国际运输便利性（$lnSHI_{it}$）、货物可追溯性（$lnTIC_{it}$）和货物运输及时性（$lnTIM_{it}$）的系数都为正，但只有 $lnIHF_{it}$ 和 $lnSHI_{it}$ 分别通过了1%和5%的显著性水平检验。系数唯一为负的物流服务质量和能力（$lnQLS_{it}$）也未通过显著性检验。这表明通过加大对物流基础设施的投入，选择合适的交通运输路线，安排有价格竞争力的货物都能促进中国对“一带一路”沿线国家的跨境电商出口贸易。

在SDM模型考虑空间权重矩阵时，$W \times lnCUS_{it}$ 和 $W \times lnTIC_{it}$ 通过5%的显著性水平检验，$W \times lnIHF_{it}$ 通过了1%的显著性水平检验，其他指标未通过显著性检验。$W \times lnCUS_{it}$ 表示的是其他国家清关效率的改善对本国与中国之间跨境电商贸易的影响，它的系数为负意味着相邻国家清关效率的改善会提高相邻国家的物流效率，增加国际竞争力，那么本国的国际竞争力就会相对减弱，导致本国与中国之间的跨境电商贸易额受到不利影响，这种不利影响就是负的空间溢出效应。$W \times lnTIC_{it}$ 的系数为负表示相邻国家货物可追溯性的改善会对本国与中国之间的跨境电商贸易产生阻碍作用，这种阻碍作用就是负的空间溢出效应。$W \times lnIHF_{it}$ 表示其他国家物流基础设施对本国的影响，

物流基础设施的不同会导致两个相邻国家间物流成本及物流效率的差异，而跨境电商贸易当然会向物流效率高的国家转移，这就使物流效率相对较低的另一个国家的跨境电商贸易受到威胁，导致了一种负向的空间溢出效应。

4.10.3 空间溢出效应测度分析

1. 物流绩效溢出效应的分解

李飞和曾福生（2016）认为 SDM 模型中解释变量回归系数除包含直接影响外，还包含有反馈效应，所以并不能直接反应解释变量对被解释变量的影响。所以接下来为了剔除反馈效应，将基于 SDM 偏微分方法将“一带一路”沿线国家物流绩效对中国跨境电商出口贸易在空间权重矩阵下的溢出效应进行分解。

表 4-18 “一带一路”沿线国家 LPI 溢出效应的分解

变量	直接效应	间接效应	总效应
lnLPI	0.4156*	-0.8386*	-0.4230

注：***、**、* 分别表示通过 1%、5%、10% 的显著性水平检验

直接效应是指剔除反馈效应后，本国自变量对因变量的平均影响；空间溢出效应也被称为间接效应，是指其他国家的自变量通过空间权重矩阵而产生的对因变量的平均影响；总效应是指在“一带一路”范围内，任何一个国家的自变量对“一带一路”整体跨境电商贸易的平均影响。在 SDM 模型中，“一带一路”沿线国家物流绩效对中国出口跨境电商贸易的直接效应、间接效应、总效应如表 4-10 所示。

由表 4-18 可知，lnLPI 直接效应的系数为正，且通过 10% 的显著性水平检验，这表明物流绩效指数的提高会对本国的跨境电商贸易产生积极作用，即本国的物流绩效指数提高 1%，那么本国与中国之间的跨境电商贸易额就会提高 0.4156%。间接效应也被称为空间溢出效应，lnLPI 间接效应的系数为 -0.8386，虽然显著性较弱，但仍在 10% 的显著性水平下显著。这表明受空间地理距离的影响，物流绩效会对相邻国家产生负的空间溢出效应，可以解释为相邻国家物流绩效指数提高 1%，那么本国与中国之间的跨境电商贸易额就会减少 0.8386%。lnLPI 总效应的系数为正，但未通过显著性检验，这可能是因为物流是一个整体的系统，单个国家的物流绩效改善也不能保证整体的改

善，所以很难为“一带一路”国家整体与中国之间的跨境电商贸易带来显著的经济发展贡献。

2. 物流绩效分项指标溢出效应的分解

为了更加清楚地了解物流绩效各分项指标的空间溢出情况，计算了“一带一路”沿线国家物流绩效指数 6 个分项指标的直接效应、间接效应、总效应，具体结果见表 4 – 19。

表 4 – 19 物流绩效指数分项指标溢出效应的分解

变量	直接效应	间接效应	总效应
lnCUS	0. 1246	– 0. 6936**	– 0. 5690
lnIHF	0. 5590***	– 0. 8046**	– 0. 2447
lnSHI	0. 3843**	0. 1997	0. 5840
lnQLS	– 0. 0866	– 0. 3437	– 0. 4302
lnTIC	0. 1553	– 0. 6267*	– 0. 4714
lnTIM	0. 0120	– 0. 2679	– 0. 2559

注：***、**、* 分别表示通过 1%、5%、10% 的显著性水平检验

（1）直接效应

由表 4 – 19 知，lnIHF 和 lnSHI 的系数为正表明物流基础设施建设和国际运输便利性会对本国与中国之间的跨境电商贸易产生积极作用。这两个指标分别在 1% 和 5% 的显著性水平下显著，其他指标未通过显著性检验。与国际运输便利性对比，物流基础设施对中国与“一带一路”沿线国家跨境电商贸易的影响比较大，说明想要提高中国对“一带一路”沿线国家的跨境电商出口贸易，就要注重沿线国家的物流基础设施建设。

（2）间接效应

由表 4 – 19 知，lnCUS 和 lnIHF 通过 5% 的显著性水平检验，lnTIC 通过了 10% 的显著性水平检验，其他指标未通过显著性水平检验，并且他们的系数均是负的。lnCUS 的系数是 – 0. 6936，意味着清关效率受地理距离的影响在临界国家的溢出会产生消极的影响，即负向的空间溢出效应。lnIHF 的系数为负表明其他国家的物流基础设施建设会对本国与中国之间的跨境电商贸易产生负的空间溢出效应。lnTIC 间接效应的系数为 – 0. 6267，表明相邻国家的货物可追溯性改善 1%，那么本国与中国之间的跨境电商贸易就会减少 0. 6267%。同时，经过对比分析发现，物流基础设施的溢出效应受临界国家因素的影响

最大也最为显著，其次是清关效率，最后是货物可追溯性。

（3）总效应

在表4－19中，lnCUS、lnIHF、lnQLS、lnTIC和lnTIM的系数都为正，lnSHI的系数为负，但均未通过显著性水平检验。这可能是因为总效应表示的是本国单个因素对中国与“一带一路”沿线49个国家整体之间跨境电商贸易的总的平均影响。这六个指标中的任何一个对整体贸易的影响都太小，无法推动或抑制49个国家整体的发展。

4.11 相关结论

本文首先从理论方面对物流绩效对跨境电商的作用机制和相关研究的文献进行了梳理，接着分析了“一带一路”沿线国家的物流绩效现状和中国对“一带一路”沿线国家的跨境电商出口贸易现状，并利用皮尔逊相关系数初步判断了物流绩效与我国对“一带一路”沿线国家跨境电商出口额之间的相关性。在此基础上，构建空间杜宾模型进行实证分析，重点识别和检验“一带一路”沿线国家物流绩效对中国与其跨境电商出口贸易影响的空间溢出效应是否存在及其影响程度。根据相关的理论和实证分析结果，本文得到的结论如下：

1. “一带一路”沿线各区域物流发展极不平衡，差异显著。从“一带一路”沿线49个国家的物流发展现状来看，由于制度环境、经济水平及互联网普及程度的差异，致使中东欧国家的物流绩效整体水平高于亚洲国家，且“一带一路”沿线各国物流绩效指数呈现出“东低西高，沿海高内陆低”的特征。从横向和纵向两个方面综合比较物流绩效六个分项指标后，发现货物运输性这一指标表现最好，清关效率和基础设施建设则是“一带一路”沿线国家物流发展的薄弱环节。

2. “一带一路”沿线国家物流绩效对中国与沿线国家的跨境电商出口贸易的影响存在着空间交互作用。即中国对“一带一路”沿线任何一个国家的跨境电商出口贸易不仅受到该国的物流发展水平的影响，还受到沿线其他国家物流发展水平的影响。所以中国对“一带一路”沿线国家跨境电商出口贸易的发展受到物流绩效的直接和间接影响。

3. 物流基础设施建设和国际运输便利性对中国与“一带一路”沿线国家的跨境电商出口贸易有着显著的直接促进作用，且作用效果依次减弱。物流绩效指数的六个分项指标中，只有基础设施建设和国际运输便利性这两个指标的直接效应通过了显著性水平检验，这意味着加大对本国物流基础设施的投入、提升本国与其他国家信息的交换效率都能有效促进中国对“一带一路”沿线国家的跨境电商出口贸易。

4. 清关效率、物流基础设施建设和货物可追溯性都存在显著的空间溢出效应，且具体表现为挤出效应。即在“一带一路”沿线49个国家的范围内，受到地理距离的影响，邻近国家的清关效率、基础设施建设或货物可追溯性任一指标的提升都会使中国与东道国的跨境电商出口贸易规模减小，也就是说，邻近国家的物流表现会对中国与东道国之间的跨境电商贸易产生挤出效应。同时，在对物流绩效指数分项指标溢出效应分解后，发现清关效率、物流基础设施建设和货物可追溯性三项指标间接效应的系数分别为 -0.6936、-0.8046 和 -0.6267，说明物流基础设施的溢出效应受空间地理距离的影响最大也最为显著，其次是清关效率，最后是货物可追溯性。观察物流绩效及物流绩效分析指标的系数后，发现它们对中国与“一带一路”沿线国家之间跨境电商出口贸易的间接影响都大于直接影响，即邻近国家的物流发展水平比本国的物流发展水平对本国跨境电商贸易的影响程度更深，这意味着“一带一路”沿线国家在努力提升本国物流业发展的同时，更要多加关注“一带一路”区域内其他国家的发展，提升整个区域物流的运作效率。

4.12 对策建议

根据研究结论，本文认为，应该从以下方面来提升“一带一路”沿线国家的物流发展水平，促进中国与沿线国家之间的跨境电商贸易健康、长足的发展。

1. 加强区域间合作，整合物流资源，缩小区域差距。物流资源是提升物流绩效指数的物流基础，加强物流规划有助于整个物流体系的构建和物流系统效率的提高。从对沿线国家物流绩效的比较分析中可以看出“一带一路”沿线区域之间物流业发展很不平衡，这种不平衡会降低“一带一路”整体的物流发展水平，所以需要各个区域间加强合作，把不同区域的物流资源进行整合，发挥各个区域在物流环节的不同优势，先缩小国家间物流绩效的差距，再采取各种措施提升“一带一路”国家的整体物流效率。在国家层面，要从打造高效全面的物流网络的角度出发，以合理布局、协调规划为目标，统筹规划各地区、各部门的物流发展。在地区层面，各地区要在国家物流规划的指导下，结合当地经济发展水平及物流发展速度，提出切实可行的发展目标，为现代物流产业发展进程贡献力量。在企业层面，各个物流企业可以沟通协调，努力制定规范化的行业标准，促进物流行业向着专业化的方向发展，实现物流企业的规模经济，降低物流成本，从而降低贸易成本促进跨境电商贸易的进一步发展。

2. 强化物流基础设施建设，提升综合运输体系。从实证结果中发现，物流基础设施对我国与“一带一路”沿线各国跨境电商出口贸易影响最为突出，与此同时，物流基础设施还是沿线国家物流绩效中表现最差，最为薄弱的环节，所以提升沿线国家整体物流水平的突破口在于加强物流基础设施建设。我国作为“一带一路”倡议的发起方，同时也作为拥有丰富建设基础设施经验的基建能手，完全可以发挥在大型基建项目上的技术优势，积极帮助“一带一路”沿线国家中基础设施落后的国家开展建设，在沿线国家中建立综合立体全方位的交通运输体系，改善贸易运输条件，提升运输服务质量。另外，“一带一路”沿线国家可以将某些关系国家整体物流体系的基础设施，如大型运输通道、特大型物流枢纽等作为重点扶持的项目，给予一定的政策或资金支持。

3. 加强物流信息化建设，优化物流供应链。海关作为国际贸易和国内贸易的关键区别点，其效率的高低是影响我国对其他国家出口跨境电商贸易的重要因素。近些年来，国家对于跨境电商的关注度逐渐增高，也出台了一些措施来简化通关手续，比如允许跨境电商出口采用“清单核放、汇总申报”的报关方式。但是相比于一些物流发展水平较高的国家而言，我国清关所花费的时间成本仍然较高，清关流程还需要进一步的优化。更重要的是，海关之间可以加强沟通交流，努力建立一个各国通用的通关信息平台，保证信息的快速、安全流转，实现海关程序标准化、电子化和精简化，逐步实现智能清关。

此外，在“一带一路”国家之间建设一个技术先进的信息网络系统是提升整体物流绩效的关键。信息化是物流发展的基础，在物流活动的各个环节，都可以看到数据传递的身影，只有保证物流流通信息的及时传递，才能有提升物流绩效的可能性。同时，云计算、大数据、区块链等新技术的出现更为物流信息化建设的道路提供了良好的基础，各国应该将新技术与物流紧密结合，推动物流信息化建设的进程，提高货物的流转效率，降低货物的时间成本，促进物流绩效的提升。

4. 组建跨国物流集团，提升物流服务质量。“一带一路”沿线国家的物流服务质量和能力都具有空间相关性，这说明“一带一路”沿线国家物流服务能力彼此影响，所以一个国家的物流服务质量和能力的提升并不能使“一带一路”整体跨境电商贸易向更好的方向发展。在这种情况下，就需要思考提升“一带一路”国家整体物流服务质量和能力的方法，比如“一带一路”沿线国家中经济发展水平较好的部分国家可以考虑组建一个共同出资的跨国物流集团，统一为区域内的跨境电商贸易提供物流服务，这样有利于物流环节的标准化，提高货物的运输效率。此外，这个跨国物流集团由于是合资企业，所以企业中会有不同国家的物流人才，他们会更加了解自己国家的物流发展情况，有利于整体物流绩效的提升。组建跨国物流集团还有助于建立沿线区域物流人才库。一般来说，物流发展水平较高的国家拥有更多的物流专业人才，这些人才掌握的专业物流知识以及具备的国际视野可以帮助物流发展水平较低的国家，以此提高区域整体物流服务的能力。

我国对“一带一路”沿线国家对外直接投资与出口贸易关联性的影响研究

5.1 关联度指标的构建与测算

5.1.1 关联度指标的构建

为了研究我国对“一带一路”沿线国家对外直接投资与出口贸易的关联性，本文借鉴欧登斯基（Oldenski）的研究思路，运用显性比较优势指数的原理和方法，并参考臧新、姚晓雯的研究方法，构建了我国对“一带一路”沿线国家对外直接投资和出口贸易的关联度指标。欧登斯基用对外直接投资和出口贸易额绝对量的比值变化来测量两者之间的关系。虽然该种方法可以将对外直接投资和出口贸易纳入统一框架来研究两者关联度，但是存在着其天然的缺陷，首先，大多数国家在前期是通过出口贸易这一方式开展对外经济，后来随着国际经济的不断发展才催生了对外直接投资这一新兴参与方式，这导致出口贸易和对外直接投资的发展历程、统计方式以及影响因素等都是截然不同的，两者绝对值的简单比值往往会使人忽略了出口贸易和对外直接投资中所存在的细小变化，如果仅仅是用两者绝对值的简单比值来衡量两者的关联度欠缺科学性和合理性。我国的对外直接投资起步较晚、发展历程较短，虽然近几年呈现迅猛提升的趋势，但是与对外直接投资相比，我国的出口贸易规模仍然占有绝对的优势。因此，用两者绝对值的简单比值衡量两者之间的关联程度是不准确和不客观的。显性比较优势指数是指通过将不同产品的贸易额进行适当的标准化之后，来反应一国某产品的出口贸易额相对于世界平均出口贸易额水平的优势变化。尹忠明、李东坤基于显性比较优势的思想，分别构建了一国对外直接投资和出口贸易的显性比较优势指数 RCA_{ijo} 和 RCA_{ije}，通过两者的相对显性比较优势指数来分析一国对外直接投资和出口贸易关系变动情况。

$$RCA_{ijo} = \frac{ofdi_{ij}/ofdi_{wj}}{\sum_{j=1}^{n} ofdi_{ij}/\sum_{j=1}^{n} ofdi_{wj}} \tag{5-1}$$

$$RCA_{ije} = \frac{exp_{ij}/exp_{wj}}{\sum_{j=1}^{n} exp_{ij}/\sum_{j=1}^{n} exp_{wj}} \tag{5-2}$$

在公式（5-1）和公式（5-2）中，下标o和e分别代表母国i的对外直接投资和出口，分子部分代表母国i对东道国j的对外直接投资额（出口额）占东道国j接受的对外直接投资总额（进口总额）的比重，分母部分代表母国i的对外直接投资总额（出口总额）占世界总投资（总出口）的比重。这就将我国对沿线国家对外直接投资和出口贸易纳入一个可以直接比较的框架的同时有效避免了两者绝对值的简单比值的缺陷，在一定程度上可以反映和比较沿线国家出口贸易和对外直接投资在全球范围内显性比较优势及其变化情况，这是本文构建我国对沿线国家对外直接投资和出口贸易的关联度指标的基础性支持。

一般来说，在出口贸易中具有显性比较优势的国家或行业往往在国际上是处于领先地位，那么这些出口贸易在国际处于领先地位的国家或行业在对外直接投资中是不是同样在国际上也是处于领先地位呢？出口贸易和对外直接投资是一个国家参与全球经济并开展对外开放的方式，但是发展历程、统计方式以及适用条件等都是截然不同的，对外直接投资所需的要求显然是更高的，出口贸易中具有显性比较优势的国家或行业并不一定在对外直接投资中具有显性比较优势。对于发展中国家，出口贸易往往都会早于并大于对外直接投资，因此 RCA_{ijo}/RCA_{ije} 会小于1；但是随着经济全球化的不断推进，对外直接投资的规模会逐渐增加甚至超越出口贸易，RCA_{ijo}/RCA_{ije} 的值会逐渐提高，说明对外直接投资的显性比较优势在上升。当 $RCA_{ijo}/RCA_{ije}=1$ 时，这是两者内在相对优势关联的极端状态，说明对外直接投资和出口贸易的相对优势高度一致；因此可以用（$RCA_{ijo}/RCA_{ije}-1$）的绝对值来表示两者相对优势的偏离（记为D），偏离度 $D=\left|\frac{RCA_{ijo}}{RCA_{ije}}-1\right|$。本文在前人（Oldenski，2002；尹忠明、李东坤，2015；臧新、姚晓雯，2018）研究的基础上构建我国对“一带一路”沿线国家和出口贸易的关联度指标，通过类比我国对“一带一路”沿线国家对外直接投资和出口贸易两者的显性比较优势的差异，用倒数

间接衡量我国对“一带一路”沿线国家对外直接投资和出口贸易显性比较优势的内在关联程度（记为 CD），表示两者内在相对优势的关联性。

$$CD_{ij} = \frac{1}{\left|\frac{RCA_{ijo}}{RCA_{ije}} - 1\right|} \quad (5-3)$$

其中，CD_{ij} 代表 i 国对 j 国对外直接投资和出口贸易的关联度指标，CD_{ij} 指标数值越大，表明 i 国在 j 国的对外直接投资和出口贸易相对比较优势的偏离越小，我国对沿线国家对外直接投资和出口贸易之间的关联度越大。在现今关于对外直接投资和出口贸易的研究中，基本是采用贸易引力模型分析我国对沿线国家对外直接投资和出口贸易之间的关系，这种方式仅仅只能解释我国对沿线国家对外直接投资和出口贸易的整体关系，并不能深入剖析沿线国家与国家之间的关联性以及关联性的动态变化。本文构建的对外直接投资和出口贸易的关联度指标可以对我国对“一带一路”沿线国家的对外直接投资与出口贸易的关联性进行定量计算，这样可以使得研究结果更加科学和客观，并可以提出更加具有针对性和实用性的政策建议，为我国对“一带一路”沿线国家对外直接投资和出口贸易关联性的研究添砖加瓦。该指标的缺陷在于指标的相对性，可能导致我国对“一带一路”沿线国家对外直接投资和出口贸易显性比较优势都低的国家也有可能显示较高的关联度，在后文的国别选择分析中会通过我国对“一带一路”沿线国家对外直接投资和出口贸易显性比较优势（RCA_{ijo} 和 RCA_{ije}）的排序选择加以规避。

总体而言，在我国对“一带一路”沿线国家对外直接投资处于发展黄金期的大背景下，分析我国对“一带一路”沿线国家对外直接投资和出口贸易之间的关联度，有助于客观认识我国对“一带一路”沿线国家对外直接投资与出口贸易在国别差异方面的关联特点，有利于制定适应国内外环境和“一带一路”沿线国家的投资贸易政策。

5.1.2　关联度指标的测算

在删除了数据缺失的叙利亚、巴勒斯坦、不丹、马尔代夫 4 个国家（地区）后，结合关联度指标测算了 2009－2018 年间我国与 61 个沿线国家的关联度指标，测算所需的对外直接投资存量和出口贸易数据来源于《中国对外直接投资统计公报》以及中国海关数据库，根据世界银行按照收入水平的划分标准，高收入国家有20个，中等收入国家有37个，低收入国家有4个，如下表5－1所示。

表5－1　“一带一路”沿线国家按照发达程度划分

分类	国家
高收入国家（20）	新加坡、文莱、以色列、沙特阿拉伯、阿曼、阿联酋、卡塔尔、科威特、巴林、希腊、塞浦路斯、波兰、立陶宛、爱沙尼亚、拉脱维亚、捷克、斯洛伐克、匈牙利、斯洛文尼亚、克罗地亚
中等收入国家（37）	蒙古国、马来西亚、印度尼西亚、缅甸、泰国、老挝、柬埔寨、越南、菲律宾、伊朗、伊拉克、土耳其、约旦、黎巴嫩、埃及、印度、巴基斯坦、孟加拉国、斯里兰卡、哈萨克斯坦、乌兹别克斯坦、土库曼斯坦、吉尔吉斯斯坦、波黑、黑山、塞尔维亚、罗马尼亚、保加利亚、北马其顿、俄罗斯、乌克兰、白俄罗斯、格鲁吉亚、阿塞拜疆、亚美尼亚、摩尔多瓦、阿尔巴尼亚
低收入国家（4）	也门、阿富汗、尼泊尔、塔吉克斯坦

下表5－2、5－3、5－4、5－5、5－6是我国与61个沿线国家对外直接投资和出口贸易关联度指标的描述性统计。从总体上来看，关联度指标的变动幅度较大，最小值为0.0629，最大值为143.3，这说明我国对“一带一路”沿线国家的对外直接投资和出口贸易的关联度存在显著的国别差异。从分样本来看，“一带一路”沿线国家中中等收入国家关联度指标的平均值最高，其次为高收入国家，最低为低收入国家。这意味着我国在沿线中等收入国家对外直接投资和出口贸易的相对比较优势偏离较小，关联性在中等收入国家较为明显。此外，中等收入国家关联度指标的变异系数为3.36，显著大于低收入国家（0.66）和高收入国家（2.70）的变异系数，这意味着我国对“一带一路”沿线国家的对外直接投资和出口贸易的关联度在中等收入国家间的差异性较为突出，影响关联度的因素可能更复杂。

表5－2　对外直接投资和出口贸易关联度指标按照国家发达程度分样本描述性统计

	max	min	mean	p50	sd	N
所有国家	143.3	0.0629	5.403	1.314	18.99	61
高收入国家	42.94	1.005	3.441	1.180	9.307	20
中等收入国家	143.3	0.106	6.967	1.449	23.41	37
低收入国家	1.224	0.0629	0.744	0.844	0.488	4

表 5-3　所有国家对外直接投资和出口贸易关联度指标的描述性统计

年份	max	min	mean	p50	sd	N
2009	19.05	0.045	1.687	1.115	2.526	61
2010	22.42	0.0294	1.735	1.102	2.854	61
2011	20.44	0.0152	2.048	1.233	2.877	61
2012	36.71	0.024	2.415	1.185	4.9	61
2013	162.3	0.0198	4.431	1.27	20.67	61
2014	10.7	0.0313	1.631	1.209	1.478	61
2015	395.3	1.07E-09	9.207	1.195	50.73	61
2016	1375	1.23E-09	25.02	1.19	175.8	61
2017	82.49	1.73E-09	4.201	1.179	13.46	61
2018	17.66	1.36E-09	1.653	1.172	2.222	61

表 5-4　高收入国家对外直接投资和出口贸易关联度指标的描述性统计

年份	max	min	mean	p50	sd	N
2009	2.622	1.000	1.246	1.084	0.440	20
2010	2.529	1.000	1.303	1.066	0.426	20
2011	4.807	1.003	1.373	1.072	0.840	20
2012	5.767	1.002	1.464	1.121	1.095	20
2013	3.300	1.002	1.400	1.141	0.606	20
2014	3.549	1.002	1.413	1.129	0.628	20
2015	395.3	1.003	21.03	1.111	88.09	20
2016	20.16	1.002	2.516	1.115	4.441	20
2017	3.133	1.002	1.387	1.130	0.578	20
2018	2.493	1.023	1.283	1.137	0.381	20

表 5-5　中等收入国家对外直接投资和出口贸易关联度指标的描述性统计

年份	max	min	mean	p50	sd	N
2009	19.05	0.121	2.048	1.313	3.181	37
2010	22.42	0.0868	2.088	1.246	3.619	37
2011	20.44	0.0728	2.509	1.304	3.574	37
2012	36.71	0.0923	2.955	1.329	6.138	37
2013	162.3	0.156	6.495	1.444	26.47	37
2014	10.70	0.0753	1.872	1.278	1.787	37
2015	46.05	1.07e-09	3.765	1.333	8.833	37
2016	1375	1.23e-09	39.83	1.287	225.7	37
2017	82.49	1.73e-09	6.129	1.346	17.09	37
2018	17.66	1.36e-09	1.983	1.460	2.792	37

表5-6　低收入国家对外直接投资和出口贸易关联度指标的描述性统计

年份	max	min	mean	p50	sd	N
2009	1.246	0.0450	0.556	0.466	0.559	4
2010	1.129	0.0294	0.635	0.690	0.484	4
2011	2.599	0.0152	1.162	1.016	1.083	4
2012	7.095	0.0240	2.179	0.799	3.312	4
2013	1.270	0.0198	0.501	0.357	0.537	4
2014	0.863	0.0313	0.499	0.551	0.353	4
2015	1.012	0.0456	0.433	0.336	0.437	4
2016	1.191	0.0844	0.575	0.512	0.506	4
2017	0.691	0.125	0.436	0.464	0.233	4
2018	0.691	0.208	0.461	0.472	0.267	4

由于简单的组内平均难以真实反映各组对外直接投资与出口贸易关联度变化的趋势特征，出于解决关联度指标值不对称的问题，因此，本文打破组内国家界限，分别将所有高收入国家、中等收入国家以及低收入国家视为一个整体，重新计算我国2009-2018年间的关联度指标，得到如下图5-1所示的趋势图，以便更加直观的描述我国对"一带一路"沿线国家对外直接投资和出口贸易关联度在高收入国家、中等收入国家以及低收入国家的变化趋势。

由下图5-1的趋势图可以看出，总体上2009-2014年中国在沿线中等收入国家的关联度指标值高于同期高收入国家和低收入国家，但2014-2015年中国在沿线高收入国家的关联度指标值高于同期中等收入国家和低收入国家，2016-2018年中国在沿线中等收入国家的关联度指标值高于同期高收入国家和低收入国家，并且随着时间的推移其差异先逐渐变大再趋于逐渐变小，说明中国对"一带一路"沿线国家对外直接投资和出口贸易关联度的国别差异同样先逐渐变大再趋于逐渐变小。"一带一路"沿线的中等收入国家的关联度指标值随时间有起有落，但总体上呈现先上升后逐渐下降的趋势，说明我国对"一带一路"沿线国家对外直接投资和出口贸易的相对比较优势偏离状况在中等收入国家逐渐变大，关联度逐渐减小。"一带一路"沿线高收入国家的关联度指标值同样总体上呈现先上升后逐渐下降的趋势，说明我国对"一带一路"沿线国家对外直接投资和出口贸易的相对比较优势偏离状况在高收入国家中逐渐变大，关联度逐渐减小。"一带一路"沿线低收入国家的关联度指标值总体上呈现波动下降的趋势，说明中国对"一带一路"沿线国家对外直接投资和出口贸易的相对比较优势偏离状况在低收入国家逐渐变大，关联度逐渐减小。

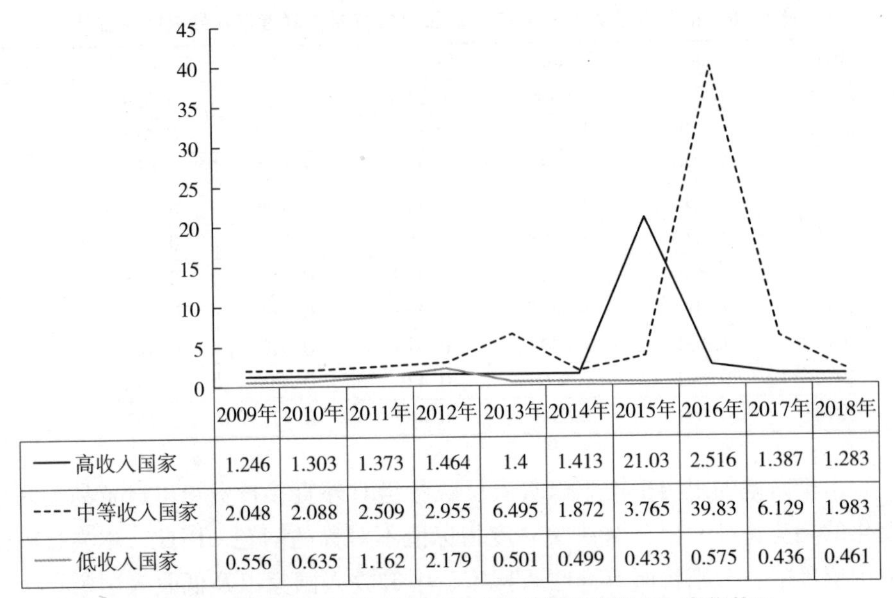

	2009年	2010年	2011年	2012年	2013年	2014年	2015年	2016年	2017年	2018年
—— 高收入国家	1.246	1.303	1.373	1.464	1.4	1.413	21.03	2.516	1.387	1.283
---- 中等收入国家	2.048	2.088	2.509	2.955	6.495	1.872	3.765	39.83	6.129	1.983
—— 低收入国家	0.556	0.635	1.162	2.179	0.501	0.499	0.433	0.575	0.436	0.461

图 5－1　4 我国在不同发达程度国家的关联度指数 CD 变化状况

数据来源：作者计算整理所得

5.2　关联度的国别分析和选择

通过对“一带一路”沿线国家对外直接投资和出口贸易关联度指标的构建与测算，从整体上探讨了我国对“一带一路”沿线国家对外直接投资和出口贸易的关联状况，为了规避上述所说的对外直接投资和出口贸易关联度指标存在的不足，本文从不同国家的角度分析了我国对“一带一路”沿线国家对外直接投资和出口贸易的数值变化及其所影响的关联度指标的变化，从而分析该国关联度高的内在原因，进而可以为加强对我国“一带一路”沿线国家对外直接投资与出口贸易关联度的国别选择提供更加合理科学的依据。

5.2.1　基于投资动机及关联度等相关指标的国家分析

在对“一带一路”沿线国家对外直接投资和出口贸易的关联度指标值进行总体分析和分类分析的基础上，基于关联度指标的优势和局限，综合考虑对外直接投资动机，本文把 61 个沿线国家的关联度 CD、显性比较优势 RCA_{ijo} 和 RCA_{ije} 均列举出来对我国对沿线国家对外直接投资和出口贸易的内在关联性进行深入分析，规避 RCA_{ijo} 和 RCA_{ije} 均较小时出现关联度较高的局限性，并对“一带一路”沿线国家对外直接投资和出口贸易的国别选择提出针对性建议。

附表1列示了我国对61个沿线国家的对外直接投资的显性比较优势 RCA_{ijo}、出口贸易的显性比较优势 RCA_{ije} 以及两者关联度CD。根据世界银行按照收入水平的划分标准，61个沿线国家中有20个高收入国家、37个中等收入国家以及4个低收入国家，这进一步反映了中国对“一带一路”沿线国家对外直接投资和出口贸易的高关联度主要体现在中等收入国家。这是因为中国对“一带一路”沿线国家对外直接投资存量大部分是分布在中等收入国家的，中等收入国家的收入水平与我国相近，我国对其展开对外直接投资也相对比较容易的同时其也喜欢向我国进口相关商品。此外，我国向中等收入国家对外直接投资主要是基于效率寻求型动机和市场寻求型动机，附表5-1中等收入国家的 RCA_{ijo} 和 RCA_{ije} 数据显示，2018年与2009年相比增加较明显，表明我国在“一带一路”沿线中等收入国家的对外直接投资和出口贸易的比较优势更加明显，与此同时，对外直接投资和出口贸易关联度指标的总体上呈现波动增长的趋势，反映了我国在“一带一路”沿线中等收入国家对外直接投资和出口贸易相对比较优势的差别在逐渐缩小，沿线的中等收入国家，通常是生产要素丰富、劳动力廉价的沿线国家，在我国的劳动力成本越来越高的情况下，我国应该把握沿线中等收入国家生产要素丰富、劳动力廉价这一优势，一方面对其进行对外直接投资，另一方面利用对外直接投资拉动我国对这些国家的出口贸易的发展，从而可以使我国对“一带一路”沿线国家的对外直接投资和出口贸易的关联度得到进一步的提升。由于我国资源的逐渐减少，为了保持我国的经济发展水平，弥补我国资源减少的劣势，开展资源寻求型的对外直接投资成为我国企业国际化战略目标之一。由附表1可以看出，在资源比较丰富的西亚北非地区的国家，其对外直接投资的比较优势 RCA_{ijo} 和出口贸易的比较优势 RCA_{ije} 在2009-2018年这10年来表现出同步提升的趋势，说明两者的比较优势的差别在逐步缩小，对外直接投资和出口贸易的关联度得到进一步的提升。我国应该充分利用对外直接投资和出口贸易之间的关联效应，加强对资源丰富且对外直接投资和出口贸易关联度较高的西亚北非地区国家的关注，在获得这些地区国家丰富的自然资源的同时发挥对外直接投资带动对机械设备、生产工具等中间产品的出口贸易，实现对外直接投资和出口贸易的同步协调发展。对技术先进的沿线国家海外投资同样值得关注，高新技术逐渐成为投资热点。对于这些沿线国家，我国对外直接

投资主要基于技术寻求型动机，

附表1中以色列、新加坡以及爱沙尼亚等高新技术较先进的高收入国家，其对外直接投资的比较优势 RCA_{ijo} 和出口贸易的比较优势 RCA_{ije} 在2009－2018年这10年来表现出一起降低的趋势，说明两者的比较优势的差别小幅度扩大，对外直接投资和出口贸易的关联度得到进一步的降低。通过分析可知，我国对高新技术较先进的高收入国家的出口贸易的比较优势的下降反映出我国对高新技术先进的高收入国家进行出口贸易其实是不占优势，甚至面临着严峻的挑战和压力的。此时，我国应当充分利用对外直接投资，通过获取高新技术先进的高收入国家的高新技术、品牌效应以及经营管理经验等来使我国出口贸易的产品的质量得到进一步提升，从而增加我国的出口贸易的竞争优势。对于技术先进的沿线国家，我国应充分借助其高新技术的优势来提升创新能力，加强对它的对外直接投资的同时带动出口贸易的提升，进一步提高对外直接投资和出口贸易的关联度，从而有助于加快我国的产业转型升级。

自从2013年以习近平总书计为核心的党中央提出“一带一路”倡议蓝图规划以来，我国与沿线国家的经贸合作更加紧密，我国应该把握住“一带一路”倡议蓝图规划所带来的机遇，有针对性地提高我国对“一带一路”沿线国家对外直接投资和出口贸易的关联度，实现对外直接投资和出口贸易协调同步发展，为提升我国经济发展水平和实现进一步对外开放添砖加瓦。

5.2.2 结合中国对“一带一路”沿线国家对外直接投资和出口贸易规模的国家分析

由于关联度可能因相对指标计算所造成的局限性，为了避免出现我国对“一带一路”沿线国家对外直接投资和出口贸易绝对规模小而 RCA_{ijo} 和 RCA_{ije} 的数值大或虽然两者规模大但在沿线国家的相对比重较小等问题，本文上述分析选择的基础上，综合考虑沿线国家在我国开放经济中的地位和未来发展潜力，结合我国对“一带一路”沿线国家对外直接投资和出口贸易绝对规模的数据，对有利于提升我国对“一带一路”沿线国家对外直接投资和出口贸易关联度的重点国家进行综合选择和调整，具体见附表2。

2009年经历金融风波冲击时，我国对外直接投资处于重整并开始发展的阶段，对外直接投资的规模都比较小，更不用说是对“一带一路”沿线国家的对外直接投资。此时，我国对“一带一路”沿线国家的对外直接投资额占同期我国对外直接投资总额的比重远低于我国对“一带一路”沿线国家出口贸易额占同期出口贸易总额的比重。在当时，出口贸易是我国实现对外开放的最重要手段并占据着绝对优势的地位。然而，随着时间的演变以及相应政策的推行，尤其是“一带一路”倡议的推行，截至 2018 年末，我国对“一带一路”沿线国家对外直接投资绝对额占同期我国对外直接投资总额、对“一带一路”沿线国家出口贸易绝对额占出口贸易总额的比重得到了大幅度的提升。由附表 2 的数据可知，我国对“一带一路”沿线不同国家对外直接投资绝对额占同期对外直接投资总额的比重基本上都得到了快速的提升，但在小部分中等收入国家和高收入国家中比重呈现略微下降的趋势。与此同时，我国对“一带一路”沿线不同国家出口贸易额所占比重在部分高收入国家却呈现下降的趋势，如沙特阿拉伯、新加坡、阿联酋等；但在大部分沿线中等收入国家中呈现上升趋势，如马来西亚、印度、缅甸等。由此可知，我国对“一带一路”沿线国家的对外直接投资和出口贸易的发展规模是处在不断发展变化的过程中，反映了中国对“一带一路”沿线国家的对外直接投资和出口贸易发展变化的地缘特征。

从具体的国别来看，大部分“一带一路”沿线国家像东盟十国等不仅在对外直接投资额和出口贸易额所占的比重较大，即规模比较大，而且其对外直接投资比较优势 RCA_{ijo} 和出口贸易的比较优势 RCA_{ije} 也同样比较大，说明两者间存在较大的关联度，是我国重要的对外直接投资和出口贸易伙伴。这是由于我国与东盟地区的国家地理位置比较接近，历史上也经常合作往来，国家之间的文化交流也比较多，相互之间文化认可程度也比较高，并且我国与东盟地区的国家全部签署了自由贸易区协定，东盟地区资源丰富且劳动力成本较低。针对这些国家，应当结合投资动机积极引导国内企业开展境外投资，发挥我国在东盟地区对外直接投资带动出口贸易的促进作用，进一步增强两者的关联度。

由附表 1 和附表 2 的数据可知，格鲁吉亚、北马其顿、塞尔维亚、蒙古国、吉尔吉斯斯坦等沿线国家均属于我国对“一带一路”沿线国家对外直接投资和出口贸易关联度较高但实际规模较小的国家。虽然我国对这些沿线国家的对外直接投资和出口贸易的规模都比较小，但是这恰恰说明这些沿线国家是非常具有投资贸易的潜力的，这 10 年来对外直接投资额和出口贸易额都呈现不断增长的趋势。因此，把握“一带一路”倡议蓝图的规划，提升我国在这些沿线国家对外直接投资和出口贸易的相对比较优势，从而进一步增强我国在这些沿线国家对外直接投资和出口贸易的关联度，进一步提升我国对外开放的水平。

由附表 2 数据可知，我国对俄罗斯对外直接投资和出口贸易的显性比较优势均较小（即 RCA_{ijo} 和 RCA_{ije} 较小），从而导致两者的相对比较优势差别较大而使得对外直接投资和出口贸易的关联度较小。但是俄罗斯是与我国接壤的邻国，有着与我国的地理位置非常接近的天然优势使得俄罗斯是我国进行政治经济文化合作的重要伙伴国。虽然我国对俄罗斯的对外直接投资和出口贸易的显性比较优势均较小，但是我国对俄罗斯的对外直接投资和出口贸易的规模都比较大，这说明俄罗斯在我国对“一带一路”沿线国家对外直接投资和出口贸易中均占有重要位置而不容忽视。这是因为首先俄罗斯作为最大的欧洲国家，地大物博，本身所拥有的自然资源就比较丰富；其次俄罗斯城市众多，拥有着较为庞大的市场规模；最后随着经济全球化的不断推进，我国和俄罗斯都是联合国等众多国际组织的主要成员国，是我国进行政治经济文化合作的重要伙伴国。

因此，本文对“一带一路”沿线的 61 个国家进行了综合分析，对附表 2 中我国对“一带一路”沿线国家对外直接投资和出口贸易关联度的国家进行了更深层次的分析以供分析参考。

5.3 对外直接投资和出口贸易关联度的机理分析

对外直接投资和出口贸易产生关联的机理揭示了全球价值链分工过程中对外直接投资和出口贸易的关联机制，为后续研究提供一定的理论依据。对外直接投资对出口贸易的关联效应与对外直接投资的动机和流向密切相关。因此，本文在既有理论和文献基础之上，结合我国对“一带一路”沿线国家对外直接投资的特点总结分析我国对“一带一路”沿线国家对外直接投资和出口贸易内在关联的机理（关系图如下图 5 - 2 所示）。不同的对外直接投资动机对出口贸易关联效应的影响机制是截然不同的，以下分别对四种不同类型的对外直接投资动机是如何影响其和出口贸易关联效应进行分析阐述，为后续实证研究奠定基础。

5.3.1 市场寻求型动机的两者关联机理

市场寻求型对外直接投资是出于绕开贸易壁垒的目的，想要通过对外直接投资这一方式来继续扩大母国在其他国家的市场份额或开拓一个新兴市场（Deng，2004）。这在对高收入国家、中等收入国家以及低收入国家的投资中

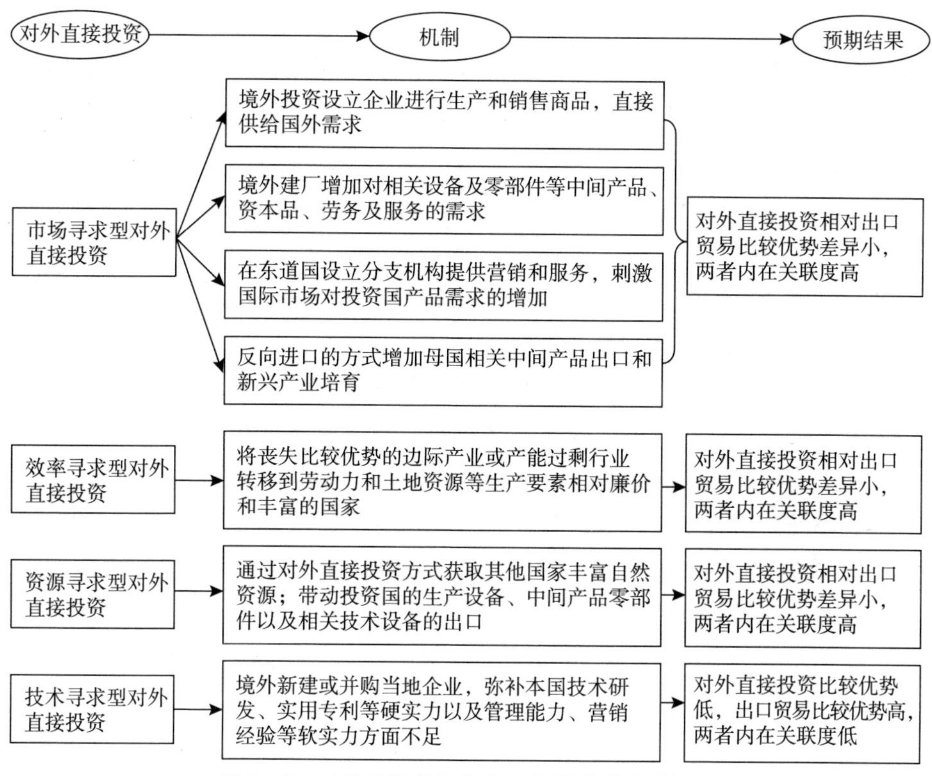

图5-2 对外直接投资和出口贸易关联度的机理

都会发生。首先，我国通过在沿线国家设立企业或工厂进行生产和销售，供给匹配沿线国家当地需求的产品，使得我国对沿线国家的出口贸易规模逐渐减少，从而形成对外直接投资对出口贸易的替代效应；其次，我国通过在沿线国家设立工厂促进我国对生产所需的机械设备、零部件、劳务以及服务等的出口贸易增多，出口商品的结构得到改善；除此之外，我国还通过在沿线国家建立分支机构进行销售和提供修理修配等方面的服务，达到进一步开拓沿线国家市场，提高市场占有率的目的，从而有效刺激了沿线国家当地居民对我国出口贸易产品的需求。我国还可以通过反向进口的方式增加对沿线国家相关中间产品的出口贸易以及新兴产业的先行发展和培育。

沿线国家大多数是处于工业化尚未完成以及基础设施也尚未完善的新兴经济体和中等收入国家，对外直接投资和出口贸易便利化水平急需进一步提高，其市场潜力非常大，对其投资发展的前景也非常好。“一带一路”沿线国家的市场规模是我国对外直接投资区位选择的重要影响因素，沿线国家的市场规模越大，我国通过对外直接投资将更加容易生产和销售出更加匹配沿线国家当地市场需求的产品，不仅可以规避贸易壁垒，而且还可以通过在当地大规模生产销售发挥规模经济，从而节省成本资源提高产品的利润率。不仅如此，沿线国家的市场规模越大，其对出口贸易的需求也就越大，我国对其出口贸易的空间也就越大。因此，对于市场规模较大的沿线国家，我国对沿线国家对外直接投资和出口贸易的相对比较优势差异较小，内在关联度较高。

5.3.2 效率寻求型动机的两者关联机理

效率寻求型对外直接投资主要是因为母国要素价格发生变化，生产成本丧失了原本所具有的优势，因此，转而向生产要素廉价和丰富的其他国家转移母国失去相对比较优势的产业（Deng，2004）。首先，通过向沿线国家转移我国已经失去相对比较优势的产业来对我国的生产要素重新分配，实现要素的优化配置，推动产业的转型升级，从而达到改善我国出口商品结构的目的；其次，通过利用沿线国家丰富廉价的劳动力和自然资源，降低成本的同时提高产品利润率，为企业培育和发展新兴产业提供了资金支持，促进我国产业结构升级的同时改善我国出口贸易结构。

我国作为一个制造业大国，但是随着我国经济的不断发展，原本属于传统优势的劳动力等生产要素的成本在不断上升的同时国内改变经济增长方式调整产业结构，因此我国企业利用效率寻求型对外直接投资向生产要素廉价和丰富的沿线国家转移我国失去相对比较优势的产业的同时促进我国机械设备、零部件、劳务以及服务等的出口贸易增多，体现了对外直接投资出口促进效应；其次，劳动力等生产要素的成本的提高会减弱我国出口贸易产品的竞争优势，从而使得我国出口贸易的相对比较优势减小。因此，我们可以预期效率寻求型对外直接投资与出口贸易之间的相对比较优势原有的差距会减小，内在关联程度会提高。

5.3.3 资源寻求型动机的两者关联机理

资源寻求型对外直接投资主要是为了弥补母国经济发展过程中出现的资源短缺问题，通过对外直接投资的方式来获得其他国家丰富的自然资源，在一定程度上解决因资源短缺而对产业发展形成的约束（Deng，2004）。虽然我国所拥有的自然资源总量很多，但是由于我国的人口密度也比较大，因此平均每个人所能拥有自然资源的数量就非常少。通过资源型对外直接投资不仅可以获取沿线国家丰富的自然资源，而且当沿线国家开采和加工自然资源的基础设施比较落后的时候，我国通过对所获取的自然资源进行开采和加工，在帮助沿线国家进行自然资源基础设施建设的同时可以增加对我国开采设备、相关技术和中间产品的出口规模，这不仅加强了我国与沿线国家自然资源基础设施的互联互通，还可以改善我国的出口贸易结构，发挥对外直接投资的出口促进效应。

开展资源寻求型对外直接投资在一定程度上可以解决我国因能源资源不足而导致的经济增长乏力和制造业成本的上升，从而更好地实现我国经济对外开放。因此，我国对资源要素丰裕的沿线国家对外直接投资相对出口的比较优势差异可能较小，内在关联程度高。

5.3.4　技术寻求型动机的两者关联机理

技术寻求型对外直接投资主要是为了取得技术先进的国家的高新技术或利用他们的研发能力进行高新技术创新（Deng，2004；段博川，唐幸等，2019）。通过对“一带一路”沿线技术先进的国家进行技术寻求型对外直接投资，并购当地信息技术研发、科学研究和商贸服务等较先进的企业或者建立一个相应的新企业，获取沿线技术先进高收入水平国家高新技术、品牌效应以及经营管理经验等，解决我国在技术创新和经营管理方面的不足。首先，我国企业通过对外直接投资学习沿线技术先进国家高新技术、品牌效应以及经营管理经验等，从而提高自身的竞争优势，进而提升我国在国际分工过程中价值链地位；其次，我国企业可以将获取的高新技术、品牌效应以及经营管理经验等来使我国出口贸易的产品的质量得到进一步提升，增加我国的出口贸易的竞争优势，促进出口贸易结构的改善，从而推动我国产业的转型升级。

开展技术寻求型对外直接投资，由于我国的对外直接投资起步较晚，发展还尚不完善，我国企业在获取沿线技术先进国家高新技术、品牌效应以及经营管理经验等以及相应的运用等方面还存在很多的不足，我国对“一带一路”沿线技术先进的国家对外直接投资的技术寻求并不容易，面临着巨大的压力和技术壁垒等严峻的挑战，这使得技术寻求型对外直接投资难以与我国传统的出口贸易相提并论。因此，我国对沿线技术先进国家的出口贸易相对对外直接投资的比较优势更为明显，两者的内在关联程度低。

5.3.5 其他影响因素的两者关联机理

随着经济全球化的不断推进发展，贸易摩擦时有发生，受到贸易保护主义的影响，贸易壁垒会对我国的对外贸易发展产生重要的影响（余振，陈鸣，2019）。当沿线国家的关税水平较高时，出口贸易成本高于企业对外直接投资沉没成本时，我国企业就会相应地选择开展对外直接投资，减少出口贸易。我国企业通过对“一带一路”沿线国家对外直接投资来绕开关税等贸易壁垒，从而使得我国对外直接投资的相对比较优势可能会比出口贸易的相对比较优势更加明显，两者显性比较优势的差异更大。因此，本文认为我国对“一带一路”沿线国家对外直接投资和出口贸易之间的关联度与贸易壁垒是负相关的。由于对外直接投资和出口贸易的地缘复杂性，本文还将从地理和制度因素来探讨我国对“一带一路”沿线国家对外直接投资和出口贸易产生关联的机理。已有研究认为较远的地理距离会使沿线国家的运输和交易成本增加，表明距离会显著减少双边的出口贸易量（胡昭玲、宋平，2012；隋月红、赵振华，2012 等）。然而，由于对外直接投资动机的复杂性，地理距离可能并不一定成为决策的主要因素。鉴于上述的分析，本文认为地理距离在我国对沿线国家对外直接投资和出口贸易关联性方面的影响存在不确定性。企业在进行国际化的过程中会受到制度因素的影响（Klaus E. Meyer，2005）。当沿线国家的制度环境更加完善时会吸引到更多企业对该国进行对外直接投资。反之，当沿线国家的制度环境不安全不稳定时会使得企业宁愿通过出口贸易的方式来服务当地市场而不愿意对该国进行对外直接投资。换句话说，我国对“一带一路”沿线国家对外直接投资所需的制度环境要求可能会比出口贸易所需的制度环境要求更高，但这是一个相对概念，因为出口贸易也需要良好的制度环境。因此，制度环境对我国对“一带一路”沿线国家对外直接投资和出口贸易关联性的影响可能存在不确定性。

综上所述，出于不同的投资动机，影响我国对“一带一路”沿线国家对外直接投资与出口贸易关联度的因素各有侧重，其中既包含了经济因素也包含地理和制度因素。因此，在关联度影响因素的研究中会根据世界银行的收入水平的分类标准，针对“一带一路”沿线国家的经济发展程度的不同做相应的实证分析，以期发现“一带一路”背景下各因素影响我国对“一带一路”沿线国家对外直接投资与出口贸易关联度方面的新趋势。

5.4　我国对“一带一路”沿线国家对外直接投资与出口贸易关联效应的实证分析

5.4.1　研究对象说明

由于2008年发生了全球金融危机，可能导致数据差距较大，故本文选取金融危机之后的2009－2018年这10年我国对“一带一路”沿线国家对外直接投资和出口贸易的数据；同时，基于数据的可获得性，选取61个沿线国家为本文研究对象见下表5－7。

表5－7　“一带一路”沿线所选取61个国家地区划分

地区	国家
东亚（1）	蒙古国
东盟（10）	新加坡、马来西亚、印度尼西亚、缅甸、泰国、老挝、柬埔寨、越南、文莱、菲律宾
南亚（6）	印度、巴基斯坦、孟加拉国、阿富汗、斯里兰卡、尼泊尔
中亚（5）	哈萨克斯坦、乌兹别克斯坦、土库曼斯坦、吉尔吉斯斯坦、塔吉克斯坦
西亚北非（16）	伊朗、伊拉克、土耳其、约旦、黎巴嫩、以色列、沙特阿拉伯、也门、阿曼、阿联酋、卡塔尔、科威特、巴林、希腊、塞浦路斯、埃及
独联体（7）	俄罗斯、乌克兰、白俄罗斯、格鲁吉亚、阿塞拜疆、亚美尼亚、摩尔多瓦
中东欧（16）	波兰、立陶宛、爱沙尼亚、拉脱维亚、捷克、斯洛伐克、匈牙利、斯洛文尼亚、克罗地亚、波黑、黑山、塞尔维亚、阿尔巴尼亚、罗马尼亚、保加利亚、北马其顿

5.4.2　变量选取和数据来源

通过对贸易引力模型进行拓展，出于研究我国对“一带一路”沿线国家对外直接投资和出口贸易的关联效应的目的，本文选取我国对沿线国家出口贸易额为被解释变量，对沿线国家当期对外直接存量为核心解释变量，并引入沿线国家国内生产总值、我国国内生产总值和人均国内生产总值、两国间地理距离、东道国制度环境等为控制变量。

表5-8　变量选取与数据说明

变量名称		变量含义	数据来源	预期影响
被解释变量	lnexp	我国对沿线国的出口贸易额	中国海关数据库	
核心解释变量	lnofdi	我国对沿线国的对外直接投资存量	中国对外直接投资统计公报	+/-
控制变量	lncgdp	我国国内生产总值	世界银行	+
	lnhgdp	沿线国国内生产总值	世界银行	+
	lnhpgdp	沿线国人均国内生产总值	世界银行	+/-
	lndis	我国与沿线国距离	CEPII数据库	+
	pl	沿线国制度环境	世界银行	+
	lninfra	沿线国贸易便利化程度	世界银行	+
	lnnet	沿线国基础设施	世界银行	+
	tf	沿线国贸易自由度	美国传统基金会	+
	brer	双边实际汇率	世界银行	-
	bor	我国与沿线国是否接壤	CEPII数据库	+
	fta	我国与沿线国是否签署自贸区协议	中国商务部网站	+
	sco	是否为上海合作组织成员	上合组织官网	+

1. 被解释变量

选取我国对“一带一路”沿线国家出口贸易额作为被解释变量，数据来源于中国统计年鉴。本文将各个变量的单位统一为美元以排除汇率变动所带来的影响；同时对相关数据进行基期平减处理来排除通货膨胀的影响。

2. 解释变量

因为对外直接投资的经济效应存在滞后性，本文选取我国对“一带一路”沿线国家对外直接投资存量作为核心解释变量，数据来源于历年我国对外直接投资统计公报。一般来说，我国对沿线国家的对外直接投资存量越大，其对沿线国家的出口贸易额也会越大。

3. 控制变量

（1）我国国内生产总值：用来表示我国的经济发展能力和市场规模，数据来源于世界银行。我国的国内生产总值越高，越有利于出口贸易的发展。

（2）沿线国家的国内生产总值：用来表示沿线国家的市场规模，数据来源于世界银行。一般来说，沿线国家的国内生产总值越大，市场规模就越大，然后对进口贸易的需求就越大。

（3）沿线国家的人均国内生产总值：用来表示沿线国家的市场购买能力，数据来源于世界银行。沿线国家人均国内生产总值越高，说明市场购买力越强。

（4）我国与沿线国家之间的地理距离：用来表示两国贸易的运输成本，数据来源于 CEPII 数据库。通常来说，我国与沿线国家之间的地理距离越短，我国与东道国之间的运输成本也就越低。

（5）沿线国家的制度环境：世界治理指标对各个国家政权稳定性、政府的服务效率、投资监管质量、法律制度、腐败控制和话语问责权这六项指标的评分分别计算，得分越高表明这个国家的制度环境越优。

（6）沿线国家的贸易便利化程度：用沿线国家的航空运输货运量表示，数据来源于世界银行。贸易便利化程度越高，越能为别国对沿线国家进行直接投资创造良好的条件。

（7）沿线国家的基础设施：用来衡量沿线国家的基础设施完善度，数据来源于世界银行。该指标为沿线国家每百万人使用的安全网服务器个数。

（8）沿线国家的贸易自由度：数据来源于美国传统基金会公布的“经济自由度指标”，指数越大表明该国家贸易自由度越高。

（9）双边实际汇率：利用世界银行公布的各国对美元汇率以及消费者物价指数（CPI），以间接标价法计算我国对沿线国家汇率；即双边实际有效汇率值越大，表明人民币升值。

（10）我国与沿线国家是否接壤：该指标为虚拟变量，若我国与沿线国家接壤，则取值为1，否则为0。

（11）我国与沿线国家是否签署自贸区协议：自由贸易协定为虚拟变量，若我国与该国签订自由贸易协定，则取值为1，反之，则为0。

（12）是否为上海合作组织成员：该指标为虚拟变量，若沿线国家为上合组织成员，则取值为1，否则为0。

5.4.3 模型构建

本文通过对贸易引力模型进行拓展，构建如下面板数据模型来研究中国对"一带一路"沿线国家对外直接投资对出口贸易的影响，具体模型如下：

$$\ln EXP_{ijt} = \beta_0 + \beta_1 \ln OFDI_{ijt} + \beta_2 \ln CGDP_{it} + \beta_3 \ln HGDP_{jt} + \beta_4 \ln HPGDP_{jt} + \beta_5 \ln DIS_{ijt} + \beta_6 PL_{jt} + \beta_7 \ln INFRA_{jt} + \beta_8 \ln NET_{jt} + \beta_9 TF_{jt} + \beta_{10} BRER_{ijt} + \beta_{11} BOR_{ijt} + \beta_{12} FTA_{ijt} + \beta_{13} SCO_{ijt} + \varepsilon_{ijt}$$

其中，i 和 j 分别代表中国和沿线国家，β_0为常数项，ε_{ijt}为残差项，ln 为自然对符号。

5.4.4 回归结果与分析

5.4.4.1 描述性统计

表 5－9 变量之间的描述性统计

Variable		Mean	Std. Dev.	Min	Max	Observations
lnexp	overall	21.71	1.708	17.39	25.15	N = 610
	between		1.684	18.04	24.67	n = 61
	within		0.351	19.97	23.13	T = 10
lnofdi	overall	18.86	2.648	12.21	24.64	N = 610
	between		2.471	13.68	23.59	n = 61
	within		0.998	14.95	22.87	T = 10
lncgdp	overall	29.84	0.297	29.26	30.24	N = 610
	between		0	29.84	29.84	n = 61
	within		0.297	29.26	30.24	T = 10
lnhgdp	overall	25.02	1.476	22.12	28.63	N = 610
	between		1.476	22.22	28.32	n = 61
	within		0.179	24.21	25.52	T = 10
lnhpgdp	overall	8.743	1.188	6.082	11.35	N = 610
	between		1.186	6.335	11.16	n = 61
	within		0.160	8.024	9.197	T = 10

续表

Variable		Mean	Std. Dev.	Min	Max	Observations
lndis	overall	8.580	0.377	7.067	8.952	N = 610
	between		0.380	7.067	8.952	n = 61
	within		0	8.580	8.580	T = 10
pl	overall	-0.163	0.749	-1.994	1.639	N = 610
	between		0.747	-1.601	1.554	n = 61
	within		0.105	-0.635	0.291	T = 10
lninfra	overall	10.44	1.651	3.932	14.00	N = 592
	between		1.642	6.309	13.56	n = 61
	within		0.512	7.340	14.51	T - bar = 9.705
lnnet	overall	4.392	2.791	-3.932	11.35	N = 610
	between		2.287	-0.523	8.523	n = 61
	within		1.624	0.174	8.464	T = 9
tf	overall	79.22	8.989	40.20	90	N = 564
	between		8.581	49.02	90	n = 58
	within		3.010	62.36	91.06	T - bar = 9.724
brer	overall	23.56	113.3	1.84e - 05	959.3	N = 501
	between		95.61	2.99e - 05	510.2	n = 53
	within		57.97	-339.9	472.6	T = 9.453
bor	overall	0.197	0.398	0	1	N = 610
	between		0.401	0	1	n = 61
	within		0	0.197	0.197	T = 10
fta	overall	0.220	0.414	0	1	N = 610
	between		0.400	0	1	n = 61
	within		0.120	-0.680	1.020	T = 10
sco	overall	0.115	0.319	0	1	N = 610
	between		0.321	0	1	n = 61
	within		0	0.115	0.115	T = 10
country	overall	31	17.62	1	61	N = 610
	between		17.75	1	61	n = 61
	within		0	31	31	T = 10
year	overall	2014	2.875	2009	2018	N = 610
	between		0	2014	2014	n = 61
	within		2.875	2009	2018	T = 10

5.4.4.2 单位根与协整检验

由于本文使用实证模型为 N=61，T=10 的短面板数据，选取较适用于短面板数据检验的 IPS 单位根检验方法、HT 单位根检验方法以及 Westerlund 检验对数据的平稳性进行检验；检验结果显示部分变量原序列非平稳但一阶差分后均为平稳序列，表明所有序列为一阶单整。

表 5-10 IPS 单位根检验结果

变量名称	原序列检验结果			一阶差分检验结果		
	Z-t-tilde-bar	P-value	是否平稳	W-t-bar	P-value	是否平稳
lnexp	-4.6932	0.0000	是			
lnofdi	0.6202	0.7324	否	-4.6536	0.0000	是
lncgdp	-10.6079	0.0000	是			
lnhgdp	-3.9354	0.0000	是			
lnhpgdp	-2.6435	0.0041	是			

表 5-11 HT 单位根检验结果

变量名称	原序列检验结果		
	Z	P-value	是否平稳
lnexp	-3.6170	0.0001	是
lnofdi	-2.7079	0.0034	是
lncgdp	-20.6065	0.0000	是
lnhgdp	-1.8660	0.0310	是
lnhpgdp	-2.0990	0.0179	是

表 5-12 Westerlund 检验结果

	Statistic	P-value
Variance ratio	13.1457	0.0000

5.4.4.3 相关性分析

本文对主要变量的 Pearson 相关系数进行分析，确保各变量的有效性，结果如表 5-13 所示，主要变量之间的相关系数在允许范围内。

表5-13 主要变量相关性检验

	lnexp	lnofdi	lncgdp	lnhgdp	lnhpgdp	lndis	pl	lninfra	lnnet	tf	brer	bor	fta	sco
lnexp	1													
lnofdi	0. 7216***	1												
lncgdp	0. 1360***	0. 2826***	1											
lnhgdp	0. 8283***	0. 5149***	0. 0726*	1										
lnhpgdp	0. 0895**	-0. 1461***	0. 0626	0. 2945***	1									
lndis	-0. 2995***	-0. 5280***	0	0. 0568	0. 4722***	1								
Pl	0. 00360	-0. 2561***	0. 0255	0. 0653	0. 7423***	0. 3463***	1							
lninfra	0. 7451***	0. 4530***	0. 0664	0. 7691***	0. 1465***	-0. 1076***	0. 0173	1						
lnnet	0. 0411	-0. 1159***	0. 5018***	0. 1308***	0. 6458***	0. 3618***	0. 7458***	0. 0795*	1					
Tf	-0. 2192***	-0. 3258***	0. 0658	-0. 1464***	0. 5823***	0. 4804***	0. 6601***	-0. 1920***	0. 5921***	1				
Brer	0. 2637***	0. 2238***	0. 1103**	0. 1869***	-0. 0985**	-0. 1706***	-0. 1253***	0. 2231***	-0. 00540	-0. 2664***	1			
Bor	0. 1879***	0. 4221***	0	-0. 0604	-0. 5206***	-0. 6462***	-0. 4164***	0. 0731*	-0. 3415***	-0. 4126***	0. 1098**	1		
Fta	0. 3959***	0. 4568***	0. 0714*	0. 1484***	-0. 2317***	-0. 6655***	-0. 0332	0. 2457***	-0. 1688***	-0. 2797***	0. 1592***	0. 2155***	1	
Sco	0. 2493***	0. 3167***	0	0. 1207***	-0. 2971***	-0. 2662***	-0. 3095***	0. 1282***	-0. 2185***	-0. 3125***	-0. 0730	0. 5982***	-0. 0668*	1

*** $p<0.01$, ** $p<0.05$, * $p<0.1$

5.4.4.4 多重共线性检验

对所有解释变量进行多重共线性检验，通过计算 VIF 得到，每个解释变量的 VIF 均小于 10，表明各变量之间不存在严重共线性关系，实证模型可行。

表 5-14 解释变量方差膨胀因子（VIF）描述性统计

变量	VIF	1/VIF
lnofdi	3.41	0，293433
lncgdp	2.63	0.379803
lnhgdp	6.24	0.160160
lnhpgdp	3.54	0.282423
lndis	5.74	0.174217
pl	3.93	0.254638
lninfra	4.62	0.216363
lnnet	5.30	0.188558
tf	2.70	0.370623
brer	1.28	0.780560
bor	5.58	0.179198
fta	3.82	0.261502
sco	3.22	0.310488
Mean VIF	4.00	

5.4.5 总体样本面板回归

1. 基于固定效应的初步回归

对模型进行初步回归，F 检验和 LM 检验结果表明固定效应和随机效应均优于混合回归。随后进行 Hausman 检验，结果见表 5-15。P 值为 0.0143 表示拒绝"使用随机效应"的原假设，认为应该使用固定效应模型而非随机效应模型。

表 5-15 全样本下 F 检验、LM 检验、Hausman 检验结果

模型类型划分	检验方法	检验统计量	P 值	模型选择
随机效应和混合效应	LM 检验	894.19	0.0000	随机效应
固定效应和混合效应	F 检验	63.66	0.0000	固定效应
固定效应和随机效应	Hausman 检验	20.64	0.0143	固定效应

表5-16　全样本回归结果

	(1)	(2)	(3)	(4)	(5)	(6)	(7)	(8)	(9)	(10)	(11)	(12)	(13)
VARIABLES	lnexp	lnexp	lnexp	lnexp	lnexp	lnexp	lnexp	lnexp	lnexp	lnexp	lnexp	lnexp	lnexp
lnofdi	0.465***	0.479***	0.264***	0.252***	0.149***	0.170***	0.159***	0.149***	0.123***	0.143***	0.151***	0.151***	0.150***
	(0.052)	(0.057)	(0.046)	(0.047)	(0.052)	(0.054)	(0.049)	(0.050)	(0.044)	(0.052)	(0.050)	(0.054)	(0.053)
lncgdp		-0.424**	-0.142	-0.106	0.102	0.069	0.179	0.242	0.210	0.324	0.269	0.270	0.230
		(0.192)	(0.138)	(0.143)	(0.149)	(0.149)	(0.149)	(0.310)	(0.250)	(0.274)	(0.278)	(0.277)	(0.278)
lnhgdp			0.716***	0.741***	0.828***	0.845***	0.707***	0.721***	0.768***	0.633***	0.631***	0.631***	0.597***
			(0.077)	(0.073)	(0.083)	(0.087)	(0.120)	(0.122)	(0.105)	(0.116)	(0.111)	(0.109)	(0.116)
lnhpgdp				-0.059*	0.027*	-0.195*	-0.196*	-0.196*	-0.221*	-0.171*	-0.185*	-0.187*	-0.194*
				(0.077)	(0.083)	(0.104)	(0.102)	(0.113)	(0.115)	(0.128)	(0.126)	(0.125)	(0.125)
lndis					-1.027***	-0.929***	-0.783***	-0.782***	-0.901***	-0.800***	-0.895***	-0.903***	-1.048***
					(0.299)	(0.304)	(0.275)	(0.280)	(0.271)	(0.229)	(0.244)	(0.319)	(0.300)
pl						0.444***	0.422***	0.494***	0.493***	0.346*	0.312*	0.314	0.337
						(0.136)	(0.134)	(0.174)	(0.175)	(0.187)	(0.186)	(0.201)	(0.208)
lninfra							0.138*	0.131*	0.147*	0.284***	0.280***	0.280***	0.290***
							(0.079)	(0.077)	(0.077)	(0.097)	(0.098)	(0.100)	(0.098)
lnnet								-0.027	-0.028	-0.073	-0.066	-0.066	-0.057
								(0.049)	(0.044)	(0.050)	(0.051)	(0.052)	(0.051)
tf									0.010***	0.022***	0.022***	0.022***	0.020***
									(0.010)	(0.009)	(0.009)	(0.009)	(0.008)

续表

	(1)	(2)	(3)	(4)	(5)	(6)	(7)	(8)	(9)	(10)	(11)	(12)	(13)
brer										0.001 ***	0.001 ***	0.001 ***	0.001 ***
										(0.000)	(0.000)	(0.000)	(0.000)
bor											-0.224	-0.228	-0.553 *
											(0.198)	(0.234)	(0.293)
fta												0.008	0.034
												(0.262)	(0.258)
sco													0.448
													(0.322)
Constant	12.933 ***	25.342 ***	3.044	2.095	3.748	5.053	2.793	0.945	1.464	-2.482	0.056	0.103	3.487
	(0.989)	(4.945)	(4.520)	(4.449)	(4.365)	(4.496)	(4.610)	(10.330)	(8.064)	(8.440)	(8.881)	(9.181)	(9.497)
Observations	610	610	610	610	610	610	592	531	490	398	398	398	398
Adjusted R-squared	0.520	0.524	0.804	0.805	0.830	0.846	0.846	0.844	0.879	0.895	0.896	0.896	0.898
N	610	610	610	610	610	610	592	531	490	398	398	398	398

*** $p<0.01$, ** $p<0.05$, * $p<0.1$

由实证结果可以看出，在不加任何控制变量或逐一加入控制变量的回归结果中，回归结果均显示，lnofdi 的系数在 1% 的显著性水平下为正，这表明我国对“一带一路”沿线国家的对外直接投资均明显地促进我国对沿线国家出口贸易，我国对沿线国家的对外直接投资在很大程度上带动对这些沿线国家的出口贸易。其他控制变量的实证结果基本符合预期，代表我国国内生产总值的变量 lncgdp 的系数显著为正且通过了 5% 的显著性水平，虽然在逐渐加入控制变量的过程中系数变得不显著，但也可说明我国的国内生产总值正向作用于我国对“一带一路”沿线国家的出口贸易，表明随着我国对外开放的不断发展，我国更加注重对沿线国家的贸易合作。代表沿线国家国内生产总值的变量 lnhgdp 的系数均为正且通过了 1% 的显著性水平，这表示沿线国家国内生产总值越高，我国出口贸易越多，表明沿线国家的需求能力越大，两国的贸易量越大。代表沿线国家人均国内生产总值的变量 lnhpgdp 的系数为负且通过 10% 的显著性水平，说明我国出口贸易与沿线国家人均国内生产总值成反比，这是因为各个国家的经济发展程度不同导致对产品的需求也不同，我国生产的产品不一定都符合沿线国家的消费需求。代表两国间的地理距离的变量 lndis 的系数为负且通过 1% 的显著性水平，表明我国会选择地理距离较近的沿线国家开展出口贸易，这是因为与沿线国家的地理距离越远，我国对其出口贸易的成本也会相应地上升，从而不利于我国出口贸易的发展。

代表沿线国家的制度环境的变量 pl 的系数显著为正，这表明沿线国家的制度环境越好，我国的出口贸易越多，两国的贸易量越大。代表沿线国家贸易便利化程度的变量 lninfra 的系数和贸易自由度的变量 tf 的系数为正且基本通过 1% 显著性水平，这表明沿线国家的贸易便利化程度和贸易自由度越高，我国与其之间的出口贸易合作程度越高。代表双边实际汇率的变量 brer 与出口贸易在 1% 显著性水平上成正相关，表明人民币升值在一定程度上促进了我国对沿线国家的出口。代表是否与沿线国家接壤的变量 bor 的系数在 10% 的显著性水平上负相关，这说明与我国陆地接壤反而一定程度上不利于我国对其的出口贸易。控制变量沿线国家的基础设施（lnnet）、是否签订自贸区协议（fta）以及是否为上合组织成员（sco）系数不显著，无法有力说明相关现象，但也可说明东道国的基础设施越好在一定程度上不利于我国对其的出口贸易，说明当中国与沿线国家签署自贸区协议有利于推动我国出口贸易的发展，以及沿线国家若为上合组织成员更有利于推动我国贸易的发展。

2. 基于工具变量法的内生性问题讨论

为了解决影响对外直接投资当期存量与出口贸易的共同因素可能造成的模型内生性的问题，本文为克服模型内生性、保证模型的切实可行，引入对外直接投资滞后一期存量作为对外直接投资存量的工具变量，基于2SLS方法研究我国对“一带一路”沿线国家对外直接投资与出口贸易关联效应。

为对比克服内生性后2SLS回归得到的结果与固定效应初步回归结果，下表5－17第一列为固定效应回归结果，第二列为2SLS的回归结果；核心解释变量系数的改善再次验证了模型内生性的存在，表明基于工具变量法的2SLS回归是得当的。在克服内生性后，对外直接投资对出口贸易的影响系数得到提升，对外直接投资的出口贸易促进作用效果更加显著，表明我国对沿线国家的对外直接投资的确可以促进我国对沿线国家的出口。代表是否与沿线国家接壤的变量bor的系数同样得到提升，这说明与我国陆地接壤反而不利于我国对其的出口贸易发展。

其次，代表我国国内生产总值的变量lncgdp的系数依旧为负不显著，代表是否与沿线国家签订自贸协议的变量fta的系数依旧为正但不显著。代表沿线国家国内生产总值的变量lnhgdp的系数显著为正但影响弹性有所减小，进一步说明沿线国家国内生产总值对其出口贸易存在显著的正向促进作用，但影响较小。代表两国间地理距离的变量lndis的系数降低，表明未控制内生性之前，其作用效果有所高估。沿线国家人均国内生产总值（lnhpgdp）、沿线国家贸易便利化程度（lninfra）、沿线国家贸易自由度（tf）、双边实际汇率（brer）的回归结果与固定效应的回归结果类似，均存在显著影响。

再次，代表沿线国家制度环境的变量pl的系数在克服内生性后由不显著转变为显著为正，这表明沿线国家的制度环境越健全，越有利于我国的出口贸易发展；代表基础设施的变量lnnet的系数由不显著转变为负，表明沿线国家的基础设施建设发展越好在一定程度上其实是不利于我国对其的出口贸易；代表是否为上合组织成员的变量sco的系数由不显著转变为显著为正，这说明对同样是上合组织成员的沿线国家出口更有利于我国的贸易发展。研究结果均符合预期。

表5－17　2SLS全样本回归结果

	(14)	(15)
	FE	2SLS
VARIABLES	lnexp	lnexp
lnofdi	0.150***	0.157***
	(0.053)	(0.020)

续表

	(14)	(15)
lncgdp	0.230	0.210
	(0.278)	(0.185)
lnhgdp	0.597***	0.590***
	(0.116)	(0.049)
lnhpgdp	-0.194*	-0.197***
	(0.125)	(0.049)
lndis	-1.048***	-1.037***
	(0.300)	(0.125)
pl	0.337	0.339***
	(0.208)	(0.089)
lninfra	0.290***	0.291***
	(0.098)	(0.046)
lnnet	-0.057	-0.056**
	(0.051)	(0.026)
tf	0.020***	0.020***
	(0.008)	(0.004)
brer	0.001***	0.001***
	(0.000)	(0.000)
bor	-0.553*	-0.562***
	(0.293)	(0.133)
fta	0.034	0.043
	(0.258)	(0.108)
sco	0.448	0.448***
	(0.322)	(0.144)
Constant	3.487	4.041
	(9.497)	(5.856)
Observations	398	398
Adjusted R-squared	0.898	0.898
N	398	398

Robust standard errors in parentheses

*** $p<0.01$, ** $p<0.05$, * $p<0.1$

5.4.6 分样本面板回归

根据上述章节的统计分析，可以看到我国对"一带一路"沿线国家对外直接投资的区位分布和行业分布具有显著特征，基于不同区位或行业对出口贸易产生的影响可能是截然不同的。此外，我国对沿线国家的对外直接投资和出口贸易关联度的测算分析表明，关联度在经济发展程度不同的国家存在一定的差异，因此采用相应模型初步回归和2SLS回归构建分类样本模型进行回归，可以进一步丰富和补充总体样本面板回归下的研究结果。一方面，根据世界银行按照收入水平的划分标准将投资东道国分为高收入国家、中等收入国家和低收入国家进行分类回归，并分别对高收入国家、中等收入国家和低收入国家分类样本进行F检验、Hausman检验、LM检验，得出各分类样本最合适的回归模型进行分类回归，检验结果见下表5－18。

表5－18 各分类样本的F检验、Hausman检验、LM检验结果

高收入国家				
模型类型划分	检验方法	检验统计量	P值	模型选择
随机效应和混合效应	LM检验	284	0.0000	随机效应
固定效应和混合效应	F检验	50.17	0.0000	固定效应
固定效应和随机效应	Hausman检验	8.11	0.4231	随机效应
中等收入国家				
模型类型划分	检验方法	检验统计量	P值	模型选择
随机效应和混合效应	LM检验	557.74	0.0000	随机效应
固定效应和混合效应	F检验	72.72	0.0000	固定效应
固定效应和随机效应	Hausman检验	20.88	0.0132	固定效应
低收入国家				
模型类型划分	检验方法	检验统计量	P值	模型选择
随机效应和混合效应	LM检验	93.62	0.0000	随机效应
固定效应和混合效应	F检验	1.63	0.0000	固定效应
固定效应和随机效应	Hausman检验	0.00	1.0000	随机效应

从分类样本的回归结果来看（表5－19），中国对"一带一路"沿线国家的对外直接投资对出口贸易的影响呈现截然不同的结果，对沿线国家的对外

直接投资的系数在高收入国家为负且不显著，在中等收入国家在1%的显著性水平下显著为正，在低收入国家为正且不显著。这表明中国在沿线高收入国家的对外直接投资与出口贸易之间呈现轻微的替代效应，这是因为我国对高收入国家的对外直接投资主要出于技术寻求型的投资动机。与高收入国家相比，我国在这些技术、品牌及管理经验等技术性资产上不存在显著优势，并不能带动我国出口贸易的显著增长。我国在中等收入国家和低收入国家开展对外直接投资主要是出于市场寻求型、效率寻求型，可以在很大程度上扩大我国出口贸易，实现出口创造效应，这表明我国对沿线国家对外直接投资和出口贸易的关联效应在经济发展程度不同的国家存在着显著差异。用来表示供给能力和需求能力的变量我国国内生产总值和沿线国家国内生产总值在高收入国家、中等收入国家以及低收入国家均显著为正，这说明我国出口贸易与沿线国家的市场规模和需求能力呈现正向关系，市场规模越大，市场需求越大，对于我国出口贸易的促进作用越大。沿线国家人均国内生产总值的系数在高收入国家显著为负，在中等收入国家的系数为负但不显著，在低收入国家的系数为正且不显著，这说明沿线国家人均国内生产总值在高收入国家和中等收入国家中对出口贸易呈负向影响，在低收入国家中与出口贸易成正比。地理距离在高收入国家和低收入国家中显著为负，在低收入国家中的负向影响不显著。沿线国家的制度环境在不同收入水平的国家中的系数为正但不显著。沿线国家贸易便利化程度系数在不同经济发展程度的国家中显著为正，表明其对出口贸易呈现正向影响。沿线国家基础设施系数在不同经济发展程度的国家中显著为负，表明其对出口贸易呈现负向影响。沿线国家的贸易自由度系数在高收入国家和低收入国家中显著为负，在中等收入国家中对出口贸易呈现正向影响。双边实际汇率的系数在高收入国家中对出口贸易呈现正向影响但不显著，在中等收入国家和低收入国家中显著为正。

表5-19 分类样本回归结果

	高收入国家	高收入国家	中等收入国家	中等收入国家	低收入国家	低收入国家
	Re	2sls	Fe	2sls	Re	2sls
VARIABLES	lnexp	lnexp	lnexp	lnexp	lnexp1	lnexp
lnofdi	-0.035	-0.005	0.132***	0.136***	0.195	2.262
	(0.023)	(0.037)	(0.025)	(0.025)	(0.446)	(2.721)

续表

	高收入国家	高收入国家	中等收入国家	中等收入国家	低收入国家	低收入国家
lncgdp	0.459***	0.532**	0.834***	0.827***	3.109*	2.950
	(0.154)	(0.219)	(0.240)	(0.242)	(1.889)	(1.798)
lnhgdp	1.145***	1.056***	0.566***	0.563***	-5.603	-17.818
	(0.129)	(0.091)	(0.059)	(0.064)	(3.895)	(16.248)
lnhpgdp	-0.677***	-0.673***	-0.069	-0.071	5.271	13.511
	(0.164)	(0.108)	(0.074)	(0.073)	(3.259)	(12.180)
lndis	-2.014*	-2.966***	-1.001***	-0.994***	-5.082	-1.124
	(1.157)	(0.502)	(0.180)	(0.135)	(5.603)	(8.286)
pl	0.379**	0.209	0.051	0.053	0.044	-5.028
	(0.171)	(0.147)	(0.121)	(0.144)	(0.727)	(6.072)
lninfra	0.146	0.152***	0.361***	0.361***	0.595***	4.343
	(0.089)	(0.052)	(0.048)	(0.065)	(0.090)	(4.367)
lnnet	-0.014	-0.190***	-0.125***	-0.125***	-0.285***	-1.217
	(0.027)	(0.039)	(0.032)	(0.032)	(0.057)	(1.092)
tf	-0.024**	-0.024*	0.023***	0.023***	-0.016***	-0.026
	(0.010)	(0.014)	(0.006)	(0.005)	(0.003)	(0.039)
brer	0.457	0.452	0.001***	0.001***	10.948***	27.639
	(0.603)	(0.298)	(0.000)	(0.000)	(3.284)	(20.261)
bor	-	-	-0.350*	-0.356**	6.921	10.824
			(0.191)	(0.146)	(4.425)	(7.507)
fta	0.883	0.298	-0.002	-0.008	-	-
	(0.575)	(0.191)	(0.163)	(0.147)		
sco	-	-	0.056	0.057	-5.847	-18.880
			(0.223)	(0.157)	(4.739)	(17.673)
Constant	4.438	42.925***	-15.766**	-15.588**	-23.266	176.598
	(10.821)	(8.325)	(7.494)	(7.461)	(31.376)	(225.517)
Observations	123	123	252	252	23	23
R-squared		0.931	0.926	0.926		0.355
N	123	123	252	252	23	23

Standard errors in parentheses

*** $p<0.01$, ** $p<0.05$, * $p<0.1$

5.4.7 稳健性检验

为证实模型的稳健性，本文再次在模型的基础上，引入被解释变量出口贸易额的滞后一期数据作为解释变量，构建动态面板模型。同时用对外直接投资滞后一期存量数据代替对外直接投资当期存量作为核心解释变量构建模型，利用 Blundell 和 Bond（2000）改进的系统 GMM 估计方法，进一步有效地克服模型内生性问题，保证模型的稳健可行。模型如下：

$$\ln EXP_{ijt} = \beta_0 + \beta_1 \ln EXP_{ijt-1} + \beta_2 \ln OFDI_{ijt-1} + \beta_3 \ln CGDP_{it} + \beta_4 \ln HGDP_{jt} + \beta_5 \ln HPGDP_{jt} + \beta_6 \ln DIS_{ijt} + \beta_7 PL_{jt} + \beta_8 \ln INFRA_{jt} + \beta_9 \ln NET_{jt} + \beta_{10} TF_{jt} + \beta_{11} BRER_{ijt} + \beta_{12} BOR_{ijt} + \beta_{13} FTA_{ijt} + \beta_{14} SCO_{ijt} + \varepsilon_{ijt}$$

下表5-20第一列为对模型的2SLS的回归结果，第二列为对模型的系统GMM回归的结果。由系统GMM回归结果中AR值可以看出，所有结果中扰动项一阶差分均通过自相关检验表明不存在自相关关系。同时Sargan检验结果均显示能够接受"所有变量都有效"的原假设。自相关检验和Sargan检验结果表明使用系统GMM估计是适当可行的。

表5-20　系统GMM全样本回归结果

	(1)	(2)
	2SLS	GMM
VARIABLES	lnexp	lnexp
L. lnexp		0.386***
		(0.026)
lnofdi	0.157***	0.081***
	(0.020)	(0.009)
lncgdp	0.210	0.249***
	(0.185)	(0.055)
lnhgdp	0.590***	0.685***
	(0.049)	(0.044)
lnhpgdp	-0.197***	-0.099***
	(0.049)	(0.037)
lndis	-1.037***	-1.558***
	(0.125)	(0.364)

续表

	(1)	(2)
pl	0.339***	0.186*
	(0.089)	(0.096)
lninfra	0.291***	0.107***
	(0.046)	(0.041)
lnnet	-0.056**	-0.013
	(0.026)	(0.008)
tf	0.020***	0.003**
	(0.004)	(0.001)
brer	0.001***	0.001**
	(0.000)	(0.000)
bor	-0.562***	-1.754***
	(0.133)	(0.280)
fta	-0.043	-1.897***
	(0.108)	(0.278)
sco	0.448***	1.126***
	(0.144)	(0.381)
Constant	4.041	23.738***
	(5.856)	(3.566)
Observations	398	398
Adjusted R-squared	0.898	0.901
Sargan 值	0.5058	0.5419
N	398	398

Robust standard errors in parentheses

*** $p<0.01$, ** $p<0.05$, * $p<0.1$

5.5 我国对“一带一路”沿线国家对外直接投资与出口贸易关联度影响因素的实证分析

5.5.1 变量选取与数据来源

市场规模是进行市场寻求型对外直接投资的一个极其重要的原因，故本文选用沿线国家人口总数、沿线国家的国内生产总值和人均国内生产总值来衡量市场规模，用沿线国家加权平均关税税率来衡量贸易壁垒。

效率寻求型对外直接投资有利于我国利用沿线国家低廉的劳动力要素成本，激发我国对沿线国家对外直接投资的开展，使得对外直接投资较出口贸易原有比较优势减小，内在关联性增加。本文用沿线国家的人均国民收入作为劳动力成本的衡量指标。

资源寻求型对外直接投资是为了获取沿线国家丰富的自然资源，自然资源的丰富程度是资源寻求型对外直接投资的重要决定因素。为了研究沿线国家自然资源禀赋对我国对“一带一路”沿线国家的对外直接投资和出口贸易的影响，本文选用沿线国家油气和其他矿物资源的出口比重作为衡量指标。

技术寻求型对外直接投资是为了获取沿线国家高新技术等资产，我国企业通过对“一带一路”沿线国家对外直接投资或者与当地企业合作，从而提升我国出口产品质量，推动出口贸易结构的改善。本文选用沿线国家高新技术产品的出口比重作为高新技术资源禀赋的衡量指标。

地理区位因素中包括了我国与“一带一路”沿线国家的地理距离、是否与我国接壤、是否与我国签署自贸协议、是否为上合组织成员国四个变量。制度环境对对外直接投资和出口贸易均会产生影响。此外，加入沿线国家贸易便利化程度、东道国基础设施、东道国贸易自由度以及双边实际汇率等变量进行回归。变量的具体含义、取值方法、数据来源以及预期结果已在下表5-21中列出。

表5-21 变量选取和数据来源

变量名称		说明	衡量指标	数据来源	预期影响
被解释变量	lncd	关联度指标		作者计算	
核心解释变量	lnPeople	沿线国家市场规模	沿线国家人口总数	世界银行	+
	lnhcdp	沿线国家市场规模	沿线国家国内生产总值	世界银行	+
	lnhpgdp	沿线国家市场规模	沿线国家人均国内生产总值	世界银行	+
	lnhpgni	沿线国家劳动力成本	沿线国家人均国民收入	世界银行	-

续表

变量名称		说明	衡量指标	数据来源	预期影响
核心解释变量	hnr	沿线国家自然资源禀赋	沿线国家油气和其他矿物资源的出口比重	根据 UNCTAT 数据库计算所得	+
	hgt	沿线国家高新技术禀赋	沿线国家高新技术产品的出口比重	根据 UNCTAT 数据库计算所得	+
控制变量	pl	沿线国家制度环境	全球治理指标六个方面平均值	根据世界银行计算所得	+
	htrf	沿线国家贸易壁垒	沿线国家加权平均关税税率	世界银行	-
	lndis	我国与沿线国家的地理距离	我国首都与沿线国家首都直线距离	CEPII 数据库	-
	lninfra	沿线国家贸易便利化程度	沿线国家的航空运输货运量	世界银行	+
	lnnet	沿线国家基础设施	沿线国家每百万人使用的安全网服务器个数	世界银行	+
	tf	沿线国家贸易自由度	美国传统基金会公布的“经济自由度指标”	美国传统基金会	+
	brer	双边实际汇率	各国对美元汇率以及各国消费者物价指数计算得出	世界银行	-
	fta	我国与沿线国家是否签署自贸区协议	是，取值1；否，取值0	中国商务部	+
	bor	与沿线国家是否接壤	是，取值1；否，取值0	CEPII 数据库	+
	sco	是否为上海合作组织成员	是，取值1；否，取值0	上合组织官网	+

5.5.2 模型构建

基于上述章节关于我国对“一带一路”沿线国家对外直接投资和出口贸

易相互关联的机理分析，本文以对“一带一路”沿线国家的对外直接投资和出口贸易的关联度为因变量构建包含市场规模、劳动力成本、资源禀赋、地理区位因素、制度环境、贸易壁垒、贸易便利化程度、贸易自由度、双边实际汇率等核心因素的计量模型，试图更为全面地探讨影响我国对“一带一路”沿线国家对外直接投资和出口贸易关联度的因素，从总体研究和分类研究中深入剖析上述影响因素在我国对沿线国家对外直接投资和出口贸易关联性变动上的贡献程度及作用机制。计量模型如下：

$$\begin{aligned} lnCD_{ijt} = {} & \beta_0 + \beta_1 lnPeople_{it} + \beta_2 lnHGDP_{jt} + \beta_3 lnHPGDP_{jt} + \beta_4 lnHPGNI_{jt} + \\ & \beta_5 HNR_{jt} + \beta_6 HGT_{jt} + \beta_7 lnDIS_{ijt} + \beta_8 PL_{jt} + \beta_9 HTRF_{jt} + \\ & \beta_{10} lnINFRA_{jt} + \beta_{11} lnNET_{jt} + \beta_{12} TF_{jt} + \beta_{13} BRER_{ijt} + \beta_{14} BOR_{ijt} + \\ & \beta_{15} FTA_{ijt} + \beta_{16} SCO_{ijt} + \delta_t + \mu_j + \varepsilon_{ijt} \end{aligned}$$

其中，i 和 j 分别代表中国和沿线国家，β_0 为常数项，ε_{ijt} 为残差项，δ_t 和 μ_j 分别为时间和个体效应，ln 为自然对数符号。

5.5.3　回归结果与分析

5.5.3.1　描述性统计

表5-22　变量之间的描述性统计

Variable		Mean	Std. Dev.	Min	Max	Observations
lncd	overall	0.147	1.947	-20.66	7.226	N = 610
	between		1.357	-8.519	1.876	n = 61
	within		1.406	-11.99	10.30	T = 10
lnpeople	overall	16.28	1.592	12.858	21.025	N = 610
	between		0.036	16.221	16.327	n = 61
	within		1.591	12.912	20.977	T = 10
lnhgdp	overall	25.02	1.476	22.12	28.63	N = 610
	between		1.476	22.22	28.32	n = 61
	within		0.179	24.21	25.52	T = 10
lnhpgdp	overall	8.743	1.188	6.082	11.35	N = 610
	between		1.186	6.335	11.16	n = 61
	within		0.160	8.024	9.197	T = 10

续表

Variable		Mean	Std. Dev.	Min	Max	Observations
lnhpgni	overall	8. 698	1. 160	6. 109	11. 29	N = 610
	between		1. 159	6. 336	11. 12	n = 61
	within		0. 151	8. 127	9. 162	T = 10
hnr	overall	0. 145	0. 246	9. 75e − 08	1. 646	N = 610
	between		0. 025	0. 112	0. 188	n = 61
	within		0. 245	− 0. 043	1. 604	T = 10
hgt	overall	0. 027	0. 035	7. 88e − 06	0. 259	N = 610
	between		0. 002	0. 025	0. 029	n = 61
	within		0. 035	− 0. 002	0. 259	T = 10
lndis	overall	8. 580	0. 377	7. 067	8. 952	N = 610
	between		0. 380	7. 067	8. 952	n = 61
	within		0	8. 580	8. 580	T = 10
pl	overall	− 0. 163	0. 749	− 1. 994	1. 639	N = 610
	between		0. 747	− 1. 601	1. 554	n = 61
	within		0. 105	− 0. 635	0. 291	T = 10
htrf	overall	3. 756	2. 790	0. 0300	15. 23	N = 610
	between		2. 984	0. 0750	15. 23	n = 61
	within		0. 924	0. 0404	13. 14	T = 10
lninfra	overall	10. 44	1. 651	3. 932	14. 00	N = 592
	between		1. 642	6. 309	13. 56	n = 61
	within		0. 512	7. 340	14. 51	T − bar = 9. 705
lnnet	overall	4. 392	2. 791	− 3. 932	11. 35	N = 610
	between		2. 287	− 0. 523	8. 523	n = 61
	within		1. 624	0. 174	8. 464	T = 9
tf	overall	79. 22	8. 989	40. 20	90	N = 564
	between		8. 581	49. 02	90	n = 58
	within		3. 010	62. 36	91. 06	T − bar = 9. 724
brer	overall	23. 56	113. 3	1. 84e − 05	959. 3	N = 501
	between		95. 61	2. 99e − 05	510. 2	n = 53
	within		57. 97	− 339. 9	472. 6	T = 9. 453
bor	overall	0. 197	0. 398	0	1	N = 610
	between		0. 401	0	1	n = 61
	within		0	0. 197	0. 197	T = 10

续表

Variable		Mean	Std. Dev.	Min	Max	Observations
fta	overall	0. 220	0. 414	0	1	N = 610
	between		0. 400	0	1	n = 61
	within		0. 120	-0. 680	1. 020	T = 10
sco	overall	0. 115	0. 319	0	1	N = 610
	between		0. 321	0	1	n = 61
	within		0	0. 115	0. 115	T = 10
country	overall	31	17. 62	1	61	N = 610
	between		17. 75	1	61	n = 61
	within		0	31	31	T = 10
year	overall	2014	2. 875	2009	2018	N = 610
	between		0	2014	2014	n = 61
	within		2. 875	2009	2018	T = 10

5. 5. 3. 2 单位根与协整检验

由于本文使用实证模型为 N = 61，T = 10 的短面板数据，选取较适用于短面板数据检验的 IPS 单位根检验方法、HT 单位根检验方法、LCC 检验以及 Westerlund 检验对数据的平稳性进行检验，检验结果显示部分变量原序列非平稳但一阶差分后均为平稳序列，表明所有序列为一阶单整。

表 5-23 IPS 单位根检验结果

变量名称	原序列检验结果			一阶差分检验结果		
	Z-t-tilde-bar	P-value	是否平稳	W-t-bar	P-value	是否平稳
lncd	0. 0240	0. 5096	否	-3. 3431	0. 0004	是
lnPeople	3. 6436	0. 9999	否	-15. 6123	0. 0000	是
lnhgdp	-3. 9354	0. 0000	是			
lnhpgdp	-2. 6435	0. 0041	是			
lnhpgni	0. 0041	0. 5016	否	-4. 6525	0. 0000	是
hnr	-3. 6614	0. 0001	是			
hgt	-1. 2545	0. 1048	否	-1. 7658	0. 0387	是
pl	1. 4879	0. 9316	否	0. 0913	0. 0364	是

表 5-24　HT 单位根检验结果

变量名称	原序列检验结果		
	Z-t-tilde-bar	P-value	是否平稳
lncd	-3.7440	0.0001	是
lnPeople	5.6007	0.0000	是
lnhgdp	-1.8660	0.0310	是
lnhpgdp	-2.0990	0.0179	是
lnhpgni	0.7711	0.0000	是
hnr	-3.8860	0.0001	是
hgt	-10.7699	0.0000	是
pl	1.8893	0.0000	是

表 5-25　LCC 单位根检验结果

变量名称	原序列检验结果			一阶差分检验结果		
	Adjusted t*	P-value	是否平稳	W-t-bar	P-value	是否平稳
lncd	-9.1570	0.0000	是			
lnPeople	-19.2866	0.0000	是			
lnhgdp	-5.7755	0.0000	是			
lnhpgdp	-6.4917	0.0000	是			
lnhpgni	-6.6928	0.0000	是			
hnr	-12.1854	0.0000	是			
hgt	-8.4097	0.0000	是			
pl	-8.7381	0.0000	是			

表 5-26　westerlund 检验

	Statistic	P-value
Variance ratio	10.8397	0.0000

5.5.3.3　相关性分析

本文对主要变量的 Pearson 相关系数进行分析，确保各变量的有效性，结果如表 5-27 所示，主要变量之间的相关系数在允许范围内。

表5-27 主要变量相关性检验

	lncd	lnpeople	lnhgdp	lnhpgdp	lnhpgni	hnr	hgt	pl	htrf	lndis	lninfra	lnnet	tf	brer	bor	fta	sco
lncd	1																
lnpeople	-0.0186	1															
lnhgdp	0.0587	0.7053***	1														
lnhpgdp	0.0975**	-0.4693***	0.2945***	1													
lnhpgni	0.0983**	-0.4745***	0.2715***	0.9786***	1												
hnr	-0.0576	0.0461	0.0159	-0.0424	-0.0277	1											
hgt	0.2841***	-0.1818***	-0.0219	0.1469***	0.1569***	0.2896***	1										
Pl	0.1613***	-0.4888***	0.0653	0.7423***	0.7337***	0.7337***	0.4865***	1									
htrf	-0.0671	0.4493***	0.0387	-0.5674***	-0.5831***	-0.5831***	-0.3046***	-0.5975***	1								
lndis	-0.0218	-0.2972***	0.0568	0.4722***	0.4942***	0.4942***	0.2395***	0.3463***	-0.4082***	1							
lninfra	0.0989**	0.5927***	0.7691***	0.1465***	0.1117***	0.1117***	0.0674	0.0173	0.1000**	-0.1076***	1						
lnnet	0.1005**	-0.3519***	0.1470***	0.6572***	0.6586***	0.6491***	0.4583***	0.7435***	-0.5321***	0.3614***	0.0981**	1					
Tf	0.00280	-0.5457***	-0.1464***	0.5823***	0.5832***	0.5832***	0.4042***	0.6601***	-0.8186***	0.4804***	-0.1920***	0.5961***	1				
Brer	0.0553	0.2519***	0.1869***	-0.0985**	-0.0969**	-0.0969***	-0.0490	-0.1253***	-0.0420	-0.1706***	0.2231***	0.00210	-0.2664***	1			
Bor	-0.0142	0.3306***	-0.0604	-0.5206***	-0.5267***	-0.5267***	-0.0935**	-0.4164***	0.3637***	-0.6462***	0.0731*	-0.3410***	-0.4126***	0.1098**	1		
Fta	0.0471	0.3087***	0.1484***	-0.2317***	-0.2334***	-0.2334***	-0.1226***	-0.0332	0.1639***	-0.6655***	0.2457***	-0.1389***	-0.2797***	0.1592***	0.2155***	1	
Sco	0.1285***	0.3321***	0.1207***	-0.2971***	-0.2885***	-0.2885***	0.1302***	-0.3095***	0.2845***	-0.2662***	0.1282***	-0.2213***	-0.3125***	-0.0730	0.5982***	-0.0668*	1

*** $p < 0.01$, ** $p < 0.05$, * $p < 0.1$

5.5.3.4 多重共线性分析

对所有解释变量进行多重共线性检验，通过计算 VIF 得到，每个解释变量的 VIF 均小于 10，表明各变量之间不存在严重的共线性关系，实证模型可行。

表 5－28 解释变量方差膨胀因子（VIF）描述性统计

变量	VIF	1/VIF
lnpeople	2.30	0.434783
lnhgdp	5.74	0.174216
lnhpgdp	3.09	0.323625
lnhpgni	9.57	0.104493
hnr	1.41	0.70922
hgt	2.08	0.480769
pl	4.95	0.20202
htrf	3.42	0.292398
lndis	5.95	0.168067
lninfra	5.61	0.178253
lnnet	5.24	0.19084
tf	4.71	0.212314
brer	1.64	0.609756
bor	4.39	0.22779
fta	3.92	0.255102
sco	3.22	0.310559
Mean VIF	4.2025	

5.5.3.5 总体样本面板回归

对模型进行初步回归，F 检验和 LM 检验结果表明固定效应和随机效应均优于混合回归。随后进行 Hausman 检验，结果见表 5－29。P 值为 0.6662 表示接受“使用随机效应”的原假设，认为应该使用随机效应模型而非固定效应模型。

表5-29 全样本下F检验、LM检验、Hausman检验结果

模型类型划分	检验方法	检验统计量	P值	模型选择
随机效应和混合效应	LM检验	134.92	0.0000	随机效应
固定效应和混合效应	F检验	8.74	0.0000	固定效应
固定效应和随机效应	Hausman检验	5.83	0.6662	随机效应

下表5-30展示了中国对一带一路沿线国家对外直接投资和出口贸易关联度的影响因素的全样本回归结果，回归（1）是基于投资动机角度影响因素的回归结果，回归（2）~（11）是逐步加入控制变量后的回归结果。

由回归（1）~（11）的结果可知，在逐步加入控制变量的过程中，代表市场规模的变量lnpeople、lnhgdp和lnhpgdp的系数均显著为正，表明市场规模越大，我国对“一带一路”沿线国家的对外直接投资和出口贸易关联度越大。作为世界第一大出口国和世界第二大投资国，我国国内生产总值的稳步增长显示了我国潜在供给能力的不断增强，为对外直接投资和出口贸易的增长奠定了良好的经济基础。同时，市场规模越大表明沿线国家的需求也就越大，可以通过出口贸易和对外直接投资两种方式协同发展的来增加我国在市场规模较大的沿线国家的市场份额，因此，我国对这类沿线国家的对外直接投资和出口贸易相对比较优势的差异较小，有助于增加对外直接投资和出口贸易的关联度，这表明代表市场规模的影响因素不仅仅是对外直接投资影响出口贸易的重要因素，也是影响对外直接投资和出口贸易关联度的重要因素。代表劳动力成本的变量lnhpgni的系数显著为负，表明沿线国家的劳动力成本越高，中国对“一带一路”沿线国家的对外直接投资和出口贸易的关联度越小。劳动力成本是开展效率寻求型对外直接投资的重要影响因素，沿线国家较低的劳动力成本将激发我国对沿线国家效率寻求型对外直接投资的开展，提升“一带一路”沿线国家对外直接投资相较于出口贸易的比较优势，使两者的关联度增加。代表自然资源禀赋的变量hnr的系数显著为负，这表明我国对“一带一路”沿线国家的对外直接投资和出口贸易的关联度与沿线国家自然资源禀赋呈现负相关关系，说明沿线国家自然资源禀赋越高，我国对“一带一路”沿线国家的对外直接投资和出口贸易的关联度并不一定越高。代表沿线国家高新技术水平的变量hgt的系数显著为正，这说明沿线国家高新技术水平越高，我国对“一带一路”沿线国家的对外直接投资和出口贸易的关联度越高。代表地理距离的变量 lndis 的系数显著为负，这说明两国间的地理距离越近，我国对"一带一路"沿线国家的对外直接投资和出口贸易的关联度越高，两国间的距离越近，出口贸易的运输成本越低，对外直接投资和出口贸易的显性比较优势差异变小，关联度变大，符合理论预期。代表沿线国家贸易便利化程度的变量 lninfra 的系数显著为负，表明沿线国家的贸易便利化程度越高，我国对"一带一路"沿线国家的对外直接投资和出口贸易的关联度越低。代表双边实际汇率的变量 brer 的系数显著为正，表明人民币升值，我国对"一带一路"沿线国家的对外直接投资和出口贸易的关联度越高。代表是否为上合组织成员的变量 sco 的系数显著为正，表明我国与沿线国家友好的经贸合作关系和政治关系有利于我国对沿线国家的对外直接投资与出口贸易的关联度的增强。代表与沿线国家是否接壤的变量 bor 的系数显著为负，表明当我国与沿线国家接壤时，我国对沿线国家对外直接投资和出口贸易的关联度较小，可能的原因是距离较近时，对外直接投资的沉没成本高于出口贸易的运输成本，出口贸易的显性比较优势更为明显。

代表沿线国家制度环境的变量 pl 的系数为正但不显著，说明沿线国家制度环境并非是我国对沿线国家对外直接投资和出口贸易关联度的显著影响因素，从经济活动复杂性的角度来看，这可能是因为制度完善、公共服务健全的国家，对于海外投资企业的要求越高且成为世界各国争夺技术资源的聚集地，然而我国由于起步较晚，对外直接投资竞争力相对较弱，难以与我国出口贸易的优势相比较，两者之间的显性比较优势的差异较大，关联度较小；但从另一方面来说，制度质量高的国家可以为出口贸易和对外直接投资提供较好的发展条件，我国企业倾向于在制度环境较好的国家进行出口贸易和对外直接投资，降低交易成本和风险成本。代表沿线国家贸易壁垒的变量 htrf 的系数为负但不显著，说明沿线国家贸易壁垒并非是我国对沿线国家对外直接投资和出口贸易关联度的显著影响因素，可能的原因是随着"一带一路"倡议的不断推行，虽然世界部分国家贸易保护主义重新抬头，但是我国和沿线国家始终保持良好的政治经济社会合作关系，因此，我国对沿线国家的对外直接投资相较于出口贸易的显性比较优势更明显，两者之间显性比较优势的差异越大，关联度越小。代表沿线国家基础设施的变量 lnnet 的系数为正但不显著，代表沿线国家贸易自由度的变量 tf 的系数为正但不显著，代表是否签订自贸区协议的变量 fta 的系数为正但不显著，说明这些因素并非是我国对"一带一路"沿线国家对外直接投资和出口贸易关联度的显著影响因素。

表5－30 模型全样本回归结果

	(1)	(2)	(3)	(4)	(5)	(6)	(7)	(8)	(9)	(10)	(11)
VARIABLES	lncd	lncd	lncd	lncd	lncd	lncd	lncd	lncd	lncd	lncd	lncd
lnpeople	2.386***	2.374***	1.528***	1.660***	1.813***	1.547***	1.371***	1.247*	1.257*	1.329*	1.218*
	(0.664)	(0.679)	(0.319)	(0.336)	(0.330)	(0.276)	(0.326)	(0.878)	(0.898)	(0.880)	(0.848)
lnhgdp	2.488***	2.478***	1.606***	1.733***	1.940***	1.685***	1.571***	1.507*	1.516*	1.584*	1.404*
	(0.657)	(0.670)	(0.309)	(0.327)	(0.323)	(0.278)	(0.330)	(0.896)	(0.913)	(0.895)	(0.865)
lnhpgdp	2.576***	2.576***	1.594***	1.731***	1.863***	1.622***	1.494***	1.411	1.420	1.463*	1.372*
	(0.640)	(0.642)	(0.289)	(0.304)	(0.300)	(0.267)	(0.310)	(0.871)	(0.890)	(0.876)	(0.844)
lnhpgni	−0.287***	−0.287***	−0.149*	−0.198**	−0.183**	−0.215***	−0.298***	−0.375***	−0.375***	−0.356***	−0.360***
	(0.070)	(0.071)	(0.087)	(0.081)	(0.077)	(0.077)	(0.079)	(0.076)	(0.077)	(0.089)	(0.080)
hnr	−0.682***	−0.678***	−0.374***	−0.398***	−0.377***	−0.379**	−0.027*	−0.121*	−0.122*	−0.123*	−0.051*
	(0.061)	(0.068)	(0.134)	(0.137)	(0.136)	(0.157)	(0.075)	(0.083)	(0.082)	(0.079)	(0.065)
hgt	2.039*	1.888*	1.467*	2.027**	2.363***	1.971**	1.738**	0.425*	0.488*	0.512*	0.801*
	(1.089)	(1.119)	(0.878)	(0.836)	(0.798)	(0.779)	(0.682)	(0.795)	(0.871)	(0.864)	(0.968)
pl		0.027	0.251***	0.276***	0.284***	0.220***	0.208***	0.085	0.079	0.101	0.035
		(0.094)	(0.087)	(0.086)	(0.084)	(0.083)	(0.047)	(0.085)	(0.084)	(0.081)	(0.073)
htrf			−0.043*	−0.051**	−0.049**	−0.043	−0.027	−0.053	−0.053	−0.056	−0.057
			(0.023)	(0.024)	(0.025)	(0.027)	(0.043)	(0.042)	(0.043)	(0.043)	(0.039)
lndis				−0.291***	−0.349***	−0.345***	−0.265***	−0.171**	−0.153*	−0.060	−0.579**
				(0.046)	(0.040)	(0.042)	(0.067)	(0.075)	(0.088)	(0.131)	(0.236)
lninfra					−0.055***	−0.060***	−0.102***	−0.157***	−0.155***	−0.158***	−0.150***
					(0.014)	(0.013)	(0.014)	(0.031)	(0.030)	(0.030)	(0.027)
lnnet						0.018	0.015	0.001	0.000	0.002	0.017

续表

	(1)	(2)	(3)	(4)	(5)	(6)	(7)	(8)	(9)	(10)	(11)
						(0.016)	(0.018)	(0.014)	(0.014)	(0.013)	(0.017)
tf							0.016	0.013	0.013	0.015	0.005
							(0.016)	(0.012)	(0.012)	(0.012)	(0.011)
brer								0.001***	0.001**	0.001***	0.002***
								(0.000)	(0.000)	(0.000)	(0.000)
bor									-0.035**	-0.088**	-0.978**
									(0.108)	(0.102)	(0.407)
fta										0.093	0.139
										(0.104)	(0.145)
sco											1.243***
											(0.418)
Constant	-3.091***	-3.029***	-2.195***	0.054	-0.297	-0.541	-4.288***	-6.259***	-6.408***	-7.317***	-0.250
	(0.603)	(0.697)	(0.557)	(0.680)	(0.681)	(0.713)	(1.316)	(1.415)	(1.335)	(1.250)	(2.227)
Observations	610	610	553	553	535	481	454	371	371	371	371
Number of year	10	10	10	10	10	9	9	9	9	9	9
N	610	610	553	553	535	481	454	371	371	371	371

Robust standard errors in parentheses

*** $p < 0.01$, ** $p < 0.05$, * $p < 0.1$

如下表5－31所示，在分别剔除了不显著的制度环境变量pl、贸易壁垒变量htrf、基础设施变量lnnet、贸易自由度变量tf以及是否签订自贸区协议的变量fta的回归（12）~（16）中，回归结果仍然表示出高度的相似性，这也证明了本文关于我国对"一带一路"沿线国家对外直接投资和出口贸易关联度的影响因素的实证结果的稳定性。

表5－31 分别剔除不显著变量pl、htrf、lnnet、tf、fta的回归结果

	(11)	(12)	(13)	(14)	(15)	(16)
VARIABLES	lncd	lncd	lncd	lncd	lncd	lncd
lnpeople	1.218*	1.264	1.654**	1.846**	2.095***	2.182***
	(0.848)	(0.815)	(0.806)	(0.791)	(0.675)	(0.644)
lnhgdp	1.404*	1.449*	1.869**	2.053**	2.094***	2.177***
	(0.865)	(0.832)	(0.825)	(0.804)	(0.682)	(0.652)
lnhpgdp	1.372*	1.402*	1.853**	2.000**	2.201***	2.250***
	(0.844)	(0.823)	(0.813)	(0.779)	(0.657)	(0.634)
lnhpgni	-0.360***	-0.352***	-0.370***	-0.338***	-0.308***	-0.276***
	(0.080)	(0.078)	(0.067)	(0.077)	(0.067)	(0.058)
hnr	-0.051*	-0.044	-0.106	-0.104	-0.757***	-0.725***
	(0.065)	(0.062)	(0.134)	(0.123)	(0.107)	(0.096)
hgt	0.801*	0.674*	0.244*	0.203*	0.752*	0.587*
	(0.968)	(0.985)	(1.106)	(0.946)	(0.987)	(1.017)
pl	0.035					
	(0.073)					
htrf	-0.057	-0.056				
	(0.039)	(0.038)				
lndis	-0.579**	-0.565**	-0.859***	-0.704***	-0.848***	-0.675***
	(0.236)	(0.225)	(0.095)	(0.155)	(0.110)	(0.049)
lninfra	-0.150***	-0.150***	-0.147***	-0.136***	-0.031*	-0.023*
	(0.027)	(0.028)	(0.021)	(0.020)	(0.046)	(0.047)
lnnet	0.017	0.019	0.014			
	(0.017)	(0.018)	(0.013)			
tf	0.005	0.006	0.007	0.004		
	(0.011)	(0.012)	(0.007)	(0.006)		

续表

	(11)	(12)	(13)	(14)	(15)	(16)
brer	0.002***	0.002***	0.001***	0.001***	0.002***	0.002***
	(0.000)	(0.000)	(0.000)	(0.000)	(0.000)	(0.000)
bor	-0.978**	-0.961**	-1.241***	-1.131***	-1.371***	-1.292***
	(0.407)	(0.396)	(0.139)	(0.150)	(0.109)	(0.094)
fta	0.139	-0.119	-0.335***	-0.238**	-0.162*	
	(0.145)	(0.135)	(0.061)	(0.095)	(0.085)	
sco	1.243***	1.227***	1.349***	1.270***	1.858***	1.868***
	(0.418)	(0.407)	(0.235)	(0.206)	(0.164)	(0.165)
Constant	-0.250	-0.496	2.913**	1.368	5.586***	4.162***
	(2.227)	(2.029)	(1.133)	(1.514)	(1.196)	(1.041)
Observations	371	371	398	446	483	483
Number of year	9	9	9	10	10	10
N	371	371	398	446	483	483

*** $p<0.01$, ** $p<0.05$, * $p<0.1$

5.5.3.6 分样本面板回归

在经济发展程度上，根据世界银行按照收入水平的划分标准，将沿线国家分为高收入国家、中等收入国家和低收入国家，剔除了不显著的制度环境变量pl、贸易壁垒变量htrf、基础设施变量lnnet、贸易自由度变量tf以及是否签订自贸区协议的变量fta，并分别对高收入国家、中等收入国家和低收入国家分类样本进行F检验、Hausman检验、LM检验，得出各分类样本最合适的回归模型进行分类回归，检验结果见下表5-32。

表5-32 各分类样本的F检验、Hausman检验、LM检验结果

高收入国家				
模型类型划分	检验方法	检验统计量	P值	模型选择
随机效应和混合效应	LM检验	84.13	0.0000	随机效应
固定效应和混合效应	F检验	0.64	0.0624	固定效应
固定效应和随机效应	Hausman检验	5.15	0.7411	随机效应

续表

中等收入国家				
模型类型划分	检验方法	检验统计量	P值	模型选择
随机效应和混合效应	LM检验	123.23	0.0000	随机效应
固定效应和混合效应	F检验	8.65	0.0000	固定效应
固定效应和随机效应	Hausman检验	35.36	0.0132	固定效应
低收入国家				
模型类型划分	检验方法	检验统计量	P值	模型选择
随机效应和混合效应	LM检验	0.00	0.0000	随机效应
固定效应和混合效应	F检验	1.81	0.0551	固定效应
固定效应和随机效应	Hausman检验	12.28	0.1392	随机效应

从经济发展程度分样本的回归结果（表5-33）来看，各个子样本间存在着一定的差异，中等收入国家的回归结果与全样本较为相似，沿线国家的市场规模、沿线国家的劳动力成本、两国间的地理距离、沿线国家的贸易便利化程度、双边实际汇率等都是影响我国对“一带一路”沿线国家对外直接投资和出口贸易关联度的重要影响因素。值得一提的是，高收入国家的劳动力成本变量lnhpgni的系数显著为正，而在中等收入国家和低收入国家中显著为负，这表明劳动力成本对我国对沿线国家对外直接投资和出口贸易的关联度的影响在不同经济发展程度国家中存在差异，中等收入国家和低收入国家中劳动力成本较为低廉，激发我国对沿线国家效率寻求型对外直接投资的开展，使两者的关联度增加。高收入国家和中等收入国家的自然资源禀赋的变量系数为负，而在低收入国家中则为正，这表明在高收入国家和中等收入国家中，沿线国家自然资源禀赋越高，对外直接投资和出口贸易的关联度并不一定越高；而在低收入国家中，沿线国家自然资源禀赋越高，对外直接投资和出口贸易的关联度越高。高收入国家和中等收入国家的高新技术水平的变量系数为正，而在低收入国家中则为负，这表明在高收入国家和中等收入国家中，其拥有的高新技术资源较多，我国开展技术寻求型对外直接投资的机会较多，通过对外直接投资来获得高收入国家和中等收入国家先进的技术、经验等资产进而带动出口贸易的目标较容易实现，因此对外直接投资相较于出口贸易的比较优势更为明显，内在关联度较大。高收入国家的贸易便利化程度变量的系数为正，而在中等收入国家和低收入国家中则显著为正，这表

明在高收入国家中，沿线国家贸易便利化程度越高，对外直接投资和出口贸易的关联度越高；而在中等收入国家和低收入国家中，沿线国家贸易便利化程度越高，对外直接投资和出口贸易的关联度并不一定越高。

表 5-33　分类样本回归结果

	高收入国家	中等收入国家	低收入国家
	Re	Fe	Re
VARIABLES	lncd	lncd	lncd
lnpeople	5.165***	2.169*	9.568***
	(1.445)	(3.070)	(3.410)
lnhgdp	5.239***	2.754*	7.643***
	(1.436)	(3.215)	(2.629)
lnhpgdp	5.135***	3.540*	–
	(1.425)	(4.231)	
lnhpgni	0.328***	-1.188*	-4.073**
	(0.045)	(2.503)	(2.064)
hnr	-0.050	-0.687*	0.812
	(0.127)	(0.478)	(2.772)
hgt	0.055	2.755*	-6.020
	(1.297)	(2.826)	(11.232)
lndis	-0.406**	-0.460**	-14.480
	(0.202)	(0.232)	(9.003)
lninfra	0.023	-0.523*	-1.439***
	(0.058)	(0.298)	(0.414)
brer	0.442**	0.002***	7.386
	(0.179)	(0.000)	(4.976)
bor	–	-1.234**	-14.143*
		(0.477)	(7.366)
sco	–	2.212***	8.281**
		(0.489)	(3.889)
Constant	-1.858	11.345**	105.875
	(2.276)	(5.014)	(84.098)

续表

	高收入国家	中等收入国家	低收入国家
Observations	143	306	34
R - squared		0. 085	
N	143	306	34

Robust standard errors in parentheses

*** $p < 0.01$, ** $p < 0.05$, * $p < 0.1$

5.6　研究结论

5.6.1　相关结论

本章节通过研究，得出以下五个结论：

1. 我国对"一带一路"沿线国家的对外直接投资发展迅速，对外直接投资和出口贸易的结构不断优化。本文对 2009 - 2018 年这 10 年间我国对"一带一路"沿线国家对外直接投资的总体情况进行了详细的描述性分析。根据我国对沿线国家对外直接投资的总体规模分析可知，我国对外直接投资总体上呈现快速增长的趋势，多年来成为世界第二大对外直接投资大国，反映了我国对外直接投资在全球不断扩张的影响力；虽然国际政治经济形式复杂多变，全球经济出现疲软状态，但是我国对"一带一路"沿线国家的对外直接投资总体上还是呈现持续增长的趋势，这说明我国与"一带一路"沿线国家的合作更加紧密，沿线地区是实现我国进一步对外开放的重要力量；根据我国对"一带一路"沿线国家对外直接投资区位分布的分析可知，2009 - 2018 年这 10 年间我国对东盟地区的对外直接投资一直处于最高水平，并呈现波动上升的趋势，位列第二、第三位的分别是西亚北非地区和独联体地区，我国对七大区域的对外直接投资总体上呈现波动上升的趋势，中东欧地区对外直接投资的所占比重的不断提升说明了我国对"一带一路"沿线国家对外直接投资结构在不断优化；根据我国对"一带一路"沿线国家对外直接投资的行业分布的分析可知，行业结构不断优化，第三产业在投资存量行业结构中占比显著提升，对外直接投资存量的行业集中度较高，规模效应显著。

2. 我国对"一带一路"沿线国家的出口贸易处在不断发展的阶段中，但出口贸易的结构仍然需要进一步优化。本文对 2009 年以来我国至今出口贸易规模、区位分布、商品结构、出口贸易方式以及出口贸易的企业性质进行了描述性分析。根据我国对“一带一路”沿线国家的出口贸易规模的分析可知，我国对“一带一路”沿线国家出口贸易额呈现总体显著上升的态势，并且占同期我国对外出口贸易额的比重总体上也是呈现逐年上升的趋势，这表明我国加强对外开放的重点正向“一带一路”沿线国家转移；根据我国对“一带一路”沿线国家出口贸易的区位分布分析可知，东盟是我国对沿线国家出口的最主要目的地，次之为西亚北非地区和南亚地区，我国与中亚、南亚、中东欧以及独联体国家的出口贸易额较少，这几个地区的贸易潜力相对来说较大，具有更多的发展机遇，我国可以充分利用“一带一路”倡议规划蓝图加强与其他几个地区的经贸合作；根据我国对“一带一路”沿线国家的出口贸易的商品结构分析可知，我国向沿线国家的出口产品以资本、技术及劳动密集型产品为主；根据我国对“一带一路”沿线国家的出口贸易的方式的分析可知，一般贸易出口额占比最高，加工贸易的地位逐渐下降；根据我国对“一带一路”沿线国家的出口贸易的企业性质的分析可知，民营企业对“一带一路”国家的出口额所占比重最高，民营企业对沿线国家出口贸易的贡献度逐步提高。

3. 我国对“一带一路”沿线国家对外直接投资和出口贸易的关联度存在着显著的国别差异。本文基于比较优势的原理和方法，构建了对外直接投资和出口贸易关联度指标并进行了测算。从沿线国家的经济发展程度来看，我国在沿线中等收入国家对外直接投资和出口贸易的相对比较优势偏离较小，对外直接投资和出口贸易关联度指标在中等收入国家较为明显，同时在中等收入国家间的差异性较为突出，影响关联度的因素可能更复杂。中等收入国家的对外直接投资和出口贸易关联度指标值随时间有起有落，但总体上呈现先上升后逐步下降的趋势，说明对外直接投资和出口贸易的相对比较优势的偏离状况在中等收入国家逐渐变大，关联度逐渐减小；高收入国家的关联度指标值同样总体上呈现先上升后逐渐下降的趋势，说明对外直接投资和出口的相对比较优势偏离状况在高收入国家逐渐变大，关联度逐渐减小；低收入国家的关联度指标值总体上呈现波动下降的趋势，说明对外直接投资和出口的相对比较优势偏离状况在低收入国家逐渐变大，关联度逐渐减小。

4. 我国对“一带一路”沿线国家对外直接投资总体上显著地促进了我国出口贸易的发展。本章节借鉴贸易引力模型，基于 2009 年至 2018 年中国与“一带一路”沿线的 61 个国家的数据进行实证研究，从总体和分类两个层面实证检验我国对沿线国家对外直接投资与出口贸易的关联性。总体样本的回归结果表明，我国对“一带一路”沿线国家对外直接投资明显地促进我国对沿线国家出口，我国对沿线国家的对外直接投资能在很大程度上带动对这些国家的出口贸易，符合目前我国对外直接投资与出口并驾齐驱增长的现状；根据沿线国家经济发展程度分类的回归结果分析可知，我国对沿线国家对外直接投资对出口贸易的正向促进作用在中等收入国家比较明显，在高收入国家存在轻微的出口替代效应。

5. “一带一路”沿线国家的市场规模、劳动力成本、自然资源禀赋、高新技术禀赋、地理距离、贸易便利化程度、双边实际汇率等是影响我国对“一带一路”沿线国家对外直接投资和出口贸易关联度的重要因素。为了进一步分析我国对“一带一路”沿线国家对外直接投资与出口贸易关联度产生的内在原因和形成机理，本文以对“一带一路”沿线国家的对外直接投资和出口贸易的关联度为因变量构建相应的面板数据模型，实证分析各影响因素在我国对沿线国家对外直接投资与出口贸易关联性上的贡献程度。实证结果表明沿线国家的市场规模、高新技术禀赋、双边实际汇率以及是否为上合组织成员等对我国对“一带一路”沿线国家对外直接投资和出口贸易的关联度存在显著的正向影响；劳动力成本、自然资源禀赋、地理距离、贸易便利化程度以及与我国是否接壤等对我国对沿线国家对外直接投资和出口贸易的关联度的影响显著为负；制度环境、贸易壁垒、基础设施、贸易自由度以及是否签订自贸区协议的影响并不显著。此外，这些因素作用效果在不同经济发展程度的沿线国家间存在明显差异。劳动力成本在高收入国家对关联度的影响显著为正，在中等收入国家和低收入国家中显著为负；自然资源禀赋在高收入国家和中等收入国家中对关联度的影响显著为负，在低收入国家中则为正；高新技术禀赋在高收入国家和中等收入国家中对关联度的影响显著为正，在低收入国家中则为负；贸易便利化程度在高收入国家对关联度的影响显著为正，在中等收入国家和低收入国家中则显著为正。

5.6.2　对策建议

随着经济全球化的不断推进和贸易摩擦的持续增加，我国对外开放的推进正面临着前所未有的挑战，出口贸易规模增速逐渐放缓。虽然我国对外直接投资的起步较晚，但是对外直接投资已经作为我国“走出去”的重要方式，并且成为我国实现进一步对外开放的最重要因素。与此同时，以习近平总书记为核心的党中央在2013年提出的“一带一路”倡议规划蓝图，为促进我国经济发展、开展区域投资贸易合作以及实现我国进一步对外开放提供了极大的便利。我国要发挥“一带一路”倡议的政策作用以及对外直接投资对出口贸易的促进作用，把握影响我国对沿线国家对外直接投资和出口贸易关联度指标的重要因素，努力提升两者的关联性。因此，本文提出以下政策建议，以期为我国“一带一路”倡议规划蓝图的实现、我国对外直接投资和出口贸易关联度的增强以及差异性投资贸易政策的制定提供相应的依据。

1. 加强宏观调控，推进对外直接投资结构合理化发展

在当今复杂多变的国际政治经济大环境背景之下，为实现我国进一步对外开放的新格局，离不开对外直接投资的持续、健康、稳定发展。在继续深入推进我国对“一带一路”沿线国家对外直接投资稳步发展的过程中，要格外重视对“一带一路”沿线国家对外直接投资的结构合理化发展。就我国对沿线国家对外直接投资的总体规模来说，我国对外直接投资总体上呈现快速增长的趋势，多年来成为世界第二大对外直接投资大国，反映了我国对外直接投资在全球不断扩张的影响力。面对当前复杂多变的国际环境，我国应当把握“一带一路”倡议所带来的机遇，努力推动我国与沿线国家的对外直接投资，进一步实现对外直接投资规模的稳步上升，尤其是发展潜力较大的东亚、南亚、中亚、中东欧地区等地区。就“一带一路”沿线国家对外直接投资的行业分布来说，我国对沿线国家制造业的对外直接投资占据我国对沿线国家对外直接投资的大半壁江山，因此我国应该鼓励制造业企业到沿线国家进行对外直接投资，提高对沿线国家制造业的对外直接投资缓解我国劳动力成本上升、产能过剩等问题，重新焕发我国制造业的比较优势。除此之外，为解决我国能源逐渐匮乏的现状，应当关注沿线资源丰富的国家，保障能源供给，推动投资行业的多元化发展。

2. 扩大贸易开放程度，促进出口贸易结构转型升级

一直以来，我国始终保持着全球第一大出口国的地位，但是近年来，由于全球经济增速放缓，我国出口贸易的增长速度也大幅度放缓，出口贸易的发展面临着严峻的挑战，因此，我国应该抓住“一带一路”倡议所带来的机遇，进一步推动我国出口贸易的转型升级。就我国对沿线国家出口贸易的区位分布来看，我国与中亚、南亚、中东欧以及独联体国家的出口贸易额较少，这几个地区的贸易潜力相对来说较大，具有更多的发展机遇，我国可以充分

利用“一带一路”倡议规划蓝图加强与这几个地区的经贸合作。就我国对沿线国家出口贸易商品结构来说，我国必须重视技术密集型产品竞争力的提高，提升我国出口贸易产品的竞争优势以及在全球价值链中的地位，改善我国出口贸易的商品结构，推动我国产业转型升级。就出口贸易方式来说，一般贸易占据我国对“一带一路”沿线国家出口贸易的重要地位。面对新时期国内外外贸压力，我国应该继续做强一般贸易，推动产业结构升级。就出口贸易的企业性质而言，要鼓励和促进国有企业和民营企业在“一带一路”沿线国家出口贸易中发挥首要作用，占据主导地位，实现出口贸易由外资企业向国内企业主导的转变，促进各类企业国际间合作，进一步推动出口贸易结构的转型升级，为我国出口贸易的发展提供更加广阔空间。

3. 区分不同的投资动机，有针对性地提升对外直接投资对出口贸易的促进作用

我国对沿线国家的对外直接投资对出口贸易具有推动作用。在当今复杂多变的国际政治经济大环境背景之下，我国的出口贸易同样面临着前所未有的挑战和压力，在“一带一路”倡议规划蓝图视角下，我国对外开放的方式应该从简单的出口贸易转变为出口贸易和对外直接投资协同发展的新模式。但是由于对“一带一路”沿线国家投资动机的不同，对外直接投资对出口贸易的影响也不尽相同。所以，在制定政策的过程中，一定要把握不同对外直接投资动机的特质和影响，做到区别对待，重点分明。就效率寻求型对外直接投资来说，我国的企业可以充分利用“一带一路”倡议规划蓝图所带来的机遇，发挥相应的政策效应，加强与“一带一路”沿线国家的经贸合作，首先，通过向沿线国家转移我国已经失去相对比较优势的产业来对生产要素进行重新分配，实现要素的优化配置，改善我国出口商品结构；推动产业的转型升级；其次，通过利用沿线国家丰富廉价的劳动力和自然资源，降低成本的同时提高产品利润率，为企业培育和发展新兴产业提供了资金支持，改善我国出口贸易结构，促进我国产业结构升级。由于我国开展效率寻求型对外直接投资主要是在中等收入国家，因此，在对外直接投资国别选择时，应该继续巩固和发展在中等收入国家的投资。就资源寻求型对外直接投资来说，应该充分加强我国与“一带一路”沿线资源丰富的国家的联系，通过对所获取的自然资源进行开采和加工，在帮助沿线国家进行自然资源基础设施建设的同时可以增加对我国开采设备、相关技术和中间产品的出口规模，这不仅加强了我国与沿线国家自然资源基础设施的互联互通，还可以改善我国的出

口贸易结构，发挥对外直接投资的出口促进效应。就技术寻求型对外直接投资来说，可以通过学习沿线高收入水平国家的先进技术、经营管理能力和品牌打造经验等，通过提升我国对“一带一路”沿线国家的技术溢出效应来提升我国国内企业在出口贸易中的竞争力，进一步提升我国企业在全球价值链中的地位，推动出口贸易结构的转型升级。就市场寻求型对外直接投资来说，首先，通过直接在沿线国家设立企业或工厂进行生产和销售，供给匹配沿线国家当地需求的产品；其次，通过在沿线国家设立工厂促进我国对生产所需的机械设备、零部件等的出口贸易增多，改善出口商品的结构；再次，通过在沿线国家建立分支机构进行销售和提供修理修配等方面的服务，达到进一步开拓沿线国家市场，提高市场占有率的目的，从而有效刺激沿线国家当地居民对我国出口贸易产品的需求。

4. 重点关注影响关联度的重要因素，提升对外直接投资和出口贸易内在关联性

通过对关联程度较高的沿线国家深入剖析，可以看出我国对沿线国家对外直接投资和出口贸易的关联度在不同类型的国家有所区别，影响关联度的因素纷繁复杂。因此，我国对沿线国家对外直接投资和出口贸易的关联度的提高必须重视不同类型国家的差别，特别是要关注市场规模、劳动力成本、自然资源禀赋、高新技术禀赋、地理距离、贸易便利化程度、双边实际汇率的影响。就市场规模来说，对外直接投资和出口贸易选择都应该倾向于选择市场规模较大的沿线国家，沿线国家的市场规模越大，我国通过对外直接投资将更加容易生产和销售出更加匹配沿线国家当地市场需求的产品，不仅可以规避贸易壁垒，而且还可以通过在当地大规模生产销售发挥规模经济，从而节省成本资源提高产品的利润率。除此之外，沿线国家的市场规模越大，其对出口贸易的需求也就越大，我国对其出口贸易的空间也就越大。就劳动力成本来说，我国应该选择劳动力成本低廉且丰富的沿线国家开展更为密切的经贸合作，发挥效率型对外直接投资，缓解我国国内劳动力成本上升的形势，降低成本的同时提高产品利润率，为企业培育和发展新兴产业提供了资金支持，促进我国产业结构升级的同时改善我国出口贸易结构。就自然资源禀赋来说，我国应该加强对西亚北非地区等自然资源丰富国家的对外直接投资，通过对所获取的自然资源进行开采和加工，在帮助沿线国家进行自然资源基础设施建设的同时可以增加对我国开采设备、相关技术和中间产品的出口规模，这不仅加强了我国与沿线国家自然资源基础设施的互联互通，还可

以缩小对外直接投资和出口贸易相对比较优势的差异，发挥对外直接投资的出口促进效应。就高新技术禀赋来说，通过对沿线技术先进的国家进行技术寻求型对外直接投资，并购当地信息技术研发、科学研究和商贸服务等较先进的企业或者建立一个相应的新企业，获取沿线技术先进国家高新技术、品牌效应以及经营管理经验等，发挥出口贸易的经验积累作用，解决我国在技术创新和经营管理方面的不足。除此之外，我国还应当关注地理距离、贸易便利化程度、双边实际汇率、制度环境等重要影响因素的影响，发挥对外直接投资对出口贸易的带动作用来抵御对我国对“一带一路”沿线国家经贸合作所带来的不利影响，加强我国企业与沿线国家的投资和贸易合作，提高抵御外部经贸风险的能力，从而更好地推动我国对“一带一路”沿线国家的对外直接投资与出口贸易可持续发展。

5. 增强技术创新能力，助力对外直接投资和出口贸易的发展

在当今复杂多变的国际政治经济大环境背景之下，我国经济发展迈入新常态的同时也面临着严峻的挑战。尤其是随着经济发展，我国劳动力成本低廉的传统优势逐渐丧失，导致我国在劳动密集型产品的出口贸易中不再占有绝对的竞争优势。要保持我国经济的稳步增长，提升我国出口贸易产品在全球价值链中的地位，实现我国进一步对外开放，我国应该继续提倡“大众创新，万众就业”的政策指导，通过给予适当的政策优惠以及技术和资金方面的帮助和支持，在全社会营造良好的创新氛围，大力推进技术研发和创新，提高我国技术密集型产品的出口贸易比重，弥补传统优势丧失的同时增强国际竞争力。

5.6.3 研究不足与展望

本章节基于我国对“一带一路”沿线国家对外直接投资动机的角度，分析了我国对沿线国家对外直接投资和出口贸易之间的关联效应以及产生关联性的内在机理。但是本文仍然存在一些不足：（1）由于对沿线国家对外直接投资和出口贸易之间的关系非常复杂，本文估计还有很多非经济学因素都会对对外直接投资和出口贸易的关联度产生影响，本文所列的影响因素可能不足以解释两者的关联性，从而导致影响因素的不全使得所构建的模型有偏差；（2）本文只选取了“一带一路”沿线国家的61个国家进行相应的实证分析，可能会由于数据的较少造成偏差；（3）由于行业和企业层面的数据获取困难，

本文关联度指标的测算只是简单地从宏观层面对我国对"一带一路"沿线国家对外直接投资和出口贸易的关联性进行研究分析，并没有从行业和企业的层面对对外直接投资和出口贸易进行更加深入和细致的分析。

因此，在本文的基础上，可以从三个方面深入研究和完善：(1) 结合我国经济发展和对外开放的不断推进，不断丰富和完善对外直接投资与出口贸易关联度的影响因素体系；(2) 不局限于"一带一路"沿线国家样本的选取，可以扩大国家样本来进行关联度影响因素实证研究，可能得出更为合理的理论结果；(3) 尝试运用先进的计算机技术，通过大数据进一步挖掘行业、企业层面的微观数据，从行业和企业的层面对对外直接投资和出口贸易进行更加深入和细致的分析。

第6章 “一带一路”沿线国家吸引力水平对跨境电子商务企业的影响

从国际贸易研究的角度来看，国家吸引力的概念被用来衡量一个国家在市场上的特点，在进行跨国贸易时，跨国公司会基于这些市场特点制订出相应的决策。从目前来看，国家吸引力在不同领域的应用是不一样的，如在国际贸易中，国家被当作一个市场或投资场所，因此能够获得更多经济收益的国家是更有吸引力的。在国际旅游中，国家被当作一个旅游景点，游客们考虑更多的是住宿、交通等因素，而在国际移民中，移民者是基于寻求更好的生活质量或者是避难等不同的需求做出的移民决定。但是我们也可以看到，不管是在国际贸易的领域，还是国际移民或者国际旅游领域，对于不同利益相关者而言，一个国家的吸引力在于它能不能更好地满足其需求。如果一个国家可以满足更多的利益相关者的偏好，那么这个国家的吸引力就会越大，也因此被选择为一个东道国的可能性更大。对于跨境电子商务企业而言，如果将货物、服务等出口到一个国家，可以更多、更快、更好、更省地获得财富，且这种创造财富的能力是更持久的，风险是更低的，那么这个国家对于跨境电子商务企业来说就更有吸引力，因此更有可能被选择为东道国。

6.1 国家吸引力的内涵

一个人在容貌、学识等方面的吸引力在人际交往中是非常重要的，而作为一个国家保持竞争优势的战略资源，国家吸引力同样具有至关重要的作用。目前，国家吸引力的概念已经被广泛地用于国际贸易、国际旅游与国际移民等不同的领域。从国际旅游与移民研究的角度来看，对国家吸引力的研究主要从个人依据不同国家的吸引力去选择目的地出发，解释了为什么某些国家比其他国家更受欢迎。其中，马荣（Mayon）、贾维斯（Jarvis）（1981 年）用"目的地吸引力"的概念对国家吸引力进行了解释，认为越能满足游客或移民者需求的目的地就越有吸引力。一系列现有研究表明，人口的跨国、跨区域流动受到经济、政治、社会等各方面因素的影响。李光勋（2016 年）认为在国际旅游中，相对于经济因素，自然景观、文化景点等非经济因素对人们选择目的地的影响更加重要，而与短期的旅游不同，国际移民是长期定居，受到就业、教育等的影响，因此，移民决策需要对环境、社会、经济、政治等各种因素进行综合考虑。从国际贸易研究的角度来看，国家吸引力的概念被用来衡量一个国家在市场上的特点，在进行跨国贸易时，跨国公司会基于这些市场特点出相应的决策。如克里斯蒂安森（Christiansen）（2004 年）等学者指出东道国能够为企业提供一系列的优势，如市场规模大、生产成本较低、基础设施完善等，投资者希望通过投资东道国而获得具体的收益，在这种诱人的战略考虑驱动下，跨国企业会根据不同国家的特点做出实际的决策。如果一个国家对跨国企业的吸引力越大，则该国就越有可能被选定为东道国。而美国学者查尔斯·希尔（2014 年）对国家吸引力模型进行了更加全面的分析，进一步指出一个国家作为一个潜在的市场或投资环境，它的综合吸引力取决于在该国长期从事商务活动的相关收益、成本和风险之间的平衡。而巴内（Barney）、克拉克（Clark）（2006 年）则基于资源基础的理论，提出国家吸引力是一个国家具有持续竞争优势的战略资源，它的提升与否是与该国是否进行有效管理密切相关的。从目前来看，学术界对于国家吸引力的概念还没有形成统一的观点，但是通过国际贸易、国际旅游和国际移民三个研究领域的比较，我们可以发现国家吸引力在不同领域的应用是不一样的，如在国际贸易中，国家被当作一个市场或投资场所，因此能够获得更多经济收益的国家是更有吸引力的。在国际旅游中，国家被当作一个旅游景点，游客们考虑更多的是住宿、交通等因素，而在国际移民中，移民者是基于寻求更好的生活质量或者是避难等不同的需求做出的移民决定。但是我们也可以看到，不管是在国际贸易的领域，还是国际移民或者国际旅游领域，对于不同利益相关者而言，一个国家的吸引力在于它能不能更好地满足其需求。基于此，本文将国家吸引力的一般化概念定义为：在某种标准下，对于利益相关者来说一个国家与其他国家相比，所具有的相对优势和能力，以及优于其他国家的程度。

6.2 国家吸引力影响因素

国家吸引力由各种因素组成，主要取决于文献所研究领域的特征。本文的研究对象为跨境电子商务，目前，将跨境电子商务与国家吸引力相结合进行研究的文献几乎是一个空白，而跨境电子商务是国际间贸易的重要形式之一，跨境电子商务与国际贸易之间存在着相互影响相互促进的关系，因此，本节主要从国际贸易的角度出发，梳理不同学者对国家吸引力影响因素的分析。从国际贸易研究的角度看，经济、政治、法律、环境等各种因素都会作用于国家吸引力。其中，影响投资者决策的最重要的决定因素包括东道国的市场规模、经济增长前景、成本、基础设施等。邓宁（1993年）指出东道国拥有诸如大市场、低廉的劳动力和生产成本、基础设施等区位优势，对于企业跨国经营具有正面的影响作用。王强（2016年）认为在企业国际化发展的过程中，东道国的市场因素、税收政策和成本都是企业需重点考虑的因素。李光勋（2016年）指出，如果东道国的市场规模较大、经济增长较快、购买力较强，那么就有可能为跨国企业提供更多的优惠，从而最大化企业的利益，因此，可以吸引到更多的跨国企业。张晴、杨斌来、姚佳（2018年）认为东道国的经济规模、汇率水平、贸易、技术水平等影响着一个国家作为一个市场或投资场所的吸引力。李猛、于津平（2011年）则通过研究中国与74个东道国的动态面板数据发现，东道国的资源禀赋、市场规模是影响中国海外投资的重要因素，此外，贸易关联度与制度建设也有一定的相关性。田毕飞、邱艳琪（2010年）和牛媛媛（2013年）认为双边贸易总额、地理距离、市场规模等是影响跨国企业选择一个市场的重要因素。此外，面对日益复杂化、多元化的国际环境，东道国国家风险因素对企业跨国经营的影响日益突出，一旦出现国家风险，必然会影响企业的经营活动，在一国从事商务活动的收益随时可能会遭受损失。因此，对国家风险进行深入分析非常有必要，深入分析出现风险的因素，可以帮助企业及时制定行之有效的措施，减少因为国家风险而给企业国际化发展造成的不利影响。对于国家风险的影响因素，纳吉（1978年）认为国家宏观层面的事件会导致国家风险，如：政治经济形势、国家政策的变动等。梅尔德伦（1999年）从经济、地域、政治、主权、汇兑以及转移风险六个角度出发对国家风险进行了深入的研究。王海军（2014年）认为，经济风险、社会政治风险和自然风险共同构成了国家风险，主要包括社会政治制度、经济结构和货币等各方面的风险。丁峰（2019 年）认为应该充分考虑法律、政治、人文等各方面的影响因素。赵德森（2018 年）指出，所谓国家风险，即意味着东道国的政治、社会、经济、法律和文化等因素对跨国贸易活动带来的潜在不利影响，例如，局部战争风险、政局动荡风险、政党更替风险、金融稳定风险以及经济波动风险等都会影响企业的跨国贸易活动。

可以看到，不同学者对国家风险的关注点、侧重点有所不同，主要可以总结为社会政治风险、经济金融风险、法律风险等主要的风险类型。其中，社会政治风险是国家风险中最重要的一类风险，还可以进一步细分为政治风险和社会风险。政治风险包括一国政府的政局动荡、恐怖主义、政府治理水平、反商业趋势等，可能会给在当地经营的跨国企业带来不确定性因素，并导致其收益损失、资产减少。其次，沈铭辉和张中元（2016 年）通过案例研究发现，中国企业在进入一个国家进行商务活动的过程中，面临着与当地居民的矛盾、宗教与部落冲突等许多社会风险问题。孟醒和董有德（2015 年）认为，东道国社会风险的主要因素包括国民的受教育程度、经济管制的情况、社会的治安问题。经济金融风险也是一个重要风险源，包括通货膨胀、汇率波动等因素。胡兵和李柯（2012 年）采用 2003 – 2010 年中国对外投资的面板数据进行研究，结果表明东道国的经济风险会阻碍中国企业的对外投资活动。王海军和高明（2012 年）研究则发现，与经济风险相比，金融风险更加敏感地影响着跨国企业的经营或投资活动。同时，盘如怡（2019 年）指出跨国经营的法律风险会给企业带来较大影响，主要包括东道国法律法规内容不全面、执法过程不严格、法律条例内容相互交叉、相互冲突；也包含外国资本不熟悉或是不遵循资源所属国的法律环境和法律具体内容，以及当法律法规等内容变化给跨国企业造成不适而带来的风险。

6.3 国家吸引力影响跨境电子商务出口的依据

在经济全球化和区域一体化的背景下，各国之间的交往不断深入，跨国投资、国际化经营成为必然选择。跨境电子商务出口贸易也是国际化的一个重要战略。但是世界上有 200 多个国家和地区，不同国家在政治、经济、法律、文化习俗等都存在着很大的差异，在我国跨境电子商务选择合适的出口地的过程中，如何对不同国家的获利潜力和经营风险进行评估并不是一件容易的事。而根据本文对国家吸引力的定义，在跨境电子商务的背景下，如果把货物、服务等出口到一个国家，可以更好地获取利润且这种获取利润的能力是更持久的，风险是更低的，那么这个国家对于跨境电子商务出口来说就更有吸引力。因此，在信息不对称的条件下，可以将一个国家的国家吸引力水平作为一个评估的标准，选择将货物或服务出口到哪个国家。从理论视角来看，可以用信号理论来解释东道国的国家吸引力水平如何影响跨境电子商务选择合适的潜在市场或投资场所的作用机制。信号理论是由 2001 年诺贝尔经济学奖获得者迈克尔·斯宾塞（Spence）于 1973 年首先提出来的，来源于对买卖双方信息不对称情境下市场互动的研究，斯宾塞通过对劳动力市场的研究发现，如果求职者通过表现自己以降低信息不对称时，那么将会影响到雇主的选择。举例来说，通过更高级的严格的教育信号，高质量的有潜力的雇员能够将自身与低水平的求职者区分开。斯宾塞（2002 年）指出信号的根本在于偏离完美信息，即所谓的“信息不对称”。因此，信号理论最基本的研究问题在于如何减少双方之间存在的信息不对称。

6.4 市场规模、经济增速对跨境电子商务的影响

一国的市场规模与经济增速一定程度上决定了在一个国家长期从事商务活动的收益。根据内部化理论的基本假设，企业在生产经营的过程中总是追求最大利润的。因此，不论是何种企业，在选取海外市场时，提升利润水平以及扩大业务规模都是首要考虑的因素，而能否实现这两个目标主要取决于东道国的市场机会。李凌（2015 年）提出在选择东道国的过程中，市场规模具有显著的正面影响作用。此外，如果一个国家的经济发展非常迅速，则意味着该国具有较大的市场潜力，可以作为海外扩张的目标国家。对于跨境电子商务来说，跨境电子商务出口市场属于卖方市场，出口规模与进口方的有效需求息息相关，即跨境电子商务出口的贸易规模受制于东道国的市场规模。根据长尾理论，当市场足够大，且拥有顺畅的流通渠道时，即使是滞销品也会有与畅销品相同的市场份额，也就是说，当国外消费者的需求更大，更多样化时，跨境电子商务出口企业可以把众多的小订单集合成大订单，消费者可以买到各式各样的产品，企业也不用担心小众产品卖不出去；另一方面也可以在一定程度上缓解国内外供求不对称的问题，帮助企业扩大业务规模和提升利润水平。除了市场规模外，经济增长能在一定程度上反映一国未来的

经济趋势，对于跨境电子商务来说，国际市场竞争激烈，早日进入有潜力的经济后起之秀国会在一定程度上取得先发优势。根据混沌理论，敏感依赖于初始条件，只要抢滩成功，并通过不断强化自身优势，我国跨境电子商务就有可能在激烈的竞争中抢占电子商务的市场份额。也就是说，对于跨境电子商务来说，一个国家或地区的市场规模与经济增速可以作为一个信号，表明在该国进行跨境贸易活动所能获得收益的能力。

基础设施较为完善且经济发展水平较高的成熟市场的吸引力更高，新兴市场也有较大的吸引力。国家吸引力水平与中国跨境电子商务出口额之间具有正相关的关系，如果东道国的国家吸引力水平提高1%，那么中国与其他国家的跨境电子商务出口额将增加0.411%以上。结果表明，一个国家或地区的吸引力水平越高，则它被选为跨境电子商务出口地的可能性就越高。

国际政治经济对“一带一路”跨境电商的新挑战

7.1　国际政治经济对“一带一路”跨境电商的新挑战

第四次工业革命关联的一系列技术包括人工智能、物联网、区块链、虚拟现实、类脑计算、基因技术等，其中最为关键的技术是人工智能。第四次工业革命具有颠覆性的影响，但其对第三次工业革命中最关键的信息产业仍具有高度的依赖性，因此，第四次工业革命也可以看成是第三次工业革命的进一步升级。所以，在第三次工业革命中，拥有主导权的美国在第四次工业中仍然占有巨大的优势。无论是在人才储备、智能硬件、算法框架，以及一些具体的人工智能应用场景中，美国无疑都拥有巨大的优势。

中国更多地被西方视为这一领域的“闯入者”。而从中国自身的发展来看，中国较好地抓住了时代机遇。中华人民共和国成立以后，中国推行的大规模工业化，为重工业建设打下了坚实的基础。通过实行改革开放，激活了民营经济。民营经济的觉醒与活跃为中国追赶第三次工业革命的进程提供了重要助力。例如，华为在1987年创业之初就介入了通信行业，扎根于第三次工业革命所依赖的信息基础；于1999年创立的阿里巴巴，成长非常迅速，阿里巴巴首任美籍高管波特·埃里斯曼（Porter Erisman）曾说道，阿里在整个电子商务生态建设，特别是在支付宝等互联网金融类产品的开发上，比国外的同行发展得更快。美国的互联网企业在经历了1995－2001年的投机泡沫后，许多科技企业进入寒冬。同一时期，中国互联网企业才开始崛起。尽管起步较晚，但在一定程度上也避开了当时的互联网寒冬。同时，美国互联网企业的发展历程也为国内的互联网企业提供了一定的经验和教训。例如，腾讯最早的软件OICQ（QQ的前身）是在模仿ICQ的基础上建立的。但是基于中国国内互联网的快速发展，腾讯一开始就在国内的互联网行业中建立了良好的根基。微信作为新研发的产品，使腾讯在移动互联网行业更进一步。目前，微信平台已经走在全球社交媒体的最前列，突破了传统聊天工具的限制，向整体性平台的方向发展。百度的发展得益于谷歌的退出。出于对中国的监管等一系列政策的担心，谷歌在2010年选择退出中国市场。谷歌的退出为百度的快速发展提供了机遇。此后，百度立足中国市场，建立起以搜索业务为中心的发展模式，并取得快速发展。目前，基于地图、搜索信息等大量的数据存量，以及在自然语言处理方面的优势，百度较早地提出了人工智能发展战略，成为国内人工智能企业的龙头。

事实上，在人工智能领域，除目前为大众熟知的BAT（百度、阿里巴巴和腾讯）外，中国还有一大批在国际上越来越领先的企业，如科大讯飞、商汤科技、依图科技、旷世科技、思必驰等。目前来看，中国的人工智能企业在语音识别、图像识别等应用领域都具有一定优势。

整体来看，中国的优势主要有如下三点：第一，海量数据的优势。由于中国的智能设备普及率较高，人口基数大，所以中国的智能设备用户更多。目前，人工智能的发展主要依托数据驱动的深度学习等算法，强调以数据为基础的学习和训练。因此，我国所具有的数据优势能够转化为技术优势。第二，统一活跃的市场。市场是中国互联网企业崛起的重要基础，由于中国的市场是充满活力的统一大市场，所以只要有好的产品，人工智能企业很容易就能在公平竞争的环境下取得快速发展，这种优势在全球是独一无二的。第三，政府的大力支持。在人工智能革命之前，中国已经开始推动"互联网+"战略。尽管"互联网+"战略考虑的更多是移动互联网领域的应用问题，但是这已经为人工智能的发展奠定了一个良好的基础。在"互联网+"战略的影响下，出现滴滴、摩拜等一批具有全球竞争力的企业。同时，中国企业的智能化转型将会更加便利，如滴滴可以在未来较为容易地转入无人驾驶领域。此外，针对人工智能，目前中国政府已经制定了一系列规划，以推动人工智能的全面发展。

在新一轮的5G应用落地上，中国的优势已经得到了体现。在5G的铺设和话语权的争夺上，华为、中兴和中国移动等公司做出了巨大的努力，这也是美国对这些企业实施制裁的重要原因。这些事件也从侧面反映出中国企业在5G领域的影响力。华为不仅在通信基础设施上具有优势，在智能手机等设备上也在逐步发展，这其中包括基带芯片及手机高端机的生产等各个方面。华为旗下的海思半导体公司也成为中国最具竞争力的半导体公司。另外，在人工智能的芯片领域，寒武纪以及地平线等企业也都有非常出色的表现。然而，中国在人工智能的发展上还存在一些明显的短板。第一，中国在基础理论研究方面还相对比较薄弱。在人工智能相关的理论、方法、系统等方面的原创性研究还有很大的提高空间。第二，在核心算法框架及其生态方面，中国还较为薄弱。目前主流框架如 TensorFlow、SystemML、Caffe、Torch 等都由美国企业或研究机构主导，国内的算法框架相对较少，且生态并不完整，还缺乏与国外主流框架竞争的能力。第三，在智能硬件方面，尽管中国在一些应用性芯片上取得了长足进步，如华为海思的麒麟系列、寒武纪的 NPU（Natural Processing Unit）、地平线的 BPU（BranchProcessing Unit）、西井科技的 deepsouth（深南）和 deepwell（深井）、阿里达摩院在研的 Ali－NPU、云知声的 Uni One 等，但是在基础芯片方面，全球主导的产品如 NVIDIA 的 GPU（Graphics ProcessingUnit）、英特尔的 NNP（Neural Network Processor）和 VPU（Video Processing Unit）、谷歌的 TPU（Tensor Processing Unit）、IBM 的 True-North、ARM 的 DynamIQ 等，几乎全部由西方企业占据。在智能传感器方面，尽管中国在相对单一的领域里已经取得了一些进步，如昆仑海岸的力传感器、汇顶科技的指纹传感器，但是离霍尼韦尔、ABB、BOSCH 等巨头还有较大差距。

在科技、金融、军事三大支柱之上，美国维系着全球霸主地位。通过对高端技术的垄断，以及对新兴技术的不断拓展，美国占据了新兴技术的话语权，从而阻止对手进入新兴技术领域。同时，通过技术领域的话语霸权，美国实现了对新技术的定义，同时“吃掉”全球价值链中最有价值的部分。在金融领域，美国依靠美元的世界货币地位，向全世界征收“铸币税”。军事力量是美国实现政治目的的保障，也是美国对其他国家进行技术遏制的依仗，如美国对日本科技崛起的遏制就与军事因素联系在一起。同时，这三大支柱还互相交织，相互影响。美国高新科技的发展与美国国防部高级研究计划局（Defense Advanced Research Projects Agency）密切相关。许多新兴技术的研发往往首先是由美国军方来牵头推动，之后为了解决成本问题才转而进行民用的研发与推广。同时，这种转化模式刺激了民间科技创新的活力。此外，美国利用其金融地位以及证券交易市场为高新技术的研发募集资金，进行科技成果的转化。当霸权地位受到挑战时，美国会动用各种力量如技术、金融或军事来进行反击。中美贸易摩擦的外在表象是贸易摩擦，其更为深刻的实质是科技竞争。美国采取了一系列与科技封锁相关的措施和手段来对中国进行限制。例如，限制中国企业收购美国高科技企业、限制中国的留学人员以及限制美国科研机构与中国先进企业的合作等。美国这种狭隘的冷战思维，在人工智能时代越发显得不合时宜。

在智能时代，需要在全球层面形成对人工智能未来发展方向的整体思考。原因包括如下三点。

第一，人工智能可能会加快风险社会的来临。如人工智能可能被用于一些黑色产业。从某种意义上说，人工智能用于黑色产业的速度要比白色产业更快。在巨大经济利益的诱惑下，黑色产业的从业者们在缺乏法律、道德等约束的条件下可以更加肆无忌惮地将人工智能用在一些不合规的领域。语音模仿、智能换脸等与人工智能相关的伪造技术很可能被诈骗分子加以利用，产生严重的政治风险和社会风险。第二，人工智能在军事中的应用可能会加剧各国的军事竞争。美国在开发人工智能时，最初就是由军方推动的。美国军方希望将人工智能用于战场，并且目前已经有相关的部署，例如大量的无人机被应用。但是这一方面增加了美军与其他国家军事力量之间的差距，另一方面还会产生巨大的伦理问题。机器在军事行动中的决策，可能成为美军推卸责任的借口，例如在出现军事无人机攻击平民事件之后，美国军方将决策的责任归为机器，从而逃避责任。第三，作为颠覆性的技术，人工智能对人类社会产生的影响会向其他国家外溢。如由于人工智能的发展引发的失业风险很可能会产生全球性的影响。如果大面积的失业风险在全世界蔓延，会引发严重的社会问题。同时，失业风险还会加剧反移民的浪潮，在欧美已经出现了这样的趋势。因此，主权国家需要联合起来思考这些问题，共同对人工智能的发展进行整体性的规划。第四，在通用人工智能的研发问题上，各国应该达成共识。目前，西方国家大多鼓励进一步发展通用人工智能，如阿西洛马原则也并不反对通用人工智能的发展。但是，通用人工智能的最终发展很可能会对人类存在的意义产生巨大的挑战。如果通用人工智能的发展最终导致人类失去存在的意义，那么这将是人类所难以接受的。这需要各国联合起来，达成对通用人工智能发展方向的基本共识。

在新一轮科技革命中，人工智能既是一种战略性技术，也是引领其他技术突破的关键性技术。人工智能的发展正在对经济发展和国际政治经济格局等产生极为深刻的影响。我国在人工智能技术的研发和应用上正在取得一定的突破。正因为如此，美国采取一系列措施封锁中国人工智能的发展以及中国的科技进步。这些行为包括限制华为在5G应用上的布局、限制中美高端人才之间的交流以及限制中国留学生赴美留学等。在这样的背景下，我们在人工智能的发展中要取得突破，更需要下定决心取得基础性关键技术上的突破，在芯片制造、核心算法以及操作系统等一系列核心领域形成自有优势。同时，人工智能发展的重大意义体现在它与社会经济发展的深度融合上，人工智能既是一种基础性技术，也是一种应用性技术。人工智能在科技变革和产业变革中发挥作用的关键是与第一、第二、第三产业进行深度融合，并制造出解决实际痛点问题的产品。

总之，要将人工智能的技术属性与社会属性高度关联起来。通过人工智能的产业培育和产品应用，为我国科技进步、社会发展以及国家安全提供全面支撑。在人工智能的发展过程中，核心技术是基础。而在应用过程中，生产出一系列能解决社会问题的产品是关键。国务院印发的《新一代人工智能发展规划》指出，到2030年我国将成为世界主要的人工智能创新中心，人工智能理论、技术与应用总体达到世界领先水平。人工智能在落地中会产生一系列的社会问题，如隐私、安全等问题。此外，在道德伦理、就业以及政府治理等方面，人工智能的社会应用同样处于无人区，国外的相关研究与成果也非常少。中国既然要跻身人工智能的应用最前列，那么对这些问题的探索就显得至关重要。

目前，国际上的领先国家已经在争夺人工智能领域的话语权，如欧盟在2019年4月发布了人工智能伦理准则；美国的一些大公司也在推进相关的原则或规则，如阿西洛马原则等。而中国在这些规则制定中的话语权还相对较弱。技术是人工智能发展的基础，但同时相关伦理、政策和法律的完善则是人工智能应用于社会治理的关键。美国在人工智能发展中形成的超级权力在短时期内不会消失。无论是在人工智能的核心理论、算法框架方面，还是伦理规则方面，美国都具有其他国家难以撼动的优势。在这样的背景下，与美国的竞争性合作就会变得非常重要。同时，由于人工智能发展产生的风险需要民族国家联合起来共同应对，所以在人工智能的发展过程中，合作也是一种刚性的需要。因此，尽管美国对中国采取了技术封堵的策略，但是中国应该用“以柔克刚”的方式加以应对。习近平总书记指出：“处理好人工智能在法律、安全、就业、道德伦理和政府治理等方面提出的新课题，需要各国深化合作、共同探讨。中国愿在人工智能领域与各国共推发展、共护安全、共享成果。”合作不仅是我国应对美国挑战的被动策略，同样也应是我国采取的主动战略。因此，我们要在竞争性合作的框架之下，更加主动地与美国及其他国家展开合作，共同推进未来人工智能国际规则的创设，保障人工智能的健康发展。

7.2 “一带一路”背景下企业走出去的新挑战

在科技日益进步和贸易逐步扩大的条件下，国际环境的风云变化促使企业必须应对贸易战的潜在威胁。“一带一路”倡议旨在缓解企业走出去的阻碍，建立包容开放的世界。过去一段时期，经济一体化成为引人注目的国际经济关系趋势之一，众多国家和地区积极发展全球化战略加强交流，各类为消除贸易壁垒、规范贸易关系的协定不断形成。欧盟、北美自由贸易区（NAFTA）、拉丁美洲一体化联盟等经济合作组织的出现，在一定程度上维护了其成员国的利益，且创造了友好的贸易环境。根据世界银行的世界综合贸易解决方案（World Integrated Trade Solution，WITS）公布的2016年全球进出口数据，中国、美国、德国等贸易大国，与其他世界排行前5位的国家和地区的进出口额，分别占全球进口与出口总额的36.32%和38.41%。中国作为最大的发展中国家，自加入世贸组织以来，对周边国家的影响力日益增强，但在世界范围内也受到了以高度自由化为市场准入屏障的打压力量，比如美国曾经主导《跨太平洋伙伴关系协定》（TPP）和《跨大西洋贸易与投资伙伴协议》（TTIP）来削弱中国这一潜在竞争对手的力量和地位。而美国总统特朗普上任后，美国先后退出了TPP和《巴黎协定》，以及对中国启动“301调查”等行为，亦体现了自由贸易与保护主义间的矛盾激化。

中国在推进“一带一路”倡议进程中成立了亚洲基础设施投资银行（以下简称亚投行）和丝路基金，支持和加强“一带一路”沿线国家之间的互联、互通建设，为中国企业走出去奠定良好基础。目前亚投行的成员总数为84个，批准投资项目总额超过37亿美元；丝路基金签约的17个项目承诺投资70亿美元，支持项目投资总额达800亿美元。“一带一路”沿线64个国家总人口约44亿人，占全球人口约63%，这些国家大多是新兴经济体和发展中国家，处于经济发展的上升期。基础设施合作方面，铁路、民航、港口和海上物流的线路扩展与双边协定，跨境光缆涵盖沿线12个国家多条跨境陆缆和国际海缆，是跨境电子商务企业走出去的契机与开端。“一带一路”倡议以中国为辐射中心，与涉及上海合作组织、东南亚国家联盟、欧盟和独联体经济联盟会等经济组织的沿线国家共同打造政治互信、经济融合、文化包容的利益共同体、命运共同体和责任共同体，在历史和现今都是发展贸易重要的经济大走廊。面对新兴经济体和“一带一路”国家在全球经济和世界贸易中的重要性不断上升，跨境电子商务打开了中国企业走出去面对国际环境、迎接机遇和挑战的大门。

7.3　跨境电子商务促进企业走出去战略的挑战

1. 竞争与市场

跨境电子商务主要通过 B2B 和 B2C 等方式促进企业重新构建生产和出口方式。全球化竞争刺激电子商务迅速发展，特别是在发展中国家，比如中国、俄罗斯和印度，电子商务的交易规模增长幅度很大。中国与其他“一带一路”国家和地区在资源和产业结构上既存在互补性，又难以避免地存在劳动力成本低、核心技术少、创新能力弱等相似性。通过跨境电子商务平台批发和零售的企业，除了面对国内同行的竞争，也需要在国际竞争中抢占市场，而电子商务平台本身的信息公开和比价功能给市场上的产品和服务买家带来更多选择。当今电子商务环境下，订单信息、发货信息、产品信息的获取更多地通过网页、智能电话以及无线网络平板电脑进行，质量好坏、服务优劣、定价高低等信息越来越透明，是电子商务企业战胜对手、实现盈利的一大挑战。因此，作为跨境电子商务的参与主体，外贸企业如何建立独特的外销系统打开市场，在竞争的同时加强合作，是一个严峻的考验。

2. 品牌与质量

缺乏具有国际竞争力的品牌是中国企业通过跨境电子商务平台走出去的劣势。一方面，传统出口厂商通过制造假货、仿冒品、“山寨”产品赚取利润的方式已经不符合当前国际市场的贸易趋势，且严重破坏了中国制造业企业的声誉，损害了名牌企业的知识产权；外贸企业的贴牌生产模式不仅妨碍自身品牌的树立，也不利于培育跨国企业全球资源的配置能力和高附加值产品的研发能力。另一方面，通过跨境电子商务平台流通到海外的商品，在质量把控上缺乏统一标准，由于不同国家和地区对进口商品的质检规定不尽相同，这就对外贸商品的质量监管提出了更高要求；过去一味求量不求质的方式将被市场淘汰，而中国现有跨境电子商务平台在商品质量认证、品牌保护、消费评价、售后服务方面存在的“痛点”，抑制了跨境电子商务企业提升国际市场占有率的速度。

3. 转型与创新

目前，中国跨境电子商务产业和外贸产业都面临着转型压力。全球化，或者说国际货物和服务贸易的增长、金融资本和劳动力流动的增长并非新现象，但是在过去短短几十年间，世界经济一体化日益深化，这种融合现象伴随着国际贸易的增加，特别是产业内贸易和资本流动的增加，其背后的因素包括放松管制和减少内、外部贸易壁垒的全球行动，以及科技发展带来的电子商务进步。规模经济的扩大和运输成本的下降导致生产和库存分散化，尤其表现在企业可以远距离生产货物，并且可以大量降低库存，这会动摇一国产业所处的竞争优势地位，产业的成功转型变得尤为关键。跨境电子商务企业在国际竞争者强劲扩张的势头下，亟待调整商业模式，创新平台设计，开发新兴市场。B2B 电子商务代表了企业与买家和供应商互动方式的根本性转变，它通过缩小大型跨国公司和小型创业公司之间的地理距离，重塑了企业间开展业务的基础。正是由于电子商务突破了地域限制，在世界任何角落的用户只要连接互联网，就可以充分利用跨境电子商务平台进行交易，这也迫使电子商务企业必须加快软件、硬件的创新；一旦产品和服务的更新速度跟不上国外同类跨境电子商务平台，前期积累的行业优势就不复存在。与此同时，外贸出口企业是“中国制造”的源头，其开展国际合作、实施管理创新、进行智能化生产的技术和战略转型发展较为缓慢，难以与欧美等发达国家研发实力匹敌。

7.4 跨境电子商务发展水平对出口贸易影响

1. 我国跨境电子商务的发展极不平衡。东部省份的跨境电子商务发展水平明显高于中西部省份。这对我国展开贸易模式的转型升级造成了极大的阻碍，难以确保跨境电子商务能够完成推动我国经济转型升级的经济政策目标。这种结果也从侧面说明，虽然我国许多省份都为跨境电子商务的发展出台了许多相应的帮扶政策，并且投入了大量的建设资金，但是这些积极的措施并没有都取得好的结果。如在贵州成立的全球第一家大数据交易所并没有为当地的跨境电子商务发展带来明显的促进效益。根据本文的计算贵州的跨境电子商务发展水平一直在全国处于相对落后的水平。再比如重庆在 2013 年便成为跨境电子商务试点城市，并且还是中欧班列的起点城市之一，但是重庆的跨境电子商务发展水平排名也一直靠后。

2. 跨境电子商务的贸易效应方向不唯一。跨境电子商务对我国贸易的影响作用并不是单向的，跨境电子商务的发展不仅能够快速的降低沟通成本、出口壁垒、促进贸易便利化从而促进出口贸易增长。但在采用跨境电子商务这种新型贸易模式时，也会面临信用风险、法律风险、技术风险等贸易风险的上升，这会减缓出口贸易的增长，甚至导致出口贸易的下降。这种理论推论得到了本文实证分析的验证。在我国不同区域内跨境电子商务对出口贸易的作用截然相反，跨境电子商务的发展存在“惊险的一跃”，只有跨境电子商务发展到一定的程度后，才能对出口贸易起到正向的促进作用。这就导致了从全国层面上看，我国跨境电子商务的发展与出口贸易之间并不存在显著的关系。

3. 跨境电子商务对“一带”和“一路”的出口影响有差异。出口目的国的地缘政治条件差异使得跨境电子商务对出口贸易产生不同的影响。跨境电子商务在东部省份对出口的显著促进作用主要集中在与“丝绸之路经济带”沿线国家的贸易中，在与“21世纪海上丝绸之路”沿线国家的贸易中这种促进作用并不明显。“丝绸之路经济带”沿线的主要国家如蒙古国和中亚五国等国的经济相对比较落后，但经济增长潜力较大，原本双方间贸易壁垒较多，贸易成本过高，所以在引入跨境电子商务这种新型贸易模式之后能够迅速地降低交易成本，显著地提高出口贸易。“21世纪海上丝绸之路”的沿线国家主要都是“东盟国家”，而“中国——东盟自贸区”是发展中国家之间最大的自贸区，中国与东盟国家之间的贸易壁垒原本就比较少，双方贸易便利化程度较高，跨境电子商务的引入难以明显地降低交易成本，对出口贸易的影响不显著。这说明跨境电子商务降低交易成本的能力有限，当交易成本低到一定程度后，这种新型的贸易模式并不会更好地促进出口，这就意味着跨境电子商务可能只能作为刺激出口贸易的短期工具，难以成为贸易发展的长期源泉。

针对以上状况，提出下列建议：

1. 全面提高跨境电子商务发展水平。为了确保跨境电子商务能够对出口产生促进作用，应该加快提高我国跨境电子商务发展水平，尤其要向中西部地区给予更多的政策和资金支持。目前我国中西部省份的信息基础建设仍不够发达，基础设施、互联网普及程度政策优惠力度都远逊于东部省份。因此，我国必须着重提高中西部跨境电子商务基础设施和服务能力，加大资金投入力度和政策帮扶力度。并且为了让每项政策能够充分地发挥出预期结果，不能缺少在政策落实阶段的监督指导工作，要及时跟进每一项针对跨境电子商务的扶持工作，切实评估政策效果，发现问题及时纠正，避免各项政策流于形式。

2. 大力降低贸易风险。在努力提高跨境电子商务发展水平的同时，要注意防范信用、法律、技术等贸易风险。大力推进跨境电子商务平台与海关网络系统的对接，加强对跨境电子商务的监管力度。加快培养既熟悉国际贸易理论、实践，又熟悉各种国际商贸法律法规并且掌握相关技术手段的复合型人才。积极参与各种国际合作，加快推进跨境电子商务的国际法律法规的统一与完善，积极推动跨境电子商务全球化进程。加大跨境电子商务技术研发投入，促进海关、银行、外汇、保险等多部门之间的合作交流，提高网购平台、网络支付的便利性与安全性。

3. 精准推动贸易模式转型。目前阶段，不应当在跨境电子商务发展水平还相对落后中西部省份盲目鼓励传统贸易模式立即向跨境电子商务方向转型。在跨境电子商务的推广过程中，主要选择在东部和沿海城市进行试点。并且应当大力激发与相对较为落后国家进行贸易的企业使用跨境电子商务的积极性，可以给予这些企业适当的支持，如提供优惠的贷款、税收等政策以及必要的技术支持。

4. 合理评估跨境电子商务的作用。认清跨境电子商务作为一种贸易模式只能是一种短期的贸易刺激手段，不应当过分迷信、盲目推崇。提高贸易实力的根本落脚点仍然应该是产品本身，只有拥有过硬的贸易商品，才能最终在国际市场中获取长期的利益。

5. 提高出口企业生产率。促进生产技术进步，提高出口企业的生产率，避免中西部省份再次陷入“微笑曲线”底端。适当的调整贸易政策，鼓励具有生产率优势的企业进入国际市场，提高出口产品的增加值，提高中国企业在海外高端产品市场的竞争能力。

7.5 政策环境与跨境电商企业绩效

跨境电商是全球化时代发展的必然趋势，具有巨大的发展潜能。为了更好地规范和引导跨境电商的发展，国家出台了多项跨境电商政策，国务院和海关总署出台了较多的政策。现将我国跨境电商政策的演变历程总结如下：

1. 跨境电子商务面临的挑战。实行电子商务法和一系列跨境电子商务新政策，对商品安全、税收、物流、售后等方面做出了一定的规定，有助于改变原有跨境电子商务的形势，但我国目前跨境电子商务的发展依然面临着诸多挑战。一是文化政策差异。相较于国内电商市场，国外市场存在着文化障碍与政策差异，导致对当地消费偏好的预测较难，且易出现偏差，需针对当地政策进行战略调整。二是硬件设施条件不足。非发达地区比较欠缺完善的信用体系，地方物流配送不够顺畅以及网络宽带等硬件设施问题，都导致跨境电子商务物流配送耗时长以及高成本和高风险。三是市场竞争激烈。目前，跨境电子商务同质化竞争激烈，对企业从事跨境电商的要求也越来越高，必须通过数据积累和分析，关注消费者，努力提高产品附加值，在“差异化、个性化、国际化、品牌化”方面找到方向，同时必须注重知识产权的保护。面对这些挑战，各大平台纷纷积极应对，开始着手改善供应链管理、物流管理。例如，网易考拉已经制定了“百家品牌正品保障计划”，天猫国际已经建立了“正品溯源”等，我国跨境电商市场环境与消费者的利益保障日益提高。

2. 跨境电子商务发展国际环境分析。2018年，中国不断开拓电子商务国际发展空间，扩大国际影响力，积极参与并推动建立多双边合作机制，寻求共同发展。表现在以下方面：（1）截至2018年11月底，中国海关总署与包括欧盟和新加坡在内的36个国家（地区）、9个经济体实现了“认证运营商”（AEO）的互认，提升了中国跨境电子商务企业的国际贸易竞争力，优化了通关待遇，带来了通关时间与费用的减少。（2）2018年中国与阿根廷、阿联酋、科威特、冰岛、俄罗斯、奥地利、哈萨克斯坦、卢旺达、巴拿马等9个国家签署了双边电子商务合作谅解备忘录，极大推进了双边国际贸易合作。截至2018年底，已有17个国家签署了与中国五大洲双边电子商务合作的谅解备忘录。（3）积极参与世界贸易组织、亚太经合组织、二十国集团、金砖国家、上海合作组织、澜沧合作等多边贸易机制和区域贸易安排框架下的电子商务问题谈判。

3. “一带一路”下中国跨境电子商务的发展。根据海关总署公布的数据，2018年我国与“一带一路”国家进出口总价值为1.3万亿美元，占对外贸易总量的27.4%，同比增长16.3%，与同期中国对外贸易增长率相比高出3.7%。其中，出口额和进口额分别为704.73亿美元和5630.7亿美元，同比增长10.9%和23.9%。这是对“一带一路”国家连续第二年进口增长率超过出口增长率。2019年上半年，中国对“一带一路”沿线国家货物进出口再次增长9.7%，比全国进出口总增长率高5.8%，总额达4.24万亿元，占据中国对外贸易进出口总额的28.9%。其中，进出口增幅较大的3个贸易合作国是沙特阿拉伯、俄罗斯和埃及，分别增长了34%，11.5%和11%。此外，与新兴市场的贸易合作也不断深化，对非洲的进出口增长了9%，相比于整体增长率高出 5.1%；对拉丁美洲的进出口增长了 7.4%，比整体高出 3.5%。中国与“一带一路”沿线国家的贸易合作是中国智慧在国际舞台上的绽放，是国际多边合作互惠共赢的典范，也为中国对外贸易发展带来了新动力。

4. 中国跨境电子商务交易平台的发展。2018 年中国跨境电子商务市场日趋成熟，进、出口领域的主要平台经过模式探索，逐渐培养出竞争优势。2018 年，网易考拉、天猫国际和海囤全球在跨境电子商务市场中排名前三，市场份额分别为 27.1%，24.0% 和 13.2%。2019 年上半年，网易考拉、天猫国际和海囤全球依旧保持前三，市场份额分别为 27.7%，25.1% 和 13.3%。这些跨境电子商务平台占据着庞大的消费者市场，在消费者心中有一定的信用基础，并依托着相对完备的跨境供应链物流系统，能够接触并连接更多海外优质品牌，进一步扩大其已有的市场优势。

5. 中国跨境电子商务物流发展分析。跨境物流对中国跨境电子商务的发展起着决定性作用，2018 年中国跨境物流服务实现 3 方面提升。一是整合海外仓储建设等物流方式，构建完备的跨境物流网络；二是建立海外物流枢纽，降低跨境物流的运输成本；三是“一带一路”沿线的国际物流路线的快速发展，为丝绸之路电子商务的发展服务。根据国家邮政局的数据，2018 年国际/港澳台的总量高达 11.1 亿件，同比增长 34%；仅 2019 年上半年国际/港澳台的总业务额为 6.3 亿件，同比增长 21.2%。由于存在灰色清关和不规范采购，以前的电子商务市场相对混乱。从业务流和物流的角度来看，电子商务法的出台将使整个跨境电子商务市场在政策保护下，将有一个更加快速的发展趋势。此外，在实施新的电子商务法后，具有海外仓储部署能力的公司将具有优势。

6. 中国跨境电子商务支付发展分析。由于跨境电子商务、海外旅游和留学对跨境支付的强烈需求，中国已成为世界上最大的跨境支付国。根据中国支付清算协会的统计，人民币跨境支付系统的数量正在快速增长。2018 年，人民币跨境支付系统业务总量为 144.44 万，同比增长 14.57%，达到 26.45 万亿元。同比增长 81.71%。此外，截至 2018 年底，中国发展到有多达 30 个跨境支付资格平台。目前，中国许多跨境支付公司的业务已遍布 40 多个国家和地区。此外，跨境支付市场也变得越来越具有开放性。

跨境电子商务作为新业态，其发展受到国家大力支持。跨境电子商务发展服务平台的建设是必不可少的，同时对供应链物流及其配套服务网络也应逐步完善。此外，还应大力发展海外仓储部署能力，加强其覆盖面积。随着新电子商务法的出台，跨境电子商务平台应抓住机遇，进一步完善跨境贸易供应物流，建立全球供应链体系；完善出口跨境电子商务业务的发展体系，通过提供优质商品，可以满足消费者对消费升级的需求。

7.6　经济环境与跨境电商企业绩效

从宏观角度看来，我国的经济环境为跨境电商企业的发展提供了坚实有力的发展条件，包括网络条件、物流条件等。自2010年以来，我国的国内生产总值总量首次超过日本，成为世界第二大经济体并一直保持至今。近年来，我国经济一直保持稳定的增长，并与多个国家建立了良好的双边关系、多边关系、交易同盟等，具有良好的国际商业氛围。

从微观角度分析，我国的经济环境直接为跨境电商企业内部发展提供资金支持，为公司提供相应的资金补贴，在一定程度上缓解资金压力；也能够间接地为企业输送创新型人才，一般来说，一个国家会在经济发展越来越好的同时越来越注重教育的发展，注重人才的培养，专业性人才的输入对于企业的发展与经营是必不可少的。同时，经济发展也会带动物流行业的发展，推动跨境电商产业链发展更加完善。

2014年跨境电商交易总额3.9万亿元，占同年对外贸易总额的14.76%，而2018年跨境电商交易额增长至9.1万亿元，占比2018年对外贸易额的29.84%。在这5年的时间内，跨境电商年平均增长率为23.59%，而对外贸易总额的年平均增长率仅为3.66%，甚至在2015和2016年的对外贸易总额出现了负向增长。从跨境电商同比增长率折线图来看，2015年的增长率突破了30%，2018年增长率接近20%，这说明对于国家来说，我国的跨境电商发展潜力非常大，跨境电子商务在对外贸易发展中的地位越来越重要。据艾媒咨询数据预测，2019年跨境电商交易规模有望增至10.8万亿元，对于已经开展跨境电商或者打算从事跨境电商的企业来说，这一领域仍然存在极大的利润空间。

7.7　构建跨境电子商务智慧物流系统

1. 建立系统工程模式

跨境电子商务智慧物流系统创建过程中物流节点与线路非常重要，这是组成物流系统的关键因素，同时也是智慧物流系统建设的重要支持元素。智慧物流系统构建期间，必须形成系统的物流发展观点，同时以系统性的工程建造模式创建智慧物流系统。“一带一路”为跨境电子商务发展提供了统一的研究角度，特别是沿线所涉及的国家资源。总结分析地理、科技以及经济等，尊重政治、经济要求，明确智慧物流系统的主要物流节点，以当前的发展需要搭建物流基础设施，重视物流模式的确定，加强海陆空的物流线路联系。具体到智慧物流系统建设中，必须从经济、社会、技术方面出发，划分不同的区域、步骤以及层次。经济发展水平决定智慧物流系统建设的程度，以及影响智慧物流系统的基础设施。以信息化技术为中心，联合网络发展提高物流系统的智慧性，带动发展水平较低的国家更好地完善相关物理设施。创建智慧物流网络系统，以区域、层次等为基础划分物流网络系统，打造高层次网络发展与物流运行区域，带动第二层次网络物流发展，完善智慧物流系统。

2. 利用数学建模方针技术建设智慧物流系统

融入先进信息技术对智慧物流系统建设非常关键。尤其是将数学建模及系统仿真技术的应用，在科学利用前期规划条件基础上，“一带一路”跨境电子商务智慧物流系统创建系统逐渐复杂，必须做好系统规划，这样才能科学规避构建风险。结合“一带一路”发展基础，对各国政治、文化以及技术，打造数学模型，同时在其中加入仿真技术，注重智慧物流系统建设的科学性与合理性。系统方案中以时间运行为参考进行仿真模仿，建立三维动画，实现物流信息的实时跟踪调查，同时保证智慧物流系统的科学性。与此同时还需要构建“空中丝绸之路”发展系统，有效整合地区资源，注重商贸环节的控制，实现区域经济发展的顺利交流。

第8章 央行数字货币和Libra对"一带一路"跨境电子商务的影响

随着区块链技术、分布式数据库、数字账本技术、可控匿名、加密算法、量子计算等技术的发展，全球数字货币推行再起波澜。脸书（Facebook）提出了以一篮子银行存款及短期国债为信用基础、采用独立协会治理的Libra，而由中国央行负责管理、以国家信用为背书、具有无限法偿性的央行数字货币则正在部分城市测试。二者分别代表着正在世界范围内掀起的一场数字货币支付革命的跨国企业巨头、国家政府的数字货币。本文通过比较Libra和央行数字货币的基本性质，阐述其对国际货币体系的影响，从货币话语权、全球支付、政策创新、技术应用、开发推出环节和"一带一路"等方面比较二者的竞争与合作关系。

8.1 Libra的基本性质

1. 从货币创造主体来看，Libra的货币性质仍然是以银行信用为基础。Libra是一篮子经济体银行信用货币的映射，其本质仍是第二类以法定货币为支撑的数字代币。从货币创造主体的维度看，可以认为Libra的货币性质仍是银行信用，并没有创造货币。在使用银行信用货币兑换Libra后，可以在脸书撬动的多个国家数字经济边界范围内流通使用，如扫码购物、付账单和付车费等。

2. 从货币支付流通来看，Libra的核心优势在跨境支付。基于区块链技术开发的Libra是数字钱包而非电子支付，去中心化、点对点地实现低成本支付清算是其重要优势。Libra的核心优势体现在跨境支付领域，是用于跨境支付的数字钱包。Libra在跨境支付领域具有足够大的市场前景，这可能将激发对Libra的需求，促成其未来货币创造性质的演变，主要表现在三个方面。一是支付沉淀的需求。二是全球数字经济和跨境贸易活动的需求。全球性的数字经济和跨境贸易活动可以依托于跨境支付便利，以 Libra 计价销售商品和服务。直接通过提供贷款的方式创造 Libra 币，发展出货币功能。三是投机性需求。随着 Libra 数字经济体借贷利率及一篮子货币汇率价格的形成，套利性、投机性的资本流动可能会相应增多，这在产生 Libra 需求的同时，会加剧其体系的不稳定性。

8.2 央行数字货币的基本性质

国际清算银行行长奥古斯丁·卡斯滕斯（Agustin Carstens）于 2019 年 7 月在《金融时报》公开表示组织支持世界各国央行创建属于本国的数字货币版本；瑞银集团于 2019 年 6 月联合数十家金融公司发行基于区块链技术的结算系统 USC；加拿大央行于 2016 年 6 月为了探索分布式账本进行大额支付、清算、结算而发行的 CAD – COIN；英国央行于 2016 年 4 月联合伦敦大学进行受央行控制的加密法定货币实验项目 RSCoin；荷兰央行于 2017 年 12 月在比特币技术基础上结合了盈利、安全以及创新发行了受荷兰政府法律保护的 DNBCoin；欧洲央行于 2016 年 9 月联合日本央行开展的基于区块链技术的跨境支付项目 Stella；国际货币基金组织于 2019 年 7 月在英格兰银行论坛上暗示根据特别提款权（SDR）机制推出全球数字货币 IMF Coin。中国央行法定数字货币 DCEP 以国家信用背书，在流通过程中受央行动态调控以保证币值稳定，最终逐渐取缔传统法定货币。DCEP 相较于传统法定货币有以下六个方面的特性：

1. DCEP 的成本特性。DCEP 需要搭建的数字货币运营平台属于一次性的高投入，之后的发行成本会因为人力、物力消耗的减少而逐步递减直至趋近于零。其流通环节运输、保存、真伪辨别以及损毁等多个环节产生的成本几乎可以忽略不计。

2. DCEP 的政策调控特性。DCEP 具备区块链的“分布式记账”特点，能够完整、真实、及时记录每一笔资金的交易信息，有利于央行实时监测流通货币总量以及货币流通速度。此外，DCEP“可编程性”的特性有利于央行开发各种辅助程序来限制 DCEP 的流通范围。

3. DCEP 的监管特性。DCEP 在满足人们支付安全、效率、隐私、便利等需求的基础上替代现钞更加便于监管，DCEP 的每一笔交易都是不可伪造并且可以追溯的，还可以将商品生产与销售信息融入监管体系形成监管所有企业的生产经营的“超级账本”。

4. DCEP的安全及效率特性。DCEP本质是属于国家信用背书、央行发行的数字化形态的法定货币，不仅能够满足人们对支付安全、效率、隐私以及便捷的需求，还能减少人们对支付宝、微信等第三方平台移动支付的依赖，实现“点对点支付”，金融行业清算系统的错误率、交易成本以及支付效率将显著得到改善，最终货币的流通网络将呈现扁平化趋势。

5. DCEP的供给侧特性。目前，环球银行金融电讯协会（SWITF）主导的国际金融业务服务收费高、耗时长且服务范围集中于发达国家，DCEP的推出能够以安全性、交易成本以及经济效率为突破口提升我国在整个发展中国家跨境结算业务领域的覆盖范围。

6. 央行数字货币的锚定特性。数字货币则是以区块链技术作为底层技术，其锚定优势在于信息技术容量是有限的，数字货币的价值源自“挖矿”消耗的计算处理能量，本质上与信息技术容量以及信息技术水平挂钩。

Libra和央行数字货币对比如表8-1所示。

表8-1 Libra和央行数字货币对比

	Libra	DCEP
发行主体	由Facebook等机构发起的Libra协会	中国人民银行
研究时间	2018年	2014年
发行目的	建立一套简单的、无国界的货币，为数十亿人服务的金融基础设施	维护金融主权，为公众提供更便捷和有保障的支付工具
信用基础	储备资产的价值	国家信用
使用范围	代替M0、M1和部分M2	代替M0
底层技术	基于联盟链的稳定币	不预设技术路线
发行模式	采用中心化和联盟链双层机制	中心化管控下双层运营模式
资产储备	真实资产作为储备，对每个新产生的Libra加密货币都有相应价值的一篮子银行存款和短期政府债券	商业银行向央行全额缴纳准备金
落地场景	跨境支付等	小额零售支付、跨境支付等
目标用户	全球数十亿用户	中国用户
监管形式	多国监管	中国政府直接监管
发行时间	预计2020年上半年	2020年4月部分城市测试

8.3 Libra和央行数字货币对国际货币体系的影响

1. Libra对国际货币体系的冲击

一是对部分国家的主权信用货币产生挤出效应。首先是强化美元的国际地位。辩证地看，对美元的影响，既有强化效应也有冲击效应。其次，Libra具备了履行货币主要职能的条件，会对当前主权国家以国家信用背书发行货币的体系带来影响，特别是对政治不稳定、币值波动较大国家的挤出效应更强，进而动摇这些国家的货币体系，使其失去对金融经济的调控能力。

二是对金融监管和金融稳定带来新的挑战。Libra白皮书中表示期望将Libra打造成一种新的全球货币。Libra的无国界性，决定了其在国家支付流通上没有障碍，有可能成为资本外逃和国际地下钱庄利用的手段，而影响外汇管理效果。Libra的匿名性和隐私性，与交易活动合规性难以达到精准平衡，也增加了打击利用Libra进行洗钱等非法金融活动的监管难度。另外，Libra由协会管理，协会的管理水平与成员形象必然对Libra产生直接影响。虽有真实储备作为支撑，但在协会管理出现问题的情况下，有出现货币超发、Libra储备被挪用的风险；或由于协会成员发生丑闻打击公众对Libra的信心，引起Libra大幅贬值和挤兑。

三是影响货币政策的执行效果和汇率稳定。理想情况下，Libra可根据汇率无摩擦地兑换为各国货币，各国货币也可逆向的兑换Libra，从而绕开了各国的资本管制，带来汇率的波动和市场利率的变化，影响各国货币政策的执行效果。随着Libra的演进，产生了相当规模的派生存款，则会引起市场流动性增加甚至货币超发，增加货币政策的操作难度。

2. 央行数字货币对现代国际货币体系的冲击

央行数字货币也叫"数字货币电子支付"即（Digital Currency Electronic Payment，简称DECP），这是一种基于区块链技术的全新加密电子货币体系。它将采取与账户松耦合的方式，实现"双离线支付"，替代M0。与法币挂钩将促进其在全球金融市场的推广，从而增强其在国际货币竞争中的优势。随着数字货币使用人数增加，其流通速度将加快，将使得交易成本下降，金融交易更为便捷，从而进一步增加对其的国际需求，最终推动其国际地位提升，可能导致新的国际货币产生，将对现代国际货币体系形成冲击或者可能重塑全球货币格局，也可能形成新的"数字货币区"。其对各国法定货币的影响可能不尽相同，因目前绝大多数稳定币与美元挂钩，其对美元的综合效应可能为信用增强效应。而对欧元、日元、英镑等其他国际主要货币，其综合效应主要取决于数字货币是否与其挂钩，与其挂钩将可能表现为信用增强效应大于冲击效应。而对币值不稳的法币，可能会产生货币替代效应。

8.4 Libra 和央行数字货币的竞争关系

1. 在货币话语权方面的竞争。脸书依托 27 亿用户群体掌握了全球最为重要的数据流量入口之一，而规模极其庞大的群体及其衍生数据量必定成为 Libra 的直接竞争力来源。Libra 建立了一套新的跨银行、跨边境、跨国家的数字货币虚拟账户交易体系，从而在实质上连接了各个国家的金融系统。市场认为 Libra 类似于电子化的特别提款权（ESDR），如果 Libra 在全球大范围推广，各国央行将被动增加 Libra 储备对应货币的配置，以应对 Libra 兑换带来的汇率冲击。目前人民币还不是全球货币，Libra 不会将人民币纳入其一揽子货币储备中。但是，在全球支付中，作为支付手段的 Libra 也可能会挤占人民币的空间，从而延缓人民币国际化进程。

2. 在全球支付方面的竞争。Libra 的使命明确为“建立一套简单的、无国界的货币和金融基础设施，为数十亿人服务”，Libra 作为国际范围内的新型支付工具，也可以在一定程度上具备成为“全球支付宝”的潜力。央行数字货币与 Libra 必然产生长期竞争，如我国的“支付宝”等工具大部分集中在国内或部分国家。

3. 在货币政策创新方面的竞争。Libra 作为全球先进财政服务的财务基础设施，如由区块链操作的储蓄、贷款等产品，可以为欠发达国家提供财政和资本服务，而在发达经济体则产生巨大的效率。其政策创新在竞争市场环境中具有较大优势，对各国央行数字货币的推出产生巨大竞争。

4. 在技术应用层面的竞争。由于脸书团队在全球拥有绝对的技术优势，其在应用层面亦会有特殊表现，并且，Libra 团队在新近给美国证监会的报告中表示很多因素可能阻止 Libra 的如期推出；而 DCEP 团队则率先在部分城市进行测试。二者在技术应用层面已形成相互竞争的局面。

5. 在开发与推出环节的竞争。中国央行 DCEP 和 Libra 的团队虽然隔着太平洋，但是却有暗战。比如 Libra 白皮书刚发布，中国央行数字货币研究所就开始研究；而 Libra 接受美国国会质询时，也将中国数字货币作为竞争对手。

当 Libra 横空出世时，DCEP 浮出水面；当 DCEP 顺利前行时，Libra 遭遇各国质疑；当 DCEP 进入试点时，Libra 还是个方案。

6. 在我国的“一带一路”倡议沿线国家的竞争。鉴于 Libra 及其背后隐含的美元本位对“一带一路”沿线国家法定货币可能的相对优势，从而可能影响我国人民币国际化战略以及相关国家金融监管及货币政策，在一定程度上影响我国长期规划建立的数字经济体系。

8.5 Libra 和央行数字货币的合作关系

1. 在货币投放上的沟通与协商。为应对 Libra 可能的全球大范围内的推广，各国央行将被动增加 Libra 储备对应货币的配置，以应对 Libra 兑换带来的汇率冲击。目前人民币还不是全球货币，Libra 不会将人民币纳入其一揽子货币储备中。同时在全球支付中，作为支付手段的 Libra 也可能会挤占人民币的空间，从而延缓人民币国际化进程。

2. 在全球支付方面的协作。央行数字货币的出现，将在 Libra 将至以及分类杂多的数字货币局面中保护我国法币的货币主权和法币地位。另外，央行数字货币在降低交易环节对账户依赖程度的同时，有利于人民币的流通和国际化。

3. 在货币政策创新方面的互鉴。在货币政策层面，应对 Libra 在全球所推动的先进财政服务的财务基础设施，各国央行将不断调整本国的数字货币推出节奏和相关政策，创新思维，互学互鉴，力求把 Libra 的冲击降低到最小。

4. 在技术应用层面的相互学习。在脸书团队进行技术层面的不断深化时，各国央行相继加大研究力度，学习该团队的先进技术，创新技术和保障措施，不断更新基础设施和相应技术，完成本国央行的数字货币技术储备。

5. 在开发与推出环节的平衡。中国央行 DCEP 在部分城市的测试，势必刺激 Libra 团队加快数字货币的出台或测试，同时，Libra 接受美国国会质询时，也将中国数字货币作为竞争对手。

6. 在我国的“一带一路”倡议沿线国家的平衡。鉴于 Libra 及其背后隐含的美元本位对“一带一路”沿线国家法定货币可能的相对优势，从而可能影响我国人民币国际化战略以及相关国家金融监管及货币政策，在一定程度上影响我国长期规划建立的数字经济体系。

第三篇

解决方案与路径选择

"一带一路"倡议下跨境电子商务人才培养模式研究

9.1 人才培养模式

"人才培养模式"就是根据特定的培养目标，以一定的现代教育理论、教育思想为指导，通过相对稳定的教学内容、管理制度、课程体系和评估方式，实施人才教育过程的总和。目前我国高校应用型人才的典型培养模式大致有三种。

1. "嵌入式"培养模式

"嵌入式"培养理念来源于计算机嵌入式系统的设计思路，"嵌入式系统"即指操作系统和功能软件集成于计算机硬件系统之中，使系统的应用软件与硬件一体化。教育学专家将这一概念引入到人才培养模式当中，校企双方的功能性需求相互嵌入，不仅能够为企业提供直接的技术支持，同时也加强了学生的实践应用能力，解决了学校培养与市场应用脱节的问题。

2. "订单式"培养模式

"订单式"人才培养模式是以就业为导向，为企业"量身定做"满足企业岗位需求的高技能应用型人才。在这种模式下，企业通常会根据自身人才需求，与高校签订就业培养协议，即向学校"下订单"，学生毕业后直接进入下单企业工作。该模式的优点在于校企双方能够共同制定人才培养方案，互派师资，资源共享，学生也在学习理论知识的同时，得到充分的实践技能训练。但此模式在我国高校推广与应用的这些年中也出现了一些问题。例如由于校企利益分配不均等问题，导致双方缺乏合作动力，企业专家经常不能及时参与到教学过程中，学校的教师又缺乏企业实操经验，致使学生无法得到及时有效的训练指导，校企之间难以达到理想状态的"合作"。

3. "产学研合作"培养模式

现代意义上的产学研合作始于以斯坦福大学为代表的"特曼式大学"，特曼教授首创的“硅谷模式”具有里程碑式的意义。这一教育理念在国内起步较晚，直到 1997 年才将产学研合作教育正式纳入我国政府教育主管部门规划。所谓产学研合作，就是指企业、高校和科研机构之间合作，整合三方能够促进技术创新的生产要素，共同实施人才培养的过程。企业能够充分利用高校的科教资源，获得强大的技术支撑，为企业产品的研发、攻克生产技术难题创造便利，最重要的是能够收获更多匹配企业需求的优秀人才，提高企业的综合实力和市场竞争力。从高校角度来讲，产教的结合不仅能够提高学校的科研水平，促进科研成果的快速转化，带来经济效益，还能更加科学的调整教学知识结构，改进人才培养方案，培养出更优秀、更符合企业需求的高水平人才，提高高校的毕业生就业率。

9.2 聚焦“一带一路”，培养跨境电子商务创新人才

1. 强化师资队伍，建立专业课程体系。跨境电子商务是一门新兴的跨学科，集电子商务、计算机、管理、外语和跨文化于一体的学科。学校在配备师资队伍时，既要求教师队伍具备高水平的相关专业水平，又要求教师具备实践水平，因此应鼓励教师深入生产企业进行学习锻炼，让教师增强生产行业与跨境电商相结合的实践能力，建立“双师型”跨境电子商务教师队伍；鼓励教师参加专业学术会议，开展跨专业间的教学成果交流、专家学习、热点话题讨论，提升教师科研与教学的水平；同时，学校应鼓励教师“走出去”，到“一带一路”沿线国家进行访学和海外实习，提高教师的国际化视野与教学水平。同时，根据“2015 年普通高等学校高等职业教育（专科）专业名称及代码一览表”高职院校可以开设英语、俄语、应用阿拉伯语、越南语、泰语等外语的专业或相关外语课程，达到“一带一路”建设对外语教育的要求。

2. 结合城市产业定位与需求，因地制宜设立人才培养方案根据国家中长期教育改革和发展规划纲要，学校应根据市场经济和社会发展需要，及时调整学科专业结构，调整和改造与市场经济不相适应的旧职业，发展市场经济中急需的新职业。并根据市场经济的需要修订培训计划，对教学内容，课程体系，教学方法等进行改革，使之与市场经济与社会发展相适应。

3. 改革传统教学模式、强化实践教学体系。根据教育部等部门 2018 年联合发布的“职业学校校企合作促进办法”，学校应根据自身特点和人才培养需

要，与企业合作，企业履行职业教育的义务，利用资金，技术，知识，设施，设备和管理等要素参与校企合作，促进人力资源开发，行业主管部门和行业机构组织应协调、指导和推动校企合作。通过校企合作实践教学是跨境电商人才发展中不可或缺的关键环节。今后的校企合作应更多地结合产业发展进行学生素质多元化发展，跨境电子商务专业的学生不仅要具备电商的运营能力，还应重视在本专业与跨境专业的能力培养，让电商专业学生参与到跨国企业实践，重点培养学生的专业知识、外语能力、中外客服交流、跨国文化等方式，让学生更多地了解国外文化，拓展国际视野，培养成具备国际化能力的跨境电商人才。

4. 加强中外合作交流建设。在推进“一带一路”教育行动等文件中，阐明了职业教育国际化的六个方向：一是形成具有中国特色和世界水平的现代职业教育标准和体系；二是培养具有国际视野和国际规则的国际人才；三是协调建立双边多边教育合作机制，建立国际合作平台；四是政府引导，协调政府和非政府教育资源，实施合作计划；五是对接整体布局，与企业合作走出去，共同开展科技创新和成果转化；六是落实“一带一路”政策，提高教育行动的质量和水平。教育部部长陈宝生在 2019 年全国教育工作会议上提出“一带一路”教育行动升级版，支持职业教育“走出去”，探索与中国企业和产品相适应的模式。为此我们在欢迎广大留学生来华留学的同时也应积极鼓励我国学生“走出去”，让我国的学生更多的学习“一带一路”沿线国家的经济、文化，促进双边的共同发展与繁荣。同时，国际交流合作应以政府主导，鼓励学校间进行交流的同时，政府应牵头建立国际产学研交流平台，让“一带一路”沿线国家的政府，企业，大学和研究部门充分参与交流，形成围绕产业合作与发展的人才培养机制，推动产业界联合培养人才。

9.3 针对不同区域，实现特色培养模式

9.3.1 中国—东盟及东亚

2020 年 6 月 12 日，2020 年中国—东盟数字经济合作年开幕式通过网络视频形式举行。今年第一季度，在新冠肺炎疫情冲击下，中国和东盟的货物贸易总额增长 6.1%，突破 1400 亿美元，东盟第一次成为中国最大贸易伙伴。相通则共进，“一带一路”倡议提出近 7 年，中国已同 138 个国家签署“一带

一路"合作文件，共同开展2000多个合作项目，解决了成千上万人就业，为带动世界经济发展做出了巨大贡献。正如习近平主席所说，促进互联互通、坚持开放包容，是应对全球性危机和实现长远发展的必由之路，共建"一带一路"国际合作可以发挥重要作用。而经过疫情考验，高质量共建"一带一路"必将有更牢固的基础，更充沛的动力，更广阔的前景。

"一带一路"倡议提出以来，中国—东盟双边贸易飞速发展，当前自贸区已进入"升级版"发展阶段，关系进一步深化。双方在紧密合作取得系列成就的同时，彼此的贸易竞争性也不容忽视，而出口结构的相似性是贸易竞争形成的根源。中国与东盟各国同属发展中国家（新加坡除外），产业发展层次相差不大，均处于全球价值链的中低端位置，在出口结构上很可能存在极大的相似性，从而带来激烈的贸易竞争；同时，在特定产业也存在优势互补的关系。当前学界对中国与东盟之间的竞争互补关系孰高孰低仍存争议，对中国—东盟贸易竞争性的研究能够加深我们对双边贸易的理解，厘清双方的贸易竞争优势，更好地促进优势互补，避免恶性竞争，共建中国—东盟命运共同体。

所谓东亚，一般以地理特点而分为东亚大陆、东北亚和东南亚等子区域，但是本文主张以经济、人口和文化共性为基础来定义东亚概念，以此特指从日本、朝鲜半岛、中国（大陆与港澳台），越南和新加坡为核心的经济文化和历史共同体，在较小意义上包括东盟其他八国，但是不包括澳大利亚、新西兰和印度在内。上述区域的人民在文化上、血缘上都有高度的相似性乃至同源性，他们在农耕时代所构成的东亚"天下"共同体，在西方殖民力量冲击下分崩离析，但最近半个世纪由于东亚生产网络的扩散和升级，这些曾经的远亲们重新被串联到同一条制造业供应链上来，他们的经济命运再次紧密联结在一起。

日本通过从事外包和出口制造而发展起来之后，将低端环节转移到韩国、新加坡和中国台湾等地，自己想拓展更高端产业；此后地区内各个经济体拾级而上，最终形成今天的局面。从现代世界经济史的角度看，东亚制造业价值链及其形成的生产网络如同龙腾东方，日本事实上扮演了龙头角色，四小龙如同龙爪，中国大陆是龙体，而越南正在成为龙尾。上述经济体之间尽管存在发展阶段的巨大差异，但是在发展模式上存在很大共性：出口导向、高储蓄率、发展导向的强势政府、积极的产业政策，对基础设施、教育和研发的高投入等等。通过半个多世纪的发展与延伸，东亚价值链的制造业产出已经超出了西欧和北美新教文明圈产出的总和。

尽管取得了显著的经济发展成就，但是东亚地区存在着同样显著的经济和政治缺陷。经济上存在的结构性风险主要体现在货币领域：东亚经济体共享一条供应链却有两种关键货币，融资货币主要是日元而出口收入货币是美元；供应链上的各国货币汇率锚住美元，当美元和日元汇率出现大幅变动时，东亚经济体便面临系统性金融风险。政治上的缺陷则是地区内部的政治分裂和战略互信的缺乏，政治的冷与经济的热形成鲜明对比。这两大地区性缺陷源自美国和日本在东亚发展模式中各自发挥的重要角色。

9.3.2 中国—俄罗斯人才联合培养

1. 构建人才联合培养模式

人才联合培养模式的构建比较复杂。需要各个参与主体之间相互配合、相互合作。因此，从联合培养的视角探索构建人才培养模式，既有利于揭示各合作主体之间可持续发展的内在关系，也有利于对当前校企合作发展中存在的各种问题进行分析与解决，对促进高校办学的可持续发展、进一步提升办学活力、实现与企业对接，促进对俄跨境电商企业与整个社会经济的发展具有重要的现实意义。构建对俄跨境电子商务企业人才联合培养模式主体框架结构，行为主体包括政府、对俄跨境电商企业、高校、学生、行业协会等，各行为主体建立合作机制，利用当前成熟而完善的对俄跨境电商线上和线下平台进行合作，把理论与实践融入对学生的教学环节中去，从而实现社会、企业、高校以及学生的共同协调可持续发展。

2. 形成O2O人才培养路径。通过对俄跨境电子商务人才联合培养模式主体框架的打造，为对俄跨境电商人才的培养提供有力支撑，进而形成O2O（Online To Offline）人才培养路径。该路径开展如下：首先，行业协会、高校和企业共同研究和制定人才培养计划；其次，由政府牵头，设立资格证考试制度，高校教师先考取对俄跨境电商专业资格证书；然后由获取授课资质的教师联合对俄跨境电商企业的讲师对学生授课及培训；最后，学生参加考试并获取证书，进入实习/就业岗位。在此培养路径当中，教师与学生的授课、培训与考证，都是依托于对俄跨境电商交易平台进行的，同时在线下开展短期的讲座与技能竞赛，借此实现“线上+线下”的培养形式。

3. 产教融合、形成对俄跨境电子商务人才培养体系。（1）依靠政府、行业协会、企业、高校四方联动共同培养对俄跨境电子商务人才，为对俄跨境电商企业联合培养人才。（2）高校课程体系建设决定着人才培养的主要方向与内容。高校需改革教学培养计划，整合电子商务、国际贸易、国际物流与商务俄语专业的核心课程，结合对俄跨境电子商务企业的发展需求，建设多元化、多维度的课群体系，突出培养学生的复合型岗位技能，使学生具备企业所需要的与时俱进的职业能力。（3）设置课程学习模块，以系统且专业的方式进行学习。相对于传统电子商务人才的核心能力，对俄跨境电子商务交易更加突出的技能是俄语听说技能、国际物流技能、国际贸易谈判技能、具有国际网络营销等专业知识。

因此，高校可以拿出大学一年的时间从以上几个方面对对俄跨境电子商务人才进行模块培养，大学第一学年对模块内对已学过的理论知识进行适当复习，重点进行实践技能的培训，大学第二学年邀请对俄跨境邀请行业的讲师进行专业培养，通过校内的模拟平台进行实践演练，然后去对俄跨境电商平台实习，例如俄速通等，最终使人才具有综合素质，满足对俄跨境电商企业的需求。易贝最近推出了人才认证体系“跨境新秀”。该体系以“跨境新秀E 青年认证考试”为基础，来验证“E 课堂”的学习效果，并为跨境电子商务的关键领域（例如运营，物流和支付等）输送人才。为企业和人才提供互连互接，为企业解决了人才输入的难题，促进跨境电子商务生态系统健康有序发展。近期教育部确定了 2019 年增补跨境电子商务专业，将于 2020 年开始正式招生。

9.3.3 中欧人才联合培养

相比与发达国家，我国对于跨境电子商务的研究起步较晚，整体模式尚显落后，这就导致了有关企业当前极度缺乏相应的电子商务人才。然而随着社会、市场的快速发展，很多企业为了提升自身的核心竞争力，亟须引进此方面的人才。当前很多高校对于跨境电子商务相关人才的培养仅仅停留在理论教育层面，缺乏实践，很多学生在毕业后难以胜任各大企业的相关岗位。与此同时，各企业间还会互相招揽各自的相应人才，这对于发展起步晚的中、小型的企业而言，严重阻碍了其健康、长远发展。

人才是保障企业健康、长远发展的核心驱动力，任何企业在综合型人才的支撑下，才能逐渐提升自身在市场发展过程中的核心竞争力。在“一带一路”倡议下的跨境电子商务发展过程中，各大企业需要的人才，除了应当拥有对外贸易的专业知识、技能，还需要具备一定程度上的外语能力，这是因为在“一带一路”倡议背景下，各大企业将面对沿途各国的不同法律政策、文化风俗以及语言种类等，所以相应的人才必须能够在第一时间帮助企业掌握各国消费者的观念以及当地有关信息。

对相应的综合型人才展开培养，需要高校、政府以及企业三方能够通力协作：

1. 高校层面：高校需要明确在基于“一带一路”倡议下的跨境电子商务对于国家未来发展具有的重要意义，并在此基础上，及时转变以往的教学理念，重视将理论和实践进行结合，同时积极和相应企业进行长期合作，为学生提供更多的实践机会。

2. 政府层面：政府有关部门应当及时调查各企业对相应人才的需求状况以及企业自身人才拥有情况等，并且在税收以及财政拨付等方面，合理地为跨境电子商务人才制定优惠政策，并提升其相应的财政福利。

3. 企业层面：完善自身选聘机制，设立专门监督小组，对选聘环境严格监管，避免出现徇私舞弊现象，从而积极引进理论基础扎实，业务能力强、工作素养高的综合型人才。与此同时，企业还需要完善自身培训体系，定期组织有关人员参加培训学习，在第一时间掌握先进的跨境电子商务理论和技术。除此之外，企业还应健全自身的考评机制以及奖惩机制，以科学考评和合理奖惩的方式，不断激励企业相应工作人员致力于不断进行自我提升，从而为企业的长远发展提供更多动力。

9.3.4 中国—中东欧人才培养

中国与中东欧国家的合作历史悠久，渊源颇深。中华人民共和国成立几十年来，双方始终相互尊重、相互信任、相互理解、相互支持，传统友谊不断巩固，各领域合作取得长足进展。贸易快速发展，投资方兴未艾，合作领域不断拓宽，合作机制日益完善。在中国政府的持续推动下，中国与中东欧国家合作形成了稳固的“16+1”模式。“一带一路”倡议提出后，中国与中东欧的合作全面加速，在政策沟通、设施联通、贸易畅通、资金融通、民心相通等方面取得了极大的进展。

加强政策沟通是“一带一路”建设的重要保障，关键是加强政府间合作，积极构建多层次政府间宏观政策沟通交流机制，深化利益融合，促进政治互信，达成合作新共识。自2013年以来，中国政府与沿线各国以"共商、共建、共享"为宗旨，在原有的中国—中东欧国家合作的"16+1"框架基础上，将"一带一路"倡议与各个国家的发展规划以及区域经济发展战略进行充分交流对接，政策沟通不断得到加强。2011年至今，中国与中东欧国家领导人每年都举行高级别会晤，并发表了一系列重要的合作宣言，如2013年的《布加勒斯特纲要》，2014年的《贝尔格莱德纲要》，2015年的《苏州纲要》，2016年的《里加纲要》等。为了顺利推进合作，中国政府于2012年成立了中国—中东欧国家合作秘书处专门协调与中东欧各国之间的政策沟通。2015年苏州会晤期间17国政府还共同发表了《中国—中东欧国家合作中期规划》。2017年5月在北京举行的"一带一路"国际合作高峰论坛期间及前夕，中国政府与克罗地亚、黑山、波黑、阿尔巴尼亚政府签署了政府间"一带一路"合作谅解备忘录，与匈牙利政府签署关于共同编制中匈合作规划纲要的谅解备忘录。中国国家发展和改革委员会与捷克工业和贸易部签署关于共同协调推进"一带一路"倡议框架下合作规划及项目实施的谅解备忘录。根据合作基本框架，中东欧国家和中国共同制定了多种合作框架和沟通机制，涉及多种行业。为了进一步加强与"一带一路"沿线国家的教育合作，扩大彼此间的人文交流，加强符合建设需要的人才培养，中国教育部于2016年7月发布了《推进共建"一带一路"教育行动》。《教育行动》进一步明确了教育互联互通合作、开展人才培养培训、共建丝路机制等三方面重点合作，对接"一带一路"沿线各国意愿，互鉴先进教育经验，共享优质教育资源，全面推动各国教育提速发展。比如，协力推进教育共同体建设实现学分互认、学位互授联授；鼓励沿线国家学者开展或合作开展中国课题研究；鼓励沿线各国高等学校在语言、交通运输、建筑、医学、能源、水利、生态保护、文化遗产保护等沿线国家发展急需的专业领域联合培养学生等。为了进一步加强与"一带一路"沿线国家和地区的文明互鉴与民心相通，切实推动文化交流、文化传播、文化贸易创新发展，中国文化部于2016年12月26日发布了《"一带一路"文化发展行动计划》，明确了健全"一带一路"文化交流合作机制、完善"一带一路"文化交流合作平台、打造"一带一路"文化交流品牌、推动"一带一路"文化产业繁荣发展、促进"一带一路"文化贸易合作等五个重点任务。

1. 高端政策型人才培养模式。在"一带一路"建设中，我们需要一定数量的政策沟通人才和各领域的国际高端研究人才。在此模式中，智库是人才培养的主体，政府是为人才培养提供宏观方向的引导和资金的支持，企业为人才培养提供微观数据和反馈，高校则是人才培养的依托方和合作方。

2. 复合应用型人才培养模式。在“一带一路”建设中，我们需要较多数量的复合应用型人才。在此模式中，高校是人才培养的主体，政府是为人才培养提供宏观方向的引导和资金及政策的支持，企业为人才培养提供实训和质量反馈，智库则是人才培养的依托方和合作方。复合应用型人才是“一带一路”建设的生力军，也是“一带一路”人才培养的重中之重。复合应用型人才培养的目标是培养具有良好的跨文化交际能力和国际视野、具有多语言沟通能力和政治、经济、宗教、法律等综合人文素养，掌握较强的专业知识和专业技能的高素质青年人才。

首先，多样化的人才培养途径首先是通过校企和校智合作实现复合型实用人才培养。高校、企业、智库通过校企和校智合作，结合三方优质资源，培养适合企业岗位的人才。一般院校来自政府的资助是有限的，企业经费的支持，无疑为院校培养人才注入新血。反过来，院校可以更有效地为企业培养人才，花费在培养人才上的资源，最终为企业带来更好的人才。

其次，师资团队的融合。在人才培养中，师资既可以是来自高校的专职教师，又可以是来自企业一线有丰富实践经验的高素质管理人员，还可以是专业智库的优秀专家团队。智库同时还可以承担高校教师的继续教育和素质提升培训。

第三，建立研究所联合培养人才。共同制定学生培养方案，调整教学内容，提高教学的针对性。在授课方式上，既可以是人文知识的浸润，又可以是智库型案例教学，还可以是企业实践教学。

第四，企业为学生提供实习实训基地。学生通过在企业实习实训，可以验证所学知识，培养分析和解决问题能力，并深入了解企业、市场现状及需求。

要实现人才的中外联合培养。我们所说的中外联合培养包含三种形式：中外高校合作培养、高校建立海外分校、“一带一路”国家教育联合体打包培养。《国家中长期教育改革和发展规划纲要（2010－2020）》指出：教育要适应国家经济社会对外开放的要求，培养大批具有国际视野、通晓国际规则、能够参与国际事务和国际竞争的国际化人才，同时鼓励各级各类学校开展多种形式的培训、实习合作。

3. 基础实用型人才培养模式。在"一带一路"建设中，需求量最大的是能胜任国内外项目建设和基础岗位的实用型人才，他们是不需要深厚的理论素养和专业知识，但能熟练开展工作的技工人和一线基础业务人才。

9.3.5 中非人才联合培养

1. 回顾中非高等教育合作

回顾中非高等教育合作50多年历史，中非教育合作逐渐由援助向互惠合作转变。当前中非高等教育合作主要体现为"互派奖学金生、互派访问学者、互通信息、合作从事相关教育研究、互派教师、互聘专家和学者、共同举办研讨会。"可以看出中非高等教育合作形式多样。但从整体来看，双方高等教育合作仍以中方单方面援非为主。特别是在2000以前，中非教育合作主要体现为中国向非洲提供各类援助，其形式主要表现为中国政府向来非洲华留学生提供丰厚的政府奖学金，向非洲提供物质、资金援助，派遣各类师资、面向非洲职业技术人员举办短期研修班等。在各种形式的中非高等教育合作中，仍然以留学生教育为主，其中又以非洲向中国派遣留学生为主。应该说，中国在对非关系上，历来本着国际道义和援助精神，主张多予少取、先予后取、只予不取原则，这种合作原则也反映在中非高等教育合作方面。实事求是地说，这种援助式合作在一定时期内符合中非高等教育发展实际情况，的确为非洲国家培养了一部分经济社会建设方面高素质人才，也能在一定程度上帮助非洲各国克服了在高等教育发展方面面临的设备和资金短缺问题。然而，这种在政府主导下进行的援助式高等教育合作，主要基于地缘政治利益和国家道义需要而做出的政治安排，而不是双方的高校在遵循高等教育发展规律前提下，在互利共赢、优势互补、互帮互助的基础上进行的合作。但从中非高等教育长远发展和合作来看，这种政府主导下援助式合作并不能激励双方高校合作实效性和可持续性。例如，中方有些高校为了提高自身排名和"国际化"水平，在留学生管理、教学、服务水平不到位的情况，盲目跟风招生大量亚非国家的留学生，最终造成一系列问题。这种行为表面上提升了学校的实力和"国际声誉"，实际上并无助于自身教育和科研能力的提升，甚至可能会毁掉自己的声誉。这种合作也不利于提高非洲高等教育独立发展的能力。正如丹比萨·莫约（Dambisa Moyo）在《援助的死亡》中所指出的那样，"单纯的援助不能促进非洲的发展，反而让非洲陷入依赖援助，非洲所需要的是相互合作，共同开发非洲大陆。”

2. 中非合作未来发展趋势

（1）从援助走向合作共赢。若想中非高等教育合作走向深入，应在考虑双方实力的基础上，兼顾双方的利益诉求，通过优势互补，发展互补性合作关系，实现合作共赢。

（2）中非高等教育合作应基于双方高校实际情况，实现优势互补，合作共赢。“中国和非洲国家高等院校在学科特点和发展水平上存在着较大的差异，学科互补性较强，拥有较大的合作空间。”中国高校在师资、设备、经费、教学与科研水平方面整体上确实占优，虽然非洲的大学除南非外整体水平大多低于中方高校，但非洲高校在某些领域或学科也有自己的优势，如开罗大学的文化学、人类学、考古学；伊巴丹大学的医学生物学；达喀尔大学的海洋生物学、非洲学等，除此之外，非洲高校在非洲民族文化、宗教、政治等地方特色领域更有优势。因此，中非高校完全可以利用各自的优势开展互利共赢的合作。在这种合作中，中方高校可以全面提升学科竞争力和国际化水平；非洲高校也可以借助中方高校的人、财、物方面的优势提升自己的教育教学质量和研究水平。

（3）在优势互补的基础上，基于各自发展需求，实现合作共赢。由于所处发展阶段不同，中非高校有各自的发展需求。非洲各国高等教育发展水平普遍较低，但发展速度较快，普遍处于由高等教育精英化阶段向大众化阶段过渡时期。这个阶段高等教育需要不断地提高教育质量和研究质量，并在课程内容、教育教学、人才标准、学校管理等逐步与世界接轨。中国高等教育经过近半个多世纪的发展，已经进入了高等级教育大众化阶段，建成了世界上最大规模的高等教育体系和门类齐全的学科和专业体系。当前中国高等教育发展面临主要课题是深化高等教育的综合改革，提高高等教育质量、国际化水平和国际竞争力。通过中非高等教育合作，一方面，非洲可以借鉴中国高等教育经验，推动高等教育快速发展；另一方面，中国高校也可以借助一带一路合作平台，抓住机遇，进一步深化高等教育体制机制改革，走出国门，走进非洲，与非洲高校深度合作，提升自身高等教育国际化水平和国际竞争力。

3. 借助多种合作平台，建立长期合作关系

2000 年在北京成立的“中非合作论坛”，使中非双方扩大了共识、增强了友谊、促进了合作，收获了丰硕成果。中非合作论坛合作框架与运行机制

为中非高等教育领域的教育合作与交流提供了一个平台。2009年举办中非合作论坛通过了《沙姆沙伊赫行动计划（2010－2012年）》，“计划”要求中非在高等教育领域开展“中非大学20＋20合作计划”教育合作项目。该项目要求中非双方各选择20所高校建立长期一对一合作关系。选择高校时考虑合作院校的综合水平，优势专业或科学领域，以便双方合作院校能在优势学科、特色专业等方面开展有特色的、实质性长期稳定的合作关系，形成中非高校“一对一”合作新模式。中非双方可以借助“中非高校20＋20合作计划”进一步拓展合作领域、丰富合作形式、深化合作内容，构建中非高校之间更为可持续的、深入的、全面的、全天候的经常性合作关系。比如中非高校联合开展研究项目、共同培训学生和师资、共同开发课程等。中非高等教育合作还可在联合国教科文组织的支持下开展国际化的高等教育交流与合作，“联合国教科文组织的领导也表示‘中非高校20＋20合作计划’是建立在双方平等、互利、共赢的基础之上的，体现了南南合作的精神，是教育领域国际合作形式的创新，不仅可以提高非洲高等教育的水平，同时能够推动双方高校的教学、科研能力建设。”除了官方主导的合作平台之外，中非高校可以构建民间合作机制，例如定期举办“中非校长论坛”“中非学者论坛”“中非研究生论坛”，联合建设“中非联合研究机构”“中非高校网络教研平台”等多种形式合作机制。共建各种形式的合作平台，将大大促进中非高等教育合作向更深、更广的方向推进，有利于双方建立长期合作关系。

4. 拓展合作领域、丰富合作形式。当前中非高等教育合作的主要形式还是以留学生培育为主，而且主要是非洲向中国高校输送留学生。应该看到，留学生交流一方面为非洲培育了急需的高素质人才，另一方面也提高了中国高校的国际化进程。但是，随着中非合作深入发展，中非高等教育合作也应顺势而为，进一步丰富合作的内容，扩大合作的范围，提高合作的深度。在“一带一路”建设背景下，合作内容可以围绕“一带一路”建设相关问题开展，逐步扩大合作范围。在共同建设“一带一路”工程的过程中找到双方共同利益，实现双方合作共赢。比如中非双方高校可以重点在基础设施建设、投资风险管控、能源合作、自然资源开、信息通信、进出口贸易政策、经济园区建设、文化交流与传播、政治法律制度、汉语教学等问题上开展教育合作。此外，中非高等教育合作还可以以非洲社会经济发展中急需解决的问题作为合作主要内容，具体地说，双方可以在农业现代化、医学、跨境水资源合作、减贫、市场监管、国际经济与贸易、生态环保、污染防治、职业技能培训等方面开展合作。例如，中国农业大学与几内亚法拉那高等农艺兽医学院（ISAV/F）联合建立“中非专家网络”，双方高校在共同解决环境气候变化和农村环境保护、新能源开发利用等领域的问题迈出了坚实的一步。在合作形式方面，鼓励中非高校双方或多方在自愿的基础上建立长期稳定的校际合作关系，逐渐形成中非大学“一对一”或“多对多”的高校合作新模式。在丰富合作形式的同时，还应提高合作的深度和水平，从互派留学生的简单形式，逐步开展师资交流、共建课程、互认学历、联合研究、知识共享，甚至可以尝试开展合作办学等，使合作程度不断深化。

总之，中非高等教育合作要行稳致远，需遵循合作共赢、优势互补、互帮补助原则，构建并依靠多种合作平台，开展多种形式合作，不断把合作推向深处。

9.4 利用跨境电子商务综试区培养高水平人才

从国家层面而言，跨境电子商务综试区是我国建设数字“一带一路”的新载体。我国在设立跨境电子商务综试区的过程中应当结合区域的产业结构、外贸营商环境和电子商务发展基础等多重因素综合考虑。对于东部沿海地区，选择产业基础和电商发展基础较好的城市继续推广综试区的成功经验，最大限度地发挥该区域的外向型经济优势；对于中、西部地区，尽管在产业结构、交通条件和电商环境等方面存在较大差距，但应当以省会城市为重点，发挥节点型城市的示范效应，让更多中、西部地区享受到跨境电子商务的发展红利，推动我国的全面开放新格局。从地方政府层面而言，在响应“一带一路”倡议，推动跨境电子商务综试区建设的同时，需要“量体裁衣”，体现区域特色。随着跨境电子商务综试区的政策优势进一步显现，我国陆续审批设立了35 个跨境电子商务综试区。结合实证结果中存在多条综试区建设的路径，地方政府需要根据所在区域的基础条件支持具有产业特色的企业，培育具有区域特色的跨境电子商务产业，具体问题具体分析，推动综试区建设。

“一带一路”倡议下跨境电子商务纠纷解决问题研究

在“一带一路”倡议下，以互联网为导向的电子商务平台实现并发展了跨国界的国际交易活动。跨境电商的深入发展，促进了“一带一路”沿线国家和地区的贸易分工协作、资源产品共享、市场培育开发和模式联动发展，促进了中国和沿线国家以及地区间互利共赢的战略合作。由于跨境电商是新生的商务业态，正在被越来越多的消费者接受，因此，强化法律监管是必须的，但国家和地区间法律的差异性和滞后性问题日益凸显，“一带一路”区域的特殊性、跨境性、不平衡性等特点也导致了法律监管的缺失。文章通过对“一带一路”倡议下跨境电商法律监管问题的分析，探寻解决问题的必要性和可能性，并通过多维度视角提出解决路径。

国家《推进共建丝绸之路经济带和21世纪海上丝绸之路的意愿和行动》发布自从实施以来，“一带一路”倡议的实施成效越来越明显。通过“一带一路”倡议，中国与周边国家全方位、深层次、多维度的交流与合作，顺应了国际社会的根本利益，实现了人类社会的美好追求和共同理想，也为国际经济合作和创新模式发展提供了新的借鉴和思路，彰显了当今世界和平与发展正能量的传递和弘扬。当前互联网+时代行动迅猛发展，传统行业与电子商务加速融合，经济全球化进一步推动了跨境电子商务的发展。“一带一路”倡议的实施，使中国的电子商务与国际全面接轨。中国和沿线国家以及地区通过电子商务平台行进交易和支付，通过跨境物流实现商品实体配送，通过网络共享信息联动，带动企业创新驱动，拓展国际营销渠道，促进经济一体化和贸易全球化，提升品牌知名度，扩大国际市场占有率。伴随着“一带一路”倡议对沿线国家经济发展的重大意义和跨境电子商务迅猛发展中所显现出来巨大推力的同时，跨境电子商务法律监管问题日益凸显。基于“一带一路”跨国界的特殊性、跨境的现实性等使这一区域的跨境电商监管具有自己的区域性。这一区域沿线国家的经济法制普遍不健全不完善，针对网络经济尤其跨境网络经济更是空白。一方面表现在国家和地区的法律法规存在差异性和滞后性，此外民族文化、经济差异、宗教信仰、政治体制等也不尽相同；另一方面跨境电子商务市场交易规则的制度化建设还有待完善。在市场准入和退出机制、经营主体审核、跨境电子商务的交易行为、商品质量备案、信息交换、数据共享、信用保险服务、网络安全、风险评估、大数据交易规则等方面还缺乏有效的法律监管制度。因此，“一带一路”跨境电子商务的发展，在法律监管、经济效应和利益风险等方面还具有很大的不确定性。由于跨境电商是新生的商务业态，正在被越来越多的消费者接受，缺乏经济秩序约束的经济活动必然诱发多种经济问题。

在网络经济的快速发展中，相关的法律监管是严重缺失的，对监管经验匮乏的“一带一路”区域，监管跨境电商的监管主体如何确立？主要监管哪些方面？通过何种路径进行监管？各国在顶层设计方面建立怎样的保障机制等一系列问题，由此可以看出，“一带一路”跨境电商法律监管问题亟须解决。

10.1 “一带一路”背景下跨境电子商务法律监管可能性

由于我国关于跨境电子商务的研究起步晚，国内有关的法律法规等还不成熟、健全，这使得很多企业、部门在遇到风险、物流相关问题以及经济纠纷时只能参考实体经济有关法律法规，其法律约束力、参考性都较低，一旦不能及时解决，便极易致使跨境电子商务不能有序发展。所以，有关部门应当在我国于 2013 年出台的有关电子商务意见基础上，逐步建立健全相关的发展制度，完善相应的法律法规体系，从而为跨境电子商务的健康发展提供理论依据和法律支撑。

1. 政府主体介入监管。基于“一带一路”背景下跨境电商法律监管，需要各国家的有效参与，才能够实现社会公众利益最大化，同时要确保有效推进自贸区和保税区的经贸合作。通过建立跨境电子商务园区，能够为一带一路跨境电商起到宣传以及助推作用，同时要加强政府监督管理主体的介入，能够为跨境电商市场秩序提供强有力的保障，进一步维护多方权益。

2. 构建网络监管共享体系。基于网络环境下实现跨境电商发展，必须要保障网络信息安全，借助网络技术能够确认交易中的主体身份，实现加密与交易内容的保存，确保电子支付更加的安全，快捷跟踪共享物流信息，有效实现信息安全拦截与过滤等各项技术监管。同时要构建信息安全反馈机制，如果存在非法电子交易，活动电子网络系统可以将疑似数字化信息或者是交易方式进行证据留存，从而有效避免可能会引发的网络贸易纠纷问题。

3. 各单位部门实现信息联动监管。在“一带一路”发展背景下，电子商务涉及众多地区和国家的经济效益，也影响着跨境贸易监督管理的各单位，由于职能部门在法律赋予的范围内必须要实现统一的联动监管，但是当前只是各部门实现单一合作，合作效率较低，无法有效实现监管统一和数据共享。如果各单位的信息联动有助于降低监督管理成本，切实提高监督管理效率。

4. 加强第三方监管。由于“一带一路”发展模式下电子商务模式多元，有很多模式是在交易平台上完成，例如建立诚信评价机制、保护交易安全、披露信息、提醒交易自身权力等等。加强跨境电商第三方监管，有效借助发达国家的监督管理理论以及实践探究，沿线国家有效加强行业以及监督指导功能。通过各地区各国家构建网络联动法律监督管理体系，出台相关的法律制度以及管理细则，才能够有效促进一带一路背景下区域跨境电子商务的有效发展。

10.2　跨境电子商务法律监管主体确立

“一带一路”背景下跨境电子商务呈现蓬勃发展之势。但伴随着跨境电子商务的快速发展，有关法律法规和政策的缺失、不匹配和不健全已日益成为困扰行业发展的重大问题。跨境电子商务需要公平、公正、有序、健康的发展环境，这是确立跨境电子商务法律监管主体的客观需求，应该引起沿线国家和地区政府的高度重视。而各个国家和地区由于政治、经济、历史、文化、宗教等原因，法律法规在立法和执法等方面存在着差异性，因此，对跨境电子商务监管存在着一定的难度。各个国家和地区应通过共同磋商，达成对跨境电子商务相关法律法规的统一，参照相关的国际法和行业惯例确立跨境电子商务法律监管的主体，并在签署国家和地区范围内按照国际法优于国内法的原则下遵照执行。跨境电子商务法律监管主体的确立，可以是由沿线国家和地区的政府通过协商共同组成，也可以是沿线国家和地区的政府认可的第三方机构、行业协会或非政府组织，还可以是沿线国家和地区的政府认可的跨境电子商务服务平台。

相比较而言，由沿线国家和地区政府通过协商共同组成独立的监管组织或机构作为监管主体，更加有利于实现监管的力度，保障跨境电商在一个绿色有序的环境下健康发展。由此可以看出，只有确立跨境电子商务法律监管主体，沿线国家和地区的跨境电子商务才能构建法治的发展环境。

10.3 跨境电子商务法律监管的实现路径和机制保障

“一带一路”跨境电子商务作为沿线国家经济发展的重要助力和经济创新驱动新模式，健全和完善法律监管是进一步提升跨境电子商务发展水平的重要保障。首先，通过现代化信息技术手段完成的线上商务和运用现代物流技术完成的线下实体配送进行网络信息整合和全程法律监管；其次，通过信息技术手段完成行业统一标准和制度规范和推动政府部门数字化通讯法律监管；再次，通过跨境电子商务的专门机构进行专业联动法律监管和广泛国际社会监督平台实现信息共享、资源共享的综合法律监管；最后，健全和完善跨境电子商务的事前法律监管和妥善公平、便捷高效的国际贸易纠纷解决机制的事后法律监管。以现实多维度视角健全和完善“一带一路”跨境电子商务的法律监管路径组合。

跨境电子商务法律监管的保障机制。通过公示制度软环境的构建，可以对跨境电子商务市场主体身份信息和交易内容的真实性、交易行为和交易流程的透明性、各系统单位法律监管的公正性起到保障作用。因此，“一带一路”跨境电子商务的监管主体应该形成常态化、信息化的公示制度。跨境电子商务公示制度软环境稳定了电子交易市场的秩序，参与主体、交易平台和监管部门权利义务明晰，最大限度规避跨境电子商务纠纷，构建有序、法制的交易环境。

努力推进市场监管的沿线区域化法制平台。沿线国家在参与跨境电子商务活动中，要构建跨境电子商务的法治环境，“一带一路”沿线国家就必须在顶层设计方面构建全方位辐射的区域化法制平台，为“一带一路”跨境电子商务在法治的环境下健康发展。

有效提升跨境电商法律规范体系。纵观当前跨境电子商务的法律体系，虽然在海关通关、检验防疫、税收支付等环节已经具备了基本的可操作性规范，但是这些规范和跨境电子商务的特征难以形成有效契合。此外，这些法规主要以部门通知、部门规范的形式存在和发布，还存在着一定的相互冲突和不一致性，法律层次较低，难以形成有效的法律保障。“一带一路”跨境电子商务需要在沿线区域层面上通过各个国家和地区政府的协商，结合跨境电子商务自身的发展特点，制定出统一的、高法律层次的法律法规，并结合区域相关法律和其他部门法律形成系统规范的法律体系。

突破重围　实现跨越　构建"一带一路"跨境电商的政策框架

11.1　全球化趋势不可逆

当今世界正在经历新一轮大发展大变革大调整。虽然各国经济社会发展联系日益密切，但是保护主义、单边主义抬头，多边主义和自由贸易体制受到冲击，世界面临的风险挑战加剧。面对当今世界百年未有之变局，是合作还是对抗？开放还是封闭？互利共赢还是零和博弈？人类又一次站在了十字路口。

近年来美国把"新兴技术"出口管制作为确保"美国优先"战略的重要抓手，并纳入国家安全范畴予以特别强化。尤其对中国，更是出台了众多针对性政策，如2007年专门针对中国新增加航空发动机等47个出口管制项目，2009年颁布《国际关系授权法案》，此后又出台《出口便利化修改草案》，2011年发布《战略贸易许可例外规定》，2013年修订《国防授权法案》。2018年，美国又对新兴技术出口管制开展讨论，再次点名中国为美国在生物技术、人工智能、先进计算等共计14个大项"新兴和基础技术"领域的竞争对手，给予严格限制。针对上述新形势，我们立足全球化发展趋势，从科学研究规律、技术发展规律与产业创新规律3个方面展开分析与研究。从国际合作与交流的角度看，美国在新兴技术上的出口限制既不符合时代发展的要求，也不利于本国新技术的创新与发展，自然也不符合美国自身的长期与根本利益。我国要坚定地走向世界舞台中央，努力将全球各类优秀战略资源、创新资源引进来，善用资源以提升创新能力与产业竞争力。

世界经济发展历程表明，经济全球化深入推进，世界经济就繁荣发展；逆全球化抬头，世界经济就萎靡不振。经济全球化是社会生产力发展的客观要求和科技进步的必然结果，促进了商品和资本流通、科技和文明进步、各国人民交往，为世界经济发展提供了强劲动力。人们无论赞同还是反对，自觉推进还是有意阻挠，都无法改变这一事实：不同地域的民族、国家与个人之间交往日益普遍，彼此依赖越来越紧密，整个世界越来越成为一个有机整体。经济全球化，是一个国家谋划发展时所必须面对的时代潮流。

改革开放40年来，中国在坚持走自己道路的同时，不断扩大对外开放，不仅改变了自己的面貌与命运，也通过改变自身而深刻地影响和造福了世界。特别是加入世界贸易组织以来，中国积极参与做大全球经济贸易“蛋糕”，支持完善全球自由贸易体系；坚持与全球贸易伙伴互利发展，相互成就，不仅成为“世界工厂”，更是全球最具潜力的巨大市场和全球创新合作的重要参与方，为全球经济的稳定和健康发展作出重要贡献。当前，中国已是全球最大商品贸易出口国、第二大外资流入国和第三大对外投资国，是世界上120多个国家的最大贸易伙伴。中国经过40年的改革开放，有能力、有信心在新的历史起点上推动建设更加开放的世界经济。中国所倡导的“一带一路”建设、共商共建共享的全球治理观和构建人类命运共同体等价值理念对矫正既有经济全球化的不足，构建开放、包容、普惠、平衡、共赢的新型经济全球化发挥着引领作用。“天下大势之所趋，非人力之所能移也。”在经济全球化深入发展的今天，各国应该拿出进一步加强合作的信心和勇气，要开放不要封闭，要合作不要对抗，要共赢不要独占，积极推动世界经济良性发展。

美国在东亚的战略与经济布局。正如众多文献指出的那样，东亚工业化发展的原动力不在东亚本地，而在太平洋彼岸美国国内的政治和经济变迁。西方国家提供的终端消费市场尤其是美国提供的贸易逆差使得东亚的出口导向工业化成为可能。美国曾是著名的重商主义国家和世界工厂，但是在1970年之后开始出现持续扩张的贸易逆差，最终成为全球最大的债务国和逆差国。这种惊人转变背后是其本土的一系列制度和政治变迁。首先是美国的跨国公司及其背后的华尔街金融资本在政治上成功地掌握了政策主导权，他们的利益诉求和新自由主义意识形态要求搞制造业外包，鼓励资本在全球开放市场中自由流动。其次是1971年美元与黄金脱钩之后，美国获得了可以“借债不还”的嚣张特权，贸易逆差可以无限制地用近乎零成本的增量美元来支付，美国的逆差本质上是对顺差国征收的广义铸币税。此外，20世纪70年代的高通胀和左翼运动使得当时的美国政府乐于将制造业转移到低成本的海外从而压低本国的通胀，并从根本上削弱左翼工会势力。之所以是东亚而不是其他地区成为美元逆差的最大受益者，除了跨太平洋运输成本快速降低等经济原因之外，往往被忽视的因素是美国在东亚地区的政治和战略主导性地位。由于第二次世界大战和"冷战"的原因，日本、韩国、中国台湾地区、新加坡、菲律宾等经济体在政治和安全上并不独立，而是深深地受控于美国的政治和军事存在，甚至可以被视为美国在亚洲的保护国或者半殖民地。东亚的美国同盟体系与欧洲的北约存在结构性差异：北约属于集体安全机制，各个成员国之间互为盟友；而美国在东亚的各个盟友之间相互并非盟友，甚至普遍存在政治敌视和互不信任，从而形成类似古罗马盟邦体系的辐辏或者伞骨结构。这种结构有利于放大美国在地区内的权势，并强化地区内每一方对美国的友谊和保护的不对称依赖。20 世纪初美国自身的崛起依靠的是制造业对英帝国和欧洲的反超，而 70 年代以后美国之所以愿将其强国之本转移到东亚而不是别的区域，是因为当时的美国政商精英对美帝国在东亚的政治和战略掌控力很有信心。

中国对东亚价值链的融入、借力与重塑。20 世纪 80 年代的东亚产业分工在很大程度上符合雁行模式的描述，但是到今天东亚生产网络的布局已经与其设计大相径庭，原因在于中国自 1992 年之后的融入和重塑。20 世纪 80 年代中美关系曾有过蜜月期，苏联解体、东欧剧变之后中美关系进入动荡期，中国在对外战略上采取了韬光养晦的政策，经济政策上则积极融入东亚生产网络，借助制造业外资在本国创造数千万非农就业，并打开全球市场大门。而美国由于"历史终结论"的过度制度自信，认为只要将中国融入其市场经济体系，就必然导致中国政治制度的和平演变，因而也容忍了中国在其主导的经济体系中的存在，在某些阶段甚至乐见其成。由此，东亚生产网络的制造业能力逐步向中国大陆转移，并最终导致了地区经济秩序和权力结构的重大变迁。2010 年之后，由于人口年龄结构和青年受教育水平的快速变化，中国低端劳动力的供求关系出现了趋势性逆转，招工难取代就业难成为时代性现象。中国社会不再像过去数十年那样渴求外资加工制造业为其创造非农就业岗位，因而招商引资变成了招商选资，政府给予外资的超国民待遇被逐步取消，而对本土先进制造业予以重点扶持，进口替代与出口导向之间出现了微妙的"再平衡"。后金融危机时代，在继续吸引高端制造业对华转移的同时，中国开始主动出击在美、欧、日和以色列等地收购技术和企业，产业资本呈现双向流动局面。人民币开始摆脱美元之锚趋于独立浮动，地缘政治上中美战略博弈态势趋于上升，亚投行和"一带一路"倡议的推出形成了中美在全球层面上的外交竞争态势。中国的崛起最终对东亚生产网络形成系统性重构，动摇了美国对该地区经济、政治和军事主导性地位。东亚生产网络通过以下多个渠道帮助了中国的全方位崛起：首先，通过产业和社会改造让中国成为全球主要经济体之一。技术溢出效应和产业聚集效应大大提升了中国出口竞争力，并让人民币汇率保持强势。制造业的迁入也推动了工业化和城市化，创造了三亿以上的中产阶级和巨大的本土消费品市场，从而导致全球经济的东亚、北美和西欧三极结构逐步形成。其次，通过财政和技术贡献提升了中国的硬实力，制造业为中国政府贡献的巨大财政资源和外汇收入使得其国际地位和外交影响力大幅上升；两用技术的进步、研发投入的快速增长以及生产成本的快速降低，都大大提升了中国的军事能力。最后，制造业供应链本身也为中国带来权力。处于供应链上下游的国家之间存在不对称相互依赖的关系，传统的认识是上游控制下游，高端制约低端，但是由于中国一家几乎垄断了所有的下游，导致供应链的中上游各国反而对中国这个制造业总枢纽更加依赖。

中国受惠于东亚生产网络和美国的市场需求，但中国并非搭便车者。由于美国的产业外包和中国的招商引资，以及东亚生产网络的升级和扩张，在美国、中国和其他东亚经济体之间形成了一个三角资本流动关系。美国以金融投资的方式将资本输出到东亚的日、韩、新以及中国的台、港、澳等经济体，后者的制造业又被中国的招商引资政策提供的各种补贴和优惠政策吸引到中国大陆，以外商直接投资形式牟取高收益。外资带来的资本金和贸易盈余被汇聚到中国外汇管理局，后者以储备投资的方式配置了巨量美国国债和金融债，压低了美国的利率。在这个三角资本循环中，中国主动承担着巨额福利损失，主要表现为外资在华的高收益与中国外储在美元债券中的低收益之间的巨大利息差，经济学家们普遍认为每年损失达数千亿美元。这笔福利损失其实可以看作中国借力美国主导的全球化和东亚生产网络所支付的昂贵代价，中国用全民分担的福利损失来换取宝贵的工业化机会。后金融危机时代，无论是奥巴马还是特朗普，美国政府反复指责中国是搭便车者，这种说法显然是不公平的。中国的确是美国驾驶的全球化班车上的最主要乘客，中国的工业化的确离不开美国的消费和东亚生产网络的“摆渡”，但是中国是支付了昂贵的车票的。中国的成功更不是被动地依赖东亚制造业生产网络的带动作用，而是积极发挥自身政策能动性的结果。中国相对于东亚邻国和其他发展中国家拥有很大的制度优势和规模优势。从制度上来看，与自由主义经济学传播的观念相反，强政府在产业发展中历来扮演着关键作用，而中国的政治经济体制融合了美苏两个超级大国的优势基因，既有苏联体系的强国家特征和资源动员能力，又有美国式市场经济的开放性和自适应性，所以相对于东亚生产网络上的其他经济体表现出明显的竞争优势。从规模上看，中国既有需求的规模优势，又有生产的规模优势。需求的规模优势来自中国人口规模和分配方式形成的巨大本土市场扩张潜力；而生产的规模优势则包括产业高度聚集带来的集群效应和大规模高质量劳动力带来的人才优势。

后危机时代美国的东亚政策调整。2008 年全球金融危机之后的十年间，东亚地区的政治经济格局发生了深刻变化。东亚生产网络的产出规模超越了北美和西欧之和，日本的地区首要地位被中国所取代，而美国经济规模虽然仍旧远大于中国，但是危机救援和老龄化等因素导致美国联邦政府的债务余额十年内扩大了 4 倍，达到将近 22 万亿美元。对美国而言更加难以接受的是，东亚开始出现了摆脱美国羁縻的地区自立的政治和安全趋势。首先是日本前首相鸠山提出的“亚洲新道路”理念，然后是中国快速发展区域拒止能力，尤其是在 2010 年新加坡和河内的两场地区多边外交中，时任国务卿希拉里和国防部长盖特纳等美国高官认为中国代表团显示出同美国分庭抗礼的姿态。

基于上述认知，美国在后危机时代推出了一系列地区霸权护持的政策举措，其中最突出的是重返东亚（Pivot to Asia）、再平衡（Rebalancing）和跨太平洋经济伙伴关系（TPP）等一系列相互套叠和支撑的大战略。该大战略的政治和军事侧面是挑动东亚地区各方面同中国大陆的紧张与对抗，包括激活中日钓鱼岛争端，挑动中越、中菲南海岛礁争端，暗中支持“港独”“台独”势力等，从而为其有限的军事和政治资源提供权力杠杆和政策抓手；其经济侧面则是用一个为中国量身定制的跨太平洋伙伴关系方案，将中国排除出东亚生产网络。如果这一大战略得以完整贯彻实施，将会对中国的崛起进程造成系统性伤害，但是他们完全忽视了民粹势力在世界政治舞台上的狂飙突进。杜特尔特执政使菲律宾脱离了美国的战略轨道，帮助中国扭转了南海局势；而更重要的是 2016 年末，特朗普在美国中部白人蓝领阶级的支持下惊人胜选，彻底打乱了美国战略界的上述部署。民粹势力在全球舞台上的突然出现源自后危机时代世界各国持续加剧的贫富分化，美国尤甚。

2007 年华尔街以 80 万就业人口规模，却获取了全美 3.2 亿人口所有企业总利润的 47%，原因在于他们从全球资产配置和资本循环中获得了巨额回报。一个功能健全的政治体系应该在各种政策变迁的受损者和受益者之间进行必要的利益平衡，从而确保政治共识和社会团结。在第二次世界大战后西方世界建立的“内嵌式自由主义”（Embedded Liberalism）经济秩序下，为了维持充裕要素所有者从中获益的经济开放，发达国家政府通过财政补贴、社会保障、福利支出等手段保护和补偿稀缺要素所有者。但是，1979 年以来主导美国内政外交的新自由主义政治精英却在鼓励和落实一种脱嵌于政治和社会的市场经济，对美国的贫富分化和阶级对立视而不见，对全球化的受损者未予必要的补偿。第二次世界大战结束时，美国 35% 的就业人口在从事制造业，这一比例如今降到 8%。美国经济学界长期以来的说辞是技术进步导致了制造业劳动岗位被机器和自动化取代，但是近期部分学者通过量化研究认识到美国制造业岗位流失的 44% 至 56% 可以用东亚生产网络对美出口商品的竞争效应来解释。美国财政部前副部长弗雷德·伯格斯滕（Fred Bergsten）在演讲中承认，每对亚洲或者墨西哥转移一个制造业岗位，美国国内生产总值可以扩张 150 万美元。三十年来美国蓝领中产阶级的名义收入几乎没有增长，而中产阶级的规模则呈现稳步下降态势，美国通过资本全球化和产业外包获得的增量财富都被精英阶级获取，而中部白人蓝领阶级成为净受损者。这些受损者借助民主选票的力量来反对精英的自由主义，最终导致了 2016 年特朗普的上台。

由于民粹派和建制派之间的内斗，或者毋宁说美国民主与自由之间的分裂，美国当下的东亚政策呈现出混乱无序和“左右互搏”的局面。出于短期经济和财政利益考虑，特朗普退出包括跨太平洋伙伴关系协定在内的一系列多边安排，大大缩减了美帝国的权力杠杆，损害了美国的战略信用，最终使得民主党精英们在后危机时代规划的“重返东亚”大战略功亏一篑。受限于其知识结构的老化和政治利益的特殊性，特朗普所代表的民粹派发动了一场任性的贸易战，试图用传统手段来重构全球贸易格局，迫使制造业迁回美国。殊不知其政策思维停留在 20 世纪 80 年代之前的产业间贸易时代，严重脱离东亚生产网络和价值链贸易构成的国际分工新现实。而建制派精英（deep state）则将着眼点放在第五代移动通信技术和人工智能等问题上，强调不能在科技和战略制高点上落后于中国，因而利用他们手中的政策资源发动了对付中兴、华为、福建晋华等中国企业的诉讼战、技术战和外交战。他们希望在东亚投入更多的军事和外交力量来实现印太战略，但是特朗普却要求削减军费和外交开支。美国政策界的内部分裂和外交盲动，虽然分别在贸易领域和高科技领域给中国带来不少麻烦和不确定性，但是却坚定了中国将核心技术抓在自己手中并建立“以我为主”的新型全球化的战略决心，也为中国的地区政策调整提供了可贵的时间窗口。

11.2　顺应央行数字货币革命　迎接跨境电商新挑战

我国发行的法定数字货币与原来的货币没有特别大的不同，就是货币已经数字化了。中国在使用双层管理系统的过程中需要对如下几点进行考虑：其一，我国各个地区的经济发展情况都不一致，而使用该系统能够缓解这一现象；其二，采取双层的运营架构是考虑到充分发挥商业机构的技术、人才和资源优势，推进各机构的积极性，创新选优；其三，使用该系统，可以在一定程度上防止风险的发生，并且针对其中发生的各种问题进行解决；其四，单层管理系统会给金融带来一定的不利影响。此处需要格外注意的是，加密资产的本质是去中心化，但是，双层管理体系且恰恰相反。当前社会经济正处于转型时期，预期在不久的未来，数字货币相关方面的制度会愈加成熟，从而得到更多人的支持。实际上，除中国人民银行外，欧洲的英国、瑞典、俄罗斯及其他部分欧美国家等地区同样也提高了对这方面的研究力度，同时还在为推行相关货币而努力，尤其是与脸书相关的 Libra 已经引起了不同国家的重视，因此在推行过程中，还应该加大监管力度，从而在一定程度上避免不必要的风险。

法定数字货币与私人货币最大的区别，就是法定数字货币具有主权概念，货币必须具有主权，因为每个国家都通过货币的主权要求取得铸币税。如果让私人货币取代法定数字货币，每个国家都会失去大量的铸币税。私人货币的发行，将法定国家发行的货币取代，每个国家的居民不用交铸币税。当然，国家减少了铸币税，但最大的问题是私人货币是去中心化，去监管化，货币出现的风险将是非常巨大的。万一技术进一步创新，私人货币开发达到最大限度，造成货币泛滥，怎么办？那将是一场国家灾难，人类灾难。现在很多国家都在进行法定数字货币的研究，但真正推出还没有，还有较长的一段路要走。由于这方面的制度在实施过程中具有一定的难度，我国在法定数字货币推出方面是最最超前的，我国已经迈出了非常谨慎的一步。央行推出的法定数字货币必须要保证的是：一是保护公众隐私，先用法定数字货币替代 M0，做最为基本的试验；二是做好法定数字货币的定位、技术路线的确定，反复试验，再找出较为安全的切入点，推出机制和矫正机制，防止出现法定货币推出造成的社会震荡。

选择不同的央行数字货币（CBDC）模式会对支付体系、货币政策传导、金融体系的结构和稳定性等方面产生不同的影响。但鉴于批发型 CBDC 局限于封闭网络内的有限参与者，其影响范围相对有限。因此，下文仅对通用型 CBDC 的影响进行分析。（1）对支付体系的影响。货币当局发行的 CBDC 作为数字化趋势下现金的替代选择，可以实现可控匿名的点对点交易，具备现金高效、匿名、便捷的优势，且省去了现金印制、保管、运输等方面的成本，提高了日常支付效率。同时，由于 CBDC 有国家信用做背书，而且可能实现无网络状态下的点对点支付，因此会对现有的支付系统、微信等电子支付手段、移动支付及公众的支付选择等产生重大影响，并可能带来支付格局的重大变革。（2）对货币政策传导的影响。利率传导机制是货币政策传导机制之一，因此，是否对 CBDC 计息以及 CBDC 的利率水平会直接影响货币政策的传导，它决定了各主体持有 CBDC 和其他资产的比例，进而影响货币政策的有效性。如果将 CBDC 看作现金，不对其支付利息，则 CBDC 可能比现金更限制货币政策，限制央行将名义利率降至零以下的能力。因为持有现金会产生存储、保险和运输等方面的成本，因此在存款利率为负时，只有当负利率达到某个程度，人们才会转向现金。但在 CBDC 流通的情况下，在账户间转移资金将比现在更容易，如果央行的存款利率为负，那么各主体将选择持有基于央行账户的、不计息的 CBDC，从而限制了利率政策的进一步传导，影响货币政策的有效性，在危机时期实施负利率则更不可能。而且，由于 CBDC 的需求可能随时变化，导致预测 CBDC 的供应量会非常困难。因此，CBDC 的发行模式要有利于货币政策的有效运行和传导，应以不削弱央行制定执行货币政策的能力为底线。为此，可以考虑对 CBDC 设定合理的利率水平，通过调整利率影响各主体的资产配置比例，从而确保货币政策利率传导机制的有效性。（3）对金融体系结构和稳定性的影响。如果对 CBDC 计息，则同等条件下经济主体会将银行存款转化为更加安全的 CBDC，一定程度上造成银行存款的不稳定和资金短缺，而且其利率水平的高低也决定了公众持有 CBDC 的数量和投资消费活动。特别是在经济不稳定或系统性银行挤兑的危机时期，CBDC 作为安全资产，将是现金的替代选择，即使不计息也可能进一步加剧挤兑。因为它完全由中央银行担保，没有损失面值的风险，且很容易大量存储。所以在危机期间，家庭和企业将寻求持有无风险的央行负债来保有财富，而不是高风险的私营部门债务。资金会迅速大规模地由商业银行向中央银行转移，目前这种转变发生在存款和现金之间，CBDC 将使这种转变更便宜、更快捷，使"数字银行挤兑"更频繁、更严重。如果发生这种情况，银行体系可能会出现巨额流动性短缺，从而带来重大的金融稳定风险。（4）对金融包容性的影响。目前的电子支付主要都依托于银行账户，通过银行卡、网银等进行操作，但受地理、网络等因素限制，银行网点的辐射范围远小于移动网络的辐射范围，再加上边远地区现金调运不便利，当地群众享受到的金融服务水平低于城市，存在差异性。而 CBDC 无须受限于银行网点覆盖程度和银行账户的开立，可以通过移动钱包或其他设备载体使用，因而扩大了金融服务的受益群体，一定程度上推进了普惠金融的实现，提升了金融包容性。

11.3　大数据背景下加强跨境电商综试区的创新发展

1. 围绕优化监管措施创新，加大跨境监管力度研究制定跨境电子商务市场监管法规，加快电子商务监管信息系统与平台建设，逐步完善跨境电子商务诚信体系。不断优化监管流程，把控信用风险和推进信息资源共享，加强对跨境电商平台及电商企业的规范与监管。在确保有效监管的前提下，探索电商监管新模式。

2. 围绕企业市场拓展创新，加大服务平台建设力度建立覆盖全省的涵盖经营主体备案和跨境电子商务外贸全流程的综合应用平台，实现信息服务平台与电商、物流、支付、第三方平台等系统对接，形成功能完备的综合服务体系。促进跨境电商平台的信息化建设由单一的信息查询平台转向涵盖交易支持、在线支付、售后服务和信用体系等整合服务的综合性交易平台。加大对全省现有外贸企业的整合，帮助有意向开展跨境电子商务的传统外贸企业转型升级，培育本土跨境电子商务企业集群。

3. 围绕完善综合服务创新，加大政策扶持力度制定通关、金融、平台园区建设、人才培训等方面的实施细则和扶持政策，使综试区建设既突出区域特色，又具有统一操作规则。引导国开行、农发行专项建设基金，加大对综试区相关项目的支持力度，为综试区建设提供坚强资金保障。对于已引进的外贸综合服务平台，优化电子口岸系统，满足企业需求，并在关键应用技术开发等方面给予专项资金或政策支持。

4. 围绕电子商务人才培养机制创新，加强人才队伍建设力度着力建设省级实用型人才培训基地，支持实力雄厚的电商企业与科研单位及高校合作建立实验实训教育基地。依托知名互联网企业与国内外高校，开展电子商务、互联网金融和物流配送等领域的人才培养。聚集电商业领军人物阵营，完善电子商务人才激励措施，引进适合电子商务发展的高端人才和复合人才。出台政策吸引电子商务高层次人才和优秀应用人才。重点培育一批既懂电子商务又懂对外贸易，熟悉服务流程的跨境电子商务服务人才，为传统企业提供多元化的跨境电子商务服务。

5. 围绕跨境电商物流模式创新，加大物流体系整合力度完善物流体系，积极为国际物流体系建设相对落后地区牵线搭桥，支持引导更多国际大型物流企业进驻，完善综合配套服务。探索建立跨境商品全球溯源体系，力争实现进境商品境外检测、区内免检、快速放行。构建综合电商物流交通运输体系，完善物流基础设施，发展智慧物流，以降低物流成本推进流通领域供给侧改革，让运输畅通无阻。

6. 围绕跨境电商商业模式创新，加大跨境电商企业支持力度，重点引进一批先进的跨境电子商务服务企业，为传统企业提供集报关、退税、海外仓储、国际物流、汇兑服务于一体的相关培训，或针对企业及其产品协助制定相应的跨境营销策略，通过一些主流的外贸电子商务平台如亚马逊、速卖通等销售产品，或帮助企业在海外销售平台注册账号，同时开展海外分销。协调海关、国检、工商、税务等相关部门建立绿色通道，进一步推进通关便利化，提高产品通关效率。

11.4　站在人类命运共同体的高度

在庆祝改革开放40周年大会的讲话中，习近平总书记将"必须坚持扩大开放，不断推动共建人类命运共同体"作为八大宝贵经验之一郑重提出来，并号召全国人民必须对这些宝贵经验"倍加珍惜、长期坚持，在实践中不断丰富和发展"。"人类命运共同体"这一命题是习近平总书记在2015年9月28日出席第70届联合国大会一般性辩论时率先提出来的，是基于马克思主义基本原理、中国优秀传统文化与世界发展的大趋势，为了解决人类面临的共同问题而进行的理论创新、机制创新和实践创新，并逐渐为世界各国人民所认同、所感佩。作为最大的国际组织的联合国，肯定了"人类命运共同体"这一命题所蕴含的先进价值理念，并将之写入文件加以推广。然而，霸权主义和强权政治基于一己私利，固守形而上学的"对抗哲学""我赢你输"搞单边主义，大搞分裂，挑起战端，严重危害世界和平和人类命运共同体的建构。当然，也有人质疑此理念，对和平发展缺乏信心，若果真像这些人所理解的那样，也就谈不上"珍惜、长期坚持，在时间中不断丰富和发展"了。

党的十八大以来，以习近平总书记为核心的党中央，深刻分析中国与世界关系的新变化、新态势，坚定不移地致力于维护世界和平、促进人类共同发展；积极树立、践行辩证法合作共赢的新理念，摒弃形而上学赢者通吃的旧思维；主张和平反对战争、主张对话反对对抗、主张合作共赢反对零和博弈、主张互利互惠反对损人利己、主张"亲、诚、惠、容"反对以邻为壑等。从2012年提出"要倡导人类命运共同体意识，建立更加平等均衡的新型全球发展伙伴关系"，到2015年博鳌亚洲论坛年会，提出"通过迈向亚洲命运共同体，推动建设人类命运共同体"倡议，再到2015年9月习近平在联合国总部发表讲话，提出"我们要继承和弘扬联合国宪章的宗旨和原则，构建以合作共赢为核心的新型国际关系，打造人类命运共同体"，从倡导"和平共处五项原则"到提出"构建人类命运共同体"命题，呈现出唯物辩证法在处理国际关系问题上的逻辑延伸、理论创新与实践发展，展现出历史逻辑与理论逻辑相统一的科学方法论。

人类命运共同体的内涵是求共存共荣，全球范围内的抗"疫"斗争，充分体现出公共卫生安全威胁下人类命运共同体构建的意义和价值，丰富和完善了不同种族和国家对抗病毒疫情的手段措施。在共同价值和利益面前，世界各国间正在积极采取正确行为规范，期望保障国际社会稳定繁荣。可见，人类命运共同体思想建设真正体现出公平正义和全人类共同价值。

"构建人类命运共同体"作为造福人类、蕴大涵深、意义深远的科学理念，其"建设持久和平、普遍安全、共同繁荣、开放包容、清洁美丽的世界"的构想与实践，无论从社会生产方式、交往方式，还是从各种类型的国际"共同体"组织、体制、机制建构，无论从中国先进理念的提出、倡导及积极实践，还是从世界人民的人心向背、积极参与等，"构建人类命运共同体"都呈现出不可阻挡的发展态势，具有强大的生命力以及光辉的历史前景。

11.5　落实大国责任　积极参与全球治理

今天的中国已经有了诸多进步，尤其在科技应对疫情方面，从识别病毒、病毒溯源、药物研发等各个环节都呈现了巨大的进步。但这场疫情带来的考验更加广阔和深远，正如习近平总书记提到，这次抗击新冠肺炎疫情，是对国家治理体系和治理能力的一次大考。

1. 当今中国的问题就是世界的问题。病毒的扩散没有国界，它会随着人的流动传播到世界各地，具有跨越地域国界的特性，各国均无法独立防范。国际网络中任何一个国家遭受病毒威胁时，其他国家也会受到影响，尤其是中国这样人口众多、国际联系频繁的大国。与2003年的疫情相比，中国在世界上的地位已经发生了巨大的变化。一是中国的经济份额在全球举足轻重，中国经济的任何波动都是全球经济无法承受之重。2003年中国国内生产总值占世界的比重约为4.3%，中国经济增长对世界经济增长的贡献率约为6%。2019年中国国内生产总值占世界的比重预计超过16%，中国经济增长对世界经济增长的贡献率达到30%左右。疫情对中国经济的影响，必将给全球经济增长带来更大冲击。二是中国与世界的经贸和商务联系更加紧密，世界更需要一个健康、安全的中国。中国与全球80%以上的国家有贸易往来，2019年进出口贸易总额达到31.54万亿元，对外全行业直接投资8079.5亿元人民币，吸引外资达到9415.2亿元，投资来源地国家和地区达到179个。2013年，中国提出"一带一路"倡议，截至2019年7月底，已有136个国家和30个国际组织与中国签署了195份政府间合作协议，商签范围由亚欧地区延伸至非洲、拉美、南太、西欧等相关国家。中国人民与世界各国人民的交流更加频繁，人员的双向流动打破了国界的限制。2018年，中国入境旅游人数14120万人次，中国公民出境旅游人数14972万人次；此外，中国到国外工作、学习与定居的人也越来越多，中国是美国、加拿大、澳大利亚等多个国家的第一大国际学生来源国和首要的国际移民来源国。

可以说，与2003年相比，此次疫情的跨国扩散速度更加迅速、扩散范围更加分散、扩散方式更加隐蔽多元，全球化客观上为病毒快速传播提供了有利条件。当前的疫情已不仅仅是中国的公共卫生问题，更是一场全球公共卫生危机，抗击疫情是全球治理的重大挑战。

2. 主动引领全球治理与全力抗击国内疫情同等重要。疫情发生后，党和政府积极应对，采取了有力的措施，及时控制了疫情的蔓延，有效缓冲了疫情带来的经济社会影响。目前疫情控制势头向好，可以预见胜利的曙光即将浮现。然而，从全球公共卫生危机的角度看，中国不仅要解决好自身内部的疫情危机，还应该主动引领全球公共卫生危机的治理。疫情考验的不仅是中国自身的治理能力，更是中国与世界联手应对紧急公共卫生危机的全球治理能力。一是主动引领全球治理，有助于营造更好的国际"抗疫"环境和形象。

疫情在全球扩散，不可避免对我国公共卫生、经济贸易造成了一定的损害，是对中国外交的重大考验和挑战。

主动引领全球治理，有助于缓解疫情带来的经济冲击。疫情的发生给中国的经济带来巨大的冲击和影响，由于企业被迫停工停产无法完成订单、航班航运暂停、各国海关的清关限制等因素给我国对外贸易产生的影响已经显现。作为全球第二大经济体、世界产业链上的重要一环，中国经济在受到疫情冲击，全球经济也免不了被波及。世界各国都面临着如何合作对抗疫情并遏制其对经济的影响的挑战，只有加强合作，密切协作，共同抵御风险，才能更好应对疫情对经济的负面影响，以保护全球经济免受下行风险。

本次疫情既是挑战，也是机遇。中国在做好国内抗击疫情的前提下，更应加强国际公共卫生事件的全球治理理念，积极展现大国风范，勇于承担大国责任。从阻止疫情的全球传播、帮助周边国家"抗疫"、建立区域性危机机制等各个方面发挥重要作用，推动我国整体外交的全面发展。

3. 多主体多渠道共同发挥作用参与引领全球治理。中国是当前全球治理体系变革的主要推动者。公共卫生的全球治理是多元行为主体共谋、共管全球公共事务，国家不再成为全球关系的唯一主体，还需要各类非政府组织、市场力量等多元参与、多渠道发挥作用，共同应对疫情及其带来的全球性影响，共同完善可操作和可持续的全球治理方案与架构。一是政府应在"一带一路"倡议下建立区域性跨国应急响应机制，引导建立全球治理框架与相应规则。以此次疫情危机为契机，明确提出区域性公共卫生危机治理理念与机制，实现从执行参与者向规划制定者的角色转变，扩大与区域间多方主体的合作和政策协调，建立透明的信息发布与数据共用共享机制，以及危机可能涉及的经贸和交往争端解决机制等。二是科技界应主动号召和团结全世界科技工作者践行致力于人类安全和福祉的研究使命与担当。病毒没有国界，科学也没有国界。面对未知病毒的突发性、复杂性和不确定性，人类共同面对着很多亟须解决的科学问题，包括溯源、检测、治疗，疫苗的开发等，因此，需要整合全球科技资源，依靠多国、多学科、多领域、多重研究力量的密切合作才能更快更好完成。

4. 国内社会组织应积极尝试与相关国际组织密切沟通和交流合作，拓展和丰富民间科技外交渠道。非政府组织是全球治理的重要力量之一，有着政府不可替代的作用和柔性优势，中国的非政府组织应提高参与公共卫生的全球治理意识和能力，主动走出去，积极拓展伙伴关系，以各种非官方的方式向国际社会表达中国声音，提供中国方案。

5. 用好网络空间治理规则，充分利用好网络渠道，为各国公众提供权威可靠的信息和传播方式。网络空间不仅是全球治理的重要领域，也是全球治理的重要工具。一方面要善于利用和引导网络空间治理规则，保障全球网络空间的良性发展；另一方面要善于利用网络渠道，确保疫情真实信息的跨境流动，以健康有序良性的信息流动和共享使用保障世界各国人民的福祉。

6. 发挥金融引导作用。“一带一路”倡议的发展必须要基于金融服务企业的支持。在跨境电子商务的发展过程中要基于“一带一路”倡议的引导，整合金融等多项资源，为其提供金融服务支持。其中金融支持主要就是来源于亚投行等金融机构的支持，也可以充分地凸显国际债券市场的引导作用，通过对一些投资机构以及投资者的吸引，为跨境电子商务的发展提供资金支持。其中最为关键的就是必须要保障金融资金的便利性以及安全性。例如，要加强对基于跨境电子商务支付的第三方支付平台，通过完善市场竞争机制，优化金融服务，构建完善的金融网络以及电子商务的互选模式，进而在根本上推动跨境电子商务的持续发展。

7. 推动跨境电商以及物流企业的沟通与合作。我国的电子商务运行机制逐渐成熟。电子商务的投资主体呈现多元化的发展趋势，其发展的主要力量多数集中在传统的产业，我国在发展中的 B2B 以及 B2C 企业均逐步地发展了电子商务运营模式。我国的电子商务发展相对较晚，其发展相对于国外的经济体来说也略显不足，但是在“一带一路”倡议的引导之下，快速成熟发展，现阶段我国的电子商务模式已经趋于成熟。跨境电子商务物流的主要问题就是国际市场，其主要是货物丢失以及破损等问题，而海外仓储的构建可以有效地解决此种问题。对此，可以通过企业自己构建海外仓储，在当地政策引导之下，通过专业的方式解决各种法律、风俗习惯、文化差异等问题，此种模式会耗费大量的费用，且建设周期相对较长。而“一带一路”为跨境电子商务的发展带来了具体的市场需求，对此可以探究跨境电子商务与物流企业的多方位合作，通过政府部门的各种政策倾斜，通过低息贷款等方式为海外仓储建仓的构建提供金融支持与保障；同时要完善跨境电子商务主体资格登记以及支付准入机制等，要把跨境电子商务的外汇业务纳入监管系统，对于存在的各种质量以及假货行为进行监管与惩罚，全力推动跨境电子商务的发展；要简化税务、海关以及检验、质检部门的工作流程，提升工作效率，为跨境电子商务以及物流企业的合作与发展提供基础保障。

应该说，现代商务活动以互联网为载体和基础，打破了空间的束缚，进入了一个新的时代。电子商务从发达国家逐渐延伸到发展中国家，而中国国内的电子商务也蓬勃发展，这为中国跨境电子商务打下了良好的基础。在“一带一路”倡议的推动下，沿线基础设施的建设逐渐完善，交通运输更加便利，为物流业建立了良好的平台。与此同时，各国政府也在这方面给予了许多政策支持。在此背景下，“一带一路”经济区跨境电子商务发展前景广阔。

在“一带一路”的背景之下，跨境电子商务持续发展，现阶段初具规模。但是不可否认的是在电子商务的发展过程中还是存在一些问题与不足，在发展中会遇到各种瓶颈问题，对此必须要综合现阶段“一带一路”倡议的方针政策，明确跨境电子商务发展的问题，综合实际状况对其进行系统分析，解决存在的区域发展不均衡、基础设施建设以及政策法规等问题，通过经济调查利用政策保障以及区域跨境电子商务运营平台、金融引导等方式全面推动我国电子商务的跨境发展。这样才可以为我国社会经济的发展奠定基础，在根本上提升我国的综合国力。

8. 促进科技创新。科技创新是我国跨境电商发展的重要动力，因此我国应积极促进科技创新，为企业跨境电商的开展提供技术支持。为此，我国应加大对跨境电商科技创新的财政投入，强化跨境电商科技计划于科技项目的衔接，促进跨境电商科技创新。并且，我国应积极开展科技创新活动和科技交流活动，加强对电商企业、科研院所、社会组织、高等院校等单位的科技创新项目的支持，提高企业单位的科技创新积极性。另外，我国应积极加强与“一带一路”沿线国家跨境电商的科技合作与科技创新交流，与“一带一路”沿线国家共同建设科技项目，加强对“一带一路”发展的科技支持。

9. 跨境物流企业对策。(1) 制定符合“一带一路”需求的企业跨境电子商务网上争议解决机制。“一带一路”倡议的实施不仅需要国际经贸合作，而且应构建公平正当、程序透明的企业跨境电子商务网上争议解决机制。为了能够实现网上解决争议的途径，可取的做法是在争议解决条款中具体写明网上解决管理人和网上解决平台；申请通知和答复尽量多地附具每方当事人所依赖的所有文件和其他证据，或者载明这些文件和证据的出处，如果争议解决方案不能令双方妥协，还应提供“妥协失败”的通知信息。(2) 实施开放共享型的企业跨境电子商务政策。“一带一路”契合沿线国家共同发展需求，是优势互补、开放发展的战略，为我国实施开放共享型的企业跨境电子商务政策奠定了基础。一是完善虚拟数字化的销售网络，使虚拟数字化的销售网络全球化布局顺利进行。二是重点关注进出口税收变化。建议尽快落实跨境电商零售出口货物增值税、消费税退税或免税政策。三是放宽支付结算限制。建议通过让电商平台、物流企业以及试点支付公司、海关等监管部门实现系统对接，进一步放宽外汇限额，使出口企业跨境电子商务按需结汇。（3）探索企业跨境电子商务服务的便利途径。企业跨境电子商务因各国政经环境不同造成的问题是支付、物流、交易过程风险产生的主要原因之一。我国外贸部门在服务“一带一路”建设上，一是建立外贸综合服务平台，取长补短，发挥更大的价值。二是引进互联网 IT 技术，形成以企业跨境电子商务服务为核心的全球供应链跨境电子商务服务体系。三是向“一带一路”沿线国家外派通晓跨境电子商务专业知识的技术人员，为所属国企业跨境电子商务运营管理中的问题提供咨询，进行专业技术指导等。（4）选择企业跨境电子商务物流最优组合模式。目前，“一带一路”沿线国家企业跨境电子商务比较常见的物流模式分别为：保税备货模式、海外直邮（直邮 B2C）、海淘转运模式。说明了这三种企业跨境电子商务物流模式的优势、劣势和适用企业类型，总之，要及时跟踪、了解各个国家经贸状况和涉税信息变化，运用大数据分析技术和现代管理分析方法对企业跨境电子商务物流模式选择做出判断和评估，最大限度地降低企业跨境电子商务物流风险。

11.6 基于“一带一路”发展跨境电子商务促进企业走出去战略

“一带一路”区域经济体的国家和地区，既有经济基础好、互联网技术强的成熟市场，又有需求庞大、增长迅速的新兴市场。中国制造业、零售业、电子商务行业，包括相关的物流业、金融业等，连同政府管理部门、行业协会、科研机构，在企业在走出去的过程中，要相互适应、相互配合，充分利用跨境电子商务平台的高效与便捷，打造“中国制造”的品牌信誉，根据沿线国家的实际情况制定差异化企业战略，以实现全球市场拓展和国际业务合作。发达国家促进企业走出去的做法提供了值得借鉴的启示，以日本贸易振兴机构（JTRO）为例，该机构由日本政府出资设立，在海外设有 70 多个办事处，致力于促进日本与海外之间的贸易和投资，以中小企业为主，提供精准的商贸信息，组织各类商品交易会、洽谈会，支持日本企业走出去。中国跨境电子商务产业的发展同样具有促进中小企业走出去的功能，不仅为国内外商家在线上提供展示信息，也实现了跨国商品交易洽谈、支付、物流等环节的互联网化。针对目前面临的挑战和问题，本文提出以下五点建议，旨在突破发展跨境电子商务促进企业安全、顺利走出去过程中遇到的困难：

第一，跨境电子商务的业务发展要遵循“一带一路”沿线国家的文化传统和消费习惯，注重不同地区消费者的用户体验，根据当地经济状况和法律法规为企业提供差异化服务。科技的飞速进步使人们生活在越来越国际化的市场环境中，将文化和社会因素融入设计界面，并结合本土用户所处的环境背景已经成为一种必要。瞬息万变的全球竞争和客户需求迫使制造企业的生产方式发生重大变化，传统的集中式制造体系已无法满足要求。近年来互联网成为信息和数据共享的全球信息平台，信息处理是网络化制造的重要挑战。中国企业走出去，依靠专业化的电子商务平台作为媒介，面对多样和多变的海外市场，电子商务平台需做好市场细分，设计符合需求的产品，加强提供差异化服务的水平，更好地帮助“一带一路”沿线各国的企业和居民参与全球化的贸易活动。

第二，跨境电子商务产业链的打造离不开上、下游产业的发展，从制造业的国内外需求与供给，到物流行业的开创与普及，再到网络支付和电子银行的兴起与盛行，全产业链的逐步建立健全是企业顺利走出去的保障。产业链的打造可以刺激产业集群的形成，促进跨境电子商务领域分工不同的企业进行合作，增强中国企业的国家竞争力。通过“一带一路”建设与其他国家互联互通，跨境电子商务产业链的打造可以促成中国与周边国家和地区共享优势条件、各国间多行业的协同互补，可以改善所有国家与地区企业的经济环境和居民的生活水平。

第三，商业模式创新是电子商务长久发展的动力，跨境电子商务产业应通过技术升级、战略变革和跨界发展等方式打破原有商业模式的局限，开辟新路径，助力中国企业走出去，不断挖掘新的盈利点。信息服务业是 21 世纪的主导产业，电子商务已成为各国和各大企业竞相改进和不断完善的焦点。中国的社会结构和文化特点不同于西方国家，B2B 模式在中国发展缓慢，根据中国的实际情况调整和重组中间环节非常重要；而 B2B 电子商务模式引入中介的存在和参与，降低电子商务市场的风险并提高业务效率。跨境电子商务产业应避免固守原有商业模式或国外先进商业模式，缺乏创新的商业模式难于应对未来国际竞争中动态的市场环境。

第四，实现“一带一路”互联互通的目标，不断加强国际间电商合作，可以提高各国企业的盈利水平，也有利于所有国家和地区的居民享受全球商品的高效流通。国际间电商合作，包括技术、资源、平台、产品和服务的合作，也包括知识产权保护的合作。国际间电商合作是全球贸易的趋势。基于各国电子商务发展的不同优势，企业可在互联网技术、大数据技术方面取长补短，共享客户资源，并根据现有电子商务平台收集的信息相互沟通合作，打造定制化产品和服务以满足市场需求。同时，对于假冒伪劣产品，国际间电商共同合作打假使得企业品牌得以受到保护，电商合作抵制假货减少了侵权行为的出现，保障了各个国家和地区的生产者和消费者在信誉、品质方面的权益。

11.7 优化贸易伙伴，积极探索新兴市场

根据国家吸引力水平的测算结果可以看到，排名靠前的国家大部分为欧美发达国家（如美国等）或者新兴经济体（如韩国等）。其中，欧美等发达国家政治、经济稳定，基础设施和法律体系等的建设较为完善，总体发展水平相对较高，市场广阔，有利于保障企业的持续经营，是我国跨境电子商务出口的重要目标国家之一，在其他条件相同的情况之下，可以优先选择这些国家或地区作为跨国经营的目标区位。但是，我们可以看到，这些国家或地区劳动力成本高，而且目前我国跨境电子商务出口也主要以这类市场为主，因此，我国跨境电子商务出口到这些成熟市场竞争力大，而新兴经济体市场潜力较大且与我国经济存在很强的互补性，这类国家也具有较大的吸引力，基于此，我国跨境电子商务应该在进一步扩大成熟市场的同时，积极探索新兴市场，寻求更多的机会。而像古巴、缅甸、阿富汗这类国家，整体发展水平较低，消费能力有限，且政治风险较大，基础设施有待进一步完善，因此，在这些国家或地区开展跨境贸易时应提前做好市场调研，积极与当地政府沟通，签订合作协议，降低跨境贸易的风险。

当前物流信息收集的数字化以及信息化管理手段，都是实现物流配送的信息化、专业化的有效手段。也就是信息技术在跨境电子商务专业物流企业发展中起到了至关重要的作用。专业物流公司在发展跨境业务时，必须注重对自身的信息技术创新、开发能力提升，并且提高运用信息技术的程度。大量的引用信息技术手段、管理手段、操作技术，可以解决跨境电子商务公司与物流配送专业公司之间的服务和价格矛盾，在实现双方互惠共赢的基础上，提高了跨境电子商务贸易企业的服务质量和效率，同时降低了运营成本，使

得专业物流能够获得更多的跨境电子商务企业订单，并且形成规模，对于进一步扩大专业物流公司的经营效率和质量具有很大的促进作用。并且在此基础上，应用信息技术手段可以作为专业物流公司长远发展的支撑，对于专业物流公司的渠道建设，网络化建设具有重要的促进作用，且提高其信息化、自动化、智能化的程度是专业物流公司持续稳定发展的关键。如“顺丰”作为目前国内最大的民营企业快递公司，抓住全球物流运输的市场发展了“全球顺”“海购丰运”业务，并根据不同国家对货物运输的需求，制定了不同的运输策略。“全球顺”主要针对时效性不高、运费比较敏感的地区，而“海购丰运”将海淘和跨境物流集中一体，为海外客户搭建了海外电商平台导航服务，不仅提供给海外消费者更多的消费机会，同时帮助其消化物流服务。因此，针对不同的消费者提供不同的物流运输服务，抓住当前跨境电商的契机，是顺丰快递发展跨境物流的核心。

构建全球物流产业战略思想。随着经济全球化的影响不断扩大，物流产业在跨境电商企业发展中，虽然面临着巨大的挑战，但同时也带来了巨大的机遇，对于专业物流企业而言，其必须突破以往经营的局限性，着眼于全球。最大限度地提高物流运输的专业性，规避经营的风险，在合理的战略制定选择上，拓展国际市场，获得更多的竞争优势。因此，专业物流公司必须要从全球战略思想着眼，构建物流企业全球发展的战略，积极的引入大量的技术开发和操作人才，帮助专业物流公司开发技术软件，优化技术操作流程，缩减操作的成本，且提高服务效率和质量。这对于专业物流公司而言是无可厚非的，也是其快速进步与发展的核心竞争力所在。在跨境电子商务贸易迅猛发展的今天，专业物流公司的管理人才、设计人才以及贸易人才等多种人才的占有率成为决定其经营效果的主要衡量标准。如专业的管理人才可以为专业物流公司培养大批量的优质服务人才，开发管理方案，合理应用和配置跨境物流资源，继而提高专业物流公司的经营效益水平。

国外的仓储问题一直是跨境电子商务企业面对的主要难题，一旦此项工作没有落实到位，便极易导致企业的货物受到破坏、甚至丢失，同时企业也无法在第一时间掌握所发送货物的具体信息。因此，企业应当加大与物流部门的合作力度，从而与之合作，共同保障所发送货物的安全性。对于经济实力较强的大型企业而言，其也可以建设海外仓储系统，从而全方位保障自身的经济效益。

11.8 优化物流服务的能力和质量，改善市场的通达性

1. 物流服务的能力和质量对跨境电子商务出口的影响最大

物流服务的能力和质量越高则中国跨境电子商务出口规模越大，这意味着不断改善物流服务的能力和质量是促进中国与其他国家跨境电子商务出口的一个相对重要的措施。另外，优化和完善物流服务的能力和质量是双赢的博弈，我国不仅受益于自身物流服务能力和质量的提高，其他国家或地区物流发展水平的改善也会有益于我国跨境电子商务的发展。因此，对于我们国家来说，一是要加强物流基础设施的建设，如完善跨国、跨区域的交通运输网络，为跨境电子商务发展提供良好的货物输送环境；二是要积极促进与其他国家或地区的物流体系建设相关项目的合作，充分发挥我国在大型基建项目上的资金和技术优势，支持和投资其他国家或地区的物流体系建设。通过提高其他国家和地区的物流水平，促进我国跨境电子商务对外出口。在企业层面，要用整合思维构建跨境物流体系，加强信息化技术在物流中的应用，打造境外物流仓储平台，构建信息更新快、运输成本低、运输路径优的跨境电子商务出口销售体系，从而更好地提高货物交付率，降低跨境贸易成本。

2. 完善物流管理运营模式制度

"没有规矩，不成方圆"，如果这样的规矩是机械化、缺乏柔性的，那么这样的方圆也牢固不了。对"一带一路"和"互联网+"经济环境下的跨境电子商务来讲，完善的管理制度可以使权力、利益和主体三者的关系明确、融洽。商业模式的构成要素主要有四个，电子商务物流通过供应链管理理念的运用，可以协调与供应链上其他企业间的关系，引导供应链内部各环节企业，从而达成统一的经营目标，降低供应链的运营成本，提升经济利益。此外，还可以通过这种方式提升物流企业的管理和运营行为，提升跨境电子物流的软实力。

3. 建立物流企业联盟

跨文化管理策略是电子商务物流挑战的关键。在文化不同的大背景下，企业如何能够坚守"求同存异"的原则，让这种文化差异的存在保持正确的认识，避免文化冲突过程中出现无所适从的局面，需要物流企业的联盟来实现企业在资本运作能力、资源集成能力等各方面都不断提高。因此，物流企业在国外与国内分别建立物流仓储中心，国外联盟的物流企业可以将货物运

送到国外仓储中心中，当国内有买家下单时，国外物流企业便可以按照具体的指令来将货物运送到国内的仓储中心，再由国内物流企业进行交接处理，从而快速配送到买家手中。

4. 完善金融配套体系的支付手段和汇率核算，可以化解制约跨境电子商务发展的瓶颈

支付手段多样化是实现无障碍全球贸易的前提之一，如何在跨境电子商务平台进行安全支付关系到各国企业的交易风险。当前中国金融行业逐渐与世界接轨，但银行业在跨境支付方面提供的业务较为薄弱，网上银行、手机银行和电话银行的普及率与发达国家差距较大，加强与国际跨境支付机构合作力度是实现企业和海外买家电子支付的基础。除了传统的银行电汇、信用卡和借记卡支付外，随着非银行机构提供的支付方式不断渗透，手机付款、电子钱包、网络货币、在线支付等第三方支付方式的出现，不断丰富跨境电子商务的交易方式。互联网行业和金融行业在提供支付服务方面竞争激烈，多元的支付手段可以避开个人结售汇额度的限制，降低各国和地区企业和居民资金流动的成本。另外，汇率核算及时化对企业走出去影响重大。市场行情和汇率走势变化迅速，一些国家和地区的突发事件会严重波及交易价格，动荡的国家和地区货币大幅贬值的现象时有发生。汇率市场化的趋势下，及时对货币汇率进行核算，保证了交易双方的利益，降低企业跨境交易面临的货币风险，对促进企业走出去起到积极作用。从海外买家的角度而言，及时汇率核算有助于其进行商品的选择和比价，利于企业拓展海外市场。金融配套体系作为跨境电子商务发展的重要支撑，应尽快提升跨境支付和汇率核算的电子化、标准化程度，提供易于操作的相关业务，有效帮助跨境贸易企业解决定价、结算、成本控制和风险管理等方面的难题。

大力开展物流公司人力资源管理服务。专业的物流企业，从团队服务、代理服务以及临时性服务等多个方面进行人力资源服务的整合，尽显专业物流公司服务的优势，突出专业物流公司的专业性，并对跨境电子商务企业提供一系列可选择的服务。在大力发展人力资源服务的前提下，专业物流公司严格执行客户对物流的专业需求，专业物流公司精简队伍，以更加熟练操作技术，提高生产作业量，从而满足不同跨境电子商务贸易企业的需求。

5. 推动跨境物流模式创新

（1）海外仓储模式。此种模式应用结合出口目标国实际情况，建立仓库，将统一采购的货物存储在仓库，结合订单快速调取货物，以便于在第一时间

送到终端用户的手中。海外仓储模式是一种较为前沿的跨境电商物流模式，可以有效解决物流配送的成本高和时间长等问题。加强"一带一路"沿线国家和地区合作，选择合适的城市或地区设立专门的海外仓储，有助于跨境贸易逐渐高效化、及时化发展，加深消费者的认同感和消费体验的同时，对于我国跨境电商企业国际竞争优势提升具有重要促进作用。诸如，2016 年大龙网在迪拜设立了首个海外仓 2.0，全面覆盖商品出口和海外本土化服务全过程，同时为跨境电商贸易提供专门的营销、推广和法务等工作，以便于形成完善的跨境电商产业生态圈。通过对海外仓 2.0 升级，结合海外采购需求，加强双向交流与合作，赋予海外仓网络贸易交易会和货物仓储功能，尽快将商品推送给用户手中。

（2）加强跨境电商物流运输信息化建设。大数据背景下，跨境电商交易商品种类不断多样化，尤其是信息技术的广泛应用，促使跨境物流逐渐健全和完善。在商品需求预测和统计方面，可以借助信息技术建立智能数据库来满足工作需要。借助信息技术，建立物流管理控制平台，实时监控商品跨境物流运输的地理位置，可以有效降低商品丢失率，为用户提供优质的配送服务。诸如，顺丰速运企业主要是以物流运营为主体，通过信息技术的应用，推动物流链逐渐信息化发展。在商品派送方面，快递操作人员通过终端系统应用程序，可以有效降低人工劳动强度，工作效率至少提升 20%，避免快递操作人员重复性劳动；仓储环境，通过自动分拣系统条形码扫描技术的应用，可以排除时间、人力和气候因素限制，可以大大提升货物分拣准确率；运输方面，通过车载卫星定位系统动态控制，有助于实现物流配送线路优化和完善；报关方面，单据的录入和审理数字化，可以为跨境电商交易数据安全提供坚实保障。推动物流信息化和智能化发展，成为顺丰企业的行业核心竞争力。

（3）物流陆路运输。"一带一路"倡议下，沿线国家和地区的基础设施建设力度不断加强，我国相继建设中欧铁路、兰新高铁和泛亚铁路。如，中欧铁路起始站为重庆，经过兰州，沿线经过哈萨克斯坦、俄罗斯、白罗斯和波兰，最终到达德国。该线路由六个国家主导建设，总里程达到了一万一千公里，较之海运运输可以节省 20 天左右，运输成本大大降低。道路的畅通，对于跨境电商贸易发展打下了坚实的基础，可以有效提升物流配送效率。

6. 优化产业链，建立跨境电商区域中心

（1）建立面向海外的跨境电商区域中心。在"一带一路"倡议践行背景下，通过建立面向海外的跨境电商区域中心，可以为跨境电商企业发展提供可靠的平台支持和技术支持。选择合适区域，在当地政府主导下建立仓储物流基地和分拨中心，鼓励更多企业积极参与到跨境电商保税贸易和采购中，营造良好的跨境电商发展空间。

（2）优化产业链。当前我国跨境电商产业链尽管打下了坚实的基础，但是其中还存在很多的缺陷，在一定程度上制约了跨境电商产业可持续发展。这就需要立足于跨境电商试点城市和产业园区，进一步加强金融服务、支付结算和物流运输建设，建立专门的服务平台，以便于扶持更多优秀的跨境电商企业，逐渐形成更具特色的跨境电商网络。

11.9 “一带一路”是新时代中国全球治理的实践范本

全球治理不应该只是由西方国家来治理世界，全球治理的目标是要建立更加公正合理的国际政治经济新秩序、构建新型国际关系，应该通过“共商、共建、共享”的方式来实现。构建人类命运共同体的重要平台，也是中国实践新型全球治理的重要平台。2015 年 3 月由国家发展改革委员会、外交部和商务部联合发布的《推动共建丝绸之路经济带和 21 世纪海上丝绸之路的愿景与行动》文件中明确指出，共建“一带一路”符合国际社会的根本利益，彰显人类社会共同理想和美好追求，是国际合作以及全球治理新模式的积极探索，将为世界和平发展增添新的正能量。习近平总书记在 2018 年出席推进“一带一路”建设工作五周年座谈会的讲话中也强调，共建“一带一路”顺应了全球治理体系变革的内在要求，彰显了同舟共济、权责共担的命运共同体意识，为完善全球治理体系变革提供了新思路新方案。“一带一路”倡议旨在传承和平合作、开放包容、互学互鉴、互利共赢为核心的古丝绸之路精神，在全球化和区域化深入发展的新形势下为全球提供公共产品，帮助推动全球治理走向善治。“一带一路”倡议强调政策沟通、设施联通、贸易畅通、资金融通以及民心相通的五通发展，在新的时代潮流和历史方位中，“一带一路”倡议具有更为丰富的实践内涵。恰如习近平总书记在首届“一带一路”国际合作高峰论坛演讲中所寄予的期望，要将“一带一路”真正打造成一条和平之路、繁荣之路、开放之路、创新之路和文明之路。理解“一带一路”倡议的关键是要把握其与人类命运共同体理念和全球治理之间的相互关系：应该说“一带一路”建设的初衷和最高目标就是要构建人类命运共同体，人类命运共同体的理念也一定是“一带一路”建设的源泉和指针；“一带一路”建设与全球治理的基本价值和初衷是相互契合的，同时“一带一路”作为内嵌于广义全球治理架构中的子系统将成为现行全球治理实践的有益补充。具体而言，新时代中国的“一带一路”倡议将为全球治理提供至少三方面的助力：

首先，“一带一路”倡议将在基础设施建设层面为全球治理提供助力。“一带一路”倡议着眼于全球的互联互通，而互联互通的基础是要加强基础设施建设。从国内层面来看，“作为社会先行资本的基础设施建设一定程度上有助于打破国内市场分割，为构建现代市场体系奠定基础。”若将这一逻辑推广到国际层面，那么基础设施建设在弥合国际市场分野，进而推动全球市场体系走向合理善治的作用方面也将是巨大的。2018 年 6 月，《“一带一路”国际基础设施合作白皮书》（以下简称《白皮书》）正式发布。《白皮书》以“让发展可及”为主题，回顾了“一带一路”倡议提出五年来沿线国家基础设施发展的现状和趋势，以及中国与相关国家基础设施合作的情况。其指出“一带一路”在国际基础设施合作方面拥有巨大潜力的同时也彰显了该倡议协同、共享、共谋发展的建设理念。二十国集团旗下的全球基础设施中心（GIHY）与牛津经济研究院 2017 年联合发布的《2040 年全球基础设施投资展望》报告指出，“2010 年，亚洲占全球基础设施投资需求的比例约为 54%，其中仅中国就占全球基础设施需求的 30%”，因此，“一带一路”倡议未来在这方面的作用仍任重道远。

其次，“一带一路”倡议将在国际制度和机制的绩效建设层面为全球治理提供助力。国际制度和机制建设一直是全球治理的重要研究议题，在全球治理的早期研究阶段就有学者指出，全球治理的问题往往源于国际调节机制的危机，对全球治理问题提出更适合当代世界演变的国际规章制度是完善全球治理的必经路径。因此，新的更富绩效的国际制度和机制建设一定是新型全球治理的题中之义。亚洲基础设施投资银行（简称亚投行）和“丝路基金”的创立是“一带一路”在国际制度与机制建设方面最重要的贡献。亚投行的成立主要是为满足新兴经济体快速发展和亚洲基础设施互联互通的需求，其将主要致力于为发展中国家服务，并坚持简洁高效、绿色发展等新的理念。同时，亚投行始终坚持以“开放、包容”的原则吸纳新成员，新成员在参与亚投行治理、重大事项决策等方面与创始成员享有同等的权利和义务。由中国出资 4 亿美元成立的“丝路基金”将坚持市场化、国际化和专业化的运作原则，秉持开放合作的模式对接更多国际资本共建“一带一路”。目前，亚投行和“丝路基金”正在不断吸引越来越多的伙伴加入其中，其立足于支持发展中国家和新兴经济体，从而有效弥补现有国际制度和机制绩效不足的困境，同时中国在其中发挥的作用也将为理解崛起国如何有效地创建国际制度提供经验支持。

最后，“一带一路”倡议将在可持续发展建设层面为全球治理提供助力。实现可持续性发展一直是全球治理的重要目标，联合国于 2015 年出台的文件《变革我们的世界——2030 年可持续发展议程》是指导当前全球治理，实现可持续性发展的纲领性文本。2017 年由联合国开发计划署发布的第三份全球治理报告聚焦“一带一路”倡议与全球治理的可持续性发展。报告指出，“一带一路”沿线国家的参与是以该国可持续发展目标的执行战略为基础，从而表明这将是保证沿线国家对其发展战略的领导权和所有权的保障机制，并确保倡议有效地、可持续地和长期地实施。如果“一带一路”倡议能与联合国 2030 可持续发展议程和可持续发展目标有效对接，将最大程度地发挥该倡议的效果。

其实早在 2015 年，《推动共建丝绸之路经济带和 21 世纪海上丝绸之路的愿景与行动》就明确提出了要突出生态文明理念、共建绿色丝绸之路的主张。2017 年 5 月，由环境保护部等四部委联合发布了《关于推进绿色“一带一路”建设的指导意见》，强调共建绿色“一带一路”是“一带一路”顶层设计中的重要内容国。“一带一路”倡议始终践行绿色、低碳、循环、可持续的生产生活方式，摒弃西方国家工业化道路传统的先污染、后治理的发展模式，真正将环保理念融入自身创新驱动的始终。全球治理的问题说到底就是世界秩序问题，为全球治理开药方实际上就是不断建立有序世界的过程。全球治理与全球秩序密不可分，早在 1965 年，著名学者雷蒙·阿隆（Raymond Aron）就曾提出过世界秩序是指在何种条件下，人类（其分歧之处如此之多）能够不仅仅是避免毁灭，而且还能够在一个星球上较好地共同生活在一起。回首半个世纪以来，全球治理的发展仍旧无法绕开这样一个问题，尤其是当全球化进程日益提速、人类面临的全球问题日益凸显时，我们更迫切地需要给上述问题一个明晰的解答：究竟如何才能促成全球治理走向善治，从而实现人类较好地共同生活在一起的愿景？新兴国家能够普遍和有效地参与到全球治理进程中必将是打破全球治理范式枷锁、迈向全球善治的重要途径。作为新兴国家集团中的代表性力量，中国理应为探索新型全球治理贡献自己的力量。人类命运共同体理念是新时代中国参与全球治理的核心思想指引，其汇聚了世界各国人民对和平、发展、繁荣向往的最大公约数，有识之士为实现共同发展、持续繁荣和长治久安绘制了美好蓝图并指明了前进方向。“一带一路”倡议则是新时代中国参与构建新型全球治理最好的实践范本，其充分体现了人类命运共同体的基本理念，在为我国开放空间谋篇布局的同时不断开辟中国与世界互联互通、共建共享的格局。坚持人类命运共同体的发展理念和不断推进“一带一路”倡议将是新时代中国全球治理不懈的价曲直求。

11.10 加强“一带一路”国际商务人才培养

1. 提升企业人员的素养

良好的素养既体现一个人的文化内涵，也考量一个公司或企业的整体水平。面对当前跨境电子商务物流公司管理运作专业化较低的情况，需要物流公司严控上岗条件。一方面，从应聘的人才选拔上严格要求，提高门槛。对于跨国境电子商务来说，保证人才具备相应的法律知识、市场知识以及语言等是其人才选拔的必备要素，而这种配套人才队伍建设涉及企业人力资源管理活动内容。在人才管理活动中，企业需要根据人才设置培训内容。在培训活动开展前，企业相关人员可直接考察企业项目覆盖的国家与地区，包括这些地区的生活习俗、语言特征以及经济发展状况等。需注意很多外向型企业在信息收集过程中多采用网络方式，其容易造成信息过于片面等问题。所以，应使员工实地考察与学习，这样容易熟练掌握不同的经济、政治、法律以及文化等内容。此外，在新晋的人员上，可以进行“师徒制”教育，让新进员工既能在实践中不断摸索，总结经验，提升自身专业素养，也能在“师父”的带领下学习理念性的经验以及人际关系的处理，最终在理论和实践下共同进步发展。

2. 建立跨境电商人才培养体系

为了推动跨境电商发展，应该立足实际情况，针对性推动培训内容改革，逐渐形成完善的跨境电商人才培养体系，以便于培养更多高素质的跨境电商人才。在人才培养方面，由于人才培训中涉及国际营销、国际贸易、电子商务和多种外语专业，需要结合跨境电商企业客观需要和市场发展需求，编制合理的人才培养方案，以便于针对性培养跨境电商人才，为跨境电商健康持续发展打下坚实基础和保障。

（1）完善政策，强化保障

跨境电子商务会涉及个人、企业以及国家之间的贸易交往活动，完善的政策可以保障电子商务模式的发展。而“一带一路”倡议覆盖了60多个国家以及地区，要想保障贸易往来的顺畅性，必须要解决各个国家之间的通关、结汇、退税以及监管等各个方面的问题，而要想解决此种问题必须要完善各种政策手段，要在政策、运营以及市场等多个领域对其进行完善，通过政策以及企业运营等多个方面的政策联合保障制度的构架，才可以真正地推动"一带一路"下跨境电子商务的快速发展。

（2）建设具有区域特色的跨境电子商务运营平台

在"一带一路"倡议的引导之下，我国的电子商务发展较为迅速，物流产业发展较为蓬勃，但是因为"一带一路"处于起步发展阶段，一些基础性的设施建设还不完善，现代物流企业有待完善，各种制度与系统缺乏系统化的建设，导致跨境物流在时间成本、货币成本以及服务成本等领域缺乏优势，无法实现跨境电子商务的发展。在整体上来说，我国跨境电子商务主要就是通过普通快件进行流通，缺乏国际快递的经验以及服务，跨境物流以及跨境电子商务呈现不均衡的问题。而"一带一路"辐射了我国大多数的区域，涉及各种特色的资源、产业以及产品。在整体上来说，我国东区地区的跨境电子商务发展势头良好，但是其区域经济发展并不显著。而在"一带一路"倡议的影响之下，跨境电子商务的发展呈现多元化的发展趋势，在市场竞争中差异化是竞争的重点。虽然西部地区发展相对较为滞后，但是其资源种类较为丰富，可以基于"一带一路"的布局与发展，优化西部地区的经济结构模式、地理条件，构建具有西部特色的电子商务运营模式，进而推动西部地区的经济发展，综合不同地区的经济以及资源差异特征，构建在"一带一路"与地区特色引导之下的跨境电子商务平台。

后疫情时代“一带一路”的道路选择

2020年6月18日，习近平主席向“一带一路”国际合作高级别视频会议发表书面致辞强调，中国始终坚持和平发展、坚持互利共赢。我们愿同合作伙伴一道，把“一带一路”打造成团结应对挑战的合作之路、维护人民健康安全的健康之路、促进经济社会恢复的复苏之路、释放发展潜力的增长之路。通过高质量共建“一带一路”，携手推动构建人类命运共同体。

2020年6月18日的陆家嘴金融论坛上国务院刘鹤副总理提出“经济内循环”建议，基本是对我们经济和金融动向定了个调，内容和信息量都是非常大的。之后关于“经济内循环”就成为各方人士讨论的一个重点。7月21日，召开了最高级别的企业家座谈会上，再一次提及“经济内循环”。专家学者对于“经济内循环”的模式是这样的定义的：“中国拥有超大规模的消费市场，以及完整的生产产业链，具备形成内部大循环的条件。以国内大循环为主体，需要持续扩大内需，推动有效投资，维护、健全国内产业链与供应链。”“以国内大循环为主体，绝不是关起门来封闭运行。”“国内循环与国际循环互不矛盾，是互相促进的良性关系。在国际环境不确定性因素增多时，构建以国内大循环为主体、国内国际双循环相互促进的新发展格局，可以更好地保障中国经济安全，同时持续拓展经济发展空间。”以上这三段，基本就是关于“经济内循环”以及“双循环”同时促进发展的一个定调。

12.1 后疫情时代“经济内循环”的动因

实际上，在过去十年我们基本已经处于一个经济内循环的转变过程，现在只是加速转变而已。我国经济一直有三驾马车：投资、消费、出口。这里消费实际上就是内需，是经济内循环的核心。而出口就是外贸依存度。在2008年以前，我国一直是出口主导型经济。在2006年，我国的外贸依存度值达到了巅峰的65.17%。这个意思是说，在2006年我国的进出口贸易总额，占了国内生产总值的65.17%。相当于说，当时我国经济主要就是靠进出口贸易驱动的。我国外贸依存度的比值，从2006年最高的65%，一直到现在差不多只有32%。也就是外贸这个经济三驾马车之一，对于我国经济的拉动作用，也降到了差不多1/3的比例。这使得我国的对外依存度就没有达到那么危险的程度。这个时候再来说“以经济内循环为主”才有实现的可能，而不至于只是空谈。虽然2008年之后在某些领域走了弯路，但在降低外贸依存度的事情上，我们还是做对了。实际上，当前我国外贸依存度为32%，已经是在国际上比较正常的一个水平，但还有进一步下降的空间。

日本、美国、欧盟的外贸依存度基本都维持在22%左右。这说明一点，我国的外贸依存度虽然已经持续降低很多年，但还有进一步降低的空间。正是这个外贸依存度还有进一步降低的空间，才使得我们有可能去提出“经济内循环为主”这样的一个新发展格局。换句话说，在当前外贸依存度只有32%的情况下，仍然提出“经济内循环为主，是一个新的发展格局”，这句话的潜台词就是说，外贸依存度还需要进一步大幅度降低才行。这样的话，可以让我们的经济避免依赖于外贸，一旦出现中美完全脱钩的极端情况，我们的经济仍然有足够的韧性依托于自身去继续发展。同时，经济内循环为主不是封闭运行，不是不搞外贸出口了，所以这个外贸依存度至少应该还是会维持在20%的比值。

因此，要立足于我国经济发展的阶段性特征，在需求和投资两侧发力，对冲出口需求降低带来的风险，推动我国经济高质量发展。重点从以下几个方面实现突破。

1. 以新基建撬动国内大规模投资。以技术创新为驱动，以信息网络为基础，面向高质量发展需要，启动大规模新基建，建设和形成数字转型、智能升级、融合创新等服务的基础设施体系。重点在5G基站建设、特高压、城际高速铁路和城市轨道交通、新能源汽车充电桩、大数据中心、人工智能、工业互联网等领域，加大投资力度，通过政策激励和经济激励等引导社会资本积极参与。

2. 以新消费促进经济转型升级。疫情影响和观念改变，消费者更加注重绿色、生态、品牌和安全需要。政府需要以出政策、保供应、保秩序、畅通道等方式引导社会资源投入到网络购物、医疗养老、教育培训、旅游休闲、绿色食品等新消费领域。实现新消费扩大内需的作用，关键要把握两点，一是通过就业政策、收入倍增计划和社会保障体系等社会政策工具千方百计增加居民的收入；二是通过供给侧结构性改革，实现产业结构转型升级，抓好产品质量、安全、环保等，适应新消费的需求。

3. 以新产业形成新的经济增长极。当前我国国内经济结构的主要矛盾在供给侧，要进一步推进供给侧结构性改革，需要大力推动产业结构转型升级，重点要以打造新产业形成新的经济增长极。实施政府主导和市场参与的产业发展战略是有效的，我们需要把握好两点：一是实现对传统产业的转型升级，通过信息化、智能化和品牌化等方式提高产品和服务的附加值，培养一大批隐形冠军企业，打造一批具有国际竞争力的传统行业龙头企业。二是积极布局高新技术产业。构建由政府、企业、社会和居民共同参与的国家创新体系，重点在新能源、新材料、生物医学、5G 信息技术等领域布局一批高新技术企业，通过国家创新基金引导社会资本积极进入相关领域，打造高新技术产业集群。

4. 以农村"四新"建设推进城乡融合发展。农村市场是扩大内需的关键，其具有市场规模大和内需潜力大等特点。启动农村"四新建设"扩大内需，需要创新举措。第一，大力推动农村新基建。重点做好农村生产性基础设施、生活性基础设施、生态环境基础设施和农村社会发展基础设施建设。第二，进一步刺激农村新消费。重点做好农村住房改造、汽车和家电下乡、教育医疗等服务。第三，大力发展农村新产业。重点是要立足农村的资源禀赋，结合现代信息技术、农业技术和商业模式等，发展现代高科技农业、新型农村工业和第三产业等。第四，加强农村新人才队伍建设。重点解决大学生村官、农技人才、社会人才、农业职业经理人等人才队伍的建设问题。通过乡村工业化、农业产业化、农民现代化和新型城镇化进一步扩大农民内需。

5. 以新科技创新工程抢占新高地。科技创新和智能制造是推动中国走向现代化强国的重要支撑，面对中国高科技被封锁和中国处于全球价值链低端的两难处境，通过自主创新实现关键技术和新科技领域的突破，抢占世界前沿科技创新高地和产业链、价值链高端。

12.2 后疫情时代"国内国际双循环"的支撑要素

当前，我国经济正处在转变发展方式、优化经济结构、转换增长动力的攻关期，经济发展前景向好，但也面临着结构性、体制性、周期性问题相互交织所带来的困难和挑战，加上新冠肺炎疫情冲击，目前经济运行面临较大压力。我们还要面对世界经济深度衰退、国际贸易和投资大幅萎缩、国际金融市场动荡、国际交往受限、经济全球化遭遇逆流、一些国家保护主义和单边主义盛行、地缘政治风险上升等不利局面，必须在一个更加不稳定不确定的世界中谋求我国发展。如何在国际竞争与合作中培育新的增长点、形成国际国内合作新的发展格局？2020 年 5 月 14 日中央政治局常委会会议提出，深化供给侧结构性改革，充分发挥我国超大规模市场优势和内需潜力，构建国内国际双循环相互促进的新发展格局。今年两会期间，习近平总书记在看望参加政协会议的经济界委员时强调，要“逐步形成以国内大循环为主体、国内国际双循环相互促进的新发展格局，培育新形势下我国参与国际合作和竞争新优势”。这是基于国内发展形势、把握国际发展大势做出的重大判断和重要战略选择。从经济发展的本质来看，构建国内国际双循环相互促进的新发展格局，是利用好国内国际两个市场持续推进我国高质量发展的必然要求。

1. 统筹国内国际两个大局，谋求新发展格局

面对全球经济发展趋势的不确定性，需要在经济发展中全面统筹国内国际两个大局，以我为主、内外兼修，积极保障我国经济安全，谋划新增长空间，推动我国从传统的国际经济均衡模式转向新的国内国际双循环模式。

从国际来看，2008 年国际金融危机后，欧美国家认识到产业“空心化”的弊端，纷纷出台“制造业再造”计划促使制造业回流。美国的技术创新优势在缩小、技术创新带来的超额利润在下降，维系产业链与价值链高端越来越难。今年以来，全球蔓延的新冠肺炎疫情使国际循环受到威胁，经济全球化和自由贸易的碎片化趋势愈加显现，中美之间基于传统均衡模式的旧发展格局难以维持。从国内来看，我国正在由高速增长阶段转向高质量发展阶段，经济发展呈现出从要素驱动和投资驱动转向创新驱动、经济结构不断优化的特征，更加强调可持续发展。推动高质量发展，就是要加快新旧动能转换，构建现代化经济体系，更好满足人民对美好生活的需要。特别是要降低生产、分配、流通、消费各个环节的交易成本，加强城乡之间、城市之间、区域之间的合作与对内开放，培育新形势下我国参与国际合作和竞争的新优势。“逐步形成以国内大循环为主体、国内国际双循环相互促进的新发展格局”，就是要在经济发展中全面统筹国内国际两个大局，以我为主、内外兼修，积极保障我国经济安全，谋划新增长空间，主动推动我国从传统的均衡模式转向新的国内国际双循环模式。

2. 中国的发展离不开世界，世界的发展也离不开中国

主动参与国际经济循环，才能在扩大开放中获得更有力的资源、技术、人才、资金支撑；加强国内经济大循环，才能让各类要素更加自由地流动，进而形成更多新的区域增长极。国民方面，贸易可增加国民福利、满足国民的不同需求偏好、提高国民生活水平、提供就业岗位等；企业方面，贸易可强化品质管理提高企业效益、提高产品品质、加强经济合作和技术交流等；国家方面，贸易可调节市场供求关系、延续社会再生产、充分利用国际国内生产要素等。比较优势理论为不同发展阶段的国家进行自由贸易提供了理论支撑。从国际经济发展现状来看，近年来某些国家奉行“孤立主义”显然违背了经济学的基本原理，阻碍了经济全球化的进程。构建国内国际双循环，用好国内国际两个市场，可以通过区域市场一体化带来其他方面的收益，比如规模经济降低了生产成本、专业化分工降低了服务成本的收益、市场规模扩大增加了产品的多样性等等。在国际格局中，以欧盟和北美自由贸易联盟为典型代表的区域一体化组织，一度成为国际经济一体化的主导形式。然而，近年来欧盟内部的不平衡、英国脱欧等问题，以及美国推行的“美国优先”策略、各种“退群”行为，加之新冠肺炎疫情的肆虐，国际区域市场一体化充满了不确定性。在此背景下，各国或地区都将扩大内需、促进国内区域一体化发展作为应对国际经济发展不确定性和经济逆全球化的主要手段。

总之，中国的发展离不开世界，世界的发展也离不开中国，持续深化对外开放，科学谋划和主动参与国际经济循环，才能在扩大开放中获得更有力的资源、技术、人才、资金支撑。就国内经济而言，通过加强国内经济大循环，可以打通多维区域之间生产、分配、流通、消费各环节的循环，让各类要素更加自由地流动，进而形成更多新的区域增长极。

3. 以国内大循环为基础。构建国内国际双循环

在国内国际双循环体系中，国内大循环处在主体地位，是国际循环的基础和保证，国际循环则起着带动和优化的作用，是国内循环的外延和补充。改革开放以来，发展国际循环、不断扩大开放，有力推动了我国经济的快速发展。但要看到，如果国际循环脱离国内循环，势必失去其有效运转的支撑点。从两者关系来看，国际循环是次循环，国内循环则是主循环，即应以国内大循环为基础，以满足国内需求作为发展的出发点和落脚点，在此基础上持续深化对外开放，拓展国际市场，构建国内国际双循环相互促进的新发展格局。

（1）良好的国内循环是国际循环的根本。我国是人口大国，具有庞大的中等收入群体和超大规模的消费市场，这一禀赋特点要求我们要以国内循环为支点。以国内大循环为主体，就是要建立国内有效的需求体系，为本国的外向型企业提供出口转内销的新出路，并为国内的企业提供强大的利润保障，这是确保国内产业链和供应链稳定的重要环节。没有消费市场的需求支撑，企业就会失去发展和创新的动力。当前，全球经济发展的不确定性和新冠肺炎疫情蔓延的叠加效应，已影响到我国的产业链安全，高科技领域高度依赖进口导致的“卡脖子”短板现象已经显现。国际经验表明，只有国内产业链的安全稳定，才能促进要素更加自由地流动。因而，只有坚持构建良好的国内循环，才能提升我国在国际循环中的地位和竞争力。

（2）国际循环会带动和优化国内循环。首先是带动效应。通过“对外贸易—产业链拉长—增加就业和收入—扩大供给—国民经济快速增长—强化国际循环”的路径，在促进国际需求的同时刺激国内生产，使得国内循环更加畅通且充满活力。改革开放以来我国经济发展的经验事实已经证明了这一点。其次是优化效应。通过构建国际循环，我们可以更好地参与国际分工、拓展国际市场，加速资本积累、增加利润，获得国际市场的规模经济效益。最后是竞争效应。参与国际循环，会导致竞争更为激烈，迫使企业为了生存发展而提高生产率，从而提升企业的国际竞争力。从产业的角度来看，国际循环有助于产业的进一步合理化与高级化，促进国内产业链和价值链在国际经济体系中实现不断攀升。

（3）在国内国际双循环体系中，国内大循环处在主体地位，是国际循环的基础和保证；国际循环则处在次要位置，起着带动和优化的作用，是国内循环的外延和补充。另外，随着国际经济形势的变化与国内经济的不断发展，国内循环和国际循环的关系是动态变化的。构建国内国际双循环，就是坚持发挥好国内市场和国际市场、国内循环和国际循环的相互作用，全面统筹国内国际两个大局，在持续推进国内高质量发展的前提下，深化对外开放，形成新的更为优化的发展格局。

发挥政策引导作用，促进企业转型发展。企业是市场重要的微观参与主体之一。受新冠肺炎疫情影响，今年企业的生产、销售等各个环节均遭受较大冲击。各级政府应通过加大对企业尤其是中小企业的信贷支持、税收减免或缓征，以及大力发展新基建、培育新兴产业、加大公共服务支出等方式，激发企业的活力。同时，切实淘汰落后产能，推动供给侧结构性改革，实现供给和需求的“双升级”，倒逼企业谋求转型升级。对于企业供应链上的“补链”和优化布局上的“扩链”，应给予专项扶持。在复工复产过程中，需注重恢复国际供应链，形成外向型企业可持续发展的国内国际产业链畅通的优化布局，积极拉动国内消费回升、扩大有效投资、引导外向型企业建立基于国内循环的产业链。

保障和改善民生，激发内需动力。习近平总书记曾指出，抓民生也是抓发展。民生工作是激发内需、构建国内大循环的前提和基础，尤其是在新冠肺炎疫情对我国经济造成较大冲击的当下。切实保障农业生产，手中有粮心中不慌，保证粮食安全，同时加强粮食市场的监管，确保居民“米袋子”和“菜篮子”价格的稳定。加大稳定和增加就业的政策力度，只有稳定就业、增加就业机会，才能提高居民收入，激发居民的消费意愿和能力。聚焦民众关心的医疗、教育、养老和社保等痛点，推进落实民生保障工作，消除居民扩大消费的后顾之忧。积极推进新型城镇化建设，缩小城乡差距，多渠道增加农村居民的收入，提升农村居民的消费品质，释放农村消费潜力。

12.3 后疫情时代深化对外开放，依托“一带一路”倡议实现高质量发展

坚定不移推动建设开放型世界经济的同时，牢固树立安全发展理念，补齐相关短板，维护产业链、供应链安全，积极做好防范化解重大风险工作。习近平总书记强调，“以开放、合作、共赢胸怀谋划发展，坚定不移推动经济全球化朝着开放、包容、普惠、平衡、共赢的方向发展，推动建设开放型世界经济。同时，要牢固树立安全发展理念，加快完善安全发展体制机制，补齐相关短板，维护产业链、供应链安全，积极做好防范化解重大风险工作”。这为我们推进形成以国内大循环为主体、国内国际双循环相互促进的新发展格局提供了方向和基本遵循。

打造安全稳定的产业链，攀升全球价值链中高端。目前，我国有着全球最为完整的工业制造业体系，并在全球产业链中占据重要地位，但仍处在价值链的中低端。未来的国际竞争中，创新是灵魂，竞争的重点是科技和产业的比拼。我国需要凭借集中力量办大事的制度优势，遵循客观规律，重视基础理论研究，紧盯全球前沿技术，实现重点突破，持续推进现代化产业体系

建设。为此，应进一步完善制度环境和市场环境，激发各类创新主体的活力。在巩固传统产业优势的基础上，提前布局战略性新兴产业，促进产业更加合理化和高级化，利用我国完备的产业配套体系和超大规模市场的独特优势，促进我国在全球价值链体系中位置的不断攀升。新基建是我国推动高质量发展战略的重要抓手，要抓住新基建启动的契机，秉持以科技创新促发展的理念，推进大数据、互联网、人工智能、区块链等新技术与重大基础设施的深度融合，提升区域和国家的创新能力。

坚持深化开放，拓展多元化的国际市场。经过改革开放以来 40 多年的不断发展，我国经济虽然已逐渐嵌入国际产业链分工体系中，但仍处在全球价值链的中低端位置。近年来，全球经济增长放缓与贸易保护主义叠加，使经济全球化进程出现了“开倒车”现象，我国需要逐步摆脱对传统国际循环模式的依赖。“一带一路”倡议是重要的突破口，通过与沿线国家或地区的深入合作，共同把“一带一路”建设成为贸易往来、产业协作和共同发展的战略平台，有助于形成更加均衡和多元化的国际循环体系。自由贸易试验区和自由贸易港是联系国内国际双循环的重要平台，推进上海、广东、天津等 18 个自由贸易试验区与海南自由贸易港的建设和发展，有助于加速形成新型的国际循环。上述这些都要求我们，必须持续深化改革开放，同时加强与发达国家和发展中国家的联系，将我国的发展与世界的发展紧密联系起来，为经济全球化不断注入新动力。

清除各环节堵点，保证市场运作畅通。构建国内大循环，关键在于挖掘和激发国内市场，逐步清除国内市场中生产、分配、流通、消费各环节间存在的“堵点”和“痛点”，破除经济转型发展中面临的结构性、周期性和制度性问题。重点在于提高要素的市场化程度，按市场规律让资本、人才、技术、信息、土地等要素充分参与产品和服务的创造过程。只有各类要素自由流动，才能实现供求与价格的相互反馈、资源的优化配置，市场规律才能有效发挥作用。

打破区域市场分割，保障区域间的循环畅通。从区域协同发展的角度来看，国内循环是要实现各类要素在国内各区域间的自由流动，打通“区块”“省域”和“城市”“城乡”等不同区域空间尺度之间的经济循环。为此，需要加强空间治理，以合理分工实现优化发展，推进区域发展战略，释放区域协调发展的新动能。从区域发展战略角度来看，要持续推进区域协调发展，即持续推进西部大开发、东北振兴、中部崛起、东部率先发展；深入推进京津冀协同发展、粤港澳大湾区建设、长三角更高质量一体化发展；推进长江经济带共抓大保护，编制黄河流域生态保护和高质量发展规划纲要，推动成渝地区双城经济圈建设。最终是要进一步优化区域空间格局，打破市场分割，形成统一的国内市场，保证国内大循环畅通。

后 记

本文比较全面地论述了在“一带一路”倡议下中国跨境电子商务的有关理论和实践，首先从“一带一路”跨境电子商务的时代背景、现状、理论、特征等方面进行论述和分析；其次，分别从“一带一路”沿线国家物流绩效对中国跨境电商出口贸易的影响研究、我国对“一带一路”沿线国家对外直接投资与出口贸易关联性的影响研究、“一带一路”沿线国家吸引力水平对跨境电子商务企业的影响等三个方向进行理论和实证研究；第三，分别从国际经济政治环境、央行数字货币和 Libra、跨境电子商务人才培养模式、跨境电子商务纠纷解决路径等四个方面对跨境电子商务的影响进行了分析；最后以“突破重围　实现跨越构建‘一带一路’跨境电商的政策框架”，以及“后疫情时代‘一带一路’倡议的道路选择”对研究进行总结和提出相关政策。

该研究成果具有一定的创新和研究价值：一是其新颖性和独特性将为国内从事国际商务研究的学者提供良好的信息和充足的方法，为跨境电商发展提供有益的思考。二是所提出的相关建议和研究框架对我国跨境电子商务研究有借鉴作用。三是有关提出的相关跨境电子商务产业发展、行业提升以及环境塑造等方面的政策和措施也为国内同行提供一些参考。但由于本人和团队的能力和时间有限，本文尚存在很多不足，希望在今后的研究中加以改进。具体来说有以下几方面存在不足：

1. 跨境电商作为一个较为新兴的行业，发展起步较晚，海关或统计局等机构未发布跨境电商贸易的详细数据，所以本文在参考各种文献和报告后，参考其测算方法，对中国分国别的跨境电商出口数据进行了一定比例的折算，可能会使实证结果有一定的误差。所以在进一步的探索研究中，学者可以继续寻找更好的针对中国分国别跨境电商出口数据的折算方法。

2. 在空间计量学中，定义空间权重矩阵的方法较多，但是目前国内外学术界并未存在特定的统一的空间权重矩阵，对于定义方法的好坏并没有权威的比较分析，因此本文采用了主流的定义方法，即 0 - 1 相邻矩阵形式，更严谨的做法是，对比分析不同方法定义的空间权重矩阵在模型中的拟合优度，从而选择模型拟合度最好的空间权重矩阵进行实证分析。

总体而言，“一带一路”倡议能够为跨境电子商务创造较大的发展空间，同时也将使其面对越来越多的挑战。跨境电子商务的科学发展，能够使我国在国际市场中的占比有效提升，更能够帮助很多企业打破国际贸易壁垒的限制。因此，有关人员应当致力于对基于“一带一路”倡议下跨境电子商务理论与实践不断进行深入研究，力保分析有据，研究深刻，措施得当，执行到位。

参考文献

[1] Mundell R. A. International Trade and Factor Mobility [J] . American Economic Review, 1957, 47 (3): 321 -335.

[2] Nigel Pain, Katharine Wakelin. Export Performance and the Role of Foreign Direct Investment [J] . The Manchester School, 1998, 66 (S) .

[3] Kojima K. Japan and American Direct Investment in Asia: A Comparative Analysis [J] . Hitosubashi Journal of Economics, 1978, 26 (1): 1 -35.

[4] Helpman E. A Simple Theory of International Trade with Multinational Corporations [J] . The Journal of Political Economy, 1984, 92 (3): 451 -471.

[5] Markusen JR. Factor Movements and Commodity Trade as Complements [J] . Journal of International Economics, 1983, 14 (4): 341 -356.

[6] Lipsey RE, Weiss MY. Foreign Production and Exports of Individual Firms [J] . Review of Economics and Statistics, 1984, 66 (2): 304 -308.

[7] Jonathan Eaton, Akiko Tamura. Japanese and U. S. Exports and Investment as Conduits of Growth [J] . Boston University – Institute for Economic Development, 1995.

[8] Roger, Svensson. Effects of Overseas Production on Home Country Exports: Evidence Based on Swedish Multinationals [J] . Weltwirtschaftliches Archiv, 1996.

[9] Joshua Aizenman, Mark M. Spiegel. Institutional Efficiency, Monitoring Costs and the Investment Share of FDI [J] . Review of International Economics, 2006, 14 (4): 683 -697.

[10] Desai, Padma, Diaz Alejandro, Carlos F, Bhagwati, Jagdish N. et al. The international operations of national firms: A study of direct foreign investment : Stephen H. Hymer, (M. I. T. Press, Cambridge, MA, 1976) pp. xxii + 253, $12. 50 [J] . Journal of International Business Studies, 1977, 4 (2): 103 -104.

[11] Dunning JH, Buckley P J. International Production and Alternative Models of Trade [J]. Manchester School, 1977, 45 (4): 392 -403.

[12] Vernon R. International investment and international trade in the product cycle [J]. International Executive, 1966, 8 (4): 16 -16.

[13] S. Lael Brainard, David Martimort. Strategic trade policy with incompletely informed policymakers [J]. Journal of International Economics, 1997, 42 (1).

[14] Buckley P. J, Cross A R, Tan H, et al. Historic and Emergent Trends in Chinese Outward Direct Investment [J]. Management International Review, 2008, 48 (6): 715 -748.

[15] Munisamy Gopinath, Daniel Pick, Utpal Vasavada. The Economics of Foreign Direct Investment and Trade with an Application to the U. S. Food Processing Industry [J]. American Journal of Agricultural Economics, 1999, 81 (2).

[16] Seo J. S, Suh C. S. An Analysis of Home Country Trade Effects of Outward Foreign Direct Investment: The Korean Experience with ASEAN, 1987 -2002 [J]. 2006, 23 (2): 160 -170.

[17] Bhagwati J. N, Brecher R. A, Dinopoulos E. et al. Quid pro quo foreign investment and welfare: A political - economy - theoretic model [J]. Journal of Development Economics, 1987, 27 (1 -2): 0 -138.

[18] Lall S. The New Multinationals, the Spread of Third World Enterprises [J]. Journal of Development Economics, 1985, 19 (1): 210 -213.

[19] Jagdish N. Bhagwati, Elias Dinopoulos, Kar - yiu Wong. Quid Pro Quo Foreign Investment [J]. Economics & Politics, 1992, 82 (2): 186 -190.

[20] Lilnsey R. E, Weiss M. Y. Foreign Production and Exports in Manufacturing Industries [J]. Review of Economics & Statistics, 1981, 63 (4): 488 -494.

[21] Grubert H., Mutti J. Taxes, Tariffs and Transfer Pricing in Multinational Corporate Decision Making [J]. Review of Economics & Statistics, 1991, 73 (2): 285 -293.

[22] M. Pfaffermayr. Foreign direct investment and exports: a time series approach [J]. Applied Economics, 1994, 26 (4).

[23] Eaton J, Tamura A. Japanese and U. S. Exports and Investment as Conduits of Growth [J]. Boston University - Institute for Economic Development, 1995.

[24] Head K., Ries J. Heterogeneity and the FDI versus export decision of Japanese manufacturers [J]. Journal of the Japanese & International Economies, 2003, 17 (4): 448-467.

[25] Mariam Camarero, Josep Lluis Carrion Silvestre, Cecilio Tamarit. Testing for hysteresis in unemployment in OECD countries. New evidence using stationarity panel tests with breaks [J]. Oxford Bulletin of Economics & Statistics, 2004, 68 (2): 167-182.

[26] Buckley P. J. Internalisation Theory and Outward Direct Investment by Emerging Market Multinationals [J]. Management International Review, 2017, 58 (5): 1-30.

[27] Markusen J. R. Factor Movements and Commodity Trade as Complements [J]. Journal of International Economics, 1983, 14 (4): 341-356.

[28] Krugman, Paul R. Intraindustry Specialization and the Gains from Trade [J]. Journal of Political Economy, 1981, 89 (5): 959-973.

[29] Swenson D. L. Foreign Investment and the Mediation of Trade Flows [J]. Review of International Economics, 2010, 12 (4): 609-629.

[30] Pavida Pananond, Alvaro Cuervo - Cazurra. The Complementarity of Foreign and Domestic Investments by Emerging - Market Multinationals [M] // Contemporary Issues in International Business. 2018.

[31] Ping Deng. Outward investment by Chinese MNCs: Motivations and implications [J]. Business Horizons, 2004, 47 (3).

[32] Verbeke, Alain, Kano, Liena. An Internalization Theory Perspective on the Global and Regional Strategies of Multinational Enterprises [J]. Journal of World Business, 2016, 51.

[33] Defraigne J. C. Chinese outward direct investments in Europe and the control of the global value chain [J]. Asia Europe Journal, 2017, 15 (2): 213-228.

[34] Lindsay Oldenski. Export Versus FDI and the Communication of Complex Information [J]. Journal of International Economics, 87 (2): 312-322.

[35] Klaus E. Meyer. Foreign Investment Strategies and Sub - national Institutions in Emerging Markets: Evidence from Vietnam [J]. Journal of Management Studies, 2005, 42 (1): 63-93.

[36] Anderson J. E, Wincoop E. V. Trade Costs [J]. Journal of Economic

Literature, 2004, 42 (3): 691 –751.

[37] Blundell R, Bond S, Windmeijer F. Estimation in dynamic panel data models: improving on the performance of the standard GMM estimator [J] . 2000, 15 (00): 53 –91.

[38] Eaton J, Tamura A. Japanese and U. S. Exports and Investment as Conduits of Growth [J] . Boston University – Institute for Economic Development, 1995.

[39] Korinek, J. , Sourdin P. , To What Extent Are High – quality Logistics Services Trade Facilitating OECD Trade Policy [R], Working Papers, 2010.

[40] Martí, Puertas, García. The importance of the Logistics Performance Index in international trade [J] . Applied Economics, 2014, 46 (24) .

[41] Hertel T. W, Mirza T. “The Role of Trade Facilitation in South Asian Economic Integration” [J] . Study on Integration Trade and Investment in South Asia, 2009 (2): 12 –38.

[42] Korez Vide R. , Tominc P. , Logožar, Klavdij. Impact of Trade Logistics Performance Costs on Intra – EU Trade: Empirical Evidence from the Enlarged EU [J] . Social Science Electronic Publishing, 2013.

[43] Jesus F. , Utsav K. The Role of Trade Facilitation in Central Asia: A Gravity Model [J] . SSRN Electronic Journal, 2010.

[44] Warren H. Hausman, Haul. Lee, Uma Subramanian. “The Impact of Logistics Performance on Trade” [J] . production and operations management, 2013 (22): 236 –252.

[45] Freund C, Rocha N. What Constrains Africa′s Exports? [J] . Social Science Electronic Publishing, 2010: 1 –26.

[46] Puerta R. , Marti L. , Garcia L. Logistics performance and export competitiveness: European experience [J] . Empirica, 2014, 41 (3): 467 –480.

[47] Li Peixin, Xie Wei. A strategic framework for determining e – commerce adoption [J] . Journal of Technology Management in China, 2012, 7 (1): 22 –35

[48] Jay Joong – Kun Cho, John Ozment, Harry Sink. Logistics capability, logistics outsourcing and firm performance in an e – commerce market [J] . International Journal of Physical Distribution & Logistics Management, 2008, 38 (3): 336 –359.

[49] Robert Benjamin, Rolf Wigand. Electronic Markets and Virtual Value

Chains on the Information Superhighway [J] . Sloan Management Review, 1995, 36 (2): 62.

[50] Gomez – Herrera Estrella, Bertin Martens, Geomina Turlea. The drivers and impediments for cross – border e – commerce in the EU [J] . Information Economics andPolicy, 2014, 28 (9): 83.

[51] Weina Ai, Jianzheng Yang, Lin Wang. Revelation of cross – border logistics performance for the manufacturing industry development [M] . Inderscience Publishers, 2016.

[52] Samuelson, Paul A. The Transfer Problem and Transport Costs: The Terms of Trade when are Absent [J] . Economic Journal, 1952, 62: 278 – 304.

[53] Paul Krugman. Scale Economies, Product Differentiation, and the Pattern of Trade [J] . The American Economic Review, 1980, 70 (5): 950 – 959.

[54] Richardson H. W. Growth pole spillovers: The dynamics of backwash and spread. Regional Studies, 2007, 41 (1): 27 – 35.

[55] Nicolaas Groenewold, Guoping Lee, Anping Chen. Inter – regional spillovers in China: The importance of common shocks and the definition of the regions [J] . China Economic Review, 2007, 19 (1): 32 – 52.

[56] Brun J. F, Combes J. L, Renard M. F. Are there spillover effects between the coastal and noncoastal regions in China? [J] . China Economic Review, 2002 (13): 161 – 169.

[57] Tinbergen, J. Shaping the World Economy, Appendix VI, an Analysis of World Trade Flows. New York: Twentieth Century Fund, 1962.

[58] Pöyhönen, P. "A tentative Model for the Volume of Trade Between Countries" [J] . Weltwirtschaftliches Archiv, 1963, 90: 93 – 100.

[59] H. Linnemann. An Economic Study of International Trade Flows [J] . North – Holland Publishing Co, 1966 (08): 8 – 56.

[60] Seong – Hoon Cho, Roland K Roberts, Seung Gyu Kim. Negative Externalities on Property Values Resulting From Water Impairment: The Case of the Pigeon River Watershed [J] . Ecological Economics, 2011, 70 (12): 2390 – 2399.

[61] Holtz – Eakin, D., W. Newey, S. Rosen. Estimating Vector Autoregressions with Panel Data [J] . Econometrica, 1988, 56 (6): 1371 – 1395.

[62] Anselin Luc. Lagrange Multiplier Test Diagnostics for Spatial Dependence

and Spatial Heterogeneity [J]. Geographical Analysis, 1988, 20: 1-17.

[63] LeSage J, Pace R K P. Introduction to Spatial Econometrics [M]. Boca Raton: CRC Press, 2002.

[64] Elhorst, Paul J. Applied Spatial Econometrics: Raising the Bar [J]. Spatial Economic Analysis, 2010, 5 (1): 9-28.

[65] Belotti F., Hughes G., Mortari A. P. Spatial panel data models using Stata [J]. CS Research Paper, 2016, 17: 139-180.

[66] 李东阳，杨殿中. 中国对中亚五国直接投资与双边贸易关系研究 [J]. 财经问题研究，2012 (12): 90-95.

[67] 闫杰，刘清娟，热依汗·吾甫尔. 中国对中亚五国直接投资的贸易效应——基于丝绸之路经济带视角的研究 [J]. 上海经济研究，2017 (03): 58-64.

[68] 胡昭玲，宋平. 中国对外直接投资对进出口贸易的影响分析 [J]. 经济经纬，2012 (03): 65-69.

[69] 隋月红，赵振华. 我国对外直接投资对贸易结构影响的机理与实证——兼论我国对外直接投资动机的拓展 [J]. 财贸经济，2012 (04): 81-89.

[70] 周昕，牛蕊. 中国企业对外直接投资及其贸易效应——基于面板引力模型的实证研究 [J]. 国际经贸探索，2012，28 (05): 69-81+93.

[71] 程中海，袁凯彬. 能源对外直接投资的进口贸易效应与类型甄别——基于结构式引力模型的系统 GMM 估计 [J]. 世界经济研究，2015 (11): 99-108+117+129.

[72] 王怡安，许启航. “一带一路”背景下我国对沿线国家直接投资的贸易效应研究 [J]. 经济师，2017 (11): 50-52+54.

[73] 张如庆. 中国对外直接投资与对外贸易的关系分析 [J]. 世界经济研究，2005 (03): 23-27.

[74] 谭亮，万丽娟. 中国对外直接投资与进出口贸易关系的实证分析 [J]. 重庆大学学报（社会科学版），2010，16 (1): 59-64.

[75] 胡兵，乔晶. 中国对外直接投资的贸易效应——基于动态面板模型系统 GMM 方法 [J]. 经济管理，2013，35 (04): 11-19.

[76] 陈培如，冼国明. 中国对外直接投资的出口效应——对“替代”和“互补”效应并存的一种解释 [J]. 当代财经，2018 (09): 102-113.

[77] 柴庆春，胡添雨. 中国对外直接投资的贸易效应研究——基于对东盟和欧盟投资的差异性的考察 [J]. 世界经济研究，2012 (06)：64-69+89.

[78] 张海波. 东亚新兴经济体对外直接投资对母国经济效应研究[D]. 辽宁大学，2011.

[79] 李兵. 对外直接投资 贸易效应研究 [M]. 北京：经济科学出版社，2009.

[80] 蒋冠宏，蒋殿春. 中国企业对外直接投资的"出口效应" [J]. 经济研究，2014，49 (05)：160-173.

[81] 闫雪凌，胡阳. 制度、文化与中国对外直接投资的利益动机 [J]. 南方经济，2016 (06)：1-17.

[82] 张春萍. 中国对外直接投资的贸易效应研究 [J]. 数量经济技术经济研究，2012 (6)：76-77.

[83] 刘薇，李冉. 中国对"一带一路"沿线国家直接投资的出口贸易效应研究 [J]. 价格月刊，2018.

[84] 王胜，田涛. 中国对外直接投资的贸易效应研究 [J]. 世界经济研究，2014 (10)：80-87.

[85] 王苏琰. 中国对"一带一路"沿线国直接投资的贸易效应研究 [D]. 2016.

[86] 宋勇超. "一带一路"倡议下中国对外直接投资贸易效应研究 [J]. 技术经济与管理研究，2017 (06)：82-85.

[87] 李晓钟，徐慧娟. 中国对"一带一路"沿线国家直接投资贸易效应研究 [J]. 国际经济合作，2018，000 (010)：4-9.

[88] 郭玉梅. 中国对"一带一路"沿线国家直接投资的贸易效应研究 [D]. 东北财经大学，2016.

[89] 杨亚平，高玥. "一带一路"沿线国家的投资选址——制度距离与海外华人网络的视角 [J]. 经济学动态，2017 (04)：43-54.

[90] 黎绍凯，张广来. 我国对"一带一路"沿线国家直接投资布局与优化选择：兼顾投资动机与风险规避 [J]. 经济问题探索，2018，434 (09)：115-128.

[91] 彭冬冬，林红. 不同投资动因下东道国制度质量与中国对外直接投资——基于"一带一路"沿线国家数据的实证研究 [J]. 亚太经济，2018.

[92] 臧新，姚晓雯. 中国对外直接投资和出口关联度的测算及影响因素

研究[J].国际贸易问题，2018（12）：122-134.

[93] 尹忠明，李东坤.中国对外直接投资与出口的关系变动：测算、特征及成因[J].当代经济研究，2015（08）：84-90.

[94] 段博川，唐幸，刘倩.中国对"一带一路"沿线国家对外直接投资动机的研究[J].统计与决策，2019，35（19）：129-132.

[95] 余振，陈鸣.贸易摩擦对中国对外直接投资的影响：基于境外对华反倾销的实证研究[J].世界经济研究，2019（12）：108-120+133.

[96] 王勇，陈思杭.中国净出口贸易的流量与潜力——基于引力模型的实证研究[J].科学经济社会，2014，32（04）：61-65.

[97] 黄玖立，李坤望.出口开放、地区市场规模和经济增长[J].经济研究，2006（06）：27-38.

[98] 刘和东.国内市场规模与创新要素集聚的虹吸效应研究[J].科学学与科学技术管理，2013，34（07）：104-112.

[99] 许日时.国际物流绩效对我国进口贸易的影响研究[D].东南大学，2017.

[100] 鄢飞，王译.基于LPI的丝绸之路经济带物流绩效分析[J].中国流通经济，2016，30（08）：28-34.

[101] 王昕天.国际物流绩效影响因素的作用机理[J].技术经济，2015，34（01）：89-94.

[102] 刘小军，张滨.中国与一带一路沿线国家的跨境物流协作——基于物流绩效指数[J].中国流通经济，2016，30（12）：40-46.

[103] 樊秀峰，余姗."海上丝绸之路"物流绩效及对中国进出口贸易影响实证[J].西安交通大学学报（社会科学版），2015，35（03）：13-20.

[104] 王东方，董千里，于立新."一带一路"沿线国家和地区物流绩效与中国对外贸易潜力[J].中国流通经济，2018，32（02）：17-27.

[105] 刘洋，殷宝庆.国际物流绩效的贸易效应分析——基于Heckman模型的实证检验[J].中国流通经济，2017，31（10）：28-36.

[106] 孙慧，李建军."一带一路"国际物流绩效对中国中间产品出口影响分析[J].社会科学研究，2016（02）：16-24.

[107] 梁烨，崔杰."一带一路"倡议下物流绩效对我国贸易潜力的影响——基于扩展的引力模型[J].商业经济研究，2019（01）：94-97.

[108] 王林，杨坚争.跨境电子商务规则需求影响因素实证研究[J].

当代经济管理，2014，36（9）：21－22.

［109］林楚，储雪俭．基于因子分析的中小企业跨境电商发展能力分析——以浙江省为例［J］．商业经济研究，2018（19）：125－127.

［110］陈钰芬．基于全流程的进口 B2C 跨境电商商品质量风险评估体系构建［J］．商业经济与管理，2019（12）：5－16.

［111］褚学力．金融互联互通支持中小企业跨境电商发展探索——基于我国与一带一路沿线国家和地区经济发展的思考［J］．中国流通经济，2016，30（11）：66－74.

［112］王景河，罗文樊．中国—东盟跨境电商链支付问题研究［J］．华侨大学学报（哲学社会科学版），2018（01）：45－55.

［113］曹淑艳，李振欣．跨境电子商务第三方物流模式研究［J］．电子商务，2013，（3）：23－25.

［114］任志新，李婉香．中国跨境电子商务主推外贸转型升级的策略探析［J］．对外经贸实务，2014，（4）：25－28.

［115］刘小军，张滨．我国与“一带一路”沿线国家跨境电商物流的协作发展［J］．中国流通济，2016，30（5）：115－120.

［116］金虹，林晓伟．我国跨境电子商务的发展模式与策略建议［J］．宏观经济研究，2015（09）：40－49.

［117］张夏恒．跨境电商类型与运作模式［J］．中国流通经济，2017，31（01）：76－83.

［118］郭四维，张明昂，王庆，朱贤强．新常态下的“外贸新引擎”：我国跨境电子商务发展与传统外贸转型升级［J］．经济学家，2018（08）：42－49.

［119］曹红玉．浅析跨境电商在中小外贸企业发展中的作用［J］．商业时代，2014，（31）：61－63.

［120］程晓煜．基于 VAR 模型的贸易增长与跨境电子商务关系实证研究［J］．商业经济研究，2016，（12）：25－26.

［121］马述忠，陈奥杰．跨境电商：B2B 抑或 B2C——基于销售渠道视角［J］．国际贸易问题，2017，（3）：75－85.

［122］马述忠，郭继文，张洪胜．跨境电商的贸易成本降低效应：机理与实证［J］．国际经贸探索，2019，35（05）：69－85.

［123］吴俊红．“一带一路”沿线国家物流绩效对中国跨境电商的影响

[J]．商业经济，2019（10）：62－65.

[124] 钱莎莎．基于ISM模型的跨境生鲜电商的供应链绩效分析 [J]．物流工程与管理，2014，36（08）：68－70

[125] 刘明，赵彦云．基于投入要素的中国制造业省域空间溢出效应：测度与实证 [J]．数理统计与管理，2018，37（01）：122－134.

[126] 张光南，洪国志，陈广汉．基础设施、空间溢出与制造业成本效应 [J]．经济学（季刊），2014，13（01）：285－304.

[127] 李莹英．基于空间计量模型的河南省区域旅游经济空间溢出效应研究 [D]．上海师范大学，2019.

[128] 孙倩倩．“一带一路”背景下贸易便利化对中国跨境电商出口的影响研究 [D]．华南理工大学，2019.

[129] 林玲，王炎．贸易引力模型对中国双边贸易的实证检验和政策含义 [J]．世界经济研究，2004（07）：54－58.

[130] 陈强．高级计量经济学及Stata应用 [M]．北京．高等教育出版社，2014.

[131] 薛洋洋．国际物流绩效对我国农产品贸易的影响 [D]．东北财经大学，2018.

[132] 李飞，曾福生．基于空间杜宾模型的农业基础设施空间溢出效应 [J]．经济地理，2016，36（06）：142－147.

[133] 俞路．我国FDI地区间溢出效应与渠道影响因素分析 [J]．世界地理研究，2015，24（04）：94－102.

[134] 潘文卿．中国区域经济发展：基于空间溢出效应的分析 [J]．世界经济，2015，38（07）：120－142.

[135] 习近平．共同构建人类命运共同体 在联合国日内瓦总部的演讲．人民日报，2017－01－20.

[136] 雾里看花！正确理解经济内循环模式！https：//xueqiu.com/6199690718/155028875

[137] 中国准备启动经济内循环！http：//www.zhushiyao.com/？p＝31878

[138] 张学良，杨朝远，加快形成国内国际双循环相互促进的新发展格局，光明日报，http：//theory.people.com.cn/n1/2020/0707/c40531－31773427.html

[139] 黄楚灵．我国对“一带一路”沿线国家OFDI与出口贸易关联性的影响研究 [D]．华南理工大学，2020.

[140] 洪文倩. “一带一路”沿线国家物流绩效对中国跨境电商出口贸易的影响研究 [D]. 华南理工大学，2020.

[141] 王幸婷. 东道国家吸引力水平对中国跨境电子商务出口的影响 [D]. 华南理工大学，2020.

附　录

表 1　我国跨境电商政策的演变历程时间

发布时间	具体事项
2012 年 12 月 19 日	国家发改委和海关总署在郑州召开了跨境贸易电子商务服务试点工作启动部署会，上海、重庆、杭州、宁波、郑州 5 个城市开展跨境电子商务服务试点工作。
2013 年 8 月	商务部等 9 部门发布《关于实施支持跨境电子商务零售出口有关政策的意见》，将跨境电子商务零售出口纳入海关的出口贸易统计；同时明确检验、收结汇等六项具体措施。
2014 年	海关总署第 12 号、57 号公告分别增设 9610、1210 海关监管代码；海关总署第 56 号公告明确跨境电商进出口货物三单对接、“清单核放、汇总申报”的通关模式。
2016 年	财政部等有关部门出台“四八新政”、跨境电商货物不再按个人物品征收行邮税，出台跨境电商货物正面清单。出台跨境电商零售进口过渡期政策，政策进一步延长至 2017 年底。
2017 年 9 月 20 日	过渡期政策延长至 2018 年年底。
2018 年 7 月 13 日	国务院常务会议决定在全国 22 个城市新设跨境电商综试区。包括北京、呼和浩特、沈阳、长春、哈尔滨、南京、南昌、武汉、长沙、南宁、海口、贵阳、昆明、西安、兰州、厦门、唐山、无锡、威海、珠海、东莞、义乌 22 个城市。
2018 年 8 月 31 日	全国人大表决通过《电子商务法》，2019 年 1 月 1 日正式生效，这是我国电商领域首部综合性法律。电商法约束和规范了电子商务市场，提升市场整体品质，保障消费者合法权益的同时也鼓励并支持跨境电商行业的发展，推动整个电商行业积极发展。

续表

发布时间	具体事项
2018年9月28日	财政部等四部门发布《关于跨境电子商务综合试验区零售出口货物税收政策的通知》，将跨境电子商务零售进口商品的单次交易限值由人民币2000元提高至5000元，年度交易限值由人民币20000元提高至26000元。对于跨境电商零售出口业务中涉及的消费税和增值税免征不退诉求给予了具有操作性的指导，扫清了企业合规开展零售出口业务中的一大障碍。
2018年11月21日	国务院常务会议，决定延续完善跨境电商零售进口政策并扩大范围。
2018年11月30日	商务部等部委发布《关于完善跨境电商零售进口监管有关工作的通知》。明确了有关跨境电子商务零售进口的相关监管措施，包括对跨境电商企业、跨境电商平台、境内服务商、消费者及政府部门的相关监管措施。对跨境电商零售进口商品按个人自用进境物品监管，不执行有关商品首次进口许可批件、注册或备案要求，但对相关部门明令暂停进口的疫区商品等除外。
2018年12月10日	海关总署发布2018年第194号（关于跨境电子商务零售进出口商品有关监管事宜的公告），规范跨境进出口交易各主体监管细则。对行业从业资格和责任义务也在这批政策中予以明确。

表2　国务院跨境电商政策汇总实施时间

发布时间	公告名称	主要内容
2014年5月15日	国务院办公厅关于支持外贸稳定增长的若干意见	优化外贸结构、改善外贸环境、强化政策保障
2015年5月7日	国务院关于大力发展电子商务加快培育经济新动力的意见	提升跨境电子商务通关效率
2015年6月20日	国务院办公厅关于促进跨境电子商务健康快速发展的指导意见	促进我国电子商务健康快速发展
2016年1月15日	国务院关于同意天津等12个城市设立跨境电子商务综合试验区的批复	第二批跨境电商综试区

续表

发布时间	公告名称	主要内容
2016年5月9日	国务院关于促进外贸回稳向好的若干意见	开展并扩大跨境电子商务企业试点
2018年8月7日	国务院关于同意在北京等22个城市设立跨境电子商务综合试验区的批复	第三批跨境电商综试区
2018年11月21日	国务院常务会议决定延续和完善跨境电子商务零售进口政策并扩大适用范围	延续和完善跨境电子商务零售进口政策
2019年1月25日	国务院关于促进综合保税区高水平开放高质量发展的若干意见	支持综合保税区内企业开展跨境电商进出口业务
2019年8月27日	国务院办公厅关于加快发展流通促进商业消费的意见	扩大跨境电商零售进口试点城市范围和商品清单

表4　我国海关跨境电商政策汇总

实施时间	公告名称	主要内容
2014年2月10日	关于增列海关监管方式代码的公告	9610监管方式
2014年8月1日	关于增列海关监管方式代码的公告	1210监管方式
2015年5月15日	海关总署关于调整跨境贸易电子商务监管海关作业时间和通关时限要求有关事宜的通知	7*24小时作业
2016年4月8日	财政部、海关总署、税务总局关于跨境电子商务零售进口税收政策的通知	限值、计税、纳税人义务等
2016年4月26日	海关总署关于印发《跨境电子商务综合试验区海关可复制推广的制度措施》的通知	综试区十条复制推广措施
2016年12月1日	海关总署关于增列海关监管方式代码的公告	1239监管方式
2018年4月16日	海关总署关于印发《支持跨境电子商务发展可复制推广措施的通知》	7条跨境电商复制推广措施
2018年6月1日	关于规范跨境电子商务支付企业登记管理	支付企业管理

续表

实施时间	公告名称	主要内容
2018年7月4日	海关总署办公厅关于中国银联开展跨境电子商务支付业务有关事宜的通知	同意银联作为支付企业
2018年7月13日	海关总署关于印发“查检合一”实施方案的通知	跨境电商查检合一
2018年9月30日	关于修订跨境电子商务统一版信息化系统企业接入报文规范的公告	进、出口系统企业接入规范
2018年10月1日	财政部、税务总局、商务部、海关总署关于跨境电子商务综合试验区零售出口货物税收政策的通知	出口免税政策
2019年1月1日	关于跨境电子商务零售进出口商品有关监管事宜的公告	电商监管公告
	关于实时获取跨境电子商务平台企业支付相关原始数据有关事宜的公告	支付相关原始数据核对要求
	关于实时获取跨境电子商务平台企业支付相关原始数据接入有关事宜的公告	支付相关原始数据对接标准
	关于跨境电子商务企业海关注册登记管理有关事宜的公告	企业注册登记
	财政部、海关总署、税务总局关于完善跨境电子商务零售进口税收政策的通知	限值修改、不允许线下自提等
	关于调整跨境电子商务零售进口商品清单的公告	正面清单更新
	商务部、发展改革委、财政部、海关总署、税务总局、市场监管总局关于完善跨境电子商务零售进口监管有关工作的通知	定义、权责、义务等

表5 “一带一路”欧洲国家物流绩效得分及排名

地区	国家	2010年		2012年		2014年		2016年		2018年		LPI均值	“一带一路”排名
		LPI	世界排名	LPI	世界排名	LPI	世界排名	LPI	世界排名	LPI	世界排名		
中东欧	波兰	3.44	30	3.43	30	3.49	31	3.43	33	3.54	28	3.47	4
	爱沙尼亚	3.16	43	2.86	65	3.35	39	3.36	38	3.31	36	3.21	11
	立陶宛	3.13	45	2.95	58	3.18	46	3.63	29	3.02	54	3.18	12
	斯洛文尼亚	2.87	57	3.29	34	3.38	38	3.18	50	3.31	35	3.21	10
	保加利亚	2.83	63	3.21	36	3.16	47	2.81	72	3.03	52	3.01	23
	捷克	3.51	26	3.14	44	3.49	32	3.67	26	3.68	22	3.50	3
	匈牙利	2.99	52	3.17	40	3.46	33	3.43	31	3.42	31	3.29	9
	北马其顿	2.77	73	2.56	99	2.50	117	2.51	106	2.70	81	2.61	35
	罗马尼亚	2.84	59	3.00	54	3.26	40	2.99	60	3.12	48	3.04	20
	斯洛伐克	3.24	38	3.03	51	3.25	43	3.34	41	3.03	53	3.18	13
	克罗地亚	2.77	74	3.16	42	3.05	55	3.16	51	3.10	49	3.05	19
	拉脱维亚	3.25	37	2.78	76	3.40	36	3.33	43	2.81	70	3.11	17
	波黑	2.66	87	2.99	55	2.75	81	2.60	97	2.81	72	2.76	30
	乌克兰	2.57	102	2.85	66	2.98	61	2.74	80	2.83	66	2.79	28
	摩尔多瓦	2.57	104	2.33	132	2.65	94	2.61	93	2.46	116	2.53	39

表6 “一带一路”亚洲、非洲国家物流绩效得分及排名

地区	国家	2010年		2012年		2014年		2016年		2018年		LPI均值	“一带一路”排名
		LPI	世界排名	LPI	世界排名	LPI	世界排名	LPI	世界排名	LPI	世界排名		
东北亚	蒙古国	2.25	141	2.25	140	2.36	135	2.51	108	2.37	130	2.35	43
	俄罗斯	2.61	94	2.58	95	2.69	90	2.57	99	2.76	75	2.64	33
东南亚	新加坡	4.09	2	4.13	1	4.00	5	4.14	5	4.00	7	4.07	1
	马来西亚	3.44	29	3.49	29	3.59	25	3.43	32	3.22	41	3.43	5
	泰国	3.29	35	3.18	38	3.43	35	3.26	45	3.41	32	3.31	8
	菲律宾	3.14	44	3.02	52	3.00	57	2.86	71	2.90	60	2.99	24
	越南	2.96	53	3.00	53	3.15	48	2.98	64	3.27	39	3.07	18
	印度尼西亚	2.76	75	2.94	59	3.08	53	2.98	63	3.15	46	2.98	25
	老挝	2.46	118	2.50	109	2.39	131	2.07	152	2.70	82	2.42	41
	柬埔寨	2.37	129	2.56	101	2.74	83	2.80	73	2.58	98	2.61	34
	缅甸	2.33	133	2.37	129	2.25	145	2.46	113	2.30	137	2.34	45
南亚	印度	3.12	47	3.08	46	3.08	54	3.42	35	3.18	44	3.17	14
	巴基斯坦	2.53	110	2.83	71	2.83	72	2.92	68	2.42	122	2.70	32
	尼泊尔	2.20	147	2.04	151	2.59	105	2.38	124	2.51	114	2.34	44
	马尔代夫	2.40	125	2.55	104	2.75	82	2.51	104	2.67	86	2.58	36
	不丹	2.38	128	2.52	107	2.29	143	2.32	135	2.17	149	2.34	46

续表

地区	国家	2010年		2012年		2014年		2016年		2018年		LPI 均值	“一带一路”排名
		LPI	世界排名	LPI	世界排名	LPI	世界排名	LPI	世界排名	LPI	世界排名		
西亚北非	阿联酋	3.63	24	3.78	17	3.54	27	3.94	13	3.96	11	3.77	2
	科威特	3.28	36	2.83	70	3.01	56	3.15	53	2.86	63	3.03	22
	土耳其	3.22	39	3.51	27	3.50	30	3.42	34	3.15	47	3.36	7
	卡塔尔	2.95	55	3.32	33	3.52	29	3.60	30	3.47	30	3.37	6
	阿曼	2.84	60	2.89	62	3.00	59	3.23	48	3.20	43	3.03	21
	黎巴嫩	3.34	33	2.58	96	2.73	85	2.72	82	2.72	79	2.82	27
	沙特阿拉伯	3.22	40	3.18	37	3.15	49	3.16	52	3.01	55	3.14	16
	巴林	3.37	32	3.05	48	3.08	52	3.31	44	2.93	59	3.15	15
	约旦	2.74	81	2.56	102	2.87	68	2.96	67	2.69	84	2.76	29
	伊拉克	2.11	148	2.16	145	2.30	141	2.15	149	2.18	147	2.18	48
	埃及	2.61	92	2.98	57	2.97	62	3.18	49	2.82	67	2.91	26
	阿富汗	2.24	143	2.30	135	2.07	158	2.14	150	1.95	160	2.14	49
	格鲁吉亚	2.61	93	2.77	77	2.51	116	2.35	130	2.44	119	2.54	37
	亚美尼亚	2.52	111	2.56	100	2.67	92	2.21	141	2.61	92	2.51	40
中亚	哈萨克斯坦	2.83	62	2.69	86	2.70	88	2.75	77	2.81	71	2.76	31
	吉尔吉斯斯坦	2.62	91	2.35	130	2.21	149	2.16	146	2.55	108	2.38	42
	塔吉克斯坦	2.35	131	2.28	136	2.53	114	2.06	153	2.34	134	2.31	47
	乌兹别克斯坦	2.79	68	2.46	117	2.39	129	2.40	118	2.58	99	2.53	38

表 7　中国对“一带一路”沿线 49 个国家的跨境电商出口额

单位：万美元

国家	2012 年	2013 年	2014 年	2015 年	2016 年	2017 年	2018 年
蒙古国	38133.83	48316.31	54987.01	49903.40	39008.60	50910.31	70997.58
俄罗斯	633134.54	978148.42	1331691.41	1104276.20	1473940.17	1764730.88	2070301.30
新加坡	585507.28	903999.06	1213455.63	1650286.22	1756289.28	1854910.95	2116543.89
马来西亚	524910.06	905946.24	1149998.70	1397320.41	1486408.92	1718653.22	1958541.49
泰国	448325.08	645335.90	850694.41	1216553.93	1467599.85	1588018.41	1850753.05
菲律宾	240448.35	391883.88	582364.88	847369.46	1177497.08	1321198.79	1512269.22
越南	491609.67	958328.12	1581101.80	2097455.93	2410975.11	2950814.90	3620328.22
印度尼西亚	492691.39	728426.06	969044.57	1091093.91	1267595.17	1432093.86	1864249.54
老挝	13424.66	33976.59	45636.35	38944.16	38947.83	58480.87	62758.29
柬埔寨	38918.64	67250.01	81244.26	119568.33	155071.64	197080.14	259299.62
缅甸	81537.70	144750.12	232405.55	306623.33	323099.33	368699.57	455268.20
印度	685180.36	955292.75	1345100.38	1849988.48	2304883.99	2803515.71	3309513.71
巴基斯坦	133297.97	217353.30	328587.29	522382.56	680017.11	751979.49	730884.54
尼泊尔	28284.71	43608.14	56654.20	26456.40	34180.27	39841.24	46501.99
马尔代夫	1099.25	1921.34	2579.93	5485.34	12663.27	12180.72	17099.69
不丹	224.19	343.40	275.88	257.98	191.37	257.10	553.77
阿联酋	424930.58	659012.69	968421.85	1176183.87	1186566.63	1183501.44	1279822.29
科威特	30023.91	52772.42	85064.40	119863.17	118441.11	128254.13	142982.28

续表

国家	2012 年	2013 年	2014 年	2015 年	2016 年	2017 年	2018 年
土耳其	223967. 96	350045. 99	478956. 42	591197. 91	658515. 12	746652. 82	767800. 57
卡塔尔	17318. 67	33746. 41	55920. 58	72300. 36	59831. 15	69316. 32	107147. 04
阿曼	26034. 48	37492. 64	51240. 79	67240. 76	84756. 82	95443. 70	123643. 75
黎巴嫩	24315. 11	49129. 74	64624. 95	72614. 58	82887. 35	82842. 30	84999. 06
沙特阿拉伯	265181. 38	369628. 62	510458. 87	686673. 95	736078. 16	757097. 67	752237. 90
巴林	17285. 32	24436. 96	30559. 69	32147. 93	31202. 46	37186. 15	49011. 89
约旦	42519. 04	67744. 11	83471. 89	108798. 13	116588. 22	115515. 94	128170. 63
伊拉克	70588. 47	135980. 72	192119. 84	251287. 64	297827. 24	343234. 73	341127. 10
埃及	118188. 14	164947. 55	259518. 73	379941. 33	411821. 96	390832. 77	517398. 04
阿富汗	6668. 93	6474. 68	9763. 98	11495. 54	17017. 34	22299. 24	28814. 86
格鲁吉亚	10639. 39	17004. 07	22543. 78	24422. 07	29404. 81	37602. 29	47286. 25
亚美尼亚	1626. 81	2363. 95	3046. 84	3571. 11	4382. 86	5926. 99	9201. 38
哈萨克斯坦	158093. 07	247443. 03	315323. 45	268190. 37	327199. 29	476484. 67	489960. 49
吉尔吉斯斯坦	72910. 13	100107. 45	130063. 65	136049. 13	221173. 67	219890. 30	239844. 99
塔吉克斯坦	25118. 89	36871. 72	61235. 50	57042. 13	68066. 97	53620. 20	61682. 68
乌兹别克斯坦	25628. 64	51546. 55	66444. 72	70810. 92	79211. 55	113283. 18	170264. 44
波兰	178007. 60	248030. 02	353702. 32	455757. 21	595798. 88	736415. 63	901069. 56
爱沙尼亚	17727. 38	21890. 36	28434. 03	30287. 40	38043. 09	41464. 21	44522. 56
立陶宛	23431. 14	33258. 63	41141. 14	38472. 04	50965. 20	65935. 24	76093. 77

续表

国家	2012 年	2013 年	2014 年	2015 年	2016 年	2017 年	2018 年
斯洛文尼亚	22514.41	36150.79	49418.79	66457.60	89577.26	118948.94	190960.86
保加利亚	15155.38	22031.59	29226.93	33145.87	41687.72	48167.87	62164.80
捷克	90869.32	134870.45	198298.86	261356.01	318091.08	362292.98	514047.33
匈牙利	82461.19	112275.93	143005.46	165130.48	214060.00	249248.78	282291.86
北马其顿	1275.44	1252.10	1901.89	2749.18	3556.64	3215.45	4564.00
罗马尼亚	40198.68	55672.47	79965.09	100468.92	136075.55	155661.67	194538.17
斯洛伐克	34821.71	60838.25	70173.32	88784.34	112938.86	112461.60	109453.64
克罗地亚	18680.04	27415.52	25487.42	31312.66	40137.06	47780.15	57283.55
拉脱维亚	18865.14	27106.44	32666.51	32486.62	41931.56	47310.44	50331.37
波黑	671.28	1801.42	7045.37	1905.65	2530.37	3247.59	4735.79
乌克兰	105243.77	154820.14	126682.38	111699.18	166516.89	207687.74	302936.06
摩尔多瓦	1781.16	2221.54	2858.04	3175.87	3030.68	4034.56	4691.76

表 8　根据对外直接投资和出口贸易关联度的国别选择

国家	2009			2018		
	RCAo	RCAe	CD	RCAo	RCAe	CD
北马其顿	0.003333	0.116105	1.029555	0.097279	0.092065	17.65687
蒙古国	14.91868	5.220702	0.538329	2.658335	2.206537	4.883893
巴基斯坦	6.22189	1.831411	0.417132	1.620602	2.206836	3.764427

续表

国家	2009			2018		
	RCAo	RCAe	CD	RCAo	RCAe	CD
吉尔吉斯斯坦	14. 97544	18. 08329	5. 81858	5. 681777	8. 924637	2. 752088
格鲁吉亚	0. 749806	0. 448589	1. 489252	0. 579812	0. 946811	2. 579873
以色列	0. 015243	0. 779489	1. 019946	0. 498549	0. 832481	2. 492966
缅甸	8. 947982	5. 469061	1. 572057	2. 38417	4. 260748	2. 270489
马来西亚	0. 45816	1. 668202	1. 378632	0. 878581	1. 644399	2. 147245
新加坡	0. 723712	1. 286414	2. 286138	0. 540358	1. 042693	2. 07569
印度尼西亚	0. 55391	1. 650606	1. 505072	0. 90428	1. 803766	2. 005329
塞尔维亚	0. 008727	0. 202053	1. 045142	0. 098302	0. 221766	1. 796199
亚美尼亚	0. 026658	0. 276804	1. 106568	0. 143813	0. 338526	1. 738592
伊朗	0. 649144	1. 640281	1. 654949	0. 907001	2. 225945	1. 687672
斯里兰卡	0. 208744	1. 642419	1. 1456	0. 58723	1. 488091	1. 651855
黑山	0. 005704	0. 349276	1. 016601	0. 180654	0. 466307	1. 632427
柬埔寨	9. 698269	1. 63615	0. 202943	4. 019852	2. 482717	1. 615158
卡塔尔	0. 105669	0. 368123	1. 402618	0. 212722	0. 570411	1. 594711
俄罗斯	0. 45581	0. 960239	1. 903616	0. 557212	1. 517798	1. 580075
孟加拉国	0. 86148	2. 13909	1. 67429	0. 814845	2. 274995	1. 558056
白俄罗斯	0. 039667	0. 103222	1. 624139	0. 387657	0. 234349	1. 528607
科威特	0. 043343	0. 815555	1. 056129	1. 18323	0. 71284	1. 515422

续表

国家	2009			2018		
	RCAo	RCAe	CD	RCAo	RCAe	CD
土耳其	0. 201105	0. 621852	1. 477971	0. 205888	0. 628535	1. 487139
泰国	0. 315877	1. 046593	1. 432284	0. 426533	1. 353553	1. 460112
哈萨克斯坦	1. 591582	2. 868128	2. 246789	0. 785773	2. 749788	1. 400085
越南	1. 121162	2. 450674	1. 843288	0. 61763	2. 706992	1. 295607
阿联酋	0. 602949	4. 359438	1. 160509	0. 732765	3. 245584	1. 291611
文莱	0. 373064	0. 603119	2. 621633	0. 525525	2. 398885	1. 280525
保加利亚	0. 003539	0. 266288	1. 01347	0. 055469	0. 299482	1. 227321
沙特阿拉伯	0. 362037	0. 98807	1. 578303	0. 179604	1. 017292	1. 214404
印度	0. 097464	1. 212964	1. 087373	0. 192807	1. 183324	1. 194653
希腊	0. 00301	0. 523635	1. 005781	0. 11516	0. 786193	1. 171617
罗马尼亚	0. 100078	0. 460198	1. 2779	0. 05176	0. 363282	1. 166153
土库曼斯坦	1. 598835	1. 416117	7. 750294	0. 13838	0. 999078	1. 160777
匈牙利	0. 0743	0. 722649	1. 114598	0. 057736	0. 425024	1. 157195
斯洛伐克	0. 013436	0. 26437	1. 053545	0. 027775	0. 212528	1. 150338
波黑	0. 064366	0. 042743	1. 976767	0. 008323	0. 072057	1. 130596
埃及	0. 322285	1. 19498	1. 369299	0. 148146	1. 312103	1. 127278
塞浦路斯	0. 000551	1. 616891	1. 000341	0. 06022	0. 543305	1. 124657
摩尔多瓦	0. 022606	0. 232814	1. 107539	0. 015276	0. 148616	1. 114562
阿曼	0. 043735	0. 43824	1. 11086	0. 085341	0. 888401	1. 106269
克罗地亚	0. 018544	0. 556857	1. 034448	0. 03356	0. 37222	1. 099097

续表

国家	2009			2018		
	RCAo	RCAe	CD	RCAo	RCAe	CD
爱沙尼亚	0. 035708	0. 375734	1. 105015	0. 037304	0. 424907	1. 096243
菲律宾	0. 468963	1. 967778	1. 312889	0. 159768	2. 406565	1. 071109
波兰	0. 054198	0. 532055	1. 11342	0. 036088	0. 617346	1. 062086
巴林	0. 004375	0. 494897	1. 008919	0. 039647	0. 683135	1. 061612
捷克	0. 029573	0. 502918	1. 062477	0. 028776	0. 51067	1. 059714
约旦	0. 038287	1. 452266	1. 027078	0. 064605	1. 157626	1. 059107
斯洛文尼亚	0. 033439	0. 305522	1. 122902	0. 038104	0. 825598	1. 048386
乌克兰	0. 034571	0. 833156	1. 04329	0. 033034	0. 96962	1. 035271
立陶宛	0. 022348	0. 376725	1. 063063	0. 011603	0. 380498	1. 031453
拉脱维亚	0. 003502	0. 484805	1. 007277	0. 010798	0. 477227	1. 023151
阿尔巴尼亚	0. 100701	0. 480417	1. 265201	0. 01298	0. 71621	1. 018457
阿塞拜疆	0. 127736	0. 893222	1. 16687	0. 004722	0. 36964	1. 012939
黎巴嫩	0. 002918	0. 670548	1. 004371	0. 000536	0. 760932	1. 000705
塔吉克斯坦	11. 46334	4. 982158	0. 768711	11. 2587	4. 602624	0. 691492
也门	2. 411654	1. 337749	1. 245686	4. 302946	1. 758788	0. 691305
乌兹别克斯坦	1. 723312	1. 818774	19. 05224	6. 098	1. 7964	0. 417612
尼泊尔	6. 971145	0. 980821	0. 163734	3. 126135	0. 63058	0. 252681
阿富汗	15. 61457	0. 672597	0. 045014	4. 118497	0. 710313	0. 208414
老挝	25. 10893	2. 711083	0. 121042	15. 31997	1. 807407	0. 133758
伊拉克	0. 259233	0. 502988	2. 063502	9. 56E +08	1. 301698	1. 36E −09

数据来源：作者计算整理所得

表 9 中国对“一带一路”沿线国家对外直接投资和出口贸易的规模

单位：百万美元

国家	2009				2018			
	对外直接投资	对外直接投资占比	出口额	出口额占比	对外直接投资	对外直接投资占比	出口额	出口额占比
蒙古国	1241. 66	0. 5052%	1057. 931	0. 0880%	3622. 8	0. 1736%	1644. 889	0. 0661%
新加坡	4857. 32	1. 9765%	30066. 36	2. 5022%	44568. 09	2. 5837%	49036. 63	1. 9717%
马来西亚	479. 89	0. 1953%	19631. 94	1. 6338%	4914. 7	0. 4326%	45375. 99	1. 8245%
印度尼西亚	799. 06	0. 3251%	14720. 62	1. 2251%	10538. 8	0. 6608%	43191. 41	1. 7367%
缅甸	929. 88	0. 3784%	2261. 243	0. 1882%	5524. 53	0. 2414%	10547. 77	0. 4241%
泰国	447. 88	0. 1822%	13307. 1	1. 1074%	5358. 47	0. 3067%	42878. 72	1. 7241%
老挝	535. 67	0. 2180%	376. 65	0. 0313%	6654. 95	0. 4286%	1453. 995	0. 0585%
柬埔寨	633. 26	0. 2577%	907. 0609	0. 0755%	5448. 73	0. 3081%	6007. 523	0. 2416%
越南	728. 5	0. 2964%	16300. 91	1. 3566%	4965. 36	0. 2891%	83876. 69	3. 3725%
文莱	17. 37	0. 0071%	140. 4548	0. 0117%	220. 67	0. 0114%	1591. 948	0. 0640%
菲律宾	142. 59	0. 0580%	8584. 708	0. 7144%	819. 6	0. 0428%	35036. 64	1. 4088%
伊朗	217. 8	0. 0886%	7918. 687	0. 6590%	3623. 5	0. 1668%	13939. 73	0. 5605%
伊拉克	22. 58	0. 0092%	1838. 449	0. 1530%	414. 37	0. 0309%	7903. 324	0. 3178%
土耳其	386. 17	0. 1571%	8333. 535	0. 6935%	1301. 35	0. 0894%	17788. 6	0. 7153%
约旦	10. 54	0. 0043%	1965. 98	0. 1636%	64. 4	0. 0073%	2969. 485	0. 1194%
黎巴嫩	1. 57	0. 0006%	1056. 822	0. 0880%	2. 01	0. 0001%	1969. 284	0. 0792%

续表

国家	2009				2018			
	对外直接投资	对外直接投资占比	出口额	出口额占比	对外直接投资	对外直接投资占比	出口额	出口额占比
以色列	11.37	0.0046%	3652.651	0.3040%	4148.69	0.2383%	9274.416	0.3729%
沙特阿拉伯	710.89	0.2893%	8977.852	0.7472%	2038.27	0.1338%	17428.04	0.7008%
也门	149.3	0.0608%	1168.419	0.0972%	623	0.0321%	1874.608	0.0754%
阿曼	7.97	0.0032%	747.4508	0.0622%	99.04	0.0078%	2864.611	0.1152%
阿联酋	440.29	0.1792%	18632.3	1.5506%	6436.06	0.3319%	29651.25	1.1922%
卡塔尔	36.28	0.0148%	872.4113	0.0726%	1105.49	0.0225%	2482.414	0.0998%
科威特	5.88	0.0024%	1542.683	0.1284%	936.23	0.0563%	3312.648	0.1332%
巴林	0.87	0.0004%	475.3141	0.0396%	74.37	0.0037%	1135.522	0.0457%
希腊	1.68	0.0007%	3458.065	0.2878%	182.22	0.0125%	6498.32	0.2613%
塞浦路斯	1.36	0.0006%	1204.66	0.1003%	845.43	0.0436%	738.124	0.0297%
埃及	285.07	0.1160%	5107.359	0.4250%	834.84	0.0557%	11987.21	0.4820%
印度	221.27	0.0900%	29666.56	2.4689%	4747.33	0.2405%	76675.66	3.0830%
巴基斯坦	1458.09	0.5933%	5515.074	0.4590%	5715.84	0.2190%	16933.32	0.6809%
孟加拉国	60.3	0.0245%	4441.067	0.3696%	329.07	0.0449%	17753.06	0.7138%
阿富汗	181.32	0.0738%	213.3662	0.0178%	403.64	0.0209%	667.5899	0.0268%
斯里兰卡	15.81	0.0064%	1569.465	0.1306%	728.35	0.0242%	4255.049	0.1711%
尼泊尔	14.13	0.0057%	408.8888	0.0340%	227.62	0.0196%	1077.368	0.0433%

续表

国家	2009				2018			
	对外直接投资	对外直接投资占比	出口额	出口额占比	对外直接投资	对外直接投资占比	出口额	出口额占比
哈萨克斯坦	1516. 21	0. 6170%	7748. 172	0. 6448%	7561. 45	0. 3786%	11351. 53	0. 4564%
乌兹别克斯坦	85. 22	0. 0347%	1560. 539	0. 1299%	946. 07	0. 1903%	3944. 731	0. 1586%
土库曼斯坦	207. 97	0. 0846%	915. 6995	0. 0762%	342. 72	0. 0161%	316. 9253	0. 0127%
塔吉克斯坦	162. 79	0. 0662%	1217. 574	0. 1013%	1616. 09	0. 1003%	1429. 082	0. 0575%
吉尔吉斯斯坦	283. 72	0. 1154%	5227. 522	0. 4350%	1299. 38	0. 0719%	5556. 793	0. 2234%
波兰	120. 3	0. 0490%	7561. 768	0. 6293%	405. 52	0. 0270%	20876. 21	0. 8394%
立陶宛	3. 93	0. 0016%	655. 7144	0. 0546%	17. 13	0. 0007%	1762. 955	0. 0709%
爱沙尼亚	7. 5	0. 0031%	362. 296	0. 0302%	3. 62	0. 0029%	1031. 507	0. 0415%
拉脱维亚	0. 54	0. 0002%	452. 2987	0. 0376%	1. 02	0. 0006%	1166. 088	0. 0469%
捷克	49. 34	0. 0201%	5023. 772	0. 4181%	164. 9	0. 0144%	11909. 58	0. 4789%
斯洛伐克	9. 36	0. 0038%	1399. 015	0. 1164%	83. 45	0. 0051%	2535. 85	0. 1020%
匈牙利	97. 41	0. 0396%	5343. 601	0. 4447%	327. 86	0. 0165%	6540. 214	0. 2630%
斯洛文尼亚	5	0. 0020%	770. 1013	0. 0641%	27. 25	0. 0021%	4424. 234	0. 1779%
克罗地亚	8. 1	0. 0033%	1118. 522	0. 0931%	39. 08	0. 0036%	1327. 162	0. 0534%
波黑	5. 92	0. 0024%	35. 65838	0. 0030%	4. 34	0. 0002%	109. 7176	0. 0044%
黑山	0. 32	0. 0001%	76. 8226	0. 0064%	39. 45	0. 0032%	178. 0968	0. 0072%
塞尔维亚	2. 68	0. 0011%	308. 321	0. 0257%	170. 02	0. 0140%	728. 301	0. 0293%

续表

国家	2009				2018			
	对外直接投资	对外直接投资占比	出口额	出口额占比	对外直接投资	对外直接投资占比	出口额	出口额占比
罗马尼亚	93. 34	0. 0380%	2377. 288	0. 1978%	310. 07	0. 0157%	4507. 106	0. 1812%
保加利亚	2. 31	0. 0009%	596. 0521	0. 0496%	250. 46	0. 0088%	1440. 253	0. 0579%
北马其顿	0. 2	0. 0001%	56. 00951	0. 0047%	2. 03	0. 0019%	105. 744	0. 0043%
俄罗斯	2220. 37	0. 9035%	17513. 77	1. 4575%	13871. 6	0. 7328%	47965. 27	1. 9286%
乌克兰	20. 79	0. 0085%	3603. 782	0. 2999%	62. 65	0. 0047%	7018. 502	0. 2822%
白俄罗斯	4. 49	0. 0018%	280. 4212	0. 0233%	548. 41	0. 0260%	1141. 589	0. 0459%
格鲁吉亚	75. 33	0. 0307%	191. 9577	0. 0160%	639. 7	0. 0330%	1095. 54	0. 0440%
阿塞拜疆	12	0. 0049%	553. 2888	0. 0460%	27. 99	0. 0005%	515. 9279	0. 0207%
亚美尼亚	1. 32	0. 0005%	87. 4149	0. 0073%	29. 96	0. 0026%	213. 1836	0. 0086%
摩尔多瓦	0. 78	0. 0003%	72. 57092	0. 0060%	3. 87	0. 0002%	108. 6947	0. 0044%
阿尔巴尼亚	4. 35	0. 0018%	207. 8616	0. 0173%	6. 42	0. 0003%	539. 9055	0. 0217%

注：表中的对外直接投资为存量数据

数据来源：对外直接投资数据来源于《2018 年中国对外直接投资统计公报》，出口数据来源于海关数据库，并经作者计算整理

致 谢

本专著由王庆年研究员执笔，研究团队各位老师和研究生都付出了巨大的努力，其中硕士生黄楚灵、洪文倩在实证研究方面做了大量工作，硕士生王涛、吴莉等同学对本专著进行了大量的文字核对。本项目得到了教育部产学协同育人项目（201902036018，201902315002）、广东省自然科学基金项目（2020A1414010301）、广东省社科后期资助项目、广州市哲学社会科学项目（2019GZGJ08）和华南理工大学社科项目、教改项目的大力支持，在此一并表示感谢!